コーパスからわかる
言語変化・変異と言語理論

小川芳樹
長野明子
菊地 朗
［編］

開拓社

は　し　が　き

　言語は時代とともに変化する．共時的にも多様な変異形（方言・性差・若者言葉・役割語など）がある．言語変化は，ノルマン人の征服に代表されるような言語接触によって2つ以上の言語の文法が劇的に混合して起こる場合もあれば，言語習得の過程で親世代とは微妙に異なる文法が子世代に受け継がれることで起こるものもある．しかし，いずれにせよ，言語がなぜ今の姿に変化してきたか，なぜそんな中でも変化しない側面があるのかという問いは，我々の言語知識とはどのようなものであるか，我々が母語をどうやって習得するのかといった問いとの関連で，多くの言語学者の興味と関心を集めてきた．
　生成文法理論の立場では，我々が思考やコミュニケーションに用いる言語能力は，ヒトという種がそれを「普遍文法」という形で遺伝的に獲得して以来ずっと不変のものであり，言語間で変異を生じたり通時的に変化したりするのは，それに付随するパラメータの部分のみであり，言語習得はパラメータの値の固定と語彙の習得のみから成る，とされている．したがって，極小主義統語論のもとでもミクロパラメータ統語論のもとでも，普遍文法の解明は，言語変化や言語変異の研究を疎かにしながら進むことはないと考えられている．
　一方，認知言語学の研究者たちは，20世紀初頭に提唱されていた文法化（grammaticalization）という通時的言語変化のメカニズムの説明を早い段階から試み，形式と意味のペアとしての構文の発生や構文プロトタイプからの意味拡張といった認知プロセスを通して母語が習得され，話者集団の中で繰り返し使用される中で，使用頻度の高い構文について起こる意味の抽象化や一般化や漂白といった暫時的な変化の蓄積が通時的言語変化を引き起こす，という考え方を提唱してきた．
　ここで，生成文法と認知言語学の理論的枠組みを比較するとか，それぞれの枠組みが採用して来た言語変化・変異が起こる理由についての説明の優劣を論じるつもりはない．しかし，電子コーパスが1990年代に世界中で広く利用されるようになり，コーパス言語学という分野が生まれたとき，この分野と2つの言語理論との関係があまりにも対照的なものとなったため，理論言語学者がコーパスをどのように活用すべきかが議論の的となってきたことは無視できない．2つの言語理論はともに，コーパスから得られる言語データをその証拠に用いることそれ自体は否定していないのだが，相対的な問題として，コーパ

スを重視するのか内省を重視するのかという方法論の違いがあることは否めない．そうこうしているうちに，言語理論の学問的妥当性とは独立のところで，コーパスの利便性は日進月歩で向上し，コーパスの中に収録されるデータ量も指数関数的に増大してきた．そして，コーパスは，英語においても日本語においても，過去1100年以上にわたる変化の様相を，歴史言語学を専門としない研究者にもわかりやすく提示できるようになってきた．幼児の言語習得途上の発話を収録するコーパスも大規模化してきた．このような時代の利点を素直に活用するならば，今こそ，さまざまな言語理論を基盤とする研究者が，自分たちの領域で蓄積してきた独自の知見をお互いに持ち寄り，また，コーパスを用いた言語変化・変異についての調査を踏まえて新たなデータの発掘も行いつつ，言語変化・変異のメカニズムの解明を協同で進めることを目指すべきではないか．

　そのような思いもあって，本書の編者3名は，その本務校である東北大学大学院情報科学研究科に「言語変化・変異研究ユニット」を2013年2月に設置した．この研究ユニットは，自然言語の通時的変化や共時的変異に関する新たな事実をコーパスや心理学実験等を用いて発掘し，その変化・変異を引き起こす要因と変化しない要因を理論的，実証的，学際的に解明するべく，統語論・形態論・意味論・音韻論・英語史・言語類型論・方言学・社会言語学・実験心理学・自然言語処理など多様な分野の専門家を学内外から集めて発足し，過去3年間で2回のワークショップと4回の公開講演会を開催してきた．本書に収録されている25編の論文の大半は，これらのいずれかで発表していただいた講師の方々に，その内容をもとに執筆していただいたものである．また，英語の通時的変化と文法化の研究における第一人者である秋元実治先生には，研究ユニットの活動主旨を踏まえて特別寄稿をお願いし，快くお引き受けいただいた．

　本書の刊行が，期待通りに言語学の下位分野どうしの相互理解につながり，コーパスそれ自体の有用性と危険性についての認識が広く共有され，コーパスをもちいた理論言語学の発展に寄与するとともに，コーパス自体が代表性と使いやすさを備えたものへと改善されていく契機となればさいわいである．

　最後に，本書の出版に際して，企画から刊行に至るまで温かいご支援をいただいた開拓社の川田賢氏に心より感謝申し上げたい．

2016年6月

小川芳樹・長野明子・菊地朗

目　次

はしがき　iii

概　観
──言語変化・変異の研究とコーパス──
……………………………………………小川芳樹・長野明子・菊地朗　1

特別寄稿

イディオム的前置詞句の発達
──特に bring, put 及び set との関係で──
………………………………………………………………秋元　実治　30

Part I　英語の構文変化とコーパス

BAWE (British Academic Written English) に見る補文の動向
──類似の意味を有する forbid と prohibit についての史的考察──
……………………………………………………………家入　葉子　50

構文の成立過程とその後の展開
──半動名詞構文を中心に──
………………………………………………………………大室　剛志　64

名詞句内の事象修飾に見られる意味的特徴について
………………………………………………………………金澤　俊吾　78

v

軽動詞構文の歴史的発達
　——have と make を中心に——
　　　……………………………………………………………… 久米　祐介　94

英語主語位置の通時的下方推移分析
　　　……………………………………………………………… 縄田　裕幸　107

文法化と言語進化
　——英語の通時的変化から見えるもの——
　　　……………………………………………………………… 保坂　道雄　124

中英語における形容詞屈折の衰退とその言語学的余波
　　　……………………………………………………………… 堀田　隆一　144

古英語における他動形容詞の目的語位置について
　　　……………………………………………………………… 柳　　朋宏　163

英語における名詞用法形容詞の発達史
　　　……………………………………………………………… 山村　崇斗　181

Part II　日本語の構文変化とコーパス

「(で) ございます」の言語学
　——役割語の視点から——
　　　……………………………………………………………… 秋月高太郎　198

日本語比較表現における形式名詞の非音声化について
……………………………………………………………………… 菊地　朗　218

若者ことばは通時変化を確認できるか？
――テレビドラマのデータベース作成とその分析結果より――
……………………………………………………………………… 桑本　裕二　233

日本語の「V＋て＋V」形式の通時的発達に関する一考察
……………………………………………………………………… 小菅　智也　249

コーパスを利用した日本語の ar 自動詞の形態統語論的分析
……………………………………………………… 新沼史和・木戸康人　266

Part III　日英比較・方言研究・言語類型論とコーパス

日英語の等位同格構文と同格複合語の統語構造と構文化についての
共時的・通時的考察
……………………………………………………………………… 小川　芳樹　284

英語における等位複合語の生起について
……………………………………………………………………… 島田　雅晴　307

博多方言の疑問文末詞の変異と変化の観察
……………………………………………………………………… 長野　明子　324

ラマホロト語の助動詞の語順
……………………………………………………………………… 西山　國雄　345

Part IV　言語獲得とコーパス

英語獲得に見られる助動詞 do の一致に関する誤り
　―素性継承に基づく分析―
　　……………………………………………………………杉崎　鉱司　354

動詞 go から見た空主語期の特徴
　……………………………………………………………………深谷　修代　372

Part V　コーパス・自然言語処理の現状と課題

I 言語研究とコーパスデータ
　……………………………………………………………………大名　力　390

日本語のモダリティ表現・談話表現に留意した日英機械翻訳
　………………………………………………………………坂本　明子　408

自然言語処理における意味・談話情報のコーパスアノテーション
　………………………………………福原裕一・松林優一郎・乾 健太郎　423

索　　引………………………………………………………………………443

執筆者紹介……………………………………………………………………447

コーパスからわかる
言語変化・変異と言語理論

概　観
――言語変化・変異の研究とコーパス――

小川芳樹・長野明子・菊地朗

1.　コーパスの定義

　Collins COBUILD English Dictionary で corpus の項をひくと，(1) のように定義されている．

　(1)　a large collection of written or spoken texts that is used for language research

　実際，1980 年に John Sinclair を編集主幹として始まった Cobuild Project は，当初，書き言葉 600 万語と話し言葉 130 万語からなる 730 万語のコーパスが用意され，このコーパスを使った最初の出版物として刊行されたのがこの Collins COBUILD English Dictionary であった．
　1990 年代には「コンピュータ・コーパス言語学」という用語が生まれ (Leech (1992))，コーパスから得られる情報を用いた言語研究の推進に拍車がかかった．2009 年にはブリガムヤング大学の Mark Davies が，4 億語を収録した現代アメリカ英語コーパス (Corpus of Contemporary American English; COCA) やアメリカ英語歴史コーパス (Corpus of Historical American English; COHA) の公開を皮切りに，その後も，Corpus of Canadian English や Corpus of Global Web-based English (GloWbE) や Now Corpus など，数千万から十億単位の語数を収録する品詞タグ付きコーパスを次々と公開している．イギリス英語についても，British National Corpus (BNC) はよく知られるコーパスであるが，最近では，グラスゴー大学の SAMUELS プロジェクトが昨年，16 億語を収録する Hansard Corpus を公開した．わが国でも，国立国語研究所が，短単位語数で 180 万語規模の日本の古典作品に品詞タグ付けした「中納言」や，書籍・雑誌・新聞・白書・教科書・広報誌・韻文・法律・Yahoo ブログなど実に多様なソースから現代書き言葉を収録した 1 億語規模の「少納言」などの電子コーパスを次々と公開している他，本来その用途で作られたものではないものの，「国会議事録検索システム」もコーパスとして使

える機能を有している（松田 (2008))．

このような技術の進歩を受けて，MacMillan Dictionary のように，corpus に 2 つの定義を掲げる辞書も現れはじめている．

 (2) a. a collection of writing, for example all the writings of one person
   b. LINGUISTICS a collection of written and spoken language stored on computer and used for language research and writing dictionaries

また，Sinclair (2004) は，corpus について以下の定義を掲げ，言語研究のための電子化されたデータベースであって，代表性（representativeness）を満たしたものでなければコーパスではない，とまで言明している．

 (3) A corpus is a collection of pieces of language text in electronic form, selected according to external criteria to represent, as far as possible, a language or language variety as a source of data for linguistic research.

言うまでもなく，コーパスの定義変更やコーパスに収録されるべき情報量の爆発的拡大を引き起こす原因となったのは，1980 年代に世界に初めて登場し，21 世紀に入って世界中に爆発的に普及したインターネットである．パーソナル・コンピュータの普及とともに Google 社の検索エンジン技術が世界を席巻したことと，パソコンやスマートメディアに収納できるデータ量が爆発的に増大したことで，我々の生活や行動様式は大きく変わった．不特定多数の人がホームページやブログや SNS に書き込んだ情報を瞬時に検索できるようになり，電子書籍や音楽や画像がユーザーフレンドリーな環境で利用できるようになったことで，日常生活に必要なありとあらゆる情報をインターネットに依存する「総検索社会」や，ビッグデータの解析によってさまざまな社会現象を予測して対応する「サイバーフィジカル社会」が到来した．このような社会の変化は，我々の日常生活の様式やコミュニケーションの手段にとどまらず，研究者が研究に臨む姿勢や研究方法についての価値観までも大きく変えてきた．工学系や医学系の領域では，「ビッグデータ科学」と呼ばれる科学の新たな方法論が登場し，従来の仮説演繹法にもとづく科学と拮抗する地位にまで台頭しつつある．

言語研究におけるコーパス利用の拡大も，このようなグローバルな技術革新の中に位置づけられるべきものである．例えば，石川 (2008: 69) は，コーパ

スに基づく 2 タイプの言語研究の手法を，以下のように定義している．

> (4) 事前にしっかりした仮説を立て，それをコーパス実例で検証しようとする方向をコーパス準拠型研究（corpus-based study）と呼ぶ．逆に，コーパスのデータからもたらされた思いがけない発見や問題意識を出発点に，新しい仮説を作り上げてゆくことをコーパス駆動型研究（corpus-driven study）と呼ぶ．

このうち「コーパス駆動型研究」については，後述するように，その妥当性を疑う意見もあるものの，少なくとも「コーパス準拠型研究」については，生成文法研究者も含めて，多くの言語学者が，多かれ少なかれこれを実践する時代となっている．

このような背景を踏まえて，本書の編者 3 名が所属する東北大学大学院情報科学研究科は，2013 年 2 月に研究科内に「言語変化・変異研究ユニット」を立ち上げた．そのホームページでは，以下のようにユニットの設立主旨を謳っている（http://ling.human.is.tohoku.ac.jp/change/home.html）．

～～～～～～～～～～～～～～～～～～～～

本研究ユニットでは，自然言語の統語論・形態論・意味論・音韻論・英語史・言語類型論・方言学・社会言語学等を専門とする研究者が，それぞれの得意とする領域において，言語情報は歴史的にどのようなプロセスを経て現在の形へと変化して来たか，言語情報の中のどのような特徴が変化を受けやすいか，また，どのような特徴がいかなるレジスター・方言において変異として現れたり維持されたりしやすいか等を，大規模コーパスを用いて調査し，実験心理学・自然言語処理を専門とする研究者とも連携を諮りながら学際的な共同研究を推進します．そして，これを通して，自然言語の内在的特性のうち，従来の演繹的仮説と文献資料とフィールドワークと内省的言語知識のみにもとづいた理論言語学のもとでは必ずしも解明できていない自然言語の通時的変化と共時的多様性に関する特徴を解明するとともに，その成果を国内外に発信することを目指します．

～～～～～～～～～～～～～～～～～～～～

さて，この「言語変化・変異研究ユニット」の設立主旨と一見矛盾しているように聞こえるかもしれないが，本書の冒頭でお断りしておきたいこととして，本書の中で「コーパス」というとき，いわゆる「大規模電子コーパス」だけでなく，研究者個人が自身の研究目的で集めた，ある言語ないしは方言に関する比較的規模の大きいデータベース，OED のような辞書，幼児の発話（お

よび，それが発話された年月日など）を個人が長期間にわたって記録したものなど，社会通念上大規模と見なし得る言語データの集積（a large collection）をすべて含めることとしたい．つまり，Collins COBUILD が定義する（1）の意味でのコーパスの定義を採用したい．

　その理由は大別すれば3つあるが，そのいずれも，本書の編者3名が，ノーム・チョムスキーが1950年代に提唱し，その後，劇的に発展してきた生成文法理論（generative grammar）にその研究の基盤を置く言語学者であるということと関係がある．3つの理由のうちの1つめは言語変化ないしは言語変異の研究の目的とコーパスの関係についてであり，2つめは，内省的言語知識の抽出と言語運用の関係についてであり，3つめは言語変化と言語習得の関係についてである．1つめの論点には，コーパスの代表性（representativeness）の問題も含まれる．以下，これらについて，それぞれ2節，3節，4節で述べていきたい．

2. 言語変化・変異の研究目的とコーパス

　生成文法理論とは，すべてのヒトに遺伝的・生得的に備わっている言語知識としての「文法」の中味を解明しようとしている言語学の下位領域であって，生成文法理論の仮説のもとでは，「言語知識（competence）」と「言語運用（performance）」は区別される．

　この理論のもとでは，ヒトの言語の文法の骨格となる部分は言語知識または一般的な認知能力と言語計算体系の間の境界条件（interface condition）として生得的に付与されており，幼児は，当該言語に接した段階で積極証拠（positive evidence）に基づいて有限個のパラメータの値を設定するだけで，習得すべき母語に固有の文法を獲得できる，と考えられている（Chomsky (1981, 1995))．このパラメータ付きの普遍文法（Universal Grammar; UG）は，I 言語（I-language）とも呼ばれるが，この I 言語は外部からは観察できないので，あらゆる種類の言語データに基づいてそれについての仮説を立て，その仮説の確からしさを，内省的言語知識だけでなく，我々の言語運用に関するさまざまな情報に照らし合わせて検証することによって，必要ならば，より妥当な仮説へと修正していく，という自然科学の常套手段（仮説演繹法）が採られてい

る.[1] 以下の Chomsky (1986) の一節は，このことを端的に示している．[2]

 (5) "In practice, we tend to operate on the assumption, or pretense, that these informant judgments give us "direct evidence" as to the structure of the I-language, but this is only a tentative and inexact working hypothesis, ... In principle, <u>evidence concerning the character of the I-language and initial state could come from many different sources apart from judgments concerning the form and meaning of expressions: perceptual experiments, the study of acquisition and deficit or of partially invented languages such as creoles, or of literary usage or language change, neurology, biochemistry, and so on.</u> ... As in the case of any inquiry into some aspect of the physical world, there is no way of delimiting the kinds of evidence that might, in principle, prove relevant."

          (Chomsky (1986: 36-37)) (下線は編者)

ここで，I 言語の中味の解明に寄与する「証拠 (evidence)」には，内省 (introspection) ないしはインフォーマントの容認性判断 (informant judgments) に基づいて得られる言語情報だけでなく，(1) の意味でのコーパスから得られる言語情報も含まれる．なぜなら，「証拠」の中に含まれる the study of acquisition とか literary usage とか language change などに関する言語データは，内省によって得られるものではなく，むしろ，(1) の意味でのコーパスからのみ得られるものだからである．つまり，生成文法理論研究は，本来，内省的言語知識とコーパスの両方を含むあらゆる言語情報を証拠として言語知識の解明を進めるべきだ，という主張をチョムスキーは行っているのである．

 以上を踏まえて，もし，我々がコーパスを (2b) や (3) のような狭義の意味（つまり，電子テキスト化された大規模な言語データの集積のみをコーパスと見なす解釈）で用いることとしたり，「証拠」は内省や母語話者への実験ではなく電子化された大規模コーパスから得られたものを使わなければならないとすれば，どういうことが起こり得るかを考えてみたい．まず，本来有用な証拠の1つとなりうるはずの方言や消滅危機言語のデータや幼児の言語習得途上

---

[1] 仮説演繹法 (abduction) は，演繹法ではなく帰納法の一種である．詳しくは本書収録の大名論文，および，戸田山 (2011) を参照．
[2] Chomsky の記述に基づく本章での考察は，大名力氏の示唆（個人談話を含む）に負うところが大きい．大名（印刷中）および本書収録の大名論文も参照．

の発話データや文学作品などから得られるデータを，I 言語の解明に役立てることができないことになってしまうであろう．なぜなら，これらのデータを収録した大規模コーパスなどというものは，そもそも存在しないか，存在するとしても（著作権の問題や，データ入手の困難さなどの問題があって，）極めて限られるのが現状だからである．しかし，ここで「電子化」という条件を含まない (1) の定義を採用しておけば，証拠に使える言語データは量的にも質的にも格段に広がることになり，全体としては，現在流布している最大規模の電子コーパスに匹敵するかこれを凌ぐ量の言語データにもとづく研究ができることになる．その中には，言語学者の内省 (introspection) による「○○語では△△とは言えるが××とは言えない」といった容認性判断の結果を大規模に蓄積したものも含まれることになる．なぜなら，容認性判断も歴とした言語運用の結果だからである（以下の (11) を参照）．このように，量的のみならず質的にも多様な証拠を用いて I 言語の解明を行なうことのメリットは計り知れない．これを第一の理由として，本書では，コーパスを (1) の意味で定義しておきたい．

実際，近年の生成統語論研究では，個人間言語変異 (idiolectal variation) や方言差 (dialectal variation) や通時的言語変化や言語習得途上の幼児の発話の変化は，普遍文法の理論的研究に従来以上に大きく寄与しはじめているという側面がある．[3] 例えば，Kayne (2000) は，その提案する「ミクロパラメータ統語論 (microparametric syntax)」の中で，「言語間の統語的変異に注目することなしに，普遍的な統語原理の探求はできない (there is every reason to believe that the search for universal syntactic principles cannot proceed without close attention being paid to syntactic variation.)」と述べた上で，英語とフランス語のように類型論的にも地理的にも遠い言語同士を比較するよりも，フランス語とイタリア語の比較とか，イタリア語の複数の方言同士の比較のように，類型論的にも地理的にも近く，わずかな点でのみ異なっている複数の言語を取り上げ，それらが持つ特徴の束を比較する方が，パラメータの本質

---

[3] 言語変化や言語変異の研究自体の歴史は古い．例えば，文法化 (grammaticalization) という概念については，Meillet (1912) にまでその起源をたどることができるほか，言語変化を言語習得との関係で探った社会言語学的研究としては，Lavov (1972) が知られている．また，生成文法の領域でも，Kiparsky (1968) が言語の普遍性と言語変化の関係を論じているほか，Lightfoot (1979, 1991) が言語変化とパラメータ設定の関係を論じている．また，Harada (1971, 1976) は，日本語の主格属格交替現象の容認性についての内省判断に，地域差にも世代差にも還元できない個人間変異 (idiolect) があることを指摘し，これを，Kiparsky (1968) が提案する「単純化 (simplification)」と「規則の適用順序変更 (rule reordering)」を用いて説明している．

を特定しやすい,という考え方を提案している.[4]

(6) In the early to mid-1980s, it became apparent to me that a direct comparison of French and English raised difficult problems to a greater extent than direct comparison of French and Italian. In essence, in searching for clusters of properties, one must make decisions about what syntactic differences can plausibly be linked to what other syntactic differences. [...] The size of that set [= the set of plausible linkings] will of course be affected by the number of syntactic differences there are between the two languages in question. The more there are to begin with, the harder it will be, all other things being equal, to figure out the correct linkings.

(Kayne (2000: 4))

ここで重要なのは,互いに似通った文法を持っている複数の言語どうしのミクロな統語的変異の研究である「ミクロパラメータ統語論」において,(3) の意味でのコーパス(大規模電子コーパス)の利用可能性はほとんど期待できないけれども,(1) の意味でのコーパスなら利用可能だ,ということである.実際,本書に収録されている西山論文は,オーストロネシア語族のラマホロト語の助動詞の語順について共時的視点と通時的視点の両面から研究した論考であり,長野論文は,筆者自身がその母語話者である日本語博多方言と日本語標準語での終助詞の統語的性質の違いについて研究した論考であり,桑本論文は,筆者自身が連続テレビドラマでの登場人物の発言を記録して作った独自のコーパスをもとに行った若者言葉の特徴についての研究であり,秋月論文は,筆者が所有する漫画の中の「執事キャラクター」が発する言葉(いわゆる「執事語」)についての社会言語学的研究を含む.これらの論文はいずれも,電子的に収録された大規模コーパスに基づく研究ではないが,本書で採用する (1) の定義でのコーパスに基づく研究ではあるといえる.

---

[4] もちろん,生成統語論のもとで採用されているパラメータについては,ミクロパラメータのみを認めるという Kayne (2000) のような立場もあるが,そうではない立場もある.例えば,Snyder (2001) は,特定の機能範疇の形態統語的要請に還元できるミクロパラメータだけでなくマクロパラメータも必要であるとした上で,V と P の複合としての動詞小辞構文 (verb-particle construction) や V と A の複合としての結果構文 (resultative construction) などを許す言語であるかどうかを一括して決定するマクロパラメータとしての「複合語パラメータ (compounding parameter)」を提案している.また,Baker (2001) は,英語と西アフリカのエド語 (Edo) が,地理的にも類型論的にも無関係であるにもかかわらず共通の移動の制約をもつといった事実も,普遍文法の解明に寄与するという考え方を提示している.

単一言語の通時的変化について研究を行う上でも，コーパスについては（1）の定義を採用しておく方がよいと言うべき理由がある．ここで再び Kayne (2000) の記述を引用しておきたい．

(7) It is also clear that the study of minimal syntactic variation is bound to provide crucial evidence bearing on questions of diachronic syntax (which involves the study of minimally different stages in the evolution of the syntax of a language).

(Kayne (2000: 7))

　これは，例えば，アメリカ英語とイギリス英語やイギリス英語とオーストラリア英語のように共時的に似通っている 2 つ以上の英語の変異形を比較することで発見できるパラメータの有り様は，英語が，古英語から中英語，近代英語を経て現代英語に至った過程で，それぞれの時代の統語構造を決めるパラメータがどのように変化してきたかを解明する上での大きな助けになり得る，という主旨のことを述べたものである．[5] もちろん，言語変化について，COHA のような大規模コーパスから 10 年ごとの緩やかな言語変化の様相が確認できるようになった現在においては，この真逆のこともいえるだろう．つまり，（例えば，1900 年の英語と 1950 年の英語と 2000 年の英語のように）1 つの言語の非常に近い時代の異なる特徴が示すミクロな変化を調べることもまた，言語の共時的変異を生み出しているパラメータの本質を解明する一助になるはずである．
　では，このようなミクロな変異をもつ英語の異なる時代の特徴どうしの比較は，大規模電子コーパスだけを用いて行なうことが可能だろうか．確かに，中英語から近代英語にかけてのさまざまな作品を収録する International Computer Archive of Modern and Medieval English (ICAME) や Penn-Helsinki Parsed Corpus of Middle English, second edition (PPCME2) などの有名な大規模電子コーパスが英語史の研究では長年利用されてきたし，アメリカ英語に関しては，最近 200 年間の変化の様相を検索できる COHA が 2009 年に公開されたことで，ミクロな言語変化の傾向を捉えやすくなった．また，現代英語に関しても，BNC, COCA, Time Magazine Corpus を始めとして，数十年間の英語の段階的な変化を調査可能なコーパスが多数公開されている．しか

---

[5] 日本語学の領域でも，三宅 (2005: 61) は，言語の共時的変異を調べることによっても，通時的な言語変化である文法化の本質を解明できると主張しており，その骨子は Kayne (2000) がいう (7) のそれと同主旨であると思われる．

し，これらのコーパスが「代表性（representativeness）」を満たしているかどうかについては，「代表性」の定義そのものが不確定である以上，現段階で白黒をつけることはできないという問題があるようである．もしこれらが代表性を満たしていないならば，(3) の意味での大規模電子コーパスに含めることはできないであろう．

代表性について，McEnery et al. (2006) は以下のように述べている．

(8) the representativeness of most corpora is to a great extent determined by two factors: range of genres included in a corpus (balance ...) and how the text chunks for each genre is selected (sampling ...).

例えば，現代イギリス英語のコーパスが，仮にイギリスの新聞の英語だけを集めたものであるとすると，それは代表性を担保できているとは言い難いので，幅広い種類のテキストからバランスよくデータを収集してこなくてはいけないわけであるが，バランスの要因には，言語テキストに話し言葉もあれば書き言葉もある中で，両者の割合をどのように取れば母体となる現代イギリス英語の全体像をバランスよく取り込んでいると言えるのかといった問題が含まれる．また，サンプリングの要因とは，代表性を得るために，サンプルの単位として何を設定するか（典型的には，本，雑誌，新聞などの製品としての単位），そのような単位をリスト化する作業の範囲をどこまでに設定するか（特定の年への限定など），標本収集は完全なランダムにするかある程度の体系化を加えた上でのランダムにするか，といった理論的・実践的な問題が含まれる．そして，いずれにせよ問題なのは，これらの要因についてのある定義と別の定義の間の優劣を決定するための理論もなければ，検証法もないのが現状だということである．[6]

それにしても，現代アメリカ英語を 5 億語以上も収録した COCA や，過去 200 年程度のアメリカ英語を 4 億語も収録した COHA や，同じく過去 200 年程度のイギリス国会議事録を 16 億語も収録した Hansard Corpus であれば，仮にバランスやサンプリングの観点から多少の問題を残すとしても，その規模の大きさからして，これ以上規模を大きくしても語彙構成の割合は変わらないとされる「飽和した（saturated）状態」に達していると見ることもできるかもしれない．

---

[6] これについて，詳しくは，堀田隆一氏の「hellog 〜英語史ブログ」を参照．http://user. keio. ac.jp/~rhotta/hellog/2012-10-28-1.html

(9) Closure/saturation for a particular linguistic feature (e.g. size of lexicon) of a variety of language (e.g. computer manuals) means that the feature appears to be finite or is subject to very limited variation beyond a certain point.　　　　　(McEnery et al. (2006))

しかし，中英語期やそれ以前の英語について，同様に飽和状態になるまで多量のデータを集めたコーパスを作ることは難しい．何しろ，当時の話者が使っていた口語の標本を得ることはできないわけであるし，これらの古い時代の英語のコーパスを作るに際しては，コーパスの元をなすテキスト集合体そのものが，碑文，写本，印刷本，音声資料などに記されて，かつ，戦火や紛失を免れた歴史的偶然により現在まで保存されてきたものに限られるからである．実際，現存するこれらの作品は，書かれた地域がまちまちであって，当時のイギリス英語には地域ごとの方言差が極めて大きかったために，その地域のその時代の英語で書かれた文学作品や書き物がまったく残っていないという地域と時代のペアも珍しくないといい，「データの粗悪さの問題（Bad Data Problem）」と呼ばれる．このような状態では，いくらコーパスの規模が大きくなったとしても，当該のコーパスに代表性を担保するのは難しい．しかし，単一のコーパスからある時代の英語の特徴を確定することができない場合でも，複数のコーパスを併用したり，文献が残っている前後の時代の言語データと言語変化について既にわかっている一般的な性質を併用するなどして，ある程度は空白域の特徴を想像することができるという．また，異なる時代に作られた写本が数多く残っている聖書について，写本と原典の間で修正が施された部分を比較することで，同一内容の英語表現が時代を経てどのように変化してきたかを確認するという研究手法も注目されつつある．[7]

　同様に，日本語においても，例えば，13世紀頃成立したとされる"古典"的な「平家物語」と1593年に出版されたキリシタン資料「天草版平家物語」の比較は，ちょうど英語における聖書の複数の写本の比較と同様の意味で，言語変化の研究資料になり得るとされる（金水他（2011: 105-106））．しかし，日本語研究においても，13～14世紀頃の中央の音声言語を反映した資料が乏しいなどといった意味での「データの粗悪さの問題」は避けられない（金水他

---

[7] 堀田隆一氏と家入葉子氏の示唆による．本書の堀田論文，および，寺澤（2013）も参照．また，聖書を用いた英語史研究としては，写本比較とともに，原典の英語翻訳の通時的比較という手法もある．詳細は，Charzyńska-Wójcik（2013）を参照．また，すべての英語翻訳聖書間でテキスト対照比較できるサイトとしては，Bible Study Tools（http://www.biblestudy-tools.com/）も参照．

(2011: 97)).また，国立国語研究所からは，「竹取物語」「枕草子」「源氏物語」などに代表される平安時代の文学作品を 85 万語余，「方丈記」「徒然草」「今昔物語集」などの鎌倉時代の文学作品を 71 万語余，室町時代の「虎明本狂言集」から 23 万語余（いずれも短単位語数）を収録している「中納言コーパス」，18〜19 世紀の曲亭馬琴による作品群を中心に収録している「ふみくらコーパス」，19 世紀以降の大衆誌である「太陽」「女学雑誌」「婦人倶楽部」などから 148 万語余を収録した「太陽コーパス」「近代女性雑誌コーパス」「国民之友コーパス」「明六雑誌コーパス」などが公開されている．公開されている一つ一つの歴史コーパスが単体で，Sinclair (2004) が言う意味での代表性を担保されているという保証はないが，これら複数のコーパスを併用することで，過去 1000 年間の日本語の変化の特徴は，数年前に比べて格段に把握しやすくなっている．実際，もともとは英語やヨーロッパ諸語の史的研究の中で精緻化されてきた「文法化（grammaticalization）」(Maillet (1912)) や「構文化 (constructionalization)」(Himmelmann (2004)) といった概念を用いて説明すべき言語変化が日本語でも実際に起こっていたことが徐々に明らかになりつつある（秋元・青木・前田 (2015)）．これらの成果の中には，電子コーパスの登場以前から日本語学の分野で続けられてきた地道な研究の成果も多いのだが，[8] 今後は，ここに電子コーパスという強力な道具が追加されることで，日本語の通時的文法変化の研究は加速していくことが予想される．しかし，これらの研究がさらに発展していくためには，(1) の意味でのコーパスの定義を採用した上で，現存する複数のコーパスから断片的に見えてくる言語変化の事実を繋ぎ合わせることによって，言語変化の全体像の解明に迫ろうとする試みが合理的な研究手法として容認され広く浸透することが前提となる．(3) の意味での代表性を担保された電子化コーパスだけが言語研究に利用可能という立場に立ったのでは，コーパスを用いた言語変化についての理論的研究は，永遠に不可能なのである．

3. 内省的判断とコーパス利用の相補性

　生成文法の研究者はしばしば，母語話者の内省によって得られる容認性判断にもとづいて I 言語の仕組みについての仮説を提案するが，その内省に基づく言語情報とコーパスから得られる言語情報の関係については，すべての言語学者の間で正しい認識が共有されているとはいえない状況にある．特に，言語

---

[8] 日野 (2001)，青木 (2010) なども参照．

学者が生成文法を批判する際に,「生成文法は内省ばかりを重視し,言語運用の実体(ないしは,観察可能な言語現象)を重視していない」という形で現れることがある. 例えば,Leech (1992) の以下の一節を見てみよう.

(10) In terms of Chomsky's well-known dichotomy, it [=CCL, computer corpus linguistics] concentrates on linguistic performance rather than linguistic competence, and in this respect reverses Chomsky's own conviction that the primary subject of linguistics is the native speaker's mental competence, rather than its physical manifestation in language use. Chomsky has often emphasised the difficulty of relating competence to performance, and in recent years (Chomsky 1988: 45; Cook 1988: 12) has accentuated the distinction still further, by characterising "internal language" (I-language) and "externalised language" (E-language) as two opposed views of what linguistics studies. I-linguistics studies language as a mental phenomenon (cf. competence), and therefore has a categorically different domain of study from E-linguistics, which studies language in terms of observable phenomena (cf. performance) outside the mind. Chomsky has made clear that his preference is in the study of I-language, even though this study inevitably relies on highly indirect, if not speculative inferences about what goes on in the human mind. However, in contrast to this, it can be argued on behalf of CCL that language performance is abundantly observable, that its study is more obviously useful than that of competence to most applications of linguistics (e.g. in education, in translation, and in natural language processing).

(Leech (1992: 107-108)) (下線は編者)

しかし,I 言語研究についてのこのような認識と批判が的外れであることは,(5) とともに Chomsky (1986) の以下の一節を読むだけでも自明であろう.

(11) In actual practice, linguistics as a discipline is characterized by attention to certain kinds of evidence that are, for the moment, readily accessible and informative: largely, the judgments of native speakers. Each such judgment is, in fact, the result of an experiment, one that is poorly designed but rich in the evidence it pro-

vides.　In practice, we tend to operate on the assumption, or pretense, that these informant judgments give us "direct evidence" as to the structure of the I-language, but, of course, this is only a tentative and inexact working hypothesis, and any skilled practioner has at his or her disposal an armory of techniques to help compensate for the errors introduced.　<u>In general, informant judgments do not reflect the structure of the language directly</u>; judgments of acceptability, for example, may fail to provide direct evidence as to grammatical status because of the intrusion of numerous other factors.　The same is true of other judgments concerning form and meaning.　These are, or should be, truisms.

(Chomsky (1986: 36))（下線は編者）

この記述は,「母語話者の内省的判断によって得られる言語データは,容易に入手でき,それなりの情報量もある (readily accessible and informative) 点でI言語探求の際の証拠となりうるものの,それらが言語の構造を直接反映しているわけではないという点に注意が必要だ」ということを述べた一節であるが,ここで重要なのは,母語話者による内省的判断の結果は,言語知識そのものを見ているわけではなく,言語運用の結果を見ているのだ,ということである.もとより,コーパスに収録された(言い間違いや省略などを含む)言語データも言語運用の結果である.ということは,内省を利用する言語学とコーパス言語学は,いずれも言語運用の結果を証拠として用いるという点においても,言語事実をもとに研究を行っているという点においても,本質的な差はないのである.もちろん,一人の生成文法研究者が,内省という言語運用(実験)によって得る言語知識に関する(間接的な)証拠の量は,コンピュータ・コーパス言語学 (computer corpus linguistics; CCL) に従事する研究者が大規模コーパスを使って得る言語知識に関する(間接的な)証拠の量に比べれば少ないかもしれない.[9] しかし,コーパスから得られる言語運用の結果が言語知識そのものとどういう関係になっているかがわからない以上,対象とするデータ

---

[9] また,生成文法研究者は,コーパスからは一例も見つからないような事例を,自身が提案する仮説の証拠として使うことも少なくなく,これについての批判を聞くこともある.しかし,これは,生成文法が統語構造を研究していることと,現在のところ統語構造についてのタグを付与されたコーパスが存在しないことから来る必然的な帰結であって,生成文法の問題というより,コーパスの問題だといえるであろう.また,生成文法理論のもとでも,分散形態論が関係してくる主要部領域の問題を論じるときには,コーパスは大いに有用である場合がある.本書の小川論文や,Ogawa (2014) を参照.

が比較的大きいというだけの理由で，CCL が，内省に頼る生成文法よりも，言語学の応用において有益（more obviously useful）であるとみなすべき根拠は何もない．また，(5) に示すように，Chomsky はコーパスの利用が不可欠な通時的変化や言語習得などからの証拠も I 言語の解明に役立つとしており，これらの領域のコーパスデータは日進月歩で増えているのであるから，証拠とするデータ量の点においても，ひょっとしたらコーパス言語学と生成文法は大差ないかもしれないのである．[10] Chomsky (1965) の以下の一節も見ておきたい．

(12) There is, first of all, the question of how one is to obtain information about the speaker-hearer's competence, about his knowledge of the language. Like most facts of interest and importance, this is neither presented for direct observation nor extractable from data by inductive procedures of any known sort. <u>Clearly, the actual data of linguistic performance will provide much evidence for determining the correctness of hypotheses about underlying linguistic structure, along with introspective reports</u> (by the native speaker, or the linguist who has learned the language). This is the position that is universally adopted in practice, although there are methodological discussions that seem to imply a reluctance to use observed performance or introspective reports as evidence for some underlying reality.　　　　　　　　　　(Chomsky (1965: 18-19))（下線は編者）

たしかに，生成文法理論は，その草創期において，当時の主流であったアメリカ構造主義言語学を否定する文脈で，コーパスの有用性を全否定したという歴史がある．また，Chomsky は最近でも，「コーパス言語学（corpus linguistics）」というものについての懐疑的な考え方を，以下の Józseef Andor とのインタビューにおいて表明している（Andor (2004))．[11]

(13) **Andor**: In the course of the past few decades, corpus-based approaches to linguistic analysis have gained more and more ground, with the aim of making linguistic analyses look more realistic, empirically based, and empirically adequate. Your scope of interest,

---

[10] 内省と言語運用の関係については，本書収録の大名論文や大名（印刷中）も参照．
[11] このインタビュー記事の存在を指摘してくださった縄田裕幸氏に感謝する．

however, so far, has not attributed significant importance to such types of analysis. Why? I ask.
Let me inquire about your current view about corpus-based linguistic description and theorizing, an amazingly developing field ...
（以下略）

Chomsky: Corpus linguistics doesn't mean anything. It's like saying [...] suppose physics and chemistry decide that instead of relying on experiments, what they're going to do is take videotapes of things happening in the world and they'll collect huge videotapes of everything that's happening and from that maybe they'll come up with some generalizations or insights. Well, you know, sciences don't do this. But maybe they're wrong. Maybe the sciences should just collect lots and lots of data and try to develop the results from them. Well if someone wants to try that, fine. They're not going to get much support in the chemistry or physics or biology department. But if they feel like trying it, well, it's a free country, try that. We'll judge it by the results that come out. So if results come from study of massive data, rather like videotaping what's happening outside the window, fine—look at the results. I don't pay much attention to it.（以下略）

(Andor (2004: 96-97))（下線は編者）

しかし、この Chomsky の主張は、彼自身が Aspects の中で述べた (12) の主張や Knowledge of Language の中で述べていた (5) や (11) の主張と決して矛盾するものではないし、(4) の意味での「コーパス準拠型研究」そのものを否定しているわけでもない。むしろ、ここで彼が言いたいのは、コーパスから集めてきた大量のデータから言語事実についての傾向とか一般化がわかったとしても、それを言語知識（I 言語）そのものと同定することはできないし、そのように考えることは従来の科学の方法論とは相容れない、と言っているだけなのである。同様の趣旨は、Chomsky (2013) の以下の一節からも読み取ることができる。

(14) UG ("universal grammar") in the technical sense of the generative enterprise is not to be confused with descriptive generalizations about language such as Joseph Greenberg's universals, a very important topic that has given rise to much valuable inquiry, but a dif-

ferent one. [...] the principle of UG, whatever they are, are invariant, and are typically not exhibited directly in observed phenomena, much as in other domains. [...] <u>In contrast, descriptive generalizations should be expected to have exceptions, because many factors enter into the observed phenomena. Discovery of such exceptions is often a valuable stimulus for scientific research.</u>

(Chomsky (2013: 35))(下線は編者)

ここでは，Greenberg の一般化のような通言語的一般化が UG そのものとは異なることを認めつつ，その一般化や，そこに偏在する例外の発見が，UG の探求にとって有益であることを認めている．つまり，（コーパスも含む）大規模データから得られる記述的一般化やその例外は，言語知識（I 言語）についての仮説を軌道修正する上で役立てることはあっても無視すべきものではないのであって，前者（自然言語についての記述的一般化）を得るための手段の 1 つとしてのコーパスの利用価値が否定されているわけでもないのである．

このような認識は，生成文法の研究についてのみ当てはまるものではなく，人間の言語能力を解明しようとしているあらゆる認知科学の研究者に当てはまるものである．例えば，構文文法（construction grammar）の研究者である深谷輝彦氏も，その 2001 年の論考の中で，次のように述べている．

(15) 母語話者が有する言語直感に依存する言語学者を「思弁型言語学者」と呼ぶ．他方，言語直感を否定し，もっぱらコーパスによる言語分析を押し進める Sinclair のような言語学者を「コーパス型言語学者」と呼ぼう．すると，Fillmore はその中庸をいく．すなわち，直観とコーパスの両方が必要だと主張する．Fillmore 自身自らに「コンピュータ援用思弁型言語学者（computer-aided armchair linguist）」というニックネームをつける．
(中略)
しかし，コーパスから得られるのは，あくまで分析されていない大量のテクストにすぎない．それをフレーム意味論という枠組みで整理してこそ，その語が取る意味の世界を描ける．そしてそのために，英語話者の直観が必要となる． (深谷 (2001: 544))

言語理論と内省とコーパスが噛み合ってはじめて言語知識の解明が進むのであって，大規模コーパスと内省の優劣を議論してみても，意味はないのである．

上記 (15) の中で Charles Fillmore が自分自身のことを computer-aided armchair linguist と呼んでいるのは，Fillmore (1992) の冒頭の以下の一節である．ここで armchair linguist（上記で「思弁型言語学者」と訳されるもの）は，内省のみによって研究を進める生成文法研究者の極端な例として Fillmore が挙げている架空の言語学者のことである．この一節は，生成文法研究者もコーパスを活用することの必要性を，生成文法の代表的研究者が説いているという意味において意義が大きいので，部分的な引用によって誤解を与えぬよう，敢えて，関係する全文を省略なしに紹介しておきたい．

(16) Armchair linguistics does not have a good name in some linguistics. A caricature of the armchair linguist is something like this. He sits in a deep soft comfortable armchair, with his eyes closed and his hands clasped behind his head. Once in a while he opens his eyes, sits up abruptly shouting, "Wow, what a neat fact!", grabs his pencil, and writes something down. Then he paces around for a few hours in the excitement of having come still closer to knowing what language is like. (There isn't anybody exactly like this, but there are some approximations.)

Corpus linguistics does not have a good name in some linguistics circles. A caricature of the corpus linguist is something like this. He has all of the primary facts that he needs, in the form of a corpus of approximately one zillion running words, and he sees his job as that of determining the relative frequencies of the eleven parts of speech as the first word of a sentence versus as the second word of a sentence. (There isn't anybody exactly like this, but there are some approximations.)

These two don't speak to each other very often, but when they do, the corpus linguist says to the armchair linguist, "Why should I think that what you tell me is true?", and the armchair linguist says to the corpus linguist, "Why should I think that what you tell me is interesting?"

This paper is a report of an armchair linguist who refuses to give up his old ways but finds profit in being a consumer of some of the resources that corpus linguists have created.

上記の Fillmore の一節は，内省的言語知識だけでは解明できないものでも，

多少コーパスを併用することによって解明できるものがあるということを認めた上で，いわゆる思弁型言語学者である自分も，コーパスを活用して言語研究を進めていきたいという決意を述べたものである．

ところで，本書の編者3人が運営している「言語変化・変異研究ユニット」も，このFillmoreの考え方を共有しており，それが有効なところでは大規模コーパスも活用しつつ，内省的言語知識が有効なところではもちろんそれも活用しつつ，人間の言語知識の解明を目指している．もっとも，COHAやOEDなどの歴史コーパスが示す言語変化の様相は，内省によっては得られないので，言語の通時的変化を研究するにあたっては，コーパス活用の頻度は共時的研究の場合より当然高まることになる．

それゆえに，言語変化や言語変異の諸相をコーパスを使って調べようとする場合に避けられない，コーパスの限界（ないしは，上述の「代表性」の問題以外の未解決の問題）というものにも触れておかねばならない．まず第一は，著作権の問題である．いくら紙媒体での大規模な言語情報があったとしても，小説などの作者が生存している場合や，死後50年が経過していない場合には，著作権によってその作者の作品は保護されているため，電子コーパスに勝手に取り込んで無料で公開することはできない．[12] 例えば，国内の小説を大量に収録している「青空文庫」をコーパスとして利用することができるが，上記の著作権の問題があるため，ここには，2016年の現時点では，1966年以降に刊行された作品や，いまも生存している作家の作品は，著者の許可が得られたごく少数を除いては収録されていない．[13]

第二に，必要な情報をユーザーフレンドリーな方法で入手できるコーパスばかりではない．例えば，国立国語研究所が公開している現代書き言葉均衡コーパス「少納言」は，「コーパスの構築にあたっては，全サンプルについて著作権処理を実施し」ていると明記した上で，1971年から2005年までの書籍・雑誌・新聞などの刊行物からの8000万語ほどとYahoo!知恵袋とYahoo!ブログの書き込みからの2000万語ほどを収録している1億500万語規模のコーパスである．また，「国会議事録検索システム」は，本来言語研究のために作られたものではないが，政治家の公的発言に著作権は発生しないので，豊富な言語データが含まれるだけでなく情報の追加も随時行なわれているので，これを

---

[12] Google Booksは最近の書籍でも読むことができるが，当該書籍をファイルとしてダウンロードできないようにすることで，著作権問題をクリアしているものと思われる．

[13] そればかりか，環太平洋経済連携協定（TPP）の著作権条項をめぐり，著作権保護期間が70年に延長される可能性がある中で，その公開される作品の範囲が大幅に狭まるのではないかとの懸念もある．

コーパスとして用いることができる．しかし，これらのコーパスには，レジスターごと，年代ごとの収録語数が区分されて表示されていないので，COHAや COCA のように PER MIL で示される 10 年ごとの使用頻度の変化を検索によって確認することはできないし，そこに収録されたデータに品詞タグが付されていないので，歴史コーパスとしては COHA ほど使い勝手はよくないという欠点がある．

　第三に，コーパスを用いてある言語表現の頻度の変化を調べようとする場合，どんなにユーザーフレンドリーなコーパスであっても，単にそれを使って当該文字列を検索した結果を無批判に受け入れるのは危険であり，検索結果の実例は 1000 例程度であれば，それをすべて目視で確認する必要があると言われる．しかし，例えば「少納言」でこれを実行しようとしても，頻度の多い用例については，無作為に選ばれた 500 例のみが表示されるのみなので，このような確認ができない場合がある．

　特に現代日本語のコーパスは，まだ英語のコーパスほどその利便性の改良が進んでおらず，著作権に関する考え方もアメリカとは異なるので，現状には，まだ上記のようなさまざまな不都合がある．したがって，過去 50 〜 100 年程の現代日本語における言語変化（実際，この領域でも，興味深い変化は多々あるのであるが）を調査分析の対象にしようとすれば，大規模電子コーパスも多少の参考にはなるものの，研究者が自分の眼と手を使って地道に集めたデータから成る (1) の意味でのコーパスか，内省に頼る研究の方が，はるかに確度の高い記述的一般化を得やすいといえよう．[14, 15]

---

[14] COHA にも問題が全くないとは言い切れない．これは電子コーパス全般に言えることだが，コーパスが本来満たしているべき「代表性」を果たして COHA が満たしているのかどうかは定かでないし，例文によっては必ずしも正しい品詞タグがついているとは言えない事例も散見される．また，テキスト全体を見ていると，(Problems with text?) という注意書きが付されているものが少なくなく，これらの事例のいくつかを読むと，実際，原典の書き間違いなのかデータ取り込みの際のミスなのか判別がつかない間違いが見つかる．したがって，これらの間違いの例を無視できるくらいに高頻度の構文や語彙についての通時的変化の特徴を問題にする場合でなければ，COHA の検索結果を言語変化の証拠に用いることはできないと思われる．

[15] 一方で，内省による容認性判断を複数集めてコーパスとする場合には，その結果を，地域差，年齢，性別，社会階層，またはそれらの複合を原因とする個人間変異 (idiolectal variation) が左右することに注意しなければならない．この問題についての先駆的な研究としては，Harada (1971, 1976) がある．また，生成統語論の研究者が人工的に作例した例文について，複数のインフォーマントに尋ねた結果が食い違う場合に当該文の容認性を推定するための心理言語学的手法については，Bard, Robertson and Sorace (1996) なども参考になる．

4. 言語獲得研究におけるコーパス

言語変化の研究は，言語習得の研究と無関係ではない．というのも，言語変化の中には，言語接触 (language contact) によるものと並んで，言語習得過程で親の世代の文法を子の世代が引き継ぐ際に，内容が微妙に変化することによるものもあるからである．Harada (1971: 36) の以下の一節は，このことを（当時の理論的枠組みの中の用語を用いているとはいえ，現代の理論にも通用する形で,）端的に言い表している (Lavov (1972: 178) も参照).

(17) On the basis of a host of other instances of diachronic change in the same direction, Kiparsky (1968) argued that the simplification of grammar should be regarded as another major mechanism for diachronic change. The simplification of a grammar as he puts it takes either the form of elimination or (a part of) a rule or the form of rule reordering.
[...]
It seems that the cause of such a simplification lies in the fact that a child acquires his native language through "constructing the simplest (optimal) grammar capable of generating the set of utterances, of which the utterances heard by the child are a representative sample. Notice that the set of data available for the child is inevitably restricted in size and often degenerate in quality. Since the child constructs the optimal grammar that is consistent only with the original data, the grammar he constructs needs not be identical to the grammar that adults have constructed.

幼児の言語習得過程での発話の種類や頻度は，その月齢や年齢に応じて劇的に変化する．この月齢ごとの変化は，言語の歴史的変化とは区別されるが（大津 (2002: 236))，その発話の特徴や変化もミクロステップの変化の連続であり，そこから普遍文法に付随するパラメータの本質に迫る研究は「ミクロパラメータ統語論」の一種であるといえる．

幼児の発話の種類と頻度から特定の文法知識の獲得の有無や順序を研究しようとする研究者は，一般的に「心理言語学者」と呼ばれる．この立場からの研究は，大規模コーパスが登場するはるか前から実践されてきたが，現在では，MacWhinney and Snow (1985), MacWhinney (2000) によって公開されている Child Language Data Exchange System (CHILDES) という大規模コー

パスが広く使われるようになっている。[16] 例えば, Stromswold (1996) は, CHILDES を使っての言語獲得理論の研究の利点について, 以下のように述べている.

(18) Since at least the early part of the 20th century, researchers have investigated language acquisition by analyzing children's spontaneous speech. During the first half of this century, a number of psychologists kept diaries in which they recorded details about children's language development, particularly children's acquisition of vocabulary items. [...]
Working without the aid of computers, these researchers made remarkably rich, accurate, and robust discoveries about how children acquire syntax. In the 1980s the widespread availability of inexpensive computers and optical scanners made it possible to put into computer-readable format the transcripts of children's spontaneous speech collected by these and other researchers (see MacWhinney and Snow 1985 for a description of the Child Language Data Exchange System or CHILDES). The availability of computer-readable transcripts has greatly increased the number of researchers who use children's spontaneous speech data to refine or test theories about the acquisition of syntax.
[...]
Another potential problem with spontaneous speech studies stems from the fact that most spontaneous speech studies are longitudinal investigations of the linguistic development of a small number of children. The implicit assumption underlying such studies is that the syntactic development of all children is essentially the same and, therefore, that it is perfectly acceptable to study just one or two children. The conclusions drawn from in-depth studies of a few children's spontaneous speech will be flawed if the assumption is incorrect and the syntactic development of the particular children being studied is unusual. If a large number of children are studied, one is less likely to encounter this problem. The availability of

---

[16] http://childes.psy.cmu.edu

longitudinal, computer-readable transcripts of children's spontaneous speech makes it feasible for researchers to do in-depth longitudinal studies of many children.

(Stromswold (1996: 23-25)) (下線は編者)

これは要するに，「幼児の言語獲得研究のソースとなるデータは，幼児1名や2名の自発的発話の個人的な記録をもとに行なうことも可能ではあるが，コンピュータで読める大量のデータが利用可能になったことで，1名や2名の幼児の発話に基づく小規模コーパスでは必ずしも保証されていない「代表性」が担保されやすくなった」ということである．しかし，では，CHILDES が (3) の意味での「代表性」を満たしているかというと，その保証はどこにもない．何しろ，例えば CHILDES から，個人を特定した形で1年以上の長期間にわたる継続的な発話記録を公開されている日本語習得途上の幼児は，この原稿を校正している 2016 年 10 月 17 日の時点でまだ 11 人しかいないからである．[17] これが，コーパスと言語習得の関係で本書が (1) の定義を採用する理由である．

では，例えば英語のように，より多くの幼児の発話が収録されている言語の研究において CHILDES を使う際には，どのような問題点があるだろうか．

Stromswold (1996: 27) は，CHILDES を用いて幼児の言語獲得過程の研究をする際の注意点について，まず，以下のような趣旨のことを述べている．

(19) 言語習得の理論研究において，データを大量に集めて，その集めたデータと矛盾のない理論を構築するようなことをしてはならない．

これは換言すれば，幼児の言語習得に関する「コーパス駆動型研究」は妥当ではない，ということである．また，Stromswold (1996: 38) は以下のような趣旨のことも述べている．

(20) コーパスからわかる特定の言い誤りの頻度変化だけに基づいて，発達のある段階から次の段階に移行したと主張することはできない．行われる研究の中味によっては，発話の平均的な長さや，特定のタイプの誤りや統語的構文の出現時期などの別の要因を考慮に入れな

---

[17] この 11 人の中には，本書の編者の一人である小川の長女も含まれる．詳細については以下の URL を参照していただきたい．
http://childes.psy.cmu.edu/access/Japanese/

ければならない場合もあるからである.[18]

　幼児の言語能力の発達段階を測る指標として，具体的には，Stromswold は以下の (21a-c) の3つの基準を提案した上で，ある構文の（模倣ではない）最初の発話時期 (=(21a)) を基準とするのが最も妥当なものであろうと述べている.

(21) a. Age of first use was defined as the age at which a child first used a clear, novel example of a construction, and both imitations and routines were excluded.
　　 b. Age of repeated use was the age by which a construction either had appeared five times or had appeared twice in one month, whichever occurred earlier.
　　 c. Age of regular use was the age at which a child began to use a construction regularly. This was determined by graphing the number of occurrences of a construction and visually inspecting the graph for points of inflection.
　　 d. None of these measures is perfect. The age of first use is the most sensitive measure of acquisition because it measures the earliest age at which a child could be said to have acquired a construction. As such, it should be less affected by performance constraints than measures of acquisition that require repeated or regular use of a construction.

(21a-c) はあくまでも Stromswold の見解であり，(21d) に述べるように，この領域でも絶対的に正しい基準が確立しているわけではない．これは，しかるべき理由があれば，(21b) や (21c) やこれ以外の基準を用いて構文習得の時期を特定することもできるということである．また，同論文では，例えば，複数の構文が同時に習得されたという予測（clustering prediction）や，ある構文が別の構文よりも早く習得されたという予測（ordering prediction）を検証するために，何人の幼児の発話を分析すればよいかについての統計学的な理由付けも述べられているなど，コーパスに基づく定量的研究を行う上での示唆に富んでいる．紙幅の都合から，本章ではこれらについて詳しく紹介することはできないが，興味のある読者はぜひ原著にあたっていただきたい．

---

[18] この指摘は，共時文法の研究についての上記の深谷 (2001) の指摘 (15) と相通じるものである．

5. 強力な道具としてのコーパス

最後に，再び Kayne (2000) の一節を引用したい．Kayne は，マイクロパラメータ統語論 (MPS) について，以下のようにも述べている．

(23) Microparametrix syntax is a powerful tool, whose growth is perhaps to be compared with the development of the earliest microscopes, that allows us to probe questions concerning the most primitive units of syntactic variation. And since the invariant principles of UG can hardly be understood in isolation from syntactic variation, this tool promises to provide invaluable evidence that will shape our understanding of those principles themselves.

(Kayne (2000: 9)) (下線は編者)

ここで，MPS が科学（または化学）の黎明期における顕微鏡に例えられ，生成文法研究者が言語変化・変異の理由の解明に取り組む際には，MPS が UG の解明のための強力な道具 (powerful tool) になり得ると述べられているが，その後 20 年にわたって続いている Kayne の一連の研究は，ミクロパラメータ統語論を，黎明期から成熟期にまで押し上げるような成果を蓄積して来た．同様に，特に内省が働かない時代に起こった言語変化や言語習得などの領域における言語データの収集と分析においては，コーパスを用いた UG の解明という試みは，まだ現段階では理論言語学と言語工学の融合の黎明期にあるといえるかもしれない．また，内省が万能ではないように，コーパスも万能ではない．しかし，上記の認識を踏まえて上手に使う限りにおいて，コーパスもまた，MSP 同様，言語変化や言語変異の研究，ひいては，I 言語の研究を推進する上での強力な道具になることは間違いない．その意味で，生成統語論を含むあらゆる理論言語学を専門とする本書の読者の中に，Fillmore のような「コンピュータ援用思弁型言語学者」が少しずつでも増えていくことを期待したいし，コーパスの工学的側面の専門家には，開発者ごとにタグ付けの仕様などが異なることによる現在の弊害を解消し，いまよりもさらにユーザーフレンドリーなコーパスを開発していただくことで，理論言語学者の一助になっていただけることを期待したい．

6. 本書の構成

コーパスが言語変化・変異の理論にどのように貢献するかについて，その可

能性を探る本書は，大別して5つの領域から，27人の手に成る（本章以外に）24編の論文を収録している．まず，次章は，長年，英語の文法化現象を研究され，その知見と多大なご業績をもって国内外での英語史研究の裾野を広げて来られた秋元実治先生に特別寄稿を快くお引き受けいただいた．これ以外の23編は，〈Part I：英語の構文変化とコーパス〉，〈Part II：日本語の構文変化とコーパス〉，〈Part III：日英比較・方言研究・言語類型論とコーパス〉，〈Part IV：言語習得とコーパス〉，〈Part V：コーパス・自然言語処理の現状と課題〉の5つのパートのいずれかに収録することとした．

〈特別寄稿〉秋元
〈Part I：英語の構文変化とコーパス〉
　　家入・大室・金澤・久米・縄田・保坂・堀田・柳・山村
〈Part II: 日本語の構文変化とコーパス〉
　　秋月・菊地・桑本・小菅・新沼＆木戸
〈Part III: 日英比較・方言研究・言語類型論とコーパス〉
　　小川・島田・長野・西山
〈Part IV: 言語獲得とコーパス〉
　　杉崎・深谷
〈Part V: コーパス・自然言語処理の現状と課題〉
　　大名・坂本・福原＆松林＆乾

　本書全体として射程に収める現象は歴史言語学，統語論，意味論，形態論，言語獲得（心理言語学），言語類型論・方言研究，社会言語学，コーパス論（とでも呼ぶべきもの），自然言語処理，自動翻訳技術ときわめて多岐にわたる上，各論文も数行で要約できるような内容ではないので，紙幅の都合もあり，本章では，各論文の内容紹介は割愛させていただく．
　ただし，重要なこととして，本書への寄稿者のすべてが，編者のように生成文法理論を基盤とした言語研究に従事している方ではなく，すべてが言語変化・変異の研究をされている方でもない，ということは強調しておきたい．むしろ，生成文法理論と部分的に相容れない仮説を採用する言語理論に依拠した言語研究をされている方や，コーパスの専門家，自然言語処理の専門家も含まれる．敢えてそのような立場の方にも今回ご寄稿いただいているばかりでなく，先述した「言語変化・変異研究ユニット」のメンバーとしてもご参画いただいているのは，コーパスという日進月歩の強力な道具を用いて言語の理論的研究を進めようとすれば，自分が軸足を置く特定の言語理論の考え方やデータ分析の手法のみならず，近隣分野や，時には対抗分野の意見・考え方にも真摯

に耳を傾けつつ，批判すべきは批判し，受入れるべきものは受け入れるという柔軟な態度で研究に臨むことが不可欠だと考えているからである．もちろん，それぞれに異なる基盤に立つ複数の言語学者が，簡単に融合したり協同したりできると考えるほど楽観的でいるわけではないのだが，閉じた専門家集団の中だけで何年も議論を重ねても埒が開かなかった問題に対して，異なる血が混じり合うことで，お互いに刺激を受けたり，新しい視点から問題解決の糸口が見出されたということは，一般によくあることではないかと思う．

　実際，「言語変化・変異研究ユニット」は，当初，16名からスタートし，過去3年の間に開催したワークショップや公開講演会などを通して，言語変化・変異についての考え方やコーパス開発の現状と問題点を共有することができただけでなく，本年4月にはリニューアルし，総勢30人のメンバーで向こう3年の活動を行っていく予定である．本書への寄稿者も，そのほとんどが，リニューアルした「言語変化・変異研究ユニット」のメンバーであるが，他にも，本年4月からは，心理言語学や日本語学や言語類型論が専門の方にもご参画いただいており，今後も，ワークショップや公開講演会を定期的に開催予定である．「言語変化・変異研究ユニット」の活動には，今後ともご注目いただきたい．

参考文献

秋元実治・青木博史・前田満（編著）(2015)『日英語の文法化と構文化』ひつじ書房，東京．
青木博史 (2010)『語形成から見た日本語文法史』ひつじ書房，東京．
Andor, Józseef (2004) "The Master and His Performance: An Interview with Noam Chomsky," *Intercultural Pragmatics* 1, 93–111.
Baker, Mark C. (2001) "The Natures of Nonconfigurationality," *The Handbook of Contemporary Syntactic Theory*, ed. by Mark Baltin and Chris Collins, 407–438, Blackwell Publishers, Oxford.
Bard, Ellen Gurman, Dan Robertson and Antonella Sorace (1996) "Magnitude Estimation of Linguistic Acceptability," *Language* 72, 32–68.
Charzyńska-Wójcik, Magdalena (2013) *Text and Context in Jerome's Psalters: Prose Translations into Old, Middle and Early Modern English*, Wydawnictwo KUL, Lublin
Chomsky, Noam (1965) *Aspects of the Theory of Syntax*, MIT Press, Cambridge, MA.
Chomsky, Noam (1981) *Lectures on Government and Binding*, Foris, Dordrecht.

Chomsky, Noam (1986) *Knowledge of Language: Its Nature, Origin and Use*, Praeger, New York.
Chomsky, Noam (1995) *The Minimalist Program*, MIT Press, Cambridge, MA.
Chomsky, Noam (2013) "Problems of Projection," *Lingua* 130, 33-49.
Fillmore, Charles (1992) "'Corpus Linguistics' or 'Computer-aided Armchair Linguistics'," *Directions in Corpus Linguistics: Proceedings from a 1991 Nobel Symposium on Corpus Linguistics*, 35-60, Mouton de Gruyter, Dordrecht.
Harada, Sin'Ichi (1971) "*Ga-No* Conversion and Idiolectal Variations in Japanese,"『言語研究』65, 25-38.
Harada, Sin'Ichi (1976) "*Ga-No* Conversion Revisited: A Reply to Shibatani,"『言語研究』70, 23-38.
Himmelmann, N. (2004) "Lexicalization an Grammaticalization: Opposite or Orthogonal?" *What Makes Grammaticalization?: A Look from its Fringes and its Components*, ed. by Walter Bisang, Nikolaus Himmelmann and Björn Wiemer, 21-42, Mouton de Gruyter, Berlin/New York.
日野資成 (2001)『形式語の研究――文法化の理論と応用――』九州大学出版，福岡．
石川慎一郎 (2008)『英語コーパスと言語教育』大修館書店，東京．
深谷輝彦 (2001)「構文理論とコーパス」『英語青年』第147巻第9号，544-546．
Kayne, Richard (2000) *Parameters and Universals*, Oxford University Press, New York.
金水敏・高山善行・衣畑智秀・岡崎友子 (2011)『文法史（シリーズ日本語史3）』，岩波書店，東京．
Kiparsky, Paul (1968) "Linguistic Universals and Linguistic Change," *Universals in Linguistic Theory*, ed. by Emmon W. Bach and Robert T. Harms, 171-202, Holt, Rinehart and Winston, New York.
Lavov, William (1972) *Sociolinguistic Patterns*, University of Pennsylvania Press, Philadelphia.
Leech, Geoffrey (1992) "Corpora and Theories of Linguistic Performance," *Directions in Corpus Linguistics: Proceedings from a 1991 Nobel Symposium on Corpus Linguistics*, ed. by J. Svartvik, 105-122, Mouton de Gruyter, Dordrecht.
Lightfoot, David (1979) *Principles of Diachronic Syntax*, Cambridge University Press, Cambridge.
Lightfoot, David (1991) *How to Set Parameters: Arguments from Language Change*, MIT Press, Cambridge, MA.
MacWhinney, Brian (2000) *The CHILDES Project: Tools for Analyzing Talk*, Lawrence Erlbaum Associates, Mahwah, NJ.
MacWhinney, Brian and Catherine Snow (1985) "The Child Language Data Exchange System," *Journal of Child Language* 12, 271-296.
McEnery, Tony, Richard Xiao, and Yukio Tono (2006) *Corpus-Based Language Stud-*

ies: An Advanced Resource Book, Routledge, London.

松田謙次郎（編）『国会会議録を使った日本語研究』ひつじ書房，東京．

Meillet, Antoine (1965 [1912]) "L'évolution des Forms Grammaticales," *Linguistique Historique et Linguistique Générale*, 130-148, Champion, Paris.

三宅知宏（2005）「現代日本語の文法化―内容語と機能語の連続性をめぐって」『日本語の研究』1-3．

Ogawa, Yoshiki (2014) "Diachronic Demorphologization and Constructionalization of Compounds from the Perspective of Distributed Morphology and Cartography," *Interdisciplinary Information Sciences* 20, 121-161.

大名力（印刷中）「コーパスと生成文法」『コーパスとその他関連領域』（英語コーパス研究シリーズ　第7巻），堀正広・赤野一郎（編），ひつじ書房，東京．

大津由紀夫（2002）「言語の変化」『言語研究入門―生成文法を学ぶ人のために』，大津由紀夫・今西典子・池内正幸・水光雅則（編），研究社，東京．

Sinclair, John (2004) "Developing Linguistic Corpora: A Guide to Good Practice Corpus and Text—Basic Principles," available online from: http://www.ahds.ac.uk/creating/guides/linguistic-corpora/

Snyder, William (2001) "On the Nature of Syntactic Variation: Evidence from Complex Predicates and Complex Word-formation," *Language* 77, 324-342.

Stromswold, Karin (1996) "Analyzing Children's Spontaneous Speech," *Methods for Assessing Children's Syntax*, ed. by Jill De Villiers, Cecile McKee and Helen Smith Cairns, 23-53, MIT Press, Cambridge, MA.

寺澤盾（2013）『聖書でたどる英語の歴史』大修館書店，東京．

戸田山和久（2011）『「科学的思考」のレッスン―学校で教えてくれないサイエンス』NHK出版，東京．

特別寄稿

イディオム的前置詞句の発達
——特に bring, put 及び set との関係で——*

秋元　実治

青山学院大学

1. はじめに

英語は総合的（synthetic）から分析的（analytic）へと変化したと言われている.[1] Smith (1996: 153-158) によれば，その過程で次のような形態統語的変化が生じた.

　i. 屈折語尾の消失
　ii. 前置詞の発達
　iii. 語順の変化

ここで扱うのは ii. に関連するが，現代英語によく使われる 'bring ~ to an end', 'put ~ to flight', 'set ~ on fire' といった 'bring/put/set + preposition + NP'（以下 bring/put/set ~ PrepNP）の発達である．後述するように，これまでこの種の前置詞句の発達に関してはほとんど研究されてこなかった.

本稿は古英語から現代英語にかけて，これらの前置詞句が, 'bring', 'put' 及び 'set' とのコロケーションとの関係でどのように発達してきたかを解明することにより，英語の分析的傾向の一端を明らかにすることを目的とする.

使用するコーパスは古英語，中英語，初期近代英語に関しては Helsinki Corpus, 後期近代英語に関しては Archer Corpus, そして現代英語に関しては FLOB Corpus である.

---

* 査読者から誤植等の指摘をいただいた．感謝申し上げる.
[1] 英語の分析的傾向におけるいくつかの例に関しては，Vachek (1976: 311-385), さらには Bybee (2015: 183-187) 参照.

2. 先行研究

現代英語に関しては，Quirk et al. (1985: 1158-1160) は，'multi-word verbs' を次のタイプに分類している．

Type I: (intransitive) phrasal verbs
Type II: (transitive) phrasal verbs
    Type IIa: The gang *robbed* her *of* her necklace.
    Type IIb: They have *made a* (terrible) *mess of* the house.
    Type IIc: Suddenly we *caught sight of* the lifeboat.

本稿で扱うのは Type IIa の下位分類に属するものであるが，ほとんど論じられていない．

Huddleston and Pullum (2002: 289-290) は 'other types of verb idiom' として 'bring ~ to light' などの例をあげているが，詳しい議論はない．ただし，同書 (605) では 'put' は義務的に complement を取る他動詞として触れている．

異なる観点から，Liefrink (1973: 109) は 'semantico-syntax' の立場から，語彙，文法，意味の統合した形での記述を試みている．すなわち，'causative', 'locative' のような意味特性を設定して，次の3つのパターンを提案している (48)．

  i. Mother is making the oven clean. (analytic)
  ii. Mother is cleaning the oven. (synthetic)
  iii. Mother is giving the oven a clean. (periphrastic)

'bring' や 'put' は 'causative', 'mutative' 及び 'locative' の特性を持った 'prime verbs' として，分析文 (analytic sentence) を構成しているとしている．

Pauwels (2000: 48-103) は認知言語学的アプローチの観点から 'put', 'set', 'lay', 'place' の動詞を分析している．史的変化に関しても，*Middle English Dictionary* 及び Helsinki Corpus を使って，これらの動詞の変化を概観している．本稿で扱う 'put' と 'set' は Pauwels によれば，以下のような特徴を示している．

Put
  i. レジスターに関しては，ニュートラルである．
  ii. 3-place (NP + Prep + NP) と句動詞が最も多い．

iii. 人間を目的語に取って，その状態等を規定する．
iv. 抽象的な目的語を取って，種々の操作的意味を表す．

史的には，
i. 古英語ではほとんど使われなかったが，初期近代英語期以降最も頻度が高くなった．
ii. 中英語期あたりから増え始めた．パターンとしては，'put + NP(人間) + Prep + NP' 及び 'put + 不変化詞 (特に in, out of, away が多い) である．
iii. 'set' と競合するケースがある．
iv. 初期近代英語期以降，最も頻度が高い動詞に発展していった．'put + NP^1 + Prep + NP^2' のパターンにおいて，NP^1 は人間のみならず，抽象名詞をも取るようになった．

Set
i. レジスターに関しては，多少 formal．
ii. 'put' と同様，3-place 及び句動詞用法が約半数を占めている．
iii. 'set + NP + 現在分詞' のパターンを取る．
iv. 「運動」用法 (set foot on/in, set out/off) が多い．
v. arrangement(set out things), adjustment(set a clock), activation(set something in motion) 等目的語に影響を与えるような概念化を示す．その他 creation(set up) をも表す．

史的には
i. 古英語では最も頻繁に使われた．
ii. 中英語期以降，'put' と拮抗し，初期近代英語期以降 'put' に追い抜かれた．
iii. 中英語において，'put' と同様，'set + NP + Prep + NP' パターンが最も多いが，'set + NP' も多い．
iv. 補語 (complement) に to 不定詞や現在分詞の発達が中英語以降見られる．
v. 'set + NP + aside/ashore/ablaze/awake/alive' パターンを発達させた．
vi. 初期近代英語以降，'set + NP^1 + Prep + NP^2' パターン及び句動詞が相変わらず最も多いが，次いで 'set + NP + adverb/adjective/to-inf.' のパターンも増え始めた．

なお，Pauwels (2000: 271-299) では現代英語における 'put ~PrepNP' について議論している．

Cowie and Makin (1975) は, 'bring' のパターン 41 例, 'put' 31 例, そして 'set' 6 例をあげている. その中で, 'bring ~ to NP' (24) が最も多く, 次いで 'bring ~ into NP' (15) であり, 一方 'put ~ in NP' (12), 'put ~ to NP' (9), 'put ~ into NP' (5), 'put ~ on NP' (5) となっている.

'set' は現代英語では少数になっており, 'set ~ at ease/rest', 'set ~ in motion/order', 'set ~ on edge', 'set ~ on fire', 'set ~ to rights' があげられている. 後述するように, 'set' はここで議論されている前置詞句構成においても急激に減少していくことが分かる. その理由については後述.

3. イディオム的前置詞句の発達

3.1. 序

The Oxford English Dictionary によると, 'bring' 'put' 及び 'set' に関して, 次のような例をあげている.

Bring

    8. a. *with on, in* (obs), *into*: to bring in good estate, debt, a plight; in dread, fear, in or on sleep; in doubt, in hate, in question, in wit; on day, in or on life's day; into bands, difficulties, trouble; into action, harmony, contact, shape

    b. *with from, of, out of*: to bring of, out of life

    c. with *to*: to bring to a close, end, head, issue, pitch; to bearings, cure, rights; to death, hardness, idleness, mischief, nought, obedience, shame; to account, book, hand, light, trial; to mind, reason, recollection, remembrance; to bed

    d. with *under, upon*: to bring under the hand of, under foot, upon one's knees

Put

    25. a. to put at ease, at rest; to put in doubt, fear, †hope, mind, remembrance, trust; to put in (or into, †to) action, adventure, communication, competition, execution, force, motion, order, †peace, play, possession, one's power, practice, print, readiness, respite, shape, †suspense, tune, use, †work; to put on one's guard, on one's honour, on one's oath, on record, †to life, to rights, to silence, to sleep, in the wrong

26. a. to put to †pain, †pine, punishment, torture; to put to death, destruction, execution, †mischief; to put to †finance, †fine, ransom; to put to charge, expense, loss, straits, trouble; to put to †judgement, (the) proof, test, touch, trial; to put to the halter, the horn, the rack, the sword; to put to confusion, rebuke, shame; to put to the worse or worst, to put upon one's trial

Set

25. a. to set at ease, at rest, to rest, †in or at peace; to set †at debate, †at difference, †at a jar, †at jars, at odds, at one, at variance, †at square, at war, by the ears, †in sunder; to set agog, †at gaze, astray; to set aglow, afire, on fire, aflame, in flame(s); to set †in effray, †on fear; to set at large, at leisure, at liberty; to set on edge; to set in or on a roar; to set in action, motion, operation; to set at bay, at fault, †in press, †in stay; to set at contempt, at difference

89. b. to set at naught/nought

以下に見るように，Helsinki Corpus に現れる 'bring/put/set ~ PrepNP' パターンはほとんど OED に記載されているものと一致する．なお，興味深いことは，ここに現れる NP は動詞派生名詞（deverbal noun）で，一部は形容詞派生名詞（deadjectival noun）であるということである．[2] したがって，以下の例の収集はこの基準に依る．

3.2. 古英語

Mitchell (1985) や Traugott (1992) にはこのパターンへの言及はない．Helsinki Corpus では，古英語期（850-1150）にはこのパターンは見られないが，OED には次のような例がある．

(1) Ne Þearf ðe *on edwit* Abraham *settan*.
(a1000 Cædmon's Gen. 2728)
(You need not set Abraham to shame)

さらに以下のような例が King Alfred's *Boethius De Consolatione Philoso-*

---

[2] Quirk et al. (1985: 750-752) は 'eventive object' と呼び，次の3つのタイプを区別する：i) 動詞と同じ形を持つ名詞（例：fight），ii) 接尾辞が付いた名詞（例：argue/argument），iii) 動詞から派生したわけではないが，動詞と意味的に同じ名詞（例：effort）．

phiae に見られる. Helsinki Corpus では OE II(850-950) に相当する.[3]

(2) Ða wearð he geuntrumod and *to ende gebroht*. (B1.2. 26)
    (Then he was sick and brought to an end)

なお，中英語期に見られる 'put ~ to death' は古英語には確認できなかったが，次のような例があり，そこでは 'don' や 'sellan' が使われており，このパターンの先駆的例とも考えられる.[4]

(3) & wolde hine *to deaðe gedon* (B1. 1. 34)
    (would do (put) him to death)
(4) Þæt hi hine to *to deaðe sealdon* (B8.4..3.2)
    (*that they sold (put) him to death*)

以上のことから，古英語では 'bring/put/set ~ PrepNP' パターンは充分発達していなかったが，そのパターンの萌芽を見て取ることができる.

3.3. 中英語

Mustanoja (1960), Visser (1963-1973), Fischer (1992) 等にはこのパターンへの言及はない. 以下の表は Helsinki Corpus の Middle English part に現れた 'bring/put/set ~ PrepNP' の頻度である. カッコ内の数字は各時代ごとに現われた 'bring', 'put' 及び 'set' の頻度である. パーセント表記に関しては，小数点第1位でまるめた結果である.

表 1：Helsinki Corpus(Middle English) におけるパターンの頻度

	I(1150-1250)	II (1250-1350)	III (1350-1420)	IV (1420-1500)
bring	5(94) (5.3%)	26(144) (18.1%)	27(188) (14.4%)	29(206) (14.1%)
put	0(2) (0%)	0(14) (0%)	19(107) (17.8%)	35(124) (28.2%)
set	2(34) (5.9%)	3(48) (6.3%)	11(80) (13.1%)	21(95) (22.1%)

この表から次のことが言える.

i. このパターンは中英語後期から多くなる.

---

[3] 古英語の例に関しては，市川誠君にお世話になった. 感謝申し上げる.
[4] 古英語期における，'don/sellan + NP' のコロケーションに関しては，Brinton and Akimoto (1999: 24-37) 参照.

ii. 'bring' は中英語中頃からこのパターンを増やしていった．
iii. 'put' は中英語初期には現れず，中英語後期から増え始めた．
iv. 'set' も中英語後期からこのパターンを増大させた．

以下は例である．

(5)　Ðe king wolde in each manere Þat he were *to deÞe iboȝt.*
　　(c1325 (c1300) Robert of Gloucester)
　　(The king wished in each manner that he would be brought to death)

(6)　… that finally *brought* man *to euerlastynge rest* in heuen.
　　(?1495 Sermo Die Lune)
　　(that finally brought a man to [an] everlasting rest in heaven)

(7)　Jacobe was glad and tolde hime of his myrraculs and howe falslyse he was *put to death.*
　　(c1500 The Siege of Jerusalem in Prose)
　　(Jacob was glad and told him about his miracles and how wrongly he was to death.)

(8)　… and at every stroke he smote downe one or *put* hym *to a rebuke.*
　　(1470 Morte Darthur)
　　(and every stroke he smote down one or put him to disgrace)

(9)　For thei haue *sett* me *in solas* from alle sadnesse.
　　(?c1500 Digby Plays)
　　(For they have set me in solace from all sadness.)

(10)　… how Þei ben *set* here *in ordre* …
　　(a1425 (?1400) The Cloud of Unknowing)
　　(how they are set in order here)

3.4.　初期近代英語

Rissanen (1999) や Görlach (1991) などにはこのパターンへの言及はない．
　次表は Helsinki Corpus Early Modern English Part における 'bring/put/set ~ PrepNP' の頻度を示したものである．

表 2 : Helsinki Corpus (EModE) におけるパターンの頻度

	I (1500-1570)	II (1570-1640)	III (1640-1710)
bring	35(216) (16,2%)	16(183) (8.7%)	18(163) (11.0%)
put	26(129) (20.2%)	28(111) (25.2%)	25(118) (21.2%)
set	20(137) (14.6%)	13(111) (11.7%)	13(87) (14.9%)

i. 中英語後期からあまり大きな変化はない．
ii. 'put' や 'set' がこのパターンを増やしているのに対して，'bring' は 1570 年以降急激に減っている．

以下は例である．

(11) The Romanists were also buisy among all these severall parties to *bring* them *into Confusion* …
(d. 1689-90 The Diary of John Evelyn)

(12) … whereby to *bring* her designs and end *to pass* …
(d. 1665 Micrographia)

(13) … and what is herein deposed, sufficiente to *bring* me *within the compass* of the Enditement.
(d. 1554 The Trial of Sir Nicholas Throckmorton)

(14) But now when I *put* her *in mind* to take care what she said …
(d. 1685 The Trial of Titus Oates)

(15) … commaundeth they should be *put to death*.
(d. 1593 A Dialogue concerning Witches)

(16) And that they from hensforth been duely *put in execucion* …
(d. 1509-43 Statutes (III))

(17) … among many other rogueries, of *setting* houses *on fire*, …
(d. 1666-67 The Diary of Samuel Pepys)

(18) … and *sette* all thynges *in good order* within thy house …
(d. 1534 The Book of Husbandry)

(19) Many poore people are there *set on work*, which otherwise through the want of imployment would perish.
(d. 1630 The Pennyles Pilgrimage)

3.5. 後期近代英語

Kytö et al. (2006) や Hundt (2014) にはこのパターンへの言及はない．
Archer Corpus[5] を基に，便宜上，以下の4区分にわけて，このパターンを調査した．

表3：Archer Corpus におけるパターンの頻度

	I(-1699)	II(1700-1799)	III(1800-1899)	IV(1900-1999)
bring	14(144) (9.7%)	42(360) (11.7%)	46(360) (12.8%)	27(281) (9.6%)
put	36(138) (26.1%)	83(332) (25%)	55(274) (20.1%)	40(338) (11.8%)
set	10(89) (11.2%)	30(278) (10.8%)	20(117) (17.1%)	11(123) (8.9%)

　i.　'bring' と 'set' は現代に近づくにつれて急減している．
　ii.　'put' は初期近代英語期には頻度が高かったが，現代になるにつれて多少減少している．
　iii.　'set' も近代英語期には比較的頻度が高かったが，現代英語においては急減している．

以下は例である．

(20)　… but Also to let you kno' the Accident which *brought* it *to Pass* …　　　　　　　　　　　　　　　　　　　　　　　(1704 dfoe. x2)
(21)　I , however, applied the levator, and *brought into contact* the edges of the bone as nearly as could be done.　　(1820 peak. m5)
(22)　… nor I hope ne'er will be so again, to *put* me *to the trouble* of strapping you so devilishly.　　　　　　　　(1731 cibb. d3b)
(23)　I'll *put* him *in possession* of the peculiarity of my position and …
　　　　　　　　　　　　　　　　　　　　　　　　　　　(1889 madd. d6b)
(24)　This Fright *set* all the Passengers who were awake *into a loud laughte*r …　　　　　　　　　　　　　　　　　　(1743 fiel. f3b)
(25)　… the question of ballot, or no ballot, must be *set at rest*, and speedily…　　　　　　　　　　　　　　　　　　(1833 timl. n5b)

---

[5] Archer Corpus は各50年のサブコーパス，約2000語の10のテキストから成り，レジスターごとに約20,000語を含み，計約1,700,000語である．詳しくは Biber et al. (1994) 参照．Archer Corpus に関しては，Merja Kytö 氏にお世話になった．感謝申し上げる．

3.6. 現代英語

FLOB Corpus に見られる 'bring/put/set ~ PrepNP' の頻度は以下の通りである.

表 4：FLOB Corpus に見られるパターンの頻度

bring	85 (511) (16.6%)
put	96 (618) (15.5%)
set	22 (417) (5.3%)

現代英語になると，'bring' と 'put' が圧倒的にこのパターンが多くなる．'set' は現代英語においてはこのパターンが非常に少なくなってきた．以下例である．

(26) "And so I decided to *bring* her *to rest*."
(Mystery and Detective Fiction)

(27) ... although the currency was decimated in the 1970s to *bring* it *into line* with European custom. (Humour)

(28) ... all males between the ages of, say, 15 and 25 should be *put to death* because they are of potential mugging age.
(Press: Editorial)

(29) ... it was time that suitable accommodation be found to *put* it *on public display*. (Skills, Trades and Hobbies)

(30) ... by the suggestion that German forests should be *set on fire*.
(Popular Lore)

(31) ... and a period of liberal legislation, long deferred, was *set in motion*. (Belles Lettres, Biographies, Essasys)

中英語から現代英語にかけての 'bring/put/set ~ PrepNP' パターンの推移を示すと以下のようになる．なお，後期現代英語期については，Archer Corpus (1700-1899) の結果を入れた．

図1：Bring/put/set ~ PrepNP パターンの時代別頻度の推移

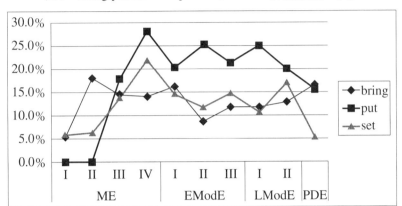

4．'Bring/put/set ~ PrepNP' のバリエーション

中英語から現代英語にかけて，'bring/put/set ~ PrepNP' パターンの発達過程で，特に 'PrepNP' において幾つかの変化が見られる．次表はこのパターンのバリエーションの変遷を中英語から現代英語にいたるまでを表にしたものである．カッコ内は頻度を示す．なお，表の作成上頻度1のパターンは載せていない．

表5：'Bring/put/set ~ PrepNP' のバリエーション

	ME				EModE			LModE		PDE
I	II	III	IV	I	II	III	I	II	
Bring										
toNP	toNP	toNP	toNP	toNP	toNP	toNP	toNP	intoNP	toNP
(4)	(22)	(19)	(18)	(22)	(12)	(12)	(25)	(24)	(53)
	inNP	inNP	untoNP	withinNP	inNP	intoNP	intoNP	toNP	intoNP
	(3)	(5)	(4)	(6)	(2)	(3)	(14)	(17)	(24)
		out ofNP	out ofNP	inNP			onNP	withinNP	againstNP
		(3)	(3)	(5)			(2)	(3)	(2)
			inNP	out ofNP					
			(2)	(2)					
Put										
		inNP	inNP	inNP	toNP	inNP	inNP	inNP	intoNP
		(5)	(15)	(11)	(13)	(11)	(32)	(24)	(26)
		intoNP	toNP	toNP	inNP	inNP	toNP	toNP	toNP
		(4)	(13)	(11)	(12)	(6)	(21)	(13)	(23)

	toNP (4)	out ofNP (6)	out ofNP (3)	out ofNP (2)	intoNP (4)	intoNP (18)	intoNP (10)	inMP (21)
	out ofNP (4)				out ofNP (4)	onNP (4)	onNP (3)	atNP (9)
						underNP (4)	uponNP (2)	out of NP (2)
						out ofNP (3)		underNP (2)
Set	toNP (2)	onNP (3)	inNP (7)	inNP (11)	inNP (9)	inNP (4)	onNP (7)	atNP (11)	atNP (8)	inNP (11)
			atNP (2)	atNP (5)	onNP (5)	onNP (4)	atNP (4)	inNP (8)	toNP (6)	onNP (6)
				toNP (2)	aNP (2)	aNP (2)		onNP (8)	onNP (3)	
					atNP (2)					
					toNP (2)					

次例に見られる 'unto' に関して，OED は次のように述べている．

Since the end of the 17th.c. less frequent, and employed chiefly in poetry, or in formal dignified, or archaic style, or after Biblical use.

実際 OED の例を見ると，初例の多くは Cursor M. (1300)，あるいは E. E. Psalter (1300) である．したがって，'unto' は元々北部方言から生じたもので，宗教的散文に多く使われていたようである．[6] 以下は例である．

(32) And eftyr, oure lorde *brought vnto my mynde* the langynge that I hadde to hym before. (And afterwards, our lord brought to my mind the language I had to him before.) (c1450 (c1400) Julian of Norwich)

'bring ~ within the compass (of)' は全て *The Trial of Sir Nicholas Throckmorton* (d.1554) に使われている．OED (compass, *sb.*[1] 9. *fig.*) には，"Bounds, limits, as in *within, beyond the compass of* (sight, knowledge, power, ability, etc.) とある．ただし，'bring ~ within the compass of NP' の

---

[6] 'unto' が現れる 4 例は，それぞれ *Julian of Norwich* (2), *Malory* (1), *Digby Plays* (1) で，必ずしも北部方言で書かれてはいない．方言に関しては，片見彰夫氏にお世話になった．感謝申し上げる．

例はない．

(33) Neuerless, there is matter sufficient alledged and proued against you to *bring* you *within the compass of* the same Statute.

'put' は 'in NP' と一貫して結合するが，後期近代英語期には 'into NP' が増え始め，現代英語においては一番多く結合している．次いで 'to NP' である．この点, 'bring' と結合傾向が類似している．

'set' は 'at/in/on NP' といった状態を表す前置詞句と結合する．'at NP' は 'bring' や 'put' にはない結合である．最も多いのは 'set ~ at liberty' で次いで 'set ~ at ease' である．以下はその例である．

(34) ... and yet our Souls fear nothing more than to be *set at liberty*.
(1661 flat. f2b) [AC]
(35) ... if aught good should come of them, it would *set* me *at ease* at once ... (1801 colr. x2b) [AC]

'a NP' は 'on NP' の弱まった形で，'set' との結合において，初期近代英語期に現われたがその後使われなくなった．[7] 現代英語に近づくにつれて，'set ~ PrepNP' はその結合において狭まり，'set ~ in motion' や 'set ~ on fire' が最も多い．このパターンは受動態が多いのも特徴である．以下は FLOB Corpus に見られた受動態の頻度である．

表6：FLOB Corpus に見られる受動態の頻度

bring	15 (85) (17.6%)
put	11 (96) (11.5%)
set	8 (22) (36.4%)

以下に中英語から現代英語に至る受動態の例をあげる．

(36) And in this dryhede *was bro3t to my mind* this worde ...
(c1450 (c1400 Julian of Norwich)
(And in this desert this word that... was brought to my mind)
[HC]

---

[7] Jespersen (1961: 169) の次の説明参照．
"... the combination *be on* + sb [stantive], in which *on* had become *a* and was then dropped."

(37) ... Thomas, his vncles sone, *bene put to such a deð* ...
 (c1400 The Brut of the Chronicles of England)
 (Thomas, his uncle's son is put to such a death) [HC]

(38) ... how Þei *ben set* here *in ordre*, ilch one after oðer ...
 (a1425 (?a1400) The Cloud of Unknowing)
 (... how they are set in order here, one after another) [HC]

(39) ... without the which fewe good works or Cures in Chyrurgery can *be brought to perfection*.
 (d.1602 Treatise for the Artificiall Cureof Struma) [HC]

(40) This *was put in execution*, and the old monarch saw, and burn'd.
 (d.1688 Oroonoko) [HC]

(41) ... but I see thou *art set upon nothing* but Prevarication ...
 (d.1685 The Trial of Lady Alice Lisle) [HC]

(42) But when life and immortality *were brought to light* by the gospel ... (1732 berk. h2) [AC]

(43) The wheel *being* now *put in geer*, the shell commenced its revolutions ... (1825 barl. s5b) [AC]

(44) That all the Spaniards that are Prisoners or in their Gallies, *be set at Liberty*. (1715 evel. n3b) [AC]

(45) ... this must not *be brought to an end* while the residence order concerned remains in force. (Miscellaneous) [FLOB]

(46) ... it did not really matter – which were *put in sole charge*.
 (Belles Lettres, Biographies, Essasys) [FLOB]

(47) To be fully understood, the Lawrence myth need needs to *be set into its proper tradition* ...
 (Belles Lettres, Biographies, Essays) [FLOB]

5. 競合と構文化及びイディオム化

図1を見れば分かるように，'bring'はこのパターンにおいて中英語において多いものの，初期近代英語期までは一定しており，現代英語において多少増加している．'put'は中英語後期ごろから増加し，現代英語において，このパターンの生産性において著しい．'set'は中英語後期から増加し，現代英語に至るまで比較的一定している．'set'の構成する句において，その幾つかは'put'に取って代わられた．以下はその例である．

i.　set ~ in prison　→　put ~ in prison
  ii.　put/set ~ at ease/rest
 iii.　set ~ to death　→　put ~ to death
  iv.　set (one's) hand(s) to　→　put (one's) hand(s) to

'put' と 'set' はその後，'put' は 'in NP'，'to NP'，'into NP' を多くとるようになり，'set' は 'on/in/at NP' のような状態を示す前置詞句を取るようになった．さらに，'put' も 'set' も句動詞を作る点においては共通であるが，'put' にない構文的発達として，'set' は 'set + NP + adj.' 'set + NP + ing' のパターンを発達させた．

(48)　Could the laws of honour have allowed me to have made a confidence of my adventure to Lord Merville, he would doubtless have *set me right* …　　　　　　　　　　　　　　(1751 clel. f4b) [AC]
(49)　'Tenant Security Bill' would *set all the tenants improving.*
　　　　　　　　　　　　　　　　　　　　　　　　　(1849 brig. j5b) [AC]

'bring' は圧倒的に 'to NP'，次いで 'into NP' を取る点 'put' と共通であるが，一方 'put' や 'set' にない前置詞句としては，'before NP'，'against NP'，'within NP' などである．

'bring/put/set' に共通に見られる意味は「ある位置・状態に置く」ということであり，その点，'put' が最も普通であり，'bring' はそれに加えて，その状態を創り出すこと，'set' はその状態のために何かを始めるという意味が加わる．このような状態の中で，'put' と 'set' は直接競合関係にあるが，'bring' はいわば間接的にこれらの動詞と競合関係にあると言える．[8]

'put' がなぜ伸張したかの理由はこれまでほとんど論じられてこなかったが，1つの説明として，'set' は 'sit' と混同されることがあり (cf. OED (sit, v.))，この混同を避けるために 'put' が多様されるようになったと考えられる．さらに，フランス語 'mettre' の影響が考えられる．'put to death' ↔ 'mettre à mort'，'put to prison' ↔ 'mettre en prison' 等である (Prins (1952: 246-248))．古英語において先にあげた 'do to death' が 'put to death' に代わられたのは 'mettre' の影響であると Prins (1952: 247) は述べている．

Brinton and Traugott (2005: 54-57) はイディオム化及びイディオムの議論

---

[8] Samuels (1972: 77-79) は競合 (competition) の例として，cast と throw の関係をあげている．ただし，競合関係は語彙のレベルだけでなく，構文間にも見られる (Bybee (2015: 172-175) 参照).

において，次の3つをイディオムの特徴としてあげている．

(a) 意味の不透明性，非合成性
(b) 文法的非変形性
(c) 同義語等による非交換性

　イディオム性の観点からは，'bring/put/set ~ PrepNP' はそれほど高くはない．形がある程度定まっている（構文化）一方，意味的にはある程度透明 (transparent) である．形の柔軟性から見ると，既に見たように，受身態の形で現れることが多い点など，上の基準からもそれほどイディオム的とは言えない．[9]

　一方構文化の観点から，Traugott and Trousdale (2013: 13-20) は構文化に伴う変化として，i) スキーマ性 (schematicity) の増大，ii) 生産性の増大，そして iii) 合成性の減少，を文法的構文化の特徴としてあげている．Traugott and Trousdale はイディオム化は議論しておらず，詳論は避けるが，この中で特に後者の2つはイディオム化にもあてはまる．このパターンは 変化の過程で種々のバリエーションを生み出しており，大体において，生産性が増大していると言えよう．一方，合成性の減少であるが，確かに動詞の意味は抽象的になり，句全体の意味は各成分の総和ではないパターンも存在する．しかしながら，特に前置詞の後の名詞は文字通りの意味を維持しており，ある程度合成性を保っているが，全体として合成性は減少していると言えよう．このパターンはむしろ一定の動詞群が特定の前置詞句を取るという点に特徴があり，この特徴はコロケーション的結合である．[10] すなわち，意味的合成性は保たれるが，要素間に共起関係が生じ，この関係が固定しているということである．この固定化はイディオムの特徴の一つであり，固定化の過程はイディオム化の一面を示している．

6. 結論

　本稿は英語の分析的傾向の一つの表れとして，'bring/put/set ~ PrepNP' パターンの変遷を古英語から現代英語にかけて考察した．このパターンは古英語

---

[9] イディオム性に関しては，Akimoto (1983) などを参照．
[10] Torres Cacoullos and Walker (2009: 322) は次のように述べている．
　　"Collocations constitute an important locus of grammatical development, since they may lead in changes and constitute subclasses that contour the grammaticalization of more general constructions."

にはほとんど見られないが，中英語後期ごろから増え始めた．近代に近づくにつれて，'put'や'set'はこのパターンを拡大させており，'set'は'put'に押され，その範囲を狭めたが，一方 'set ~ NP + to-inf' や 'set ~ NP + ing' などのパターンを発達させた点，イディオム化の方向に向かっていると言える．'bring' は現代英語において，このパターンを多少拡大させたが，本来の意味でのパターン 'bring + IO + DO' や 'bring NP^1 + to NP^2' を維持している．

分析的傾向として，その他，句動詞や合成述語（composite predicate）構文の発達がある．句動詞を発達させた点は，これら3つの動詞は共通しているが，一方において，'V + a + deverbal noun' のような合成述語をほとんど発達させていない．むしろ，これらの動詞は，'bring' はほとんどないが，'put' や 'set' は 'put an end to' や 'set fire to' (Quirk et al. (1985: 1158) が言うところの IIb) といった 'V + NP + Prep' パターンを発達させており，本稿で扱ったパターンと密接に関係があると思われるが，その関連的発達に関しては別稿に譲りたい．

コーパス

AC = Archer Corpus (A Representative Corpus of Historical English Registers)
HC = Helsinki Corpus of English Texts, Diachronic Part
FLOB = FLOB Corpus (The Freiburg update of the Lancaster/Oslo/Bergen Corpus)

参考文献

Akimoto, Minoji (1983) *Idiomaticity*, Shinozaki Shorin, Tokyo.
Biber, Douglas, Edward Finegan and Dwight Atkinson (1994) "ARCHER and Its Challenges: Compiling and Exploring a Representative Corpus of Historical English Registers," *Creating and Using English Language Corpora: Papers from the Fourteenth International Conference on English Language Research on Computalized Corpora, Zurich 1993*, ed. by Udo Fries, Grunnel Tottie and Peter Schneider, 1-13, Amsterdam-Atlanta, Rodopi.
Brinton, Laurel J. and Minoji Akimoto (1999) *Collocational and Idiomatic Aspects of Composite Predicates in the History of English*, John Benjamins, Amsterdam.
Brinton, Laurel J. and Elizabeth C. Traugott (2005) *Lexicalization and Language Change*, Cambridge University Press, Cambridge.
Bybee, Joan (2015) *Language Change*, Cambridge University Press, Cambridge.
Cowie, A. P. and R. Mackin (1975) *Oxford Dictionary of Current Idiomatic English*,

Volume 1: Verbs with Prepositions and Particles, Oxford University Press, Oxford.

Fischer, Olga (1992) "Syntax," *The Cambridge History of the English Language, Volume II 1066-1476*, ed. by Norman Blake, 207-408, Cambridge University Press, Cambridge.

Görlach, Manfred (1991) *Introduction to Early Modern English*, Cambridge University Press, Cambridge.

Huddleston, Rodney and Geoffrey Pullum et al. (2002) *The Cambridge Grammar of the English Language*, Cambridge University Press, Cambridge.

Hundt, Marianne, ed. (2014) *Late Modern English Syntax*, Cambridge University Press, Cambridge.

Jespersen, Otto (1961) *A Modern English Grammar on Historical Principles*, George Allen & Unwin Ltd., London.

Kytö, Merja, Mats Rydén and Erik Smitterberg, eds. (2006) *Nineteenth-Century English*, Cambridge University Press, Cambridge.

Liefrink, (1973) *Semantico-Syntax*, Longman, London.

Mitchell, Bruce (1985) *Old English Syntax*, 2 Volumes, Oxford University Press, Oxford.

Mustanoja, Tauno F. (1960) *A Middle English Syntax, Part I*, Société Néophilologique, Helsinki.

Pauwels, Paul (2000) *Put, Set, Lay and Place: A Cognitive Linguistic Approach to Verbal Meaning*, Lincom Europa, Muenchen.

Prins, A. A. (1952) *French Influence in English Phrasing*, Universitaire Pers Leiden, Leiden.

Quirk, Randolph, Sidney Greenbaum, Geoffrey Leech and Jan Svartivik (1985) *A Comprehensive Grammar of the English Language*, Longman, London.

Rissanen, Matti (1999) "Syntax," *The Cambridge History of the English Language, Volume III 1476-1776*, ed. by Roger Lass, 187-331, Cambridge University Press, Cambridge.

Samuels, M. L. (1972) *Linguistic Evolution with Special Reference to English*, Cambridge University Press, Cambridge.

Simpson, J. A. and E. S. C. Weiner, eds. (1989) *The Oxford English Dictionary*, 2nd ed., Oxford University Press, Oxford.

Smith, Jeremy (1996) *An Historical Study of English: Function, Form and Change*, Routledge, London/New York.

Torres Cacoullos, Rene and James A. Walker (2009) "The Present of the English Future: Grammatical Variation and Collocations in Discourse," *Language* 85, 321-354.

Traugott, Elizabeth C. (1992) "Syntax," *The Cambridge History of the English Lan-

guage, Volume I The Beginnings to 1066, ed. by Richard M. Hogg, 168-289, Cambridge University Press, Cambridge.

Traugott, Elizabeth C. and Graeme Trousdale (2013) *Constructionalization and Constructional Changes*, Oxford University Press, Oxford.

Vachek, Joseff (1976) *Selected Writings in English and General Linguistics*, Mouton, The Hague/Paris.

Visser, F. Th. (1963-1973) *An Historical Syntax of the English Language*, E. J. Brill, Leiden.

Part I
英語の構文変化とコーパス

BAWE (British Academic Written English) に見る補文の動向
―類似の意味を有する forbid と prohibit についての史的考察―*

家入　葉子

京都大学

1. 序

Fowler (1926) の *A Dictionary of Modern English Usage* が動詞 forbid の「from＋動名詞」構文（例文 (1) 参照）を unidiomatic としたのに対して，これを改訂した Burchfield (1998: 306) が，この動名詞用法を認めていることはよく知られている．

(1) It seems that Kripke is guilty of precisely what he *forbade* the mind-brain identity theorist *from doing* (BAWE)[1]

Forbid は本来，(2) のように to 不定詞を従える構文を使用していたが，現在では，これに加えて「from＋動名詞」構文が明らかな増加傾向にあり，今日では *Longman Dictionary of Contemporary English* (s.v. forbid), *Oxford Advanced Learner's Dictionary of Current English* (s.v. forbid) など，多くの辞書が forbid の動名詞構文を認めている．

(2) For example, the guild in Padua *forbade* members *to give or sell* to non-members and did not allow work to be brought from another district to be sold in Padua. (BAWE)

Dixon (1991: 236) も同様に，forbid の動名詞構文の拡大について，以下のように述べている．

Forbid was originally used with a Modal (FOR) TO complement but

---

* 本研究は，JSPS 科研費（課題番号 26370562）の助成を受けたものである．また，お二人の査読者に貴重なご意見をいただいた．ここに謝意を表したい．

[1] 小論の例文は，特に断らない限り，BAWE (British Academic Written English) からの引用である．斜字体による強調は筆者．

nowadays an increasing number of speakers prefer a (FROM) ING complement, which accords better with the negative meaning of this verb. One hears both *She forbade him to go* and *She forbade him from going*, with no difference in meaning.

Dixon は，2つの構文間に意味の違いはない ("with no difference in meaning") としながらも，同時に動名詞構文の方が forbid の否定的な意味に適合する ("... accords better with the negative meaning of this verb") として，意味が構文に影響を与える可能性を示唆している．また，類似の意味をもつ動詞が類似の構文を取りやすいという見方は，Burchfield の記述にも読み取ることができる．Burchfield (1998: 306) は，forbid の動名詞構文の拡大の要因として，動名詞構文を取る別の動詞，たとえば prohibit や prevent の影響を挙げる．そこで小論では，forbid を中心に，特に forbid と類似の意味をもつ prohibit にもふれながら，近年の補文の動向について，議論することとする．[2] 分析の主な対象は，2004年から2007年にかけてイギリスの higher education の現場で収集された資料から成る書き言葉コーパス，British Academic Written English (BAWE) から母語話者のデータのみを抽出したものである．必要に応じて，比較対照のために，1991年のデータを集積したイギリス英語の書き言葉コーパス Freiburg-LOB Corpus of British English (FLOB) にも言及する．

2. コーパス

小論が分析の対象とする BAWE は，Economic and Social Research Council (RES-000-23-0800) の助成を受け，Hilary Nesi, Sheena Gardner (Centre for Applied Linguistics, Warwick, 当時), Paul Thompson (Department of Applied Linguistics, Reading), Paul Wickens (Westminster Institute of Education, Oxford Brookes) が構築した学習者コーパスである．[3] いわゆるイギリスの higher education における学生のエッセイ等（それぞれ500語から5,000語）2,761本から構成され，分野も人文学，社会科学，自然科学とかな

---

[2] 小論では動詞の補文のみを議論の対象とする．形容詞の補文についても，Mindt (2011) 等，先行研究多数．

[3] 本セクションにおける BAWE の紹介は，<http://www2.warwick.ac.uk/fac /soc/al/research/collect/bawe/> の情報をもとに記述した．ただし，後述の「BAWE 母語話者データ」は，筆者が本研究のために整えたものである．

り網羅的である．各エッセイ等の分量が少な目であるのが残念だが，ジャンルや分野はもちろんのこと，著者の生年，学年，性別，母語等の詳細な情報も提供されており，英語教育や社会言語学等の目的に利用することも可能である．

BAWE の総語数は約 600 万語であるが，エッセイの中には，著者の母語が英語でないものも含まれている．小論の目的は英語教育的なものではなく，forbid を中心に動詞の補文の近年の動向を明らかにすることであるので，分析の対象は，英語を母語とする著者の資料に限りたい．BAWE を利用するのは，ある程度年齢層がまとまった 21 世紀の英語を調べるためである．そこで，コーパスの中から母語が「English」となっているデータのみを抽出したところ，その合計は 4,547,177 語となった．[4] この約 455 万語を分析の対象とすることとし，以下では「BAWE 母語話者データ」と呼ぶ．この母語話者データでは，学生の生年は 1954 年〜1988 年と開きがあるものの，約 90 % が 1980 年代生まれの比較的若い年代層となっている．

3. Forbid および関連語彙の史的発達と現代英語

Forbid の動名詞用法，特に「from＋動名詞」の構文が現代英語で拡がりを見せているという指摘は多いが，forbid の用法の史的変化全般を扱った論考はそれほど多くない．Iyeiri (2010) は，forbid を含む 11 の動詞（いずれも否定的な意味合いをもつ動詞）についてその補文の史的変化を分析し，中英語期に that 節を従えていた多くの動詞が，初期近代英語期以降には to 不定詞を従えるようになり，そのうちのいくつかの動詞は，次に不定詞構文から動名詞構文への移行を経験し，動名詞構文はさらに前置詞 from を伴う「from＋動名詞」構文を取るようになる場合があると指摘している．[5]

---

[4] BAWE の 0039b（ただし，0039b はファイル名）も英語の母語話者によるが，ジャンル，著者の性別，生年等，さまざまなデータが欠落しているので，このファイルは「BAWE 母語話者データ」に含めないこととした．これを除いた母語話者データのファイルの合計は 1958．語数の集計には，BAWE が提示するデータを利用している．コーパスの一部に重複行が含まれていたが，その行数は少ないので，現在のところ，削除等は行わずにそのまま「BAWE 母語話者データ」に含めている．削除を行うと語数の変更を筆者の側で独自に行う必要が出てくるためである．コーパスの語数は数え方によって若干の変動を伴うことがあり，語数の計算に異なる基準が混在すると混乱を生じる可能性があると判断した．なお forbid については，重複行の中に該当例がないので，分析上の問題は皆無である．

[5] Iyeiri (2010) は，*Oxford English Dictionary* (OED)（第 2 版）の例文データを主要な言語資料とし，その他に Bible in English (Copyright © 1996 by Chadwyck-Healey, Ltd.), Helsinki Corpus, Lancaster-Oslo/Bergen Corpus of British English, Brown Corpus, Freiburg-LOB Corpus of British English (FLOB), Freiburg-Brown Corpus of American

一方 Rohdenburg の一連の研究は，Iyeiri (2010) に先立って，英語の補文の史的変化全般について，Great Complement Shift という概念を提唱している．これは forbid に限らず，英語の動詞の多くが英語史上で補文の性質を変化させることを指し，where to go のような「疑問詞 + to 不定詞」構文の拡がりや help のあとの to 不定詞と原形不定詞の競合など，さまざまな構文の変化を含んでいる．その一つに，"the rise of the gerund (both 'straight' and prepositional) at the expense of infinitives (and *that* clauses)" (Rohdenburg (2006: 159)) として動名詞の拡大もあげられている．しかし，that 節から不定詞への推移，不定詞から動名詞への推移は，英語の補文の史的変化の中では，特に主要な変化として位置づけられるべきものであり，[6] Iyeiri (2010) は，これを整理する形で First Complement Shift と Second Complement Shift を提唱した．Iyeiri (2010) によれば，どうやら that 節，不定詞構文，動名詞構文（場合によっては前置詞の from を含む）の入れ替わりには順序があるようで，中英語期に that 節を頻繁に伴っていた動詞でまず that 節の衰退が起こると，その多くは次に不定詞構文を発達させる．これを First Complement Shift とした．そのあと，動詞によっては，一旦拡がり始めた不定詞構文を凌駕する形で動名詞構文の拡大が起こることがあり，これを Second Complement Shift と呼ぶことにした．Second Complement Shift がさらに進むと，動詞によっては，前置詞 from を伴って「from + 動名詞」構文が拡がることもある．[7]

現代英語で forbid の動名詞構文，特に「from + 動名詞」構文が拡大している事実は，たしかに短期的には prohibit や prevent などの類似の意味をもつ動詞の影響ともいえよう．しかし英語史的な視野から見た場合には，First Complement Shift によって不定詞構文を発達させた forbid に現在 Second Complement Shift が浸透し始めているのだと解釈することも可能である．それを後押しする形で，prohibit や prevent など，すでに Second Complement Shift を経た動詞が影響を与えているものと見ることができる．Iyeiri (2010: 28-42; 2011: 140-146) によれば，forbid の that 節構文が徐々に衰退しながら to 不定詞構文に移行していく変化は中英語後期から観察できるが，ほぼ同時期に，数は少ないものの forbid の動名詞構文も起こるようになる．以下は，

English, British National Corpus を分析に使用している．

[6] ただし，英語の動詞全般に関して，that 節から不定詞への推移および不定詞から動名詞への推移が見られるとする研究者は多く，Vosberg (2009: 212-213) にも，その簡潔な要約がある．

[7] First Complement Shift と Second Complement Shift の詳細については，Iyeiri (2010) 全般を参照．

その 1 例で，初期近代英語期のものである．

(3) These Scriptures that *forbid* Womens *teaching and speaking* in the Church, do intend only that they should not be the Mouth of the Church, as in Prayer and Doctrine, &c.
(1691, Benjamin Keach, *The Breach Repaired in God's Worship*)[8]

(3) が示すように，この時期の動名詞構文には from がまだ付加されていないことも多い．また，動名詞が名詞に近い性質を有する場合が多いのも，この時期の特徴である．上述のように from の拡がりは Second Complement Shift のいわば第 2 段階に見られる現象であり，forbid に限らず，prohibit や prevent でも，動名詞構文の拡がりの最初期には，前置詞付構文はほとんど起こらないことがわかっている (Iyeiri (2010: 85-87; 91-99))．Forbid に関していえば，前置詞を伴った「from + 動名詞」構文が定着しはじめるのは 17 世紀後半ことであり (Iyeiri (2011: 143-144))，これは本格的な Second Complement Shift を経た prohibit や prevent に比べても必ずしも遅いとはいえない．参考までに以下の図は，prohibit の動名詞構文が，from を伴うかどうかを，OED の例文データを使って調査した結果である（ただし，動名詞を伴う例文のみの絶対頻度を示したもの）．

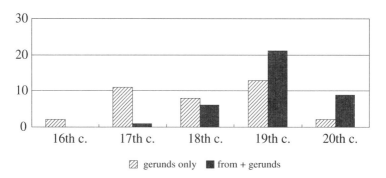

図 1. 動詞 prohibit とともに起こる動名詞構文と「from + 動名詞」構文 (OED の例文データおける絶対頻度)[9]

図 1 から，prohibit の構文についても，「from + 動名詞」はようやく 17 世紀に観察できるようになり，18 世紀以降になって急速に定着していく様子が明ら

---

[8] この例文は，Iyeiri (2011: 142) より引用．
[9] このグラフは，Iyeiri (2010: 86) より引用．

かである.

以上より, forbid の「from＋動名詞」構文は, たしかに短期的には prohibit や prevent の構文の影響によるアナロジーであるともいえようが, 歴史的には prohibit 等の関連語彙と足並みをそろえながら発達してきたものであることがわかる. これらの動詞との違いが決定的となったのは, prohibit や prevent が Second Complement Shift を経て動名詞構文を標準的な構文とするようになったのに対し, forbid は Second Complement Shift を見送り, 不定詞構文を現代英語に至っても維持し続けた点である. しかしながら, 近年は forbid の動名詞構文の拡がりが顕著になってきている. 以下の議論では BAWE の分析を通じて, 21 世紀初頭の forbid の補文の動向を, prohibit 等の関連語彙とも比較しながら, 明らかにしたい.

4. 「BAWE 母語話者データ」に見る forbid の補文

「BAWE 母語話者データ」を使用して forbid の調査をする際にまず気づくのは, そもそも forbid の使用頻度自体がきわめて低いという点である. (4) のような定型化した形容詞用法のものを入れても, 「BAWE 母語話者データ」全体で, forbid (forbids, forbade 等の変化形を含む) は 50 例しか観察できない.

(4) Eve had seduced Adam into eating the *forbidden* apple, which had led to the downfall of man and the outcast from the Garden of Eden. (BAWE)

「BAWE 母語話者データ」を 455 万語として計算すると, forbid はあらゆる形態を含めても, 実に 91,000 語に 1 回しか起こらないことになる.[10] 1991 年のイギリス英語を集積した FLOB でも forbid の合計は 31 例, 補文を従えるものに限定すると 8 例であるから, もともと forbid は現代英語においては, それほど頻度が高い動詞ではないともいえる. しかし, 「BAWE 母語話者データ」の総語数が約 455 万語, FLOB の総語数が 100 万語であることを考慮すると, BAWE での forbid の頻度は FLOB よりもさらに低いことになる. 参考までに, 「BAWE 母語話者データ」における prohibit は 87 例であり,[11] 同

---

[10] ここでの 50 例は, 必ずしも特定の著者に集中して起こるわけではない. したがって, forbid はコーパス全体を通して低頻度語彙であるといってよい.

[11] ここでも, 補文の有無にかかわらず, prohibit のすべての用法 (形容詞的に名詞を修飾す

じ「禁止」を表す動詞でも，prohibit の方が forbid より頻度が高いことがわかる．[12] 歴史的には，forbid の方が prohibit よりも早くから使用され，古英語期にさかのぼる一方で，prohibit は，中英語の終わりからようやく使用されるようになった新しい動詞である（cf. OED, s.v. prohibit）．しかしながら現在では，頻度に関するかぎり両者の関係は逆転しているようである．

このように forbid が現代英語で低頻度語彙となっている事実は，言語変化の観点からも重要である．なぜなら，一般にアナロジーは，多数派のものの影響が少数派のものに及ぶ形で進行するからである．すでに述べたように forbid が動名詞構文を従えるようになる事実は歴史的な視野から説明可能であるが，少なくとも現代英語のみに焦点を当てた場合には，prohibit など類似の意味をもつ動詞の影響は皆無とはいいにくい．Forbid が現代英語において低頻度であることは，この点とも整合的である．

それでは，実際にどの程度，forbid の「from＋動名詞」構文は拡がっているのだろうか．該当例が少ないことへの配慮は必要であるものの，たしかに「BAWE 母語話者データ」では，少しずつ「from＋動名詞」構文が浸透してきているようである．Forbid が補文を従えるのは 16 例であり，すでにそのうちの 5 例（31.25%）が，(5)(6) のような「from＋動名詞」構文となっている．[13]

(5) … that at the very beginning of the phenomenological reduction Husserl expressly *forbids* himself *from making* any judgments about the fact of the existence of the transcendent world …　　　(BAWE)

(6) … the law *forbade* them *from having* legitimate children and all were looked down upon.　　　(BAWE)

なお，from を伴わない動名詞構文は，「BAWE 母語話者データ」では観察できなかった．単純な動名詞構文では何らかの形で動名詞の意味上の主語を表さなければならないことが多い．この点が，動名詞の主体を明確に表すことのできる「from＋動名詞」構文のさらなる拡大につながったのかもしれない．

以上のような「BAWE 母語話者データ」に見る forbid の使用状況は，1991 年のイギリス英語を集積した FLOB と比較しても，「from＋動名詞」構文の拡

る用法も含む）を合計している．

[12] Forbid と prohibit が同様に「禁止」を表す動詞であることは，OED (s.v. forbid) の定義からも明らかである．Forbid の意味を定義するために，OED は prohibit を使用している．

[13] 本研究では，forbid が補文を従えている場合はすべて考察の対象とした．したがって，forbid が時制をもたずに現在分詞等の形で現れるものも含んでいる．この点は，他の関連の動詞についても同様である．

大を一歩進めたものとなっているようである．FLOB では，forbid が何らかの補文を取る例はわずかに 8 例であるので，やはり該当例が少ないという問題がある．それでも 8 例のうちの 7 例までが to 不定詞を従えており，「from + 動名詞」構文は残りの 1 例のみとなっている (cf. Iyeiri (2010: 29))．したがって FLOB における傾向は明らかで，まだ動名詞を伴う構文は限定的であるといってよさそうである．FLOB と BAWE の時間差は 20 年以下であるものの，BAWE では著者が higher education の学生であるために年齢層が比較的低く，結果的に 2 つのコーパスの間の時間の開きは，コーパスの制作年代が示すものよりも大きいのかもしれない．

このように 20 世紀の終わりから 21 世紀にかけても，forbid の構文の変化は確実に進行しており，特に「from + 動名詞」構文の増加は著しい．しかし一方で，to 不定詞構文も相変わらず維持されていることを考えると，BAWE の forbid はまだ，本格的な Second Complement Shift を迎えようとする段階にあるのかもしれない．

一方で，prohibit 等の類似の動詞の状況も，同時に見ていく必要があろう．「BAWE 母語話者データ」を見ると，prohibit の補文はすべて動名詞によるものであり，そのほとんどは，(7) (8) のような「from + 動名詞」である．すなわち prohibit では，from を使用する構文がほぼ確立している．

(7)　... that *prohibits* them *from dealing* with unethical partners.

(BAWE)

(8)　... whilst *prohibiting* others *from doing* so without express permission of the author.　(BAWE)

明らかな例外は，from を伴わない以下の 1 例のみである．この例では，from を伴う動名詞構文を使用すると，from borrowing from ... という語の連結が起こり，from が連続することになるので，これを避けたいという意図が働いたのかもしれない．[14]

(9)　Borrowing rules *prohibit* government *borrowing* from domestic sources or the central bank.　(BAWE)

---

[14] Rohdenburg (2003) は，類似の形態の連続が避けられる傾向を horror aequi と呼び，"... the *horror aequi* principle involves the widespread (and presumably universal) tendency to avoid the use of formally (near)identical and (near-)adjacent (non-coordinate) grammatical elements or structures ..." (p. 236) と定義している．

その他，以下のように名詞的用法の動名詞を従える例が数例見られるが，いずれもきわめて名詞に近いと考えてよさそうである．

(10) In fact some states in America *prohibited the testing* of Black children to avoid legal battles .... (BAWE)

以上より，prohibit では，補文の推移は確実に進んでいる．前節で述べたように，prohibit は初期近代英語期では，まだ不定詞構文を示すことがあった．Second Complement Shift により動名詞構文が優勢となったあとは，時間をかけながら from を伴う構文を拡大させており，21世紀初頭の英語を集積した「BAWE 母語話者データ」では，この「from＋動名詞」構文にほぼ収束しつつある．なお FLOB では，(11) のように from を伴わずに動名詞を直接従える構文が普通に見られるので，20世紀後半から21世紀にかけての変化も，注目に値するものと考えられる．[15]

(11) ... because reservoir rules usually *prohibit* them *approaching* within 50 metres of the bank, so anchoring-up near the bank is 'out'.
(FLOB, F)

このような prohibit の急速な変化が，forbid 構文の史的変化の大きな枠組みを後押しする形で作用しているとすれば，forbid の「from＋動名詞」構文は，一定の頻度に達した段階以降は，急速に拡大していくものと予測できる．[16]

5. 「BAWE 母語話者データ」の forbid 構文と言語的な条件付け

次に，forbid の動名詞構文の拡がりが，何らかの言語的な条件付けを受けている可能性を考えてみたい．「BAWE 母語話者データ」が提供する該当例

---

[15] Iyeiri (2010: 86) が指摘するように，FLOB では，prohibit の該当例がきわめて少なく，また from を伴う例は1例も観察できない．これは多くの文法書の記述と必ずしも一致しているとはいえないので，prohibit の20世紀から21世紀の変化については，今後の研究課題である．たとえば，Wood (1981: 213) は，すでに20世紀の後半の段階で，prohibit のもっとも一般的な構文は「from＋動名詞」を伴う構文であるとし，動名詞を直接従える構文を避けるよう提言している．

[16] なお，小論では forbid と意味の類似が顕著な prohibit の影響を中心に議論してきたが，Burchfield (1998: 306) が prohibit とともに取り上げている prevent にも触れておきたい．「BAWE 母語話者データ」に関する限り，prevent では prohibit ほど「from＋動名詞」構文の確立が決定的ではなく，動名詞を直接従えることも多い．Mair (2002) は，イギリス英語では prevent が from を伴わずに動名詞を従える構文がむしろ増加傾向にあるという．

(forbid が補文を伴う例) が 16 例と少ないので，ここでの議論は推論にならざるを得ない．しかしながら，言語変化が何らかの条件付けを受けている可能性を探ることは，変化のメカニズムを明らかにすることにもつながるので，探索を試みる価値はあるだろう．

この 16 例についていえば，forbid は能動態で起こる場合と受動態で起こる場合とで，異なる傾向を見せることがわかる．より具体的には，能動態の方が受動態よりも，「from＋動名詞」構文の定着が進んでいるようである．能動態で使用される forbid は，16 例のうち 8 例であり，その半数の 4 例が「from＋動名詞」構文，残りの 4 例が不定詞構文となっている．[17] 一方，受動態の 8 例では，「from＋動名詞」構文は (12) の 1 例のみであり，残りの 7 例は to 不定詞構文となっている．

(12)　… and so he must, too, be *forbidden from appealing* to the causal powers of either in explaining the illusion of contingency.

(BAWE)

(12) では，to appeal を用いると to appeal to the causal powers … と続くことになり，to の重複が起こる．したがって，重複を避けるという動機づけが，「from＋動名詞」構文を選択する 1 つの要因になっている可能性がある．[18] この 1 例を除くと，「BAWE 母語話者データ」では，forbid は受動態ではすべて to 不定詞を従えていることになる．[19] 英語の補文の推移が to 不定詞から動名詞へという方向性をもっていることを考えると，この変化がより進んでいるのは，少なくとも forbid に関しては，能動態の方であるといってよい．

この能動態と受動態の違いは，歴史的にはどのように説明することが可能であろうか．まずスタイルの観点から，能動態と受動態では受動態の方がフォーマルであることが要因として働いている可能性がある．受動態の方がフォーマル，あるいは careful style であるという指摘は，さまざまな研究者が行っている．たとえば Zwickey (1981) は，スタイルについてのいわばマニュアルの中で，"The use of passive rather than active constructions is generally

---

[17] 以下の例では，forbid が時制をもたずに使用されているが，能動態として数えた．This includes, however, consenting to laws *forbidding* them *from leaving* (BAWE).

[18] 注 14 を参照．

[19] 「BAWE 母語話者データ」で観察できた受動態の forbid は，いずれも「禁止される人」が主語になる indirect passive である．

formal ..." (p. 73) とする。[20] 言語変化が一般に口語化 (colloquialization) の方向性をもっていることを考えると，よりフォーマルな環境で古い形態が残りやすいことは容易に推し量ることができよう．[21]

2番目に，そもそも言語変化の速度は統語上のさまざまな条件と関連しているという視点から見ることもできる．たとえば，主節と従属節では，一般に主節での変化が早いといわれているのは，その一例である．同様に能動態では受動態よりも補文の推移の速度が速いのだと解釈することもできる．実際，たとえば英語の使役動詞 make は，能動態では原形不定詞を従えるが受動態では to 不定詞を従える．これを同時代的な差異にすぎないと見ることもできるが，Iyeiri (2012) が示すように，使役動詞 make の構文は，中英語期ではまだ原形不定詞と to 不定詞が入り乱れた状態にあり，両者の違いは必ずしも明確ではない．中英語の終わりから初期近代英語期にかけて原形不定詞の使用が拡大していく中で，受動態では to 不定詞の構文が取り残されたのだと見ることもできよう．[22]

なお，この言語変化の速度と統語環境の問題は，最初に述べたスタイルの問題と関連付けて論じることもできる．一般的な環境とやや特別な環境があるとすれば，能動態は一般的な環境であろう．変化が一般的な環境から起こるとすれば，変化の速度が遅い受動態は特別な環境である．そして特別な環境は，careful style が用いられる環境であることが多い．これから述べようとする第3番目の見方も，この点で最初の2つと関連している．3番目は，言語全般に関する一般的な傾向として，特別な環境では特別なものが使用されるというものである．近年頻繁に言及されるのは，Rohdenburg の Complexity Principle で，Rohdenburg はこの原則を，"In the case of more or less explicit grammatical options the more explicit one(s) will tend to be favored in cognitively more complex environments" (1996: 151) と，まとめている．言い換えると，「文法的な選択肢がある場合には，認知的に複雑な言語環境であるほど，より明確な選択肢が選ばれる傾向がある」ということになる．Forbid の場合は，to 不定詞構文と「from + 動名詞」構文のどちらの方が明確な構文であ

---

[20] ただし，Zwickey (1981) のこの指摘は，必ずしも forbid の構文との関連でなされたものではない．

[21] この事実は，口語化の現象の1つとして，20世紀の英語で受動態そのものが減少傾向にあると指摘されていることとも整合する．この点についての先行研究は多いが，Mair and Leech (2006: 331-332) は，その1例である．

[22] ただし，使役動詞 make については，受動態での to 不定詞の使用が現代英語で定着しているので，さらなる変化は今のところ起こりそうにない．

るか判断しにくいかもしれないが，Rohdenburg (2006: 149-150) は Vosberg (2003) 等の研究に言及しながら，少なくとも不定詞と動名詞では，不定詞の方が明確な構文であるとしている．能動態と受動態では，受動態の方が認知的により複雑だと考えられるので，その受動態で不定詞が選択される傾向が強いという事実は，Complexity Principle の原則にも合致しているということができる．[23]

Complexity Principle の考え方は，ある意味で，これまで先行研究が扱ってきた考え方をわかりやすい言葉でまとめたものであり，類似の見方を先行研究の中に探すことはそれほど難しいことではない．たとえば，Trobevšek Drobnak (1994) は，古英語の動詞に接頭辞の ge- がつくかどうかを，Mayerthaler (1981) が提唱する markedness の概念に言及しながら分析し，marked な環境では stronger variant が選択されるとした．この考え方にそって forbid の補文の選択を見ると，受動態の方が能動態よりも marked であるとされるので，marked な環境で stronger variant の to 不定詞が選択されるということになる．ここでも，to 不定詞構文と「from + 動名詞」構文では to 不定詞構文の方が stronger variant であるという前提が必要となるが，それを踏まえて考えると，本質的な主張は Rohdenburg の Complexity Principle と同様のものであるということができる．

6. 結語

以上，学習者コーパスとして作成された BAWE から母語話者データを抽出し，これを 21 世紀の若年層の言語データとして活用しながら，動詞 forbid の補文の推移を観察し，通時的には英語の補文の推移全般の立場から，共時的には prohibit に代表される類似の意味をもつ動詞の構文とのアナロジーにも言及しながら分析を行った．

Forbid は，古くは普通に that 節を従えたが，中英語期後半以降，First Complement Shift を経て，to 不定詞を従える構文を発達させ，現在に至っている．今日でも，to 不定詞構文は forbid の確立した構文となっているが，一方で，「from + 動名詞」を従えることもあり，近年はその頻度が高くなってき

---

[23] 単純な動名詞構文に比べると，「from + 動名詞」構文の方が明確な構文である．ただし，歴史的に見れば，「from + 動名詞」構文は，あくまで不定詞から動名詞への推移が起こったのちに起こる構文であるので，受動態では，この段階を本格的に超えていないのだと解釈することも可能である．少なくともそのように解釈すれば，「BAWE 母語話者データ」における forbid の補文の選択状況は，Complexity Principle とも整合的であるといえる．

ている．この変化は歴史的には，不定詞構文から動名詞構文へという英語の多くの動詞に見られる変化と方向性をともにするものであり，一方で，すでにその推移を経て今日に至っている prohibit 等の動詞の影響も無視することはできないだろう．特に，forbid が近年比較的頻度の低い少数派の動詞になってきていることを考えると，頻度の低いものが頻度の高いものの影響を受けるというアナロジーの原則にも合致する．

　ただし，変化の速さには，能動態と受動態では違いが見られるようであり，「BAWE 母語話者データ」では，受動態ではまだ，to 不定詞構文の方が普通である．Forbid に限らず一般に能動態と受動態とで言語的特徴が異なる場合があることは，これまでにも多く研究が指摘してきたところであり，スタイルの観点から，言語変化の速度の違いの観点から，認知的観点から，と見方を変えながらも，最終的には統一的な結論に至る．いずれにしても，forbid とともに使用される「from + 動名詞」構文は，現代英語で拡大の途上にあり，現在のところ，その動きが特に能動態に顕著に表れているといえる．この動きは，1991 年のデータを集積した FLOB に比べても「BAWE 母語話者データ」の方が進んでいるので，20 世紀の終わりから 21 世紀にかけても「from + 動名詞」構文は急速に拡がってきているものと考えられる．

参考文献

Burchfield, Robert W. (1998) *The New Fowler's Modern English Usage*, revised 3rd ed., Clarendon Press, Oxford.

Dixon, R. M. W. (1991) *A New Approach to English Grammar, on Semantic Principles*, Clarendon Press, Oxford.

Fowler, Henry W. (1926) *A Dictionary of Modern English Usage*, Clarendon Press, Oxford.

Iyeiri, Yoko (2010) *Verbs of Implicit Negation and Their Complements in the History of English*, John Benjamins, Amsterdam; Yushodo Press, Tokyo.

Iyeiri, Yoko (2011) "Early Modern English Prose Selections: Directions in Historical Corpus Linguistics," *Memoirs of the Faculty of Letters, Kyoto University* 50, 133-199. <http://repository.kulib.kyoto-u.ac.jp/dspace/bitstream/2433/139204/1/lit50_133.pdf>

Iyeiri, Yoko (2012) "The Complements of Causative *Make* in Late Middle English," *Middle and Modern English Corpus Linguistics: A Multi-dimensional Approach*, ed. by Manfred Markus, Yoko Iyeiri, Reinhard Heuberger and Emil Chamson, 59-73, John Benjamins, Amsterdam.

Longman Dictionary of Contemporary English (2003) New ed., Pearson Education, Harlow.

Mair, Christian (2002) "Three Changing Patterns of Verb Complementation in Late Modern English: A Real-time Study Based on Matching Text Corpora," *English Language and Linguistics* 6, 105-131.

Mair, Christian and Geoffrey Leech (2006) "Current Changes in English Syntax," *The Handbook of English Linguistics*, ed. by Bas Aarts and April McMahon, 318-342, Blackwell, Malden, MA.

Mayerthaler, Willi (1981) *Morphologische Natürlichkeit*. Akademische Verlagsgesellschaft Athenaion, Wiesbaden.

Mindt, Ilka (2011) *Adjective Complementation: An Empirical Analysis of Adjectives Followed by* that-*clauses*, John Benjamins, Amsterdam.

Oxford Advanced Learner's Dictionary of Current English (2005) 7th ed., Oxford University Press, Oxford.

Oxford English Dictionary (2009) 2nd ed. on CD-ROM (ver. 4).

Posse, Elena Seoane (1999) "Inherent Topicality and Object Foregrounding in Early Modern English," *ICAME Journal* 23, 117-140.

Rohdenburg, Günter (1996) "Cognitive Complexity and Increased Grammatical Explicitness in English," *Cognitive Linguistics* 7, 149-182.

Rohdenburg, Günter (2003) "Cognitive Complexity and *horror aequi* as Factors Determining the Use of Interrogative Clause Linkers in English," *Determinants of Grammatical Variation in English*, ed. by Günter Rohdenburg and Britta Mondorf, 205-249, Mouton de Gruyter, Berlin.

Rohdenburg, Günter (2006) "The Role of Functional Constraints in the Evolution of the English Complementation System," *Syntax, Style and Grammatical Norms: English from 1500-2000*, ed. by Christiane Dalton-Puffer, Dieter Kastovsky, Nikolaus Ritt and Herbert Schendl, 143-166, Peter Lang, Bern.

Trobevšek Drobnak, Frančiška. (1994) "The Old English Preverbal *ge-* in the Light of the Theory of Language Change as Strengthening or Weakening," *Studia Anglica Posnaniensia* 28, 123-141.

Vosberg, Uwe (2003) "Cognitive Complexity and the Establishment of *-ing* Constructions with Retrospective Verbs in Modern English," *Insights into Late Modern English*, ed. by Marina Dossena and Charles Jones, 197-220, Peter Lang, Bern.

Vosberg, Uwe (2009) "Non-finite Complements," *One Language, Two Grammars?: Differences between British and American English*, ed. by Günter Rohdenburg and Julia Schlüter, 212-227, Cambridge University Press, Cambridge.

Wood, Frederick T. (1981) *Current English Usage*, revised by Roger H. Flavell and Linda M. Flavell, Macmillan, London.

Zwicky, Ann D. (1981) "Styles," *Style and Variables in English*, ed. by Timothy Shopen and Joseph M. Williams, 63-83, Winthrop Publishers, Cambridge, MA.

構文の成立過程とその後の展開
──半動名詞構文を中心に──*

大室　剛志

名古屋大学

1. はじめに

英語の動詞 spend は，(1a) にみるように，その後に時間表現の目的語名詞 a few minutes をとり，さらに -ing 形である looking at the footprints outside the Chinese Theatre をとることができる．

(1) a. He spends a few minutes looking at the footprints outside the Chinese Theatre. 　　　　　　　　　　(COHA, 2007, FIC)
　　 b. He spends a few minutes in looking at the footprints outside the Chinese Theatre.

Sweet (1981), 原沢 (1959) に従い，(1a) の構文を半動名詞構文 (half-gerund construction) と呼ぶ．(1a) には，最小対を成す前置詞 in を伴った (1b) が存在する．

(1a) の -ing 形と (1b) の -ing 形との関係に関する下記 (2) の下線部の Poutsma (1928: 903) の見解は興味深い．(1a) の -ing 形の文法機能を示しているからである．

---

　* 本論文は 2015 年 11 月 21 日に関西外国語大学に於いて開催された日本英語学会第 33 回大会公開特別シンポジウム『日本の英語学研究者と語彙意味論研究』の講師を務め，「構文の成立過程とその後の展開 – 半動名詞構文を中心に – 」として発表した原稿を大幅に縮約し，修正を施したものである．当日の私の発表に関して貴重な質問をして下さった藤森千博氏（別府大学）と近藤亮一氏（名古屋大学）に感謝する．シンポジウム全体のオーガナイザー及び当日の司会・講師を務めていただいた岩田彩志先生（関西大学）と筆者と共に講師を務められた藤川勝也先生（富山大学）と鈴木享先生（山梨大学）に感謝する．本書に執筆の機会を与えて下さった小川芳樹先生と有益な御助言と御示唆を下さった 2 人の匿名査読者の方に感謝する．なお，本研究は日本学術振興会科学研究費基盤研究（C）（研究代表：大室剛志　課題番号：25370548）の助成を受けている．

(2) (After *to employ*, *to spend*, *to waste*, and verbs of a similar import, and also after the adjective *busy* and its synonyms, the preposition *in* is sometimes dispensed with. <u>This changes the status of the *ing*-form, converting it into a present participle in the grammatical function of predicative adnominal adjunct.</u> After *to spend* and *to waste* the omission of *in* is met with only when these words are accompanied by an adjunct denoting a length of time.

(Poutsma (1928: 903), 下線部は大室)

(1b) の前置詞 in が削除され，動名詞が predicative adnominal adjunct の文法機能を持った現在分詞の -ing 形に変化するという．Poutsma のいう predicative adnominal adjunct は Jespersen (1931) のいう quasi-predicative に相当する．そうすると，(1a) の -ing 形は，(3) のような準述詞構文と呼ばれる構文の -ing 形と同一の振る舞いを示すと予測される．つまり，(1a) の -ing 形は，主語指向の叙述の二次述語ということになる．

(3) John came running.

そこで，拙論 (1988, 2015) では，(3) の -ing 形と (1a) の -ing 形の振る舞いを比較することで，(1a) の -ing 形の現代英語における資格について，動名詞の性質をわずかに備えた限りなく現在分詞に近いものとし，(4) に示したように，半動名詞構文 (4c) は，言語習得の途中のある段階で，(4a) の in 付き動名詞を基体 (basic form) として，(4b) の準述詞構文の -ing 形をモデルとして，派生体 (derivative form) として導かれると結論した．

(4) a. G_i^E Basic Structure: [$_S$ He [$_{VP}$ was spending [$_{NP}$ his vacation] [$_{PP}$ in working at the factory]]].
 b. G_i^E Model Structure: [$_S$ He [$_{VP}$ came [$_{VP}$ running]]].
 c. G_{i+1}^E Derived Structure: [$_S$ He [$_{VP}$ was spending [$_{NP}$ his vacation] [$_{VP}$ working at the factory]]].

(cf. 大室 (2015: 162))

しかし，この結論はもっぱら現代英語の事実だけを頼りに下した結論である．そこで，第 2 節では，この結論に，Arai (1997) で提示された貴重な言語資料を提示することで，間接証拠を与えることにする．

拙論と (2) の Poutsma の見解が正しいならば，(1a) の半動名詞構文は，(1b) の in 付きの動名詞構文から in がなくなり，動名詞が現在分詞（あるい

はそれに非常に近いもの) に変化することで成立した構文である．そうであれば，次の予測として，(1a) の半動名詞構文が一旦確立すると，述詞としての現在分詞が動詞 spend の補部に生起可能となったのであるから，その後の文法展開として，(5) の述詞のパラダイムに沿う形で，(6) にみるように，動詞 spend の後に，現在分詞以外の形容詞句，前置詞句，過去分詞句といった，いわば変異形としての有標な叙述述語が，生じると予測される．

(5) 述詞のパラダイム

a	b	c	d	e
NP	AP	-en	-ing	PP

(大室 (2015: 164))

(6) a. *Two long-haired groupies spent an hour *real nuisances* at the concert.[1]　　　　　　　　　　　　　　　　　　　　　(NP)

b. Daedalus is designing a novel house extension, a variable-pressure bedroom, which may purchase an extra few years of life for its proud owners by slowing the metabolic rate of that third of their lifetime which they spend *asleep*. (AP)　(BNC, A98 321)

c. For thousands of children who spend their days *locked up in the shanty towns* while their parents work, the streets offer freedom and escape from domestic violence as well as a springboard to prostitution or petty crime. (past participle)　(BNC, A46 52)

d. Masao was spending his vacation *working at the Matsumoto factory*. (?present participle)

e. She and Henry spent their spare time *in country clothes*. (PP)
(JF, p. 7) (大室 (2015: 157-159))

Arai (1997) は，(5)-(6) で述べたような，(1a) の半動名詞構文が成立した後の展開までは，歴史発達の言語資料を示してはいないので，第3節において，新たに電子コーパス The Corpus of Historical American English (COHA) から得られる言語資料を加えてその部分について検証する．第4節では，さらに，現代英語からであるが，私自身のこれまでの同族目的語構文の研究からその受け身形に検討を加えることで，構文の成立とその後の展開という考えを支持する証拠とする．第5節はまとめである．

---

[1] (6a) が何故非文法的になるかについての説明は拙論 (2015: 164-165) を参照．

2. Arai (1997)

Arai (1997) は, *Oxford English Dictionary (Second Edition) on Compact Disc* をコーパスとして見立てて検索し, in 付き動名詞構文と半動名詞構文の歴史的分布と発達に関する大変貴重な言語資料を発掘している. (7) は, Arai (1977) の作成した表を一部抜粋したものである.[2]

(7)

	1500	1550	1600	1650	1700	1750	1800	1850	1900	1950	1970~P
spend TIME in V-ing	3	9	24	22	17	11	16	31	14	10	2
spend TIME V-ing		1	1	3	1	1	1	20	86	86	74

(Arai (1997: 190) より一部抜粋)

Arai (1997) は, (7) の表から次のことを読み取っている. 上段の in 付き動名詞が 1500 年代から 1850 年代まで優勢に使われる. Arai (1997) によれば, 前置詞 in 付きの動名詞の *OED2-CD* での初出例は, 1549 年で (8) の例である.

(8) 1549 CHALONER *Erasm. on Folly* M ij, He had *spent* whole xxx-vi yeeres togethers *in studying* the Phisicals and Vltra ~ mundans of Duns and Arstotle. (Arai (1997: 183))

それに対し, 半動名詞が正式に使われ出すのは, 1650 年代の 3 例からである. そのうちの 1 例が (9) である.

(9) 1665 PEPYS *Diary* 23 June, We *spent* two or three hours *talking* of several matters soberly and contentfully to me.
(Arai (1997: 183))

半動名詞構文は, 1850 年代の 20 例で一気に多く使われ出し, 1900 年代では動名詞構文を逆転する (ただし, Arai の表は 50 年刻みなので, 実際に逆転した時期は, 19 世紀末か 20 世紀前半かはわからない). そして 1970 年代以降は絶対的優位になる.

(7) の表から読み取れることを (10) にまとめる.

---

[2] (7) は, 提示様式が Arai (1997) のものより粗野であるが, 実質的内容は変わらない. なお, spend 以外の「従事」("engagement") の意味を表す動詞等がとった文構造の歴史的発達の詳細については新井 (1996) も参照.

(10) a. 19世紀後半に，半動名詞構文は多く使われ出す．
b. 19世紀後半か20世紀前半に，それまで優勢であったin付き動名詞を逆転し，半動名詞構文が優勢となる．
c. 1970年以降in付き動名詞構文よりも，半動名詞構文は圧倒的に優勢な資格を得る．

拙論 (1988, 2015) では，(4) でみたように，半動名詞構文は，in付き動名詞を基体 (basic form) として，準述詞構文の -ing 形をモデルとして，派生体 (derivative form) として導かれるものであると，もっぱら現代英語の事実をたよりに考えたが，その考えは，上述の Arai (1997) による歴史発達の言語資料からも間接的に支持される．

3. 構文成立後の展開：COHA からの言語資料

まず，Arai (1997) の観察を，COHA からの歴史発達の資料によって確認する．次に，問題の述詞の展開に関する予測が正しいかを検証する．

COHA での検索式を [spend].[v*] として検索すると spent については 40822 件，spend は 22973 件，spending は約 7225 件，spends は 2790 件となり，件数が膨大である．そこで，今回は spends の 2790 件に限り，自分の目で実際の資料を全て見て分析し，無関連な例を排除し，分類した．

3.1. in 付き動名詞構文と半動名詞構文の歴史発達：COHA からの資料による確認

(11) の表は，COHA から得られた in 付き動名詞構文と半動名詞構文の歴史的分布と発達に関する頻度表である．COHA に合わせて，10年刻みで提示している．

(11)

	1810	1820	1830	1840	1850	1860	1870	1880	1890	1900
spends TIME in V-ing		4	2	9	7	4	8	10	2	7
spends TIME V-ing				1		2	4	11	7	11

	1910	1920	1930	1940	1950	1960	1970	1980	1990	2000
spends TIME in V-ing	4	9	2	2	5	1	0	1	0	0
spends TIME V-ing	14	31	40	55	51	68	75	74	120	127

(11) の表の大きく分かれた上の方をみると，網がけしたように，1860年代

から1890年代にかけて，半動名詞構文は2，4，11，7例と比較的多く使われている．これは，Arai (1997) の (10a) の見解と一致する．特に，1880年代と1890年代では，半動名詞が11例と7例であるのに対し in 付き動名詞が10例と2例となっていて，半動名詞構文が in 付き動名詞をその年代に逆転したとみてよい．これも，Arai (1997) の (10b) の見解とほぼ一致する．(12) は，(11) の表における半動名詞構文の1845年の初出例である．

(12) When he *spends a whole night "coon-hunting,"* and is obliged to sleep half the next day, and feels good for nothing the day after, it is impossible to convince him that the "varmint" had better been left to cumber the ground, and the two or three dollars that the expedition cost him been bestowed in the purchase of a blanket.
(COHA, 1845, FIC)

(11) の表の大きく分かれた下の方をみると，1930年代には，半動名詞の使用例が40例あるのに対し，in 付き動名詞は使用例2例まで衰退し，半動名詞構文が20倍の使用例を持つ．1930年代に，半動名詞構文は in 付き動名詞構文に対する優位性を確立したとみてよい．

さらに，1960年代から現在までにかけて，半動名詞構文は in 付き動名詞構文をほぼ完全に凌駕したとみてよい．その間の50年間で in 付き動名詞が使われたのはわずかに2例にすぎないからである．これも，Arai (1997) の (10c) の見解とほぼ一致する．

以上本節では，第2節でみた Arai (1997) の in 付き動名詞構文と半動名詞構文との歴史発達に関する事実について，COHA からの歴史発達の資料からもほぼ同様なことが言えることを確認した．

3.2. 半動名詞構文の成立とそれに伴う他の叙述述語の出現

半動名詞構文の優勢が確立すると，-ing 形以外の形容詞句，前置詞句，過去分詞句といったより有標な叙述述語が生じるようになると予測される．これらの叙述述語は，問題の構文で -ing 形より，有標であるから，その歴史的出現も遅くなり，使用頻度も低頻度であることが予測される．この予測が正しいかを COHA からの歴史発達資料によって検証する．

3.2.1. 過去分詞

(13) の表をみる．

(13)

	1810	1820	1830	1840	1850	1860	1870	1880	1890	1900
spends TIME V-ing				1		2	4	11	7	11
spends TIME V-ed										

	1910	1920	1930	1940	1950	1960	1970	1980	1990	2000	合計
spends TIME V-ing	14	31	40	55	51	68	75	74	120	127	691
spends TIME V-ed				2		1		1	4	7	15

(13) の表の大きく分かれた上の方をみると，網がけして示したように，spends 形における半動名詞構文の初出例は，先程みた 1845 年の (12) の例である．(13) の表の大きく分かれた下の方をみると，それより約 100 年遅れて，1940 年代に初めて過去分詞の叙述述語が 2 例使用されている．その 2 例が (14) である．

(14) a. Agent Donat arrives by parachute, *spends a few minutes disguised as a Rumanian peasant*, then transforms himself into Tartu, a Rumanian Iron Guardist, reeking with pomade, corny gallantries and devotion to the New Order. (COHA, 1943, MAG)
b. Sometimes Pennington *spends half a foggy night crouched beneath a bedroom window* to which he has affixed a microphone. (COHA, 1946, FIC)

また，例文 (14a) は，その出現が，in 付き動名詞に対して半動名詞構文が優勢を完全に確立した 1930 年代よりも 10 年遅れている．

(13) の表の大きく分かれた下の方の右端をみると，半動名詞の使用例の合計 691 例に対し，2 段目の過去分詞の使用例の合計は，15 例である．よって，過去分詞は，歴史的な遅延の面と歴史的な頻度の低さの面の両面で，上で立てた予測に合致する．

3.2.2. 形容詞句

(15) の表をみる．

(15)

	1810	1820	1830	1840	1850	1860	1870	1880	1890	1900
spends TIME V-ing				1		2	4	11	7	11
spends TIME AP		1								

	1910	1920	1930	1940	1950	1960	1970	1980	1990	2000	合計
spends TIME V-ing	14	31	40	55	51	68	75	74	120	127	691
spends TIME AP				2		1		1	4	7	16

　半動名詞構文の初出例が例文 (12) の 1845 年である．(15) の大きく分かれた上の方をみると，その 2 段目に 1845 年より以前の 1820 年代に形容詞句の叙述述語が 1 例ある．これは，上での予測の反例かもしれない．その例が (16) である．

(16) *Heedless at church* she *spends the day*, For homelier folks may serve to pray, And for devotion those may go, Who can have nothing else to do. (COHA, 1820, FIC)

　(16) は詩の例で，Heedless at church が文頭に出ており，being が省略されて使われている．いわゆる分詞構文の例で，spend の補部に形容詞句が生起した例ではないのかもしれない．
　以上から，(16) を一旦議論からはずすと，(15) の表で次の形容詞句の例となると，大きく分かれた下の方の網掛けした 1940 年代となる．それが，(17) の例である．

(17) Brought up on the idea that being "popular" means having lots of dates and parties all the time, *every evening* she *spends alone* becomes to her evidence of social failure and must be avoided like poison. (COHA, 1942, MAG)

　(17) は，1942 年の例であり，例文 (12) の半動名詞構文の出現 1845 年よりも約 100 年遅れている．
　網掛けした合計のところをみると，半動名詞は 691 例もあるのに，形容詞句の使用例の合計は，一旦脇に置いた (16) の 1 例を含めてもわずかに 16 例にすぎない．したがって，形容詞句に関しては，(16) を歴史の遅延の面でのここでの予測の反例とみるにしても，歴史的な頻度の低さの面ではここでの予測に合致している．また，上で述べた理由から (16) を歴史での出現の遅延の面でのここでの予測の反例と見なさなければ，形容詞句も過去分詞の場合と同様に，歴史的な遅延の面と歴史的な頻度の低さの面の両面で，上で立てた予測に合致する．

3.2.3. 叙述述語の前置詞句

(18) の表をみる.

(18)

	1810	1820	1830	1840	1850	1860	1870	1880	1890	1900
spends TIME V-ing				1		2	4	11	7	11
spends TIME Pred PP	1				4			1	2	

	1910	1920	1930	1940	1950	1960	1970	1980	1990	2000	合計
spends TIME V-ing	14	31	40	55	51	68	75	74	120	127	**691**
spends TIME Pred PP		4	1		1	1	5	1	3		**24**

(18) の表の大きく分かれた下の方の右端の網掛けした合計を見ると, 叙述述語としての前置詞句の使用例の合計は 24 例にすぎない. それに対し, 1 段目の半動名詞の使用例の総計は 691 例である. したがって, 叙述述語としての前置詞句は, 歴史的な頻度の低さの面でここでの予測に合致する.

しかし, 歴史的な遅延の面に関しては, ここでの予測に合わない. 半動名詞構文の初出例である (12) の出現が 1845 年なのに, それ以前の 1810 年代に, Pred PP は, 1 例存在している. その 1 例が (19) である.[3]

(19) This man to suffer more To rule, whose only right to France is might, While Louis exiled *spends* his days *in grief*, Our names would pass to future times, not styled Deliverers of mankind, but scourges, pests, And murderers of our race.' (COHA, 1815, FIC)

しかも, 半動名詞が優勢を確立する 1930 年代より前までに (19) の例を含め 12 例使用され, 各例は比較的各年代に広く分布している.

ここで, (20) の表をみる.

---

[3] 匿名の査読者のお一人から, (19) の例は, 1810 年代に出現しており, COHA の資料に基づく限り, (21) 以降に行っている本論文での「場所を表す PP から叙述の PP へと拡張した」という議論の反例になるとの御指摘をいただいた. 確かに御指摘の通り問題であるが, (20) の表より, 場所を表す PP の総数が叙述の PP の総数よりも圧倒的に多いため, 上述の鍵括弧で示した議論は依然として残るものと暫定的にここでは考えることにする (本格的な解決は今後の課題である). また, その査読者から, in grief を一種のイディオムとして見なせば, 上述の鍵括弧で示した議論を維持できるとの御指摘もいただいた.

(20)

	1810	1820	1830	1840	1850	1860	1870	1880	1890	1900
spends TIME Loc PP/Adv		2	8	13	12	15	17	34	27	21
spends TIME Pred PP	1				4			1	2	

	1910	1920	1930	1940	1950	1960	1970	1980	1990	2000
spends TIME Loc PP/Adv	29	51	62	55	55	74	74	86	120	124
spends TIME Pred PP	4	1		1	1	5	1	3		

(20)の表は，場所（location）の前置詞句あるいは副詞がspends + TIMEの後に生じたものと叙述述語の前置詞句との比較をおこなった表である．

(20)の表から，場所（location）の前置詞句あるいは副詞が，spends + TIMEの後で安定して使われていることがわかる．1830年代より，その例を(21)に挙げる．

(21)　He spends most of his hours *in the library*.　　(COHA, 1835, FIC)

ここでは，叙述述語の前置詞句は，(21)のような場所を示す前置詞句から(19)のような精神状態を示す前置詞句へと拡張したと見ることにする．[4] したがって，この点では，先に立てた予測は合わない．ただ，叙述述語の前置詞句は，叙述述語の現在分詞に較べれば歴史的頻度では低いという点は上での予測に合致する．

ここまでの議論をまとめると，半動名詞構文が一旦成立すると，その後の展

---

[4] 匿名査読者のお一人から，(21)のin + Loc PP/Adv のパタンから，(19)のin grief のような精神状態を示す前置詞句へと拡張したという分析をさらに拡大して，本論文で扱われている動名詞構文に見られるin に関しても，場所を表す前置詞からの拡張と考えることはできないだろうかという御指摘をいただいた．私もそのように考えることが十分にできると思う．というのも，本文では述べていないものの，in付き動名詞，例えば，in studying English は，場所の前置詞句，in the room のroom の個体の部分が，出来事のstudying English に拡張したと十分に考えられるからである．個体から出来事への拡張は文法の様々な箇所で見られると思われる．さらに，この査読者から，上述のin の意味拡張が，動詞spend の補部においても見られると仮定すると，spend TIME in-Loc PP/Adv を基本として，spend TIME in + 動名詞のパタン，spend TIME in grief のようなパタンへと順に意味拡張が進むと考えることができ，その中で，動名詞が含まれるパタンが形成される段階において，(5)における述詞のパラダイムに入っていくと考えることもできると思われるという重要な御指摘をいただいた．本論文では，動名詞が半動名詞になり，半動名詞が(5)の述詞のパラダイムに入ることで，述詞のPP等にさらに拡張していくとの仮説を立てて，COHA の言語資料により仮説検証を行った．しかし，(18)の表からこの当初の仮説は修正を迫られることは明らかであり，本論文でも場所のPP から叙述のPP への拡張の可能性を新たに提案しているので，査読者が御指摘下さった拡張の可能性を十分に考慮しながら，今後の研究を進めていきたい．

開として -ing 形をいわば基点にして，過去分詞，形容詞句が叙述述語として使われ出すことを歴史発達の言語資料から見たことになる．ただし，叙述述語の前置詞句については，同じ前置詞句である場所を示す前置詞句からの拡張と捉えるのが良いということである．[5]

4. 現代英語における構文成立後の展開と見られる変異形について

本節では，現代英語からであるが，同族目的語構文の受け身形を検討することで，構文の成立とその後の展開という考えを支持する証拠とする．

同族目的語構文は，基本的には自動詞であるものが，目的語をとるので，受け身がかかりにくいのが通常である．実際 Jones (1988) は，同族目的語は受け身形にならないと指摘している．例えば，(22) は非文法的である．

(22) *A deprecating smile was smiled by Miss Marple. (大室 (1990: 75))

しかし，その後，Horita (1996)，Matsumoto (1996)，高見・久野 (2002)，拙論 (2004) で受け身が適用されている (23) のような例が指摘されている．

(23) a. Pictures were taken, **laughs were laughed**, food was eaten.
(高見・久野 (2002: 166))
b. And the crowd responded with such outpourings of enthusiasm as I have never before witnessed. **Screams were screamed, cheers cheered, sighs sighed,** underwear thrown.
(高見・久野 (2002: 166))
c. **Hugs were hugged, smiles were smiled,** hands were shaken.
(大室 (2004: 148))

(23) の例には共通点がある．通常の同族目的語構文では，修飾語句は義務的であるが，高見・久野 (2002) によれば受け身の時は修飾語が付かなくてもよい．さらに，通常の同族目的語構文では，主語が複数であっても同族目的語は単数である．

(24) They smiled a happy smile.

しかし，受け身形の (23) では，いずれの例でも同族目的語の数が複数に

---

[5] ただし，注の 3 参照．

なっている．また，等位接続詞の and で文同士が連結されておらず，それを省いた並列（parataxis）の形をとっている．しかもいずれの例も何かパーティのような場面で使われており，場面的な制約すら受けている．加えて，使用頻度も極めて低い．よって，(23) は，能動文としての通常の同族目的語構文が成立した後，受け身が今述べたような条件を守ってかろうじてかかった例と見なしてよいと思われる．

ただし，同族目的語構文の受け身には，(23) のタイプとは異なった Horita (1996) が指摘している (25) のタイプもある．

(25) a. Marilyn Monroe's smile was smiled perfectly by all the contestants.
   b. The biggest smile I ever saw was smiled by my father.
   c. Various smiles were smiled for the photographer by the actress.
                                                    (Horita (1996: 243))
   d. The laugh of a very disturbed man was laughed by Neil.
   e. The smile of a woman who knows what she wants was smiled by the actress.   (Rice (1987: 214)) (Horita (1996: 244))

(25) は，いずれも同族目的語の部分が Matsumoto (1996) が指摘するように指示性（referentiality）が高く，Horita (1996) が指摘するように他動性が高まって受け身が可能となっているタイプである．そうであれば，Mamiya (2011) が論じるように，同族目的語の受け身には少なくとも (23) と (25) の2つのタイプが存在することになる（大室 (2013) 参照）．では，この2つのタイプに共通点はないのか．あると思われる．受け身がかかる典型的な条件を両者とも満たしているという点である．小薬 (2010) は同族目的語構文に大変類似した動作表現構文に受け身がかかる条件を考察し，それは論理的な目的語につく所有形と動作主とが統語的にも意味的にも完全に消え去った場合であるとしている．(23) のタイプは，同族目的語であるが，小薬 (2010) の条件を守っている．同族目的語に所有形もついていないし，by-phrase もない．つまり，よく言われるように，受け身は，動作主を格下げする，あるいは，背景化することがその主な機能であるから，(23) のタイプは受け身適用後の構造が受け身の典型的機能を満足していることになる．また受け身は，他動性が高い時に典型的にかかる操作である．(25) のタイプは，受け身適用前の構造において，受け身適用の典型的条件を満たしているものと言える．受け身適用前か，後かという違いはあるが，(23) と (25) は受け身の典型的適用条件を満たしているという点で共通している．では，何故受け身の典型的適用条件が満

たされた時にしか，同族目的語構文に受け身がかからないのかというと，同族目的語構文が基本的には自動詞である動詞が目的語を許すという有標な構文であるからだと思われる．有標な構文に規則をかけるとしたら，その規則の典型的な適用条件の時であると考えるのは自然だと思われる．議論が少し脇にそれたが，同族目的語構文が成立した後の展開として，その受け身形が存在しているというのが重要である．

5. むすび

本論文では，半動名詞構文が in 付き動名詞から成立してくる過程を，[6] Arai (1997) で発掘された貴重な言語資料を用いて確認した．また，COHA からの歴史言語資料を用いてこの成立過程が正しいことを再確認した．さらに，一旦，半動名詞構文が成立すると，その後の展開として，現在分詞をいわば核として，過去分詞句，形容詞句といった他の叙述述語が可能になってくる歴史過程を COHA からの歴史言語資料に基づいて検証した．さらに，現代英語からではあるが，同族目的語構文での変異形の事例として，その受け身形を提示することで，上記の成立過程とその後の展開の間接的な支持証拠とした．もし，本論文の主張が正しければ，動詞補部の有標性を自然に捉えられ，構文の成立過程と，一旦構文が成立した後のその後の文法展開を自然に捉えられるような動的な語彙意味論が今後必要になると思われる．

参考文献

新井洋一（1996）「近代英語における「従事」の意味を表す構造文の諸相」『英語コーパス研究』第 3 号, 1-26.

Arai, Yoichi (1997) "A Corpus-Based Analysis of the Development of "*In* Dropping" in the *Spend Time In V-Ing* Construction," *Studies in English Linguistics: A Festschrift for Akira Ota on the Occasion of His Eightieth Birthday*, ed. by M. Ukaji et al., 181-196, Taishukan, Tokyo.

原沢正喜（1959）『現代口語文法』研究社, 東京.

---

[6] 匿名査読者のお一人から，spend TIME in -ing と spend TIME -ing との間の意味的な違いについて，動能構文（conative constructions）に見られる，shoot at NP, shoot NP との間に見られるような意味的な違いが，spend において, in を伴うか, 伴わないかにおいても見られるのか，という貴重なご質問をいただいたが，前置詞 in の有無による，意味的間接性／直接性の相違は，動能構文の場合と同様に，当該構文においても見られると考えている．

Horita, Yuko (1996) "English Cognate Object Constructions and Their Transitivity," *English Linguistics* 13, 221-247.

Jespersen, Otto (1931) *A Modern English Grammar*, Part IV, Ejnar Munksgarrd, Copenhagen.

Jones, Michael (1988) "Cognate Objects and the Case Filter," *Journal of Linguistics* 24, 89-110.

小薬哲哉 (2010)「動作表現構文における他動性」『英語語法文法研究』第17号, 67-82.

Mamiya, Yuka (2011) *On Passives of Cognate Object Constructions*, BA Thesis, Nagoya University.

Matsumoto, Masumi (1996) "The Syntax and Semantics of the Cognate Object Construction," *English Linguistics* 13, 199-220.

大室剛志 (1988)「英語における半動名詞構文について」『言語文化論集』第10巻, 第1号, 45-65, 名古屋大学.

大室剛志 (1990)「同族'目的語'構文の特異性 (1)」『英語教育』11月号, 74-76.

大室剛志 (2004)「基本形と変種の同定にあずかる大規模コーパス——同族目的語構文を例に」『英語コーパス研究』第11号, 137-151.

大室剛志 (2013)「構文に見られる拡張」『第85回大会 Proceedings』, 205-206, 日本英文学会.

大室剛志 (2015)「動名詞から分詞への変化: 動詞 spend の補部再考」『言語研究の視座』, 深田智・西田光一・田村敏広(編), 154-171, 開拓社, 東京.

Poutsma, Hendrik (1928) *A Grammar of Late Modern English*, Part II, P.Noordhoff, Groingen.

Rice, Sally (1987) *Towards a Cognitive Model of Transitivity*, Doctoral dissertation, University of California, San Diego.

Sweet, Henry (1891) *A New English Grammar*, Part I, Clarendon Press, Oxford.

高見健一・久野暲 (2002)『日英語の自動詞構文』研究社, 東京.

名詞句内の事象修飾に見られる意味的特徴について*

金澤　俊吾
高知県立大学

1. はじめに

本稿では，現代英語の名詞句内において，事象修飾が見られる構文の意味的特徴と，構文間の意味的関係について考察する．形容詞と名詞 sip から構成される名詞句が生起する，次の3つの構文を分析の対象とする（以下，用例中の下線およびイタリックは筆者による）．

(1) a. He took a *long* sip of his cocktail …　　(COHA, 1953, FIC)
　　b. … I had to drink it in *small* sips …　　(COHA, 1950, FIC)
　　c. Eleanor lifted her teacup and drank several *little* sips.
　　　　　　　　　　　　　　　　　　　　　　　　(COHA, 1930, FIC)

(1a) のように，軽動詞 take が事象名詞 sip を目的語に取る軽動詞構文（light verb construction）（以下，LVC）と，(1b) のように，名詞 sip が前置詞句 in の補語の位置に生起し，動作の様態を表す，様態副詞構文（manner adverb construction）（以下，MAC），(1c) のように，動詞 drink もしくは sip が生起し，目的語名詞として sip をとる同族目的語構文（cognate object construction）（以下，COC）を扱う．

Corpus of Historical American English（以下，COHA）と Corpus of Contemporary American English（以下，COCA）に収録されているデータの観察

---

* 本稿は，日本英文学会中部支部第 67 回大会シンポジウム『英語形容詞の形態・統語・意味』(2015 年 10 月 17 日，名古屋工業大学）において口頭発表した，「現代英語における形容詞の事象修飾とその意味的特徴について」に加筆，修正を施したものである．発表に際して，大室剛志先生，前澤大樹氏，久米祐介氏より，また，本稿の執筆に際して，2 人の査読者から，貴重な意見，質問を賜った．ここに謝意を表したい．当然のことながら，本稿における誤り等に関する責任は全て筆者にある．なお，本研究の一部は，日本学術振興会科学研究費（基盤研究(C)課題番号 25370559) の助成を受けてなされている．

を通じて，形容詞と名詞 sip から構成される名詞句内に見られる修飾関係と，各構文における当該名詞句の意味的振る舞いを検証する．その上で，3つの構文の意味的関係について考察する．

　先行研究において，LVC や COC，MAC について様々な分析が行われてきた．例えば，Quirk et al. (1985) は，(2a) において自動詞と副詞句によって表される事象が，COC ((2b)) と，LVC ((2c)) を用いて表されることに注目する．本来，動作を表す動詞の意味を，COC では，同族目的語を用いて繰り返すことで表すのに対し，LVC では，事象名詞を用いて表す．このことから，Quirk et al. (1985) は，両構文が関係付けられる可能性があることを指摘する．

(2) a.　They fought for a long time.
　　 b.　They fought a long fight.
　　 c.　They had a long fight.　　　　　　　　(Quirk et al. (1985: 751))

長時間に及ぶ戦いという事象が，(2b) では，動詞 fight が，同族の関係にある名詞 fight を取り，形容詞 long と修飾関係を結ぶことで表わされる．また，(2c) では，軽動詞 have が，事象名詞 fight を目的語として取り，形容詞 long と修飾関係を結ぶことで表される．

　Höche (2009: 248) は，take を伴う LVC と，COC の意味的な違いに注目し，両構文の使い分けに関して，各構文によって強調される要素の違いに求めている．take を伴う LVC では，動作主が自ら始めた (self-initiated) 動作の経験者としての解釈が強調される．それに対し，COC は，動作主と，動作，その結果との間の関係が強調される．

　Huddleston and Pullum (2002: 673) は，(3) を例に挙げ，COC に生起する形容詞が，動作の様態を表すことを指摘する．

(3) a.　She fought a heroic fight.
　　 b.　He died a long and agonising death.

(3a) の heroic は she によって表される指示対象の戦い方が勇敢であった様子を表すのに対し，(3b) の agonising は，指示対象 he の死に至る際，苦痛を伴う状況を表す．

　さらに，Huddleston and Pullum (2002: 671) は，MAC についても言及し，(4) のように名詞 manner や way を主要部とする前置詞句を用いて，動作の様態が表されることを指摘する．

(4) a. He had responded in a studiously nonchalant manner.
    b. They had been behaving in the usual way.

(4a) の in a studiously nonchalant manner は，「彼」が答える際の様態を表し，わざと知らないふりをする様子を表す．また，(4b) の in the usual way は，「いつもの様子で」と「彼ら」の振る舞う様子を表す．

　本稿で扱う 3 つの構文に生起する名詞句は，形容詞と名詞 sip から構成されており，形容詞が，「1 口飲む」事象の様子や動作の様態，飲み物の状態を表す点において類似性が見られる．一方で，当該名詞句は，それぞれ異なる構文に生起しているので，各構文内での意味的振る舞いに違いが見られると予測される．以下では，これら 3 つの構文に生起する，形容詞と名詞 sip から構成される名詞句の意味的特徴を考察し，3 つの構文の意味的関係を明らかにする．

2. 詳述性と 3 つの構文の関係

　始めに，Langacker (2008) による詳述性（specificity）を概観する．Langacker (2008: 56) によると，人が事象を捉える粒度（granularity）には違いがあり，その粒度の違いは，言語化される構文の違いに反映される．例えば，知覚者の目の前で起きている出来事を粗い粒度で捉えると，Something happened と言語化される．また，この事象を細かい粒度で捉えると，順に A girl saw a porcupine, An alert little girl wearing glasses caught a brief glimpse of a ferocious porcupine with sharp quills と表され，粒度が高くなるにつれて修飾表現を多く伴うという特徴が見られる．[1]

　本稿では，飲み物を「1 口飲む」事象を捉える際の粒度の違いが，3 つの構文の使い分けに反映されると主張する．つまり，知覚者による当該事象を捉える際，粒度が細かくなるにつれて，順に LVC, MAC, COC がそれぞれ使われると考える．次節で示すように，各構文の違いは，生起する形容詞と名詞の修飾関係の違いに起因すると考える．

　知覚者が，飲み物を「1 口飲む」事象を最も粗く捉える際，LVC が用いられ，詳述性が最も低い構文であると見なされる．一方，「1 口飲む」動作と，その結果の部分が言語化される場合には，COC が用いられ，3 つの構文の中で最も詳述性が高い構文であると見なされる．MAC は，LVC と MAC の中

---

[1] 詳述性の概念を用いて，金澤 (2013) は，have a 構文と，同族目的語構文，「詳述された」同族目的語構文の各構文間の意味的関係に関する考察を試みている．

間に位置し，飲み物を消費する動作の過程を詳述する際に用いられる．

各構文の統語的連鎖と意味表示は，表1のようにまとめられる．

表1：各構文に見られる統語的連鎖と意味表示

	統語的連鎖	構文の意味表示
LVC	NP-*take-a/an*-(Adj)-*sip*-(*of*)-(NP).	[SIP (X, Y)]
MAC	NP-*drink*-NP-*in-a/an*-(Adj)-*sip*-(*of*)-(NP).	[DRINK (X, Y)] BY/WITH [SIP (X, Y)]
COC	NP-*drink-a/an*-Adj-*sip*-(*of*)-(NP).	[SIP (X, Y)]

LVCには，軽動詞takeが生起し，形容詞 + sipから構成される名詞句によって，「飲み物を少しずつ飲む」事象が表される．統語的にはtakeが主要部であるのに対し，意味的にはsipによって表される事象が主要部と見なされる．

MACには，典型的には動詞drinkが生起し，inを伴う前置詞句内に，形容詞と名詞sipから成る名詞句が生起する．意味的には，SIPが，DRINKに従属する関係を構築し，「飲む」動作の過程を詳述する．つまり，MACの意味的主要部は，DRINK (X, Y)によって表される「飲み物を消費する」事象であり，意味的にも統語的にもdrinkが主要部として機能する．本稿では，MACに生起するin a/an (Adj) sipは，「少しずつ」の意味を表すin sipsが基本にあり，形容詞がsipと修飾関係を結ぶことにより，副詞類in a/an Adj way, in a/an Adj mannerと同様，「飲む」動作を詳述する機能を担うと考える．

COCにおいて，典型的には動詞drinkが生起し，当該動詞の目的語の位置にはsipが生起する．また，形容詞が義務的に生起する点が，他の2つの構文とは異なる．意味的には，「飲み物を少しずつ飲む」動作，[SIP (X, Y)] が意味的主要部として機能する．ただし，LVCとは異なり，COCでは，「飲み物を少しずつ飲む」動作と，その動作の結果得られる，飲み物の量が意味的主要部として機能する．したがって，COCの統語的な主要部はdrinkであるのに対し，意味的な主要部はsipにあると考える．

3. 各構文に見られる名詞句内の修飾関係

前節では，場面の捉え方の粒度の違いが，各構文の使い分けに反映されることを指摘した．本節では，この各構文の違いは，各構文を構成する，名詞句内の形容詞と名詞との修飾関係の違いに起因することを示す．

はじめに，各構文に生起する名詞sipの語彙的意味について考察する．本稿

では,Langacker (2008: 101) による,動詞 choose から名詞 choice の派生にならい,名詞 sip は,動詞 sip の事象構造を継承し,事象内の要素の際立ちの置かれ方の違いにより,2つの名詞が派生されると考える.

(5) i. *sip* (V): to drink something, taking a very small amount each time
ii. sip_1 (N): a very small amount of a drink that <u>you take into your mouth</u>
iii. sip_2 (N): <u>a very small amount of a drink</u> that you take into your mouth

 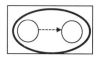

動詞 sip は,(5i) に示すように,動作主が少量の飲み物を飲む動作を表す.この語彙的意味に基づき,(5ii) の「口に少量の飲み物を入れる動作」を表す名詞 sip (以下,sip_1) と,(5iii) の「少ない飲み物の量」を表す名詞 sip (以下,sip_2) が,それぞれ派生される.

動詞 sip から,2種類の名詞 sip_1 と sip_2 が派生されることは,Grimshaw (1990) による事象名詞の分析からも支持される.Grimshaw (1990) は,項構造の違いから,動詞由来名詞を,複雑事象名詞 (complex event nominal) と,結果名詞 (result nominal),単純事象名詞 (simple event nominal) にそれぞれ分類する.例えば,(6a) の examination は,結果名詞であるのに対し,(6b) のように,of 句を取る場合,複雑事象名詞として解釈される.この区別は,複雑事象名詞が,take a long time と共起できるが,was on the table と共起できないことから確認できる.

(6) a. The examination was long/on the table.
b. The examination of the patients took a long time/*was on the table. (Grimshaw (1990: 49))

また,複雑事象名詞は,of 句を伴うことなく,take a long time と共起できる場合がある (The examination took a long time (Grimshaw (1990: 49))).本稿では,sip_1 は,「1口飲む」事象全体もしくは動作の過程 (process) を表すことから,複雑事象名詞と対応するのに対し,sip_2 は,「1口飲む」動作の結果得られる,「1口の量」を表すことから,結果名詞と対応すると考える.実際のところ,sip_1 が,各構文に生起する際,of 句を伴う場合と,伴わない場合の両方がある点において,複雑事象名詞と同じ振る舞いを示す.sip_2 に関しても,of 句を伴う場合と伴わない場合がある.ただし,of 句を伴う場合,sip_2

は，部分詞（partitive）として機能する．

次に，形容詞と，名詞 sip_1, sip_2 との間に見られる修飾関係を概観する．形容詞が sip_1 を修飾する際，事象または動作を修飾する．具体例として，「1口飲む」事象に要する時間や，動作の順序を表す long や final, 動作の様態を表す quick や careful が挙げられる．一方，形容詞が sip_2 を修飾する際，飲み物を表す名詞と修飾関係を結ぶ．例えば，飲み物の状態を表す hot や bitter, 飲み物の量を表す small や big が挙げられる．

本稿で扱う3つの構文には，sip_1 と sip_2 いずれの名詞も生起できる．しかし，共起する動詞には違いが見られる．sip_1 は，「1口飲む」事象，動作を表し，LVC の場合には軽動詞，MAC, COC の場合には「飲む」動作を表す動詞と，それぞれ共起する．一方，sip_2 は，飲み物の量を表し，いずれの構文においても，「飲む」動作を表す動詞と共起する．以下，各構文の名詞句内に見られる修飾関係を考察する．

3.1. LVC に見られる修飾関係

LVC は，飲み物を「1口ずつ飲む」事象を表す構文であり，生起する形容詞は，sip によって表される事象全体もしくは，事象を構成する要素を修飾対象とする．LVC に生起する形容詞の頻度数は，表2のようにまとめられる．

表2：LVC に生起する形容詞の頻度数

	様態	状態・量	その他	合計
COHA	106	45	3	154
COCA	149	62	8	219

COCA, COHA いずれにおいても，事象もしくは動作の様態を表す形容詞が，状態や量を表す形容詞に比べて，多く生起する．事象や動作の様態を表す形容詞として，long や careful, cautious, final, quick, slow, hesitant が多く生起する．また，飲み物の状態や量を表す形容詞として，small や big, tiny, large が多く生起する．

LVC は，3つの構文の中で，事象を捉える際の粒度が最も粗い構文である．このことは，形容詞が，名詞 sip と修飾関係を構築する際，修飾対象が広いことを意味する．実際のところ，当該形容詞は，名詞 sip によって表される事象や動作，参与者（動作主，飲み物）のいずれも修飾対象にできる．

始めに，LVC に生起する形容詞が，事象もしくは動作の様態を表す事例を見てみよう．この場合，当該形容詞は，sip_1 と修飾関係を結び，軽動詞 take

と共起する．形容詞は，(7), (8) のように，事象の時間の長さや，事象の時間的先行関係を表す．

(7) Each took a *long* sip of his drink, then looked at each other almost happily. (COHA, 1946, FIC)

(8) a. He took a *final* sip from his glass and set it down carefully. (COHA, 1959, MAG)
　　b. He took a *preliminary* sip of coffee, speared a juicy steak, (COHA, 1922, FIC)

(7) における long は，飲み物を 1 口飲むのに長い時間を要したことを表す．また，(8a) の final は，グラスから「1 口飲む」動作が最後であるという時間順序を表すのに対し，(8b) の preliminary は，ステーキをフォークで刺す動作に先行して，コーヒーを 1 口飲む動作が行われる，動作の時間的先行関係を表している．[2]

また，形容詞が「1 口飲む」動作を修飾する場合，動作の速さを表す quick や slow ((9))，動作に随伴する音を表す noisy ((10)) が生起できる．

(9) a. He took a *quick* sip from the benzedral fountain, waited for the restorative to do its work. (COHA, 1956, FIC)
　　b. She took a *slow* sip, looking at him with amusement over the rim of the glass. (COHA, 1957, FIC)

(10) Mrs. Pelumpton continued, after taking a *noisy* sip of tea and then staring over the cup at him. (COHA, 1966, MAG)

さらに，sip_1 は，(11) の careful や cautious のように，動作を行う際の動作主の状態を表す形容詞や，(12) の hesitant や grateful のように，動作主の感情を表す形容詞とも，修飾関係を結ぶことができる．

(11) a. The islander raised the mess kit to his lips and took a *careful* sip, savoring the water in his mouth. (COHA, 1954, FIC)
　　b. I went over to the bright breakfast nook and sat down, and took a *cautious* sip of coffee. (COHA, 1959, FIC)

(12) a. Tommy accepted the bottle cap and took a *hesitant* sip.

---

[2] 査読者から，「1 口ちょっと飲む」動作が，「本格的に 1 口飲む」動作に先行して行われると解釈される可能性もあるという指摘を頂いた．

(COHA, 1967, MAG)
　　b.　Joshua took a *grateful* sip and then looked around.
(COCA, 2008, FIC)

　次に，当該構文に生起する形容詞が sip$_2$ と修飾関係を結ぶ事例を見る．この場合も，共起する動詞は take であるが，「飲み物を消化する」動作を表す主動詞として解釈される．具体例として，(13) を見てみよう．

(13)　a.　Jack takes a *bitter* sip of coffee, puts the mug back down.
(COHA/COCA, 2009, FIC)
　　b.　Once she plops herself down and takes a *hot* sip of coffee, …
(COHA/COCA, 2003, FIC)

いずれの形容詞も飲み物の状態を表す．(13a) の bitter は，sip を介して of 以下の coffee と修飾関係を結び，Jack が苦いコーヒーを 1 口飲む動作を表している．また，(13b) における hot は，指示対象 she が，コーヒーを熱い状態で 1 口飲む動作を表している．

　LVC には，飲み物の量を表す形容詞が sip$_2$ を修飾することにより，(14) のように，飲み物の量を強調する修飾パタンも見られる．

(14)　a.　He took a *small* sip out of it and handed it back.
(COHA, 1934, FIC)
　　b.　She takes a *big* sip and savors it.　　(COHA, 1962, FIC)

(14a) の small は，sip の語彙的意味に指定される，1 口飲む時の飲み物の量の少なさを強調する．一方，(14b) の big は，飲み物を 1 口飲む時の量の多さを表す．

　以上見てきたように，LVC において，形容詞は，sip$_1$, sip$_2$ いずれの名詞とも修飾関係を結ぶ一方で，共起する動詞が，軽動詞，主動詞とそれぞれ違いが見られる．このことは，同一の統語配列でありながら，当該名詞句内の修飾関係の違いが，共起する動詞の違いに対して影響を与えていることを示唆している．

3.2.　MAC に見られる修飾関係

　次に，MAC において，in を伴う前置詞句内に生起する名詞句を考察する．MAC には，drink に代表される主動詞によって，飲み物を「飲み切る」動作が表され，in ＋形容詞＋ sip から成る前置詞句によって．「飲み切る」動作の

過程が詳述される．この場合，当該の前置詞句内には sip_1, sip_2 のいずれも生起できる．MAC に生起する形容詞の頻度数は，表3のようにまとめられる．[3]

表3：MAC に生起する形容詞の頻度数

	様態	状態・量	その他	合計
COHA	5	9	6	20
COCA	2	9	0	11

MAC に生起する形容詞は，COHA, COCA ともに，飲み物の量を表すパタンが多く見られる．[4] このことは，MAC に生起する動詞句が，「飲み物を消費する」と解釈されることから，その消費される量が，どのくらいであるのか，その過程について，in を伴う前置詞句によって詳述されていることと関係している．

MAC に生起する形容詞が，事象や動作を表す sip_1 を修飾する例として，(15) を見てみよう．

(15)　She drank her pitiful portion in *three* sips.　　(COHA, 1921, FIC)

(15) における three sips は，「1口飲む」動作を3回行うことで，「飲み切る」動作が遂行されることを表している．

また，形容詞が，sip_1 によって表される動作と修飾関係を結び，動作の速さや，随伴する音を表し，「飲み切る」動作の過程を詳述することもできる．

(16)　They drank their lemonade in *slow* sips.　　(COHA, 1993, FIC)
(17)　Mr. Choe lifted his bowl and drank in *loud* sips.
　　　　　　　　　　　　　　　　　　　　　　　(COHA, 1968, FIC)

(16) の in slow sips は，ゆっくり「1口ずつ飲む」動作の様態を表し，その動作を行うことで，「彼ら」がレモネードを飲み切ると解釈される．また，(17) の loud sips は，Choe がずるずると音を立てて「1口ずつ飲む」ことで，ボウ

---

[3] 査読者より，MAC においては，なぜ頻度数が格段に少なくなるのかという質問を頂いた．本稿では，当該表現が，「少しずつ」の量を表す in sips から意味拡張を経て形成されると考える．よって，飲み物の量の少なさを表す表現形式を用いて，さらに，形容詞を用いることで，「飲む」動作を詳述する．この点において，MAC に生起する in を伴う前置詞句は，いわば，有標の表現形式であると考える．この理由により，頻度数が格段に少なくなるように思われる．詳細に関しては，今後の課題としたい．

[4] COHA には，a quick nervous sip や little, silent sips など2つ以上の形容詞が sip を修飾する例も観察される．

ルに入った飲み物を飲み切ると解釈される.

次に，MAC に生起する形容詞が，sip$_2$ と修飾関係を結ぶ事例を見る．当該形容詞は，(18) のように，飲み物の状態を表すことができる．

(18)　..., as she tried to drink her latte in *burning* sips.
(COCA, 2005, FIC)

(18) は，she によって表される指示対象が，煮立っている状態にあるカフェラテを少しずつ飲むことで，飲み切ろうとしたと解釈される．

また，(19) のように，形容詞が，飲む行為を行う際の飲み物の量を表す場合もある．

(19)　The coffee was excellent, but so hot I had to drink it in *small* sips ...
(COHA, 1950, FIC)

(19) の small は，口に入れるコーヒーの量が，少量であることを強調し，「少しずつ飲む」動作を行うことで，コーヒーを飲み切る動作が遂行される状況を表す．

次に，MAC の主動詞の位置に生起する動詞の意味的特徴を見る．当該構文には，基本的には drink が生起する．drink 以外にも，(20) の down や swallow のように，「飲む」動作の様態が語彙的に指定される動詞も生起できる．

(20)　a.　"To Elvis," he says and downs the drink in one *long* sip.
(COHA, 1997, FIC)
　　　b.　Angela swallowed the whiskey in *quick* sips ...
(COHA, 1949, FIC)

(20a) は，時間をかけて 1 口で飲み干す動作を表す．また，(20b) では，Angela が，ウィスキーを素速く少しずつ飲む動作によって，ウィスキーを飲み込む様子が表される．

形容詞が，sip$_2$ を修飾し，飲む量を強調する場合，drink off や drink down のような「飲み切る」動作を表す動詞句が生起できる．

(21)　a.　The Cardinal poured some water into a tumbler, [...], and drank it off in a series of *little* sips.　　(COHA, 1900, FIC)
　　　b.　... he drank it down in *small, meager* sips, and then he said to his son, ...　　(COHA, 1932, FIC)

(21a) は，混ぜ物を少しずつ飲む動作を行うことで，一気に飲み切る動作が行

われると解釈される．(21b) においても，少量のお茶を1口ずつ飲むことで，飲み切る動作が行われる様子を表す．

さらに興味深いことに，MAC には，finish や consume のように動作の完了や，飲み物の消費を表す動詞も生起できる．

(22) a. ... I went to the cupboard and poured her a brandy, which she consumed in three *quick* sips. (COHA, 1966, FIC)
b. He finished the drink in several *more cautious* sips ...
(COHA, 1993, FIC)

(22a) は，ブランデーを3口で素速く飲むことで，飲み切ったと解釈される．(22b) は，注意深く1口ずつ飲む動作を繰り返すことで，飲み終えたと解釈される．

3.3. COC に見られる修飾関係

最後に，COC に見られる意味的特徴を考察する．COC は，「飲み物を1口，口に入れる動作と，その動作の結果，得られる飲み物の量」に意味的中心が置かれる構文である．この点において，3つの構文の中で，「1口飲む」動作を最も詳述する構文であると言える．[5]

表4におけるCOHAの頻度数から，COCには飲み物の量を表す形容詞が生起するパタンが多く見られる．また，COCAにおいて，1992年以降，形容詞が動作の様態を表すパタンが見られるようになる．

表4：COC に生起する形容詞の頻度数

	様態	量	その他	合計
COHA	1	8	0	9
COCA	4	11	1	16

COC において，当該の名詞句が，drink に代表される動詞の直接目的語の位置に生起することから，飲む量を表す形容詞と，sip_2 の修飾パタンが基本にあることが分かる．また，以下で示すように，動詞と同型もしくは同族である，sip_1 が直接目的語の位置に生起することで，「少しずつ飲む」動作を表し，形容詞は，その動作の様態を詳述すると考えられる．

---

[5] 同族目的語は，動作の結果の解釈の指向が強いという Nakajima (2006) による指摘とも一致する．

形容詞が sip_1 を修飾することで，飲む動作を詳述する事例から見る．(23) のように，形容詞は，「少しずつ飲む」動作の速さを表すことができる．ここで注目すべき点は，COC が用いられる際，飲み物に関する情報を導入する文脈が先行するということである．このことは，飲み物（もしくは飲み物が入った入れ物）を表す場面を導入することで，読み手に飲み物を注目させる働きを持っている．その上で，読み手が，COC によって表される飲み物に働きかける動作と，その結果を注視するという効果がもたらされる．

(23) a. She puts the glass to her cheek a minute. Then she drinks a *slow* sip. (COCA, 1992, FIC)
b. ... Lorana took the bowl and drank a *quick, small* sip. (COCA, 2011, FIC)

(23a) では，she によって表される指示対象が，グラスを頬につける動作を行うことで，飲み物を自分の手元に引きつける．その上で，グラスに入った飲み物を1口ゆっくり飲む動作が行われる．(23b) では，Lorana がボウルを手に取った後，ボウルに入った飲み物を，素早く少量飲む動作が行われる．[6]

また，COC に生起する形容詞が，sip_1 を修飾することで，動作の様態や，動作主の状態を表すこともできる．

(24) ... the fire and looked at the light through the whiskey and then drank a *delicate* sip. (COCA, 1997, FIC)
(25) I pushed away the jam, rejected her toast, and sipped a *solitary* sip of black coffee. (COCA, 1995, FIC)

(24) では，動作主がウィスキー越しに明かりを見つめる場面を表す文が先行し，その上で，ウィスキーを1口飲む動作が，動作主によって慎重に行われる様子を表す．(25) では，sip a sip の形式を取ることで，I の指示対象が，独りぼっちの状態で，コーヒーを少しずつ飲む状況を表す．

さらに，形容詞が sip_2 と修飾関係を結ぶ際，(26) のように，「1口飲む」時の量の少なさを強調する．

(26) Eleanor lifted her teacup and drank several *little* sips. (COHA, 1930, FIC)

---

[6] 動作の速さを表す形容詞が，飲み物を表す名詞を修飾することで，飲む動作の様態を表すパタンは，John drank a slow cup of coffee のように slow が a cup of coffee を修飾する際にも見られる．

次に，COC に生起する動詞の意味的特徴について見る．MAC と同様，COC にも，drink の他に，「飲む」動作の様態が語彙的に指定される動詞が生起する．例えば，(27) の swallow や，(28) の sip が，これに該当する．

(27) a. She swallowed a *tiny* sip of soup, …　　(COCA, 1992, FIC)
   b. They feed her, or struggle to feed her, […] struggles to swallow *little* sips of what was yesterday choked and pureed for her, …
   　　　　　　　　　　　　　　　　　　　　　　(COCA, 1995, FIC)
(28) 　… she sipped *tiny* sips from her cup, …　　(COCA, 2006, FIC)

(27a) の tiny, (27b) の little は，いずれも，飲み物の量の少なさを強調する．また，(28) のように，sip a sip の形式をとることで，カップから，飲み物を1口ずつ飲む際，飲み物の量が微量である様子を表す．一方，knock back や gulp down のように，勢いよく飲む動作を表す動詞と，飲む量の程度の大きさを表す形容詞が共起することで，飲む量が強調される場合がある．

(29) a. I knocked back *a few* sips of generic rum, which tasted strong and acidic, and bit my throat.　　(COHA, 2005, NF)
   b. He had passed the entire day there, […], gulping down *big* sips of coffee.　　(COCA, 2011, FIC)

(29a) の a few sips によって，がぶ飲みしたラム酒の量が2口，3口と飲む量が強調される．また，(29b) において，big が sip を修飾する際，sip は，語彙的意味に指定される「少量の」意味が捨象され，「1口の」意味のみ表される．その結果，big sips によって，がぶ飲みする時の1口あたりのコーヒーの量の多さが強調されるようになる．

4. 3つの構文の意味的関係

本節では，前節までの観察に基づき，3つの構文の意味的関係を明らかにし，各構文に生起する，形容詞＋sip の意味的振る舞いの違いを説明する．3つの構文に生起する，形容詞と名詞 sip との修飾関係は，表5のようにまとめられる．

表5：各構文に生起する名詞 sip の種類と形容詞の修飾対象

sip の種類	sip_1		sip_2	
形容詞の修飾対象	事象	動作	状態	量
LVC	◯	◯	◯	◯
MAC	◯	◯	◯	◯
COC		◯		◯

ここで注目すべき点は，LVC, MAN, COC と，各構文によって示される事象の詳述性が高くなるにつれて，各構文に生起する形容詞の分布が狭まるという相関関係が見られるということである．

　LVC には，「1口飲む」事象，動作を修飾する形容詞から，飲み物の状態や量を表す形容詞に至るまで，3構文の中で，最も広く形容詞が生起できる．また，MAC には，LVC に比べると頻度数が少なくなるが，事象を修飾する形容詞，動作の様態を表す形容詞，飲み物の状態を表す形容詞，量を表す形容詞のいずれかが生起する．しかし，COC では，形容詞の修飾対象が，飲む動作もしくは，飲み物の量に限定されるので，形容詞の分布が最も狭い．

　また，この各構文に生起できる形容詞の分布の違いは，共起する動詞の分布の違いに対しても影響を与える．LVC では，生起できる形容詞の分布が最も広く見られる一方で，生起できる動詞が，take に限定される．MAC では，基本的には drink が生起する．それに加えて，「飲む」動作の様態が語彙的意味に内包される down や swallow，「飲み切る」動作を表す動詞句 drink off や drink down，「飲み切る」量に意味の中心が置かれる finish や consume が生起できる．COC では，名詞 sip が，動詞の直接目的語の位置に生起することから，「飲む」動作を表し，名詞 sip と意味的に矛盾しない動詞が生起する．具体的には，drink に加え，「飲む」動作の様態が指定される swallow，名詞 sip と同型の sip,「飲む」量を強調する動詞(句)である gulp down や chase が生起できる．

　これまでの観察から，各構文内で，動詞と，形容詞＋sip から構成される名詞句との間で，意味的分業が図られていることが明らかとなる．つまり，構文内で，名詞句が意味的に「重い」内容を表す場合，動詞はその分「軽い」内容を表す．LVC がこれに該当する．生起できる動詞が take に限定される代わりに，目的語の位置に生起する形容詞と名詞 sip との間には，多様な修飾関係が見られる．

　それに対し，名詞句が意味的に「軽い」内容を表す場合，動詞は意味的に「重い」内容が表され，様々な動詞が生起できる．COC がこれに該当する．名

詞句内に見られる修飾関係は，飲み物の量を強調する例が多く，共起する動詞は，飲む量の程度を語彙的に内包する様々な動詞が生起できる．MAC は，これら 2 つの構文の中間に位置する．主動詞によって表される，「飲み物を飲み切る」解釈と矛盾しないよう，in の補部に生起する名詞句は，飲み物の状態や量を表すのが基本にあり，事象や動作の様態を表す場合もある．それに伴い，drink 以外にも様々な動詞が生起できる．

本稿の分析に基づき，詳述性という概念を用いて，3 つの構文の意味的関係を検証していくと，slow + 名詞 sip から構成される名詞句は，生起する構文によって，それぞれ意味的振る舞いに違いが見られることが明らかとなる．

(30) a. She took a *slow* sip, looking at him with amusement over the rim of the glass. (COHA, 1957, FIC)
　　b. They drank their lemonade in *slow* sips. (COHA, 1993, FIC)
　　c. Then she drinks a *slow* sip. (COCA, 1992, FIC)

(30a) の LVC における slow は，sip によって表される事象と修飾関係を結ぶ．従って，a slow sip により，she によって表される指示対象が，「1 口飲む」事象全体の時間の経過が「ゆっくり」であることが表される．また，(30b) の MAC における slow は，sip の動作と修飾関係を結ぶ．slow sips は，ゆっくり「少しずつ」飲む動作を表し，レモネードを飲み切るまでの過程を詳述する．さらに，(30c) の COC における slow は，sip の 1 口飲み込む動作を修飾し，1 口の量を飲み込む動作がゆっくり行われる様子を表す．

5. おわりに

本稿では，英語における形容詞が事象名詞を修飾する際に見られる 3 つの構文，LVC, MAC, COC を取り上げ，事象の詳述性の違いが，各構文の使い分けに反映されると主張した．そして，この詳述性の違いは，各構文に生起する名詞 sip の語彙的意味の違いと，形容詞が名詞 sip と修飾関係を構築する時の修飾パタンの分布の違いに起因することを示した．

むすびに，今後の課題について言及する．(31) のように，形容詞 + sip から成る名詞句が，動詞と共起することなく，名詞句単独で表される場合がある．

(31) a. The Old Man took a careful sip. A thoughtful sip.
(COCA/COHA, 1995, FIC)

b. She drank brandy. A slow sip at a time.　(COHA, 2009, FIC)

いずれの例においても，名詞句単独で表される事により，「1 口飲む」事象を場面の中で，より強く印象づける機能を担っている．この種の表現は，本稿で扱った LVC, COC から意味拡張を経て形成される用法であると思われる．この現象に関する詳細な分析は，今後の課題としたい．

参考文献

Grimshaw (1990) *Argument Structure*, MIT Press, Cambridge, MA.
Höche, Silke (2009) *Cognate Object Constructions in English: A Cognitive-Linguistic Account*, Gunter Narr Verlag, Tübingen.
Huddleston, Rodney and Geoffrey K. Pullum (2002) *The Cambridge Grammar of the English Language*, Cambridge University Press, Cambridge.
金澤俊吾 (2013)「英語における軽動詞構文，同族目的語構文にみられる修飾関係について―*have a/an* Adj *drink*, *drink a/an* Adj *drink* を中心に―」『英語語法文法研究』20, 118-134.
Langacker, Ronald W. (2008) *Cognitive Grammar: A Basic Introduction*, Oxford University Press, Oxford.
Nakajima, Heizo (2006) "Adverbial Cognate Objects," *Linguistic Inquiry* 37, 674-683.
Quirk, Randolph, Sidney Greenbaum, Geoffrey Leech and Jan Svartvik (1985) *A Comprehension of the English Language*, Longman, London.

コーパス

The Corpus of Contemporary American English (COCA):
http://corpus.byu.edu/coca/
The Corpus of Historical American English (COHA):
http://corpus.byu.edu/coha/

軽動詞構文の歴史的発達
―have と make を中心に―*

久米　祐介
藤田保健衛生大学

1. 序論

　現代英語には，(1) に示すように，have や make が顕在的な接辞を伴わない事象名詞を選択するいわゆる軽動詞構文がある．軽動詞構文に現れる事象名詞に先行する要素は一般的に不定冠詞であるといわれている．

(1) a.　have a swim
　　b.　make a guess

軽動詞構文という名称は構文の意味の大半を動詞ではなく事象名詞が担っており，動詞そのものの意味は希薄であることから由来する．事象名詞の意味上の主語は，(1a, b) とも動詞の主語と共通であると解釈されるが，(1a) は受動化を許さない．[1]

(2) a.　*a swim was had
　　b.　a guess will be made

本論文の目的は have と make の軽動詞構文の歴史的発達過程を明らかにすることによって，(2) に見られるような振る舞いの違いに説明を与えることであ

---

　* 本論文は東北大学大学院情報科学研究科「言語変化・変異研究ユニット」主催第2回ワークショップ「コーパスからわかる言語の可変性と普遍性」において口頭発表した内容に加筆修正を施したものである．なお，本研究は JSPS 科研費 25870871 の助成を受けたものである．また，査読者の先生方には大変貴重なご意見をいただいた．ここに記して感謝の意を表する次第である．不備は全て筆者の責任である．
　[1] have 軽動詞構文でも -tion や -ment などの接辞を伴う事象名詞は受動化されることがある．以下の例は Oxford Sentence Dictionary からの引用である．
　　(i)　It is because the argument has been had...
したがって，(2a) の非文法性は単純に have が選択する事象名詞は受動化を受けないからだとはいえない．

る．具体的には，have と make が選択する事象名詞の定性の有無や受動化の可否から，make に選択される事象名詞は項であるのに対して，have が選択する事象名詞は，項から叙述名詞に変化したと主張する．

　論文の構成は以下の通りである．2 節では，歴史コーパスから抽出した have 軽動詞構文のデータを，3 節では make 軽動詞構文のデータを分析する．4 節では，前節で分析したデータに基づき，have と make の軽動詞構文の発達過程を明らかにし，(2) に見られる振る舞いの違いを統語的に説明する．

2. have 軽動詞構文の通時的観察

　have 軽動詞構文は，(3) に示すように，古英語から lif や reste などの動詞と同根の事象名詞を選択していた．

(3) a. we mid þam Hælende ***habban*** þæt ece ***lif-Acc***
　　　we with the Christ　　have　　the ever life
　　　'we have ever life with the Christ'
　　　　　　　　　　　　　　　　　　　　　(coaelhom, +AHom_3:182.512)

　　b. ac ***habben*** þa ***reste-Acc***
　　　but have　　the rest
　　　'but have the rest'　　(coeluc1, Eluc_1_[Warn_45]: 78.61)

(3) では，事象名詞の lif と reste には決定詞が付いており，対格が付与されている．lif や reste などは動詞の用法よりも名詞の用法の方が古く，名詞から動詞へ転換されるようになったものである．古英語では接辞を伴わない品詞転換はほとんど行われておらず，中英語以降に発達したといわれている．したがって，古英語の軽動詞構文に現れる事象名詞は限られており，現代英語ほどバリエーションに富んでいたわけではなかった．

　表 1 は古英語のコーパス The York-Toronto-Helsinki Parsed Corpus of Old English Prose (YCOE) から得られた have と事象名詞の間に介在する要素の種類と生起数を示している．[2] なお，カッコ内の数字は，介在する要素によって定性は認められないものの，関係詞節などにより定性の解釈が可能な事象名詞の数を表している．

---

[2] 形容詞などの定性の有無に関わらない要素が介在している例は介在要素なしに含まれている．

表 1：古英語の have と事象名詞の間の介在要素

	指示詞	定冠詞	属格（代名詞）	強数量詞	弱数量詞	不定冠詞	介在要素なし
have + bite							
have + fight					2		2
have + life	21		1		1		29 (1)
have + rest	2				1		6
have + sleep							
have + talk							
have + walk							
計	23	0	1	0	4	0	37

表 1 からわかるように，65 例中で指示詞が介在する例が 23 例，属格が介在する例が 1 例，介在する要素はないが関係詞が後続している例が 1 例，計 25 例（約 38.4%）が定性を示している．

表 2 は中英語のコーパス The Penn-Helsinki Parsed Corpus of Middle English, Second Edition (PPCME2) から得られた have と事象名詞の間に介在する要素の種類と生起数を示している．表 2 が示すように，93 例中で指示詞が介在する例が 4 例，定冠詞が介在する例が 9 例，属格が介在する例が 7 例，強数量詞が介在する例が 1 例，弱数量詞が介在するが関係詞が後続する例が 1 例で，計 22 例（約 23.7%）が定性を示している．

表 2：中英語の have と事象名詞の間の介在要素

	指示詞	定冠詞	属格（代名詞）	強数量詞	弱数量詞	不定冠詞	介在要素なし
have + bite						1	
have + fight							
have + life	4	8	5		2		37
have + rest		1	2	1	9 (1)	1	22
have + sleep							
have + talk							
have + walk							
計	4	9	7	1	11	2	59

中英語になると屈折の水平化が始まり，事象名詞に対格が付与されているかどうか形態的に区別できなくなるが，(4) に示すように，事象名詞が受動化され

る have 軽動詞構文の事例が観察される．したがって，受動化が対格の吸収によって起こると仮定すれば，能動態では依然として事象名詞には対格が付与されていたことになる．

(4) ȝef eny *default, ranker, or discord be had*...

(*Doc* in Power *Craft Surg.* 324)

(Matsumoto (1999: 66))

表 3 は初期近代英語のコーパス The Penn-Helsinki Parsed Corpus of Early Modern English (PPCEME) から得られた have と事象名詞の間に介在する要素の種類と生起数を示している．表 3 が示すように，59 例中で定冠詞が介在する例が 2 例，属格が介在する例が 1 例，計 3 例（約 5.0%）のみが定性を示す要素と共起している．

表 3：初期近代英語の have と事象名詞の間の介在要素

	指示詞	定冠詞	属格（代名詞）	強数量詞	弱数量詞	不定冠詞	介在要素なし
have + bite						4	
have + fight					1	1	
have + life			1		2	1	36
have + rest		1			1	1	3
have + sleep					1		
have + talk		1				2	1
have + walk						1	1
計	0	2	1	0	5	10	41

さらに，今回調査を行った初期近代英語のデータからは (4) のような受動化された事例も見つけることはできなかった．これらの観察から，have 軽動詞構文では定性の認められる事象名詞の割合は古英語では 38.4%，中英語では 23.7%，初期近代英語では 5.0% と時代を経るにつれ減少傾向にあるといえる．そして，古英語，中英語で観察された受動化された軽動詞構文の事例が初期近代英語には観察されなかったことから，軽動詞構文に現れる事象名詞の定性と受動化の可否には関連があると考えられる．

3. make 軽動詞構文の通時的観察

Akimoto (1999) によれば，古英語では軽動詞としての make の用法は

King Alfred の時代の作品において数例見られる程度であった．(5) に示すように，古英語では make が選択する事象名詞には対格が付与されていた．

(5)　… hi　togædere　coman mid　þam　ilcan mannan
　　　… they　together　came　with those　same　man
　　　þe　　ær　　　þæt *loc-Acc*　**makedon**
　　　who　previously　that agreement　made
　　　'they came together with those same men who had previously made that agreement'

(ChronE [Plummer] 1094. 16-17)
(cf. Akimoto (1999: 31))

(5) の loc (agreement) のように，make が古英語で選択する事象名詞は現代英語では廃れてしまったものが多いため，本論文では中英語以降の make 軽動詞構文の事例を分析することとする．

中英語の make 軽動詞構文では，屈折の水平化の影響により，事象名詞に対格が付与されているかどうか形態的に確認することはできないが，(6) に示すように，受動化された例がいくつか観察される．

(6)　… thy ***lippes be maad*** like to a reed scarlet hood.

(CMAELR4,22.649)

したがって，have 軽動詞構文と同様に，make が選択する事象名詞も対格が付与されていることがわかる．表4は中英語のコーパス PPCME2 から得られた make と事象名詞の間に介在する要素の種類と生起数を示している．[3]

---

[3] make end of, make use of, make choice of などの of を伴う表現は，秋元 (2002) が述べるように，要素間の結びつきが強く，イディオム化している可能性があり，その結果1つの他動詞として再分析されうることから，本論文が扱う軽動詞構文とは振る舞いが異なるため，今回の調査から除外した．

表4：中英語の make と事象名詞の間の介在要素

	指示詞	定冠詞	属格（代名詞）	強数量詞	弱数量詞	不定冠詞	介在要素なし
make boast		1					
make cry						5 (3)	1 (1)
make defense					1		1
make leap		1	1		1		
make oath	2	2	3			5 (2)	
make speech							
make vow			3	1		11 (8)	1
計	2	3	8	1	2	21 (13)	3 (1)

表4が示すように，40例中で指示詞が介在する例は2例，定冠詞が介在する例が3例，属格が介在する例が8例，強数量詞が介在する例は1例，不定冠詞が介在するが関係詞が後続する例は13例，介在要素はないが関係詞が後続する例は1例で，計28例（70%）が定性を示す要素と共起している．これは同時期の have 軽動詞構文における 23.7% と比べはるかに高い割合であるといえる．

また，表5は初期近代英語のコーパス PPCEME から得られた make と事象名詞の間に介在する要素の種類と生起数を示している．

表5：初期近代英語の make と事象名詞の間の介在要素

	指示詞	定冠詞	属格（代名詞）	強数量詞	弱数量詞	不定冠詞	介在要素なし
make boast				1	1		1
make cry							1 (1)
make defense				1	1 (1)		
make leap							
make oath				1		1 (1)	1 (1)
make speech		3				3	1 (1)
make vow			1			7	2
計		3	1	3	2 (1)	11 (1)	6 (3)

表5が示すように，26例中で定冠詞が介在する例が3例，属格が介在する例が1例，強数量詞が介在する例は3例，弱数量詞が介在するが関係詞が後続する例は1例，不定冠詞が介在するが関係詞が後続する例が1例，介在要素

はないが関係詞が後続する例は3例で，計12例（46.2%）が定性を示す要素と共起している．中英語のmake軽動詞構文よりは低くなっているものの，依然として高い割合を保っている．なお，(7)に示すように，受動化された事例も観察された．

(7) And in case any ***othe be made or hathe be made*** by you...
(STAT-1530-E1-P1,3,493.86)

これらの観察からmake軽動詞構文では事象名詞の定性がhave軽動詞構文ほど弱くなってはおらず，受動化の事例も現代英語まで続いているといえる．

表6は，まとめとしてhave軽動詞構文とmake軽動詞構文に現れる定性を示す事象名詞の割合を各時代ごとに示している．

表6：軽動詞構文における定性を示す事象名詞の割合の推移

	古英語	中英語	初期近代英語
have 軽動詞構文	38.4%	23.7%	5.0%
make 軽動詞構文		70.0%	46.2%

4. have 軽動詞構文の歴史的発達

4.1. have の文法化と事象名詞のステータス変化

前節で見たように，haveが選択する事象名詞には時代を経るにつれ定性の弱化が見られ，中英語までしか受動化の事例が観察されなかったのに対して，makeの事象名詞にはそれは認められず，受動化の事例が各時代に観察された．これらの観察に基づき，この節ではmake軽動詞構文におけるmakeは古英語から現代英語まで一貫して語彙動詞であり，事象名詞は項であるのに対して，have軽動詞構文におけるhaveは初期近代英語までに軽動詞に文法化し，haveに選択される事象名詞は項から叙述名詞に変化したと主張する．

(3), (4)で示した古英語から中英語のhave軽動詞構文と，(5), (6), (7)で示した各時代のmake軽動詞構文では，事象名詞に対格が付与されている．このことから，(8)のBurzio (1986)の一般化に従って，これらの動詞は外項に意味役割を付与していたと仮定する．[4]

(8) Burzioの一般化：主語に意味役割を付与できる動詞のみが，目的語

---
[4] Burzioの一般化では，主語とあるが，ここでは外項と捉える．非対格仮説の下では，内項が主語になることがあるためである．

に対格を付与することができる．

(高見・久野 (2001: 137))

これは古英語から中英語の have と各時代の make は語彙的意味を備えており，依然として本動詞のままであるということを意味する．これらの仮定に基づき，古英語の have と make の軽動詞構文は (9) の構造であったと主張する．

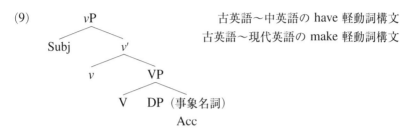

(9) では，v が外項の Subj に意味役割を，V の補部の事象名詞に対格を付与しており，V は v へ主要部移動する．事象名詞に定性が保持される make 軽動詞構文には現代英語まで構造変化は見られないのに対して，中英語以降に定性が著しく弱化する have 軽動詞構文には大きな構造変化があったと考えられる．

ここでは den Dikken (2006) で提案された叙述関係を示す機能範疇 RELATOR を主要部とした RP 構造を採用する．den Dikken は全ての叙述関係は (10) の構造によって示されると主張している．

(10) の主要部 R は完全な機能範疇であり，意味役割も格も付与せず，最小領域にある主語と述語を叙述関係で結ぶ．

(11) Imogen is beautiful.
 [$_{RP}$ [*Imogen*] [RELATOR=*be* [*beautiful*]]]   (den Dikken (2006: 29))

具体的には，(11) では，be が RELATOR として指定部にある主語 Imogen と補部にある述語 beautiful を叙述関係で結んでいる．

これを have 軽動詞構文に拡張し，中英語から近代英語にかけて事象名詞の

定性が弱化した時期に (9) から (12) への再分析が生じたと主張する.

(12) 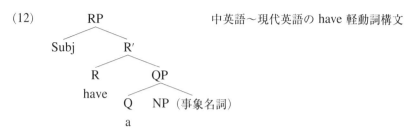 中英語〜現代英語の have 軽動詞構文

(12) では，have が R に位置付けられ RELATOR として指定部の主語と補部の事象名詞を含む QP を叙述関係で結んでいる．この have は語彙的意味が漂白化されており，外項に意味役割を付与しておらず，事象名詞に対格も付与しない．しかし，主語と事象名詞は叙述関係にあるため，主語は事象名詞が要求する意味役割を担うことになる．もし受動化が格の要因で起こるとすれば，そもそも格付与が生じない (12) の構造では受動化は起こりえないことになり，(2a) の非文法性が説明される．

   (2) a. *a swim was had

久米 (2013, 2015), Kume (2015) で述べられたように，事象名詞の DP から QP への変化，すなわち D の消失は，前節で見た事象名詞の定性の弱化を反映しており，事象名詞の主語を D によって認可できなくなることを意味している．軽動詞構文の事象名詞の主語の認可については次の節で詳しく議論する．

  have の V から R への変化は文法化の一例であると考えられる．一般に，文法化は開放類の語彙項目が閉鎖類の文法的機能的要素に変化する過程を指し，文法化を受ける要素は統語上の独立性を失い，語彙的意味が希薄化される．Hopper and Traugott (2003) は，文法化の過程を (13) のクラインによって示している．

   (13)   full verb > auxiliary > verbal clitic > verbal affix

                                           (Hopper and Traugott (2003: 111))

ここでは，Kume (2009, 2011) で修正された (14) のクラインを採用し，have 軽動詞構文の have は本動詞と助動詞の間に位置付けられる軽動詞に文法化されたと主張する．

   (14)   full verb > light verb > auxiliary > verbal clitic > verbal

affix (Kume (2009: 143))

(14) の軽動詞には，V に生起するものもあれば，v に生起するものもあり，また，語彙的意味も完全に漂白化されているものから，意味の転移に留まるものまで，さまざまなタイプがあるが，have 軽動詞構文の have は語彙的意味が完全に漂白化され，軽動詞の中でもかなり文法化が進んだ事例であるといえる．これに対して，古英語の have と古英語から現代英語にかけての make は語彙的意味を残し，意味役割と格の付与に関わることから，本動詞として位置付けられる．

4.2. 事象名詞の主語の認可

Alexiadou and Grimshaw (2008) は，(15) に示すように -tion や -ment などの接辞を伴う動詞派生名詞は3つの解釈を持つと述べている．

(15) a. The examination of the patients took a long time.
　　　　　　　　　　　　　　　　　　　　　　　　(Complex)
　　 b. The examination took a long time.　　　　(Simple)
　　 c. The examination was on the table.　　　　(Result)
　　　　　　　　　　　　　　(Alexiadou and Grimshaw (2008: 2))

(15a) は複雑事象読み (Complex Event reading) で，内項を認可する．(15b) は単純事象読み (Simple Event reading) で，事象を表すが，内項は認可しない．(15c) は結果読み (Result reading) で，事象そのものではなくその事象の結果生じたものやその参与者を表す．興味深いことに，(16) に示すように，(15a) の複雑事象読みでは不定冠詞と共起することはできないが，(15b) の単純事象読みと (15c) の結果読みでは不定冠詞と共起することが可能である．

(16) a. *An examination of the patients took a long time.
　　　　　　　　　　　　　　　　　　　　　　　　(Complex)
　　 b. An examination took a long time.　　　　(Simple)
　　 c. An examination was on the table.　　　　(Result)
　　　　　　　　　　　　(cf. Alexiadou and Grimshaw (2008: 2))

また，接辞を伴う動詞派生名詞は属格を伴うことがある．

(17) a. John's examination was long.
　　 b. John's examination of the patients took a long time.
　　　　　　　　　　　　　　　　　　　　　　(Grimshaw (1990: 48))

(17a) の結果読みでは John's は examination の修飾語として所有者を表し，(17b) の複雑事象読みでは John's は examination の主語と解釈されうる．一方で，接辞を伴わない動詞派生名詞は，(18) に示すように，単純事象読みと結果読みのみが可能で，内項を認可する複雑事象読みを許さない．

(18) *The constant offer of credit cards to students …

(Alexiadou and Grimshaw (2008: 3))

しかし，(19) に示すように，接辞を伴わない動詞派生名詞は属格を取ることは可能である．

(19) a. the climate's change
b. *global warming's change of the climate
c. the race's end
d. *the judge's end of the race
e. the train's unscheduled stop
f. *the guard's unscheduled stop of the train

(Alexiadou and Grimshaw (2008: 3))

(17) で示した接辞を伴う動詞派生名詞の場合と同様に，(19) の属格は接辞を伴わない動詞派生名詞の主語として解釈されうる．

これらの観察を念頭に現代英語の have と make の軽動詞構文を考察してみよう．(1) で見たように，have も make も不定冠詞と接辞を伴わない事象名詞を選択するため，単純事象読みであると考えられる．

(1) a. have a swim
b. make a guess

(1b) の make 軽動詞構文の場合，3節で議論したように，事象名詞は定性を保持しているため，D主要部を含む (20) の構造を持つと仮定する．

(20)   make 軽動詞構文の事象名詞の周辺構造

(20) では，DP 指定部に事象名詞の主語として PRO が生起し，make の主語を先行詞とする．これに対して，(1a) の have 軽動詞構文では，(21) に示すように，定性の弱化によって D 主要部が消失しているため，主語と解釈される要素を QP 内部で認可することができない．

(21)   QP   have 軽動詞構文の事象名詞の周辺構造

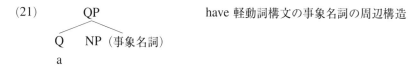

その代わりに，(12) で示したように，have が RELATOR として事象名詞とその主語を叙述関係で結ぶことによって，have の主語が事象名詞の主語としても解釈される．

5. 結論

本論文では，make 軽動詞構文における事象名詞は古英語から現代英語に至るまで，依然として対格が付与される項であるのに対して，have 軽動詞構文における事象名詞は中英語から近代英語にかけて定性を失い，項から叙述名詞へと変化し，have は語彙動詞から機能主要部 RELATOR へ文法化したと主張した．この変化により，現代英語に見られる have と make の軽動詞構文に見られる受動化の可否や，事象名詞の主語の認可の仕方の違いが説明されると結論付けた．

参考文献

Alexiadou, Artemis and Jane Grimshaw (2008) "Verbs, Nouns and Affixation," *Working Papers of the SFB* 732 *Incremental Specification in Context* 01, 1-16.

Akimoto, Minoji and Laurel J. Brinton (1999) "The Origin of the Composite Predicate in Old English," *Collocational and Idiomatic Aspects of Composite Predicates in the History of English*, ed. by Laurel J. Brinton and Minoji Akimoto, 22-58, John Benjamins, Amsterdam.

Burzio, Luigi (1986) *Italian Syntax: A Government-Binding Approach*, Reidel, Dordrecht.

Dikken, Marcel den (2006) *Relators and Linkers: The Syntax of Predication, Predicate Inversion, and Copulas*, MIT Press, Cambridge, MA.

Grimshaw, Jane (1990) *Argument Structure*, MIT Press, Cambridge, MA.

Hopper, Paul J. and Elizabeth C. Traugott (2003) *Grammaticalization*, 2nd ed., Cambridge University Press, Cambridge.
Kume, Yusuke (2009) "On Double Verb Constructions in English: With Special Reference to Grammaticalization," *English Linguistics* 26, 132-149.
Kume, Yusuke (2011) "On the Complement Structures and Grammaticalization of *See* as a Light Verb," *English Linguistics* 28, 206-221.
久米祐介 (2013)「Have/take an N 構文について」『JELS』30, 118-124.
久米祐介 (2015)「同族目的語構文の歴史的発達: live と die を中心に」『近代英語研究』第31号, 19-43.
Kume, Yusuke (2015) "From Manner Cognate Object to Predicate Nominal: A Syntactic Change in the History of English," *IVY* 48, 81-106.
Matsumoto, Meiko (1999) "Composite Predicates in Middle English," *Collocational and Idiomatic Aspects of Composite Predicates in the History of English*, ed. by Laurel J. Brinton and Minoji Akimoto, 60-95, John Benjamins, Amsterdam.
高見健一・久野暲 (2001)『日英語の自動詞構文』研究社, 東京.

コーパス

Kroch, Anthony, Beatrice Santorini and Lauren Delfs (2004) *The Penn-Helsinki Parsed Corpus of Early Modern English* (PPCEME), University of Pennsylvania, Philadelphia.
Kroch, Anthony and Ann Taylor (2000) *The Penn-Helsinki Parsed Corpus of Middle English, Second Edition* (PPCME2), University of Pennsylvania, Philadelphia.
Taylor, Ann, Anthony Warner, Susan Pintzuk and Frank Beths (2003) *The York-Toronto-Helsinki Parsed Corpus of Old English Prose* (YCOE), University of York, Heslington.
Wordbanks: Wordbanks*Online*.

辞 書

Oxford Sentence Dictionary, Oxford University Press (2008).

英語主語位置の通時的下方推移分析*

縄田　裕幸
島根大学

1. はじめに

普遍文法の解明を目指し，内省による適格性判断に基づいて理論を構築してきた生成文法理論においては，言語資料としてのコーパスの使用はこれまで重視されてこなかったばかりか，むしろその弊害について警鐘を鳴らされることがたびたびであった．以下に引用する Chomsky の発言は，その典型的なものである．

(1) **Chomsky:** Corpus linguistics doesn't mean anything. It's like saying [...] suppose physics and chemistry decide that instead of relying on experiments, what they're going to do is take videotapes of things happening in the world and they'll collect huge videotapes of everything that's happening and from that maybe they'll come up with some generalizations or insights. Well, you know, sciences don't do this. (Andor (2004: 97))

ここで Chomsky は，言語研究にコーパスを用いることを世界で生じているあらゆる出来事を録画してそこから何か意義ある一般化や洞察を得ようとする行為に喩えている．このような大規模コーパスを検索して新たな言語事実や法

---

* 本稿は 2014 年 9 月 8-9 日に東北大学情報科学研究科で開催された「言語変化・言語変異ユニット」第 1 回ワークショップ「コーパスからわかる言語変化と言語理論」における発表および 2014 年 11 月 8-9 日に学習院大学で開催された日本英語学会第 32 回大会シンポジウム「言語変化に対する多角的アプローチ」における発表に基づくものである．有益なコメントをいただいた聴衆の皆様に心より感謝申し上げる．本稿における不備はすべて筆者に帰するものである．本研究は科学研究費補助金（基盤研究 (C)，課題番号 26370568）による成果の一部である．

則性を発見しようとする方法論をコーパス駆動型接近法（corpus-driven approach）という．最近でも，Chomsky はこの種の研究手法が「why question を最初から避けている接近法である」という趣旨の以下の発言をしている．[1]

(2) There is a small industry in computational cognitive science attempting to show that these properties of language can be learned by statistical analysis of Big Data. [...] If they were to succeed, which is a virtual impossibility, they would leave untouched the original and only serious question: *Why* does language invariably use the complex computational property of minimal structural distance in the relevant cases, while always disregarding the far simpler option of minimal linear distance?　　(Chomsky (2016: 12))

ここで話題になっているのは，言語の規則適用が線形順序ではなく構造に依存しているという事実である．例えば，Can eagles that fly swim? という疑問文が飛ぶ能力ではなく泳ぐ能力を問う文であることは英語母語話者であれば直観的に理解することができる．しかし，いくらビッグデータを分析しても人間言語がなぜこのような特性を持っているかを明らかにすることはできないだろうと Chomsky は述べている．

　大量の言語情報を処理する技術の発展にともなって近年のコーパス言語学ではコーパス駆動型接近法が盛んになっているが，これが科学的な言語研究としての生成文法の主導理念と相容れるかどうか，また何らかの有益な貢献をできるかどうかはそれ自体重要な論点である．しかしながら，本稿ではコーパス駆動型接近法とは別の角度から通時的統語論におけるコーパスの有用性を例証したい．コーパス駆動型接近法に対して，ある特定の仮説の妥当性をコーパスに基づいて検証する方法論をコーパス準拠型接近法（corpus-based approach）という（cf. Tognini-Bonelli (2001)）．すでに母語話者のいない（したがって内省による適格性判断を用いることができない）歴史言語学においては，資料として何らかのコーパスに依拠せざるを得ない．そこで本稿では，英語の通時的変化について提案された理論的仮説の妥当性をコーパス準拠型接近法に基づいて検証することを試みる．

　具体的に検証の対象とするのは，Nawata (2009, 2014a)，縄田 (2013) に

---

[1] この点は，匿名の査読者より文献情報とともに指摘いただいたものである．ここに記して感謝申し上げる．

よって提案された「素性継承パラメータ（feature-inheritance parameter）」である．これは，英語の通時的変化において一致素性の分布が以下のように変化したとする仮説である．

(3) 素性継承パラメータ[2]
a. 古英語（Old English: OE）-初期中英語（Early Middle English: EME）
[$_{ForceP}$ Force [$_{TopP}$ Top$_{[uNum]}$ [$_{FinP}$ Fin$_{[uPer]}$ [$_{TP}$ T$_{[tense]}$ vP]]]]
b. 後期中英語（Late Middle English: LME）-初期近代英語（Early Modern English: EModE）
[$_{ForceP}$ Force [$_{FinP}$ Fin$_{[u\phi]}$ [$_{TP}$ T$_{[tense]}$ vP]]]
c. 後期近代英語（Late Modern English: LModE）-現代英語（Present-day English: PE）
[$_{ForceP}$ Force [$_{FinP}$ Fin [$_{TP}$ T$_{[u\phi, tense]}$ vP]]]

この仮説の理論的な基盤となっているのは Chomsky（2008）で提唱された素性継承のアイデアである．それによれば，解釈不可能な一致素性と時制素性はフェイズ主要部 C に基底生成され，派生の途中で T へと継承される．他方で，Rizzi（1997）以来のカートグラフィー研究によって，C の領域は発話効力（Force），話題（Top(ic)），焦点（Foc(us)），定性（Fin(iteness)）などを表す範疇に細分化されうることが明らかになってきている．これらを組み合わせると，以下のような理論的帰結が得られる．すなわち，Force がフェイズ主要部となり，Top・Foc・Fin・T が非フェイズ主要部であるとすると，Force に基底生成された解釈不可能素性がどの非フェイズ主要部に継承されるかに関してパラメタ可変域が生じるはずである．上記（3）は，OE から EME にかけては Top が解釈不可能な数素性（[uNum]）を，Fin が解釈不可能な人称素性（[uPer]）をそれぞれ担っていたのに対し，LME から EModE では [uNum] と [uPer] を束ねた解釈不可能な一致素性（[uϕ]）が Fin へと継承されるようになり，最後に LModE に [uϕ] が T へと継承されるようになったことを主張している．[3]

---

[2] 英語の年代区分は以下の通りである．OE: -1150; EME: 1150-1350; LME: 1350-1500; EModE: 1500-1700; LModE: 1700-1900; PE: 1900-.

[3] 本稿では，Chomsky（1995）以来の理論的枠組みにしたがって一致は Agr のような独立した機能範疇を構成しないと仮定する．そのように考えると，一致素性は固有の宿主を持たず他の範疇に「寄生する」素性であることになるので，本文のように Top, Fin, T などに自由に継承されると考えるのは理にかなっていると思われる．なお，Chomsky（2008）は解釈不

Nawata (2009 et seq.) は (3) の素性継承パラメータを英語史における定形動詞の推移を捉えるために提案した．すなわち，[uNum] が Top に継承されていた OE から EME では Top が義務的に活性化して動詞第二位（verb second: V2）語順が生じ，[uφ] が Fin にある LME から EModE では定形動詞が [uφ] によって具現化される屈折接辞と融合するために少なくとも T までは上昇しなければならなかった，という具合である．[4] しかし同時にこのパラメータは，英語史における主語位置の変遷についても一定の予測をする．現代英語では一般的に表層主語位置は TP 指定部とされるが，主語を認可するのは TP 指定部という位置そのものではなく，T が持つ一致素性あるいは時制素性であるという洞察が広く共有されている．例えば Chomsky (1993) は，L 関連性（L-relatedness）という概念を用いて時制または一致素性をもつ範疇の指定部が A 位置となると論じていた．また最近では Chomsky (2013) が主語 NP と T の間の一致素性の共有によって主語が「TP 指定部」において認可されると述べている．[5] いずれのアイデアを採用しても，素性継承パラメータ仮説の下では，英語史において主語は一致素性とともに文構造を下降していったことが予想される．[6]

　そこで，以下では，この予測を代表的な英語の史的コーパスである Penn-Helsinki Parsed Corpus of Middle English, 2nd edition (PPCME2)，Penn-Helsinki Parsed Corpus of Early Modern English (PPCEME)，Penn Parsed Corpus of Modern British English (PPCMBE) を用いて検証する．なお，以下の議論ではこれらのコーパスを総称して Penn-Corpora と呼称する．[7] はじめに 2 節では，時の副詞と主語の相対的位置関係に着目して中英語における

可能な一致素性に加えて時制素性もフェイズ主要部から非フェイズ主要部に継承されると論じているが，以下では議論の便宜上一致素性の通時的推移にのみ着目し，時制素性については T の内在的な素性であるとみなす．関連する議論として Richards (2007) も参照．

　[4] Rizzi (1997) の枠組みでは，C 領域の範疇のうち Force と Fin が常に存在するのに対し，Top と Foc は話題要素や焦点要素が文に現れる場合にのみ句構造に導入される．(3) は，[uNum] が Top に継承されなくなった LME 以降は Top 自体が随意的になったことを示している．

　[5] より正確には，Chomsky (2013) の理論的枠組みでは主語 NP と TP によって共有される φ 素性が従来の TP に相当するラベルとなる．また NP と TP からなる構成素は内心構造を持たないとされるので，「指定部」という言い方も正確ではない．しかしながらこれらは本稿の趣旨とは特に関係がないので，以下ではこれまでと同様に TP，あるいは指定部という呼称を用いることにする．

　[6] 以下の議論では，特にことわりのない限り「主語位置」は主語の A 移動着地点のことを指し，vP 内主語位置は含めないこととする．

　[7] これらのコーパスの詳細については，柳 (2014) を参照のこと．

(3a) から (3b) の変化を扱う．次に 3 節では，他動詞虚辞構文と S-not-V 型否定文の変遷を通して (3b) から (3c) の変化を検証する．

2. 中英語における主語位置の推移[8]

EME から LME にかけての主語位置の推移を調査するため，PPCME2 を用いて主語と定形動詞の左側に生じる時の副詞の相対的位置関係を調査した．その際，主節における V2 語順の影響を除外するために調査対象を従属節に限定した．また検索の対象とした副詞は afterwarde 'afterward,' anon 'at once,' er 'early,' euer 'ever,' nu 'now,' sone 'soon,' sythan 'afterward,' þan 'then' など，ADVP-TMP のタグがついたものである．ただし，neuer 'never' などの否定副詞は対象外とした．これらの副詞 (adv) と代名詞主語 (pron) または名詞句主語 (NP)，そして定形動詞 (Vf) の語順を比較すると，表 1 のようにまとめられる．

表 1　中英語従属節における時の副詞と主語の位置関係

		初期中英語		後期中英語	
		生起数	%	生起数	%
代名詞	pron-adv-Vf	184	95%	28	23%
主語	adv-pron-Vf	10	5%	95	77%
名詞句	NP-adv-Vf	6	37%	21	33%
主語	adv-NP-Vf	10	63%	43	67%

EME と LME の最も大きな違いは代名詞主語における語順である．EME では代名詞主語が副詞に先行する語順が圧倒的多数を占めているのに対し，LME ではその比率が逆転する．他方で，名詞句主語の場合は EME と LME で大きな違いはなく，いずれも名詞句主語が副詞に後続する語順が優勢となっている．

また，表 1 において同じ時代の内部で代名詞主語と名詞句主語の語順を比較すると，EME では主語の種類に応じて語順が大きく異なるのに対して，LME では主語の種類は語順に大きな影響を及ぼさないことが分かる．そのことを確認するため，LME における「主語-副詞-定形動詞」語順と「副詞-主語-定形動詞」語順の生起数と割合を代名詞主語・定名詞句主語・不定名詞句主語ごとに集計しなおすと表 2 のようになる．

---

[8] 本節の内容は Nawata (2014b) に基づき，データを一部修正したものである．

表2　後期中英語従属節における時の副詞と主語の分布

	代名詞主語		定名詞句主語		不定名詞句主語	
	生起数	%	生起数	%	生起数	%
subj-adv-Vf	28	23%	16	33%	5	26%
adv-subj-Vf	95	77%	32	67%	14	74%

いずれの場合も語順の比率に大きな違いはない．ここから，LME では主語が代名詞か名詞句かという範疇上の特性ばかりでなく，定名詞句か不定名詞句かという解釈上の特性も，主語と副詞との語順関係に影響を及ぼさなかったことが分かる．

OE 統語論の先行研究 (Fischer et al. (2000), Kemenade (1999), Kemenade and Los (2006), Kemenade and Westergaard (2012) など) では，OE の句構造に主語位置が2つ存在したことが明らかにされている．例えば，Kemenade and Los (2006) は York Corpus of Old English を用いて従属節における主語と副詞 þa/þonne 'then' の位置関係を調査し，代名詞主語では「主語-þa/þonne」語順が圧倒的に優勢（1250/1255 例）であるのに対し，名詞句主語では「主語-þa/þonne」語順（419 例）とともに「þa/þonne-主語」語順（293 例）も観察されることを報告している．このような事実から，OE は副詞 þa/þonne を挟んで2つの主語位置が存在する (4) のような句構造を持っていたと考えられる．

(4)　[$_{XP}$ pronoun/NP Subj. [$_{YP}$ þa/þonne [$_{ZP}$ NP Subj. ...]]]

Kemenade and Los (2006) はもっぱら副詞 þa/þonne に先行する代名詞主語を談話上の話題（continued topic）として扱っている．さらに興味深いのは，名詞句主語における語順の選択が当該主語の定性に依存している点である．彼らは (5a, b) のような例を挙げ，定名詞句が þa/þonne に先行することも後続することもでき，先行する場合は対比の話題（contrastive topic）として解釈される一方で，不定名詞句は常に þa/þonne に後続して情報の焦点となっていたと論じている．

(5)　a.　定名詞句主語-ðonne
Forðæm   bið   se   sige   micle   mara   ðe   man   mid
therefore is   the   victory   much   greater   which   one   with
geðylde   gewinð,   forðæm   **sio gesceadwisnes   ðonne**
patience   wins   because   the   wisdom   then

hæfð ofercumen ðæt mod & gewielð,
has overcome the mind and subdued
'Therefore the victory which is won with patience is much greater, because in this case wisdom has overcome and subdued the mind,'
   (CP [Cotton]: 33.218.19.42 / Kemenade and Los (2006: 237))
b. ðonne-不定名詞句主語
Mid þy hine **þa nænig mon** ne gehabban ne gebindan
when him then no man not capture nor tie-up
meahte, þa orn sum þegn
might then ran some servant
'when no one then could capture him and tie him up, then a servant pursued him'
   (Bede 3:9.184.27.1847 / Kemenade and Los (2006: 238))

これらのことから，OE の統語構造（4）において 2 つの主語位置が当該主語の情報ステイタスに応じて選択されていたことがうかがわれる．

上の表 1 にまとめた PPCME2 の調査では名詞句主語の用例が多くないため，EME において名詞句主語の定性が主語位置の選択に影響を及ぼしたと断定することはできない．しかしながら，代名詞主語が OE と同様の分布を示すことや，一般に EME が語順に関して OE の統語的特性を引き継いでいること (Fischer et al. (2000)) から，EME でも OE と同様に主語位置の選択が主語の情報ステイタスに依存していたと考えるのは妥当な推測であるように思われる．そこで，(4) における階層関係を本稿で仮定している (3a) の句構造に適用して OE および EME では上位主語が TopP 指定部を，下位主語が FinP 指定部を，そして時の副詞が FinP 付加位置をそれぞれ占めていたと仮定しよう．関連する構造は (6) のように表される．

(6) [$_{TopP}$ **Subj.** Top [$_{FinP}$ **Adv.** [$_{FinP}$ **Subj.** V-v-T-Fin [$_{TP}$ t_T vP]]]]

一般に TopP 指定部に現れる要素は（談話・あるいは対比の）話題として解釈されるので，この構造は OE/EME における上位主語（代名詞主語・定名詞句主語）と下位主語（不定名詞句主語）の分布上の非対称性を自然に捉えることができる．

LME では依然として主語が副詞に先行する語順と後続する語順の両方が観察されるが，表層の主語位置が主語の範疇や情報ステイタスによって影響を受

けることはなかった．したがって2つの主語位置は機能的に等価であり，「主語-副詞-定形動詞」語順と「副詞-主語-定形動詞」語順は自由変異に近い形で用いられていたと思われる．このことは上の (6) が (7) のように関連する要素が下方に推移する形で再分析され，上位主語が FinP 指定部を，下位主語が TP 指定部を，そして時の副詞が TP 付加位置をそれぞれ占めるようになったと仮定することで説明できる．

(7) [$_{TopP}$ Top [$_{FinP}$ **Subj.** Fin [$_{TP}$ **Adv.** [$_{TP}$ **Subj.** V-v-T vP]]]]

FinP 指定部は TopP 指定部と異なり特定の談話解釈を持つ要素を認可する位置ではないので，ここにおいて代名詞主語が義務的に上位主語位置に移動していた EME までの特性が失われたといえる．したがって，(3a) から (3b) のパラメータ変化は，中英語における時の副詞と主語の相対的位置関係の変化を正しく予測することができる．

3. 近代英語における主語位置の統合

次に，近代英語における (3b) から (3c) のパラメータ変化 ((8a, b) として再掲) が主語位置の変遷にもたらした影響を考察する．

(8) a. LME-EModE
 [$_{ForceP}$ Force [$_{FinP}$ Fin$_{[u\phi]}$ [$_{TP}$ T$_{[tense]}$ vP]]]
 b. LModE-PE
 [$_{ForceP}$ Force [$_{FinP}$ Fin [$_{TP}$ T$_{[u\phi, tense]}$ vP]]]

一致素性あるいは時制素性が主語を認可するというこれまでの前提にしたがえば，主語位置は中英語期からさらに下方に推移しつつ1つに統合されたことが予想される．このことを検証するため，この節では他動詞虚辞構文と S-not-V 型否定文の変遷を取り上げる．

3.1. 他動詞虚辞構文

虚辞が他動詞と共起する他動詞虚辞構文 (transitive expletive constructions: TEC) はアイスランド語などで観察されることが知られているが (Thráinsson (2007))，英語においてもある時期において容認されていた．(9a) は LME, (9b) は EModE からの例である．

(9) a. Certeyn **þer can no tonge telle the ioye** and the reste
certainly there can no tongue tell the joy and the rest
whiche is in Abrahams bosom,
which is in Abraham's bosom (M4: CMAELR4, 24.731)
b. and if yow eate this medicine fastinge **ther shall no poyson hurt yow** that daye: (E1: TURNERHERB-E1-P2, 72.51)

いずれも虚辞 þer/ther の直後に法助動詞が後続し，さらに主題的主語，原形動詞，目的語が続く語順となっている．[9] 興味深いのはこの構文が OE では観察されず，また PE でも許されないという点である．すなわち英語史上のある時期に出現し，一定期間生産的であった後に消失したのである．

そこでこの構文を Penn-Corpora において調査すると，以下のような結果が得られた．

表3 他動詞虚辞構文の生起数

初期中英語	後期中英語	初期近代英語	後期近代英語
0	43	11	0

ここから分かる通り，TEC は LME および EModE でのみ観察され，LMode では消失している．

注目したいのは，TEC が許された時期は素性継承パラメータが (3b)（=(8a)）の段階にあった時期と軌を一にするという点である．そこで，当該パラメータの各段階において TEC がどのようにして認可された（あるいはされなかった）かを，特に主語位置に着目してみていこう．まず，OE と EME で TEC が派生されたとしたら，その構造は (10) のようになっていたであろう．

(10) OE-EME
*[TopP **Expl. Modal**-Top [FinP **Subj.** Fin [TP T [vP V-v VP]]]]

前節での議論を踏まえると，虚辞主語と主題主語は TopP 指定部と FinP 指定部をそれぞれ占めることになる．しかしながら，虚辞主語は談話上の話題とも対比の話題とも解釈されえないので，この構造は不適格である．

---

[9] (9a, b) に見られる通り TEC に現れる主題的主語は否定名詞句であることが多いが，必ずしもそれに限定されるわけではない．本稿の趣旨とは直接関係しないのでこの点についてこれ以上立ち入ることはしないが，関連する議論としては Ingham (2000) および Tanaka (2000) を参照のこと．

次に，TEC が許された LME と EModE はどうであろうか．この時期の 2 つの主語位置が FinP 指定部と TP 指定部であるとすると，TEC の構造は (11) のように表される．

(11) LME-EModE
　　　[$_{FinP}$ **Expl. Modal**-Fin [$_{TP}$ **Subj.** T [$_{vP}$ **V**-v VP]]]

上で論じたように，FinP 指定部は特定の談話解釈を持つ要素を認可する位置ではない．したがって解釈を持たない虚辞 there がそこに現れても何ら問題は生じず，適格な構文として TEC を派生することができる．

最後に，TEC が消失した LModE 以降の構造を考えてみよう．(3c) (= (8b)) のように一致素性と時制素性がともに T によって担われるようになると，それとともに FinP 指定部が主語位置として用いられなくなったことが予想されるので，関連する TEC の構造は (12) のようになるであろう．

(12) LModE-PE
　　　*[$_{TP}$ **Expl. Modal**-T [$_{vP}$ **Subj. V**-v VP]]

虚辞主語が TP 指定部に，主題主語が vP 指定部に，それぞれ生じている．ここで，述語動詞の外項と内項がともに移動せずに vP 内に留まっている点に注目されたい．Alexiadou and Anagnostopoulou (2007) は「少なくともひとつの項は vP から移動しなければならない」という「主語元位置一般化 (subject-in-situ generalization: SSG)」を提案している．もしこの一般化が正しいとするならば，主語と目的語がともに vP 内に留まっている (12) は不適格な構造ということになり，TEC が認可されないことが正しく導かれる．

LModE における TEC の消失は vP 外の主語位置がこの時期に 1 つに統合されたことを示唆するものの，それが TP 指定部であるか FinP 指定部であるかについては決定的な証拠を提供しない点に注意しなければならない．仮に FinP 指定部に統合されたとしても主題主語は vP 内に留まることになり，TEC は SSG の違反として排除されるはずだからである．そこで，次節では S-not-V 型否定文を分析することでこの点を検証したい．

3.2. S-not-V 型否定文

英語否定文の通時的変遷は概略 (13) のようにまとめられる (Jespersen (1940 [1970]))．OE では否定辞として ne のみが用いられていたが (= (13a))，ME になると否定を強調する not が用いられるようになり (= (13b))，やがて ne が脱落して not が単独で用いられるようになった (= (13c))．その

後，助動詞 do が否定文で用いられるようになると（13d, e）のような PE にみられる否定文語順が確立した．

(13) a. Ic **ne** secge　　　　OE
　　 b. I **ne** seye **not**　　ME
　　 c. I say **not**　　　　　15c–17c
　　 d. I **do not** say　　　 17c–
　　 e. I **don't** say　　　　17c–

この一連の変遷はイェスペルセン周期（Jespersen's Cycle）として知られているが，歴史的資料ではこれらとは異質な（14a, b）のような S-not-V 型否定文が散見される．

(14) a. Many euydens haue I mad in my book Concordia þat
　　　　 many evidence have I made in my book Concordia that
　　　　 Seint Ruffus not began þis ordr
　　　　 Saint Ruffus not began this order
　　　　　　　　　　　　　　　　　　　　　　　　(M4: CMCAPSER, 147.42)
　　 b. We have roast meat, dinner and supper, throughout the weeke; and such meate as you know **I not use to care for**;
　　　　　　　　　　　　　　　　　　　　　　　　(E3: STRYPE-E3-P1, 178.29)

Ukaji (1992) は，S-not-V 型は（13c）の S-V-not 型から（13d）の S-do-not-V 型への移行期に両者の「橋渡し」として発達したと述べている．しかしながら，S-not-V 型否定文は他のパタンに比べて使用頻度は低く，限定的な使用に留まっていた．

この構文を Penn-Corpora において調査すると，以下のような結果が得られた．

表4　S-not-V 型否定文の生起数

初期中英語	後期中英語	初期近代英語	後期近代英語
0	3	5	0

検出された用例は多くはないが，この結果は S-not-V 型否定文が LME で初めて例証され，17世紀に do を用いる形式に取って代わられたという Rissanen (1999) の観察を裏付けるものである．また，目下の関心に照らしていえば，S-not-V 型否定文は前節の TEC と同様に素性継承パラメータが（3b）

(=(8a))の段階にあった時期にのみ許されたといえる.

PEに関しては否定辞の生起するNegPを時制句TPの下位に置く分析が一般的であるが (Pollock (1989)), 初期英語におけるNegPの位置に関して先行研究の見解は必ずしも一致していない. 例えば, Kemenade (1999, 2000) はOE/EMEにおいてNegPがTPの上位を占めていたと論じているが, Haeberli and Ingham (2007) はEMEにおいてNegPはすでにPEと同様TPよりも下位に位置していたとしている. 本稿ではこの問題を深く追究することはできないが, 少なくとも英語史のある時期において, NegPは(15)のようにTPの上位あるいは下位を占めることができ, S-not-V型否定文はいずれかのNegPを利用して派生することができたと仮定しよう.

(15) [$_{FinP}$ Fin [$_{NegP}$ **Neg** [$_{TP}$ T [$_{NegP}$ **Neg** [$_{vP}$ v VP]]]]]

また, Lightfoot (1999) などで論じられている通り, 定形動詞はEModEまではTまで上昇していたがLModEでは顕在的V-to-T移動が失われ, 定形動詞はvP内に留まるようになったと仮定する. さらに, 動詞語幹Vが屈折接辞Tと融合するために, 両者は音韻部門において隣接していなければならないと仮定する (cf. Bobaljik (2002)).

以上の理論的枠組みに基づいてS-not-V型否定文の構造分析を行う. まずLMEからEModEでは主語がFinP指定部またはTP指定部を占めていたというこれまでの議論が正しければ, 上位の主語位置と上位のNegPを利用してS-not-V型否定文を(16)のように派生させることができる.

(16) LME–EModE
[$_{FinP}$ **Subj.** Fin [$_{NegP}$ **not** [$_{TP}$ V-v-T [$_{vP}$ t_v VP]]]

この時代にVはvを経由してTまで上昇しており, VとTの隣接性条件は主要部付加によって満たされている.[10]

それに対し, V-to-T移動が失われたLModEにおいてS-not-V語順に相当する構造として理論上考えられるのは以下の3つである.

---

[10] この分析が正しいとすると, S-not-V型否定文は主語がTopP指定部にあったOEからEMEにかけても認められたはずである. Iyeiri (2005) は, 荒木・宇賀治 (1984), Ukaji (1992) とは異なり, S-not-V型否定文はLME/EModEに特有の形式ではなく, OEのS-not-ne-V型否定文からneが消失することによって派生された形式であると論じている. 本稿の分析はIyeiri (2005) の立場を支持するものであるが, ここではEModEからLModEにかけての主語位置の変遷に焦点を当てているため, この問題についてはこれ以上立ち入らないでおく.

(17) LModE-PE
 a. [$_{TP}$ **Subj.** T [$_{NegP}$ **not** [$_{vP}$ V-v VP]]]　　　下位主語＋下位 Neg
 b. [$_{FinP}$ **Subj.** Fin [$_{TP}$ T [$_{NegP}$ **not** [$_{vP}$ V-v VP]]]]　上位主語＋下位 Neg
 c. [$_{FinP}$ **Subj.** Fin [$_{NegP}$ **not** [$_{TP}$ T [$_{vP}$ V-v VP]]]]　上位主語＋上位 Neg

このうち，(17a) と (17b) は下位の NegP を利用している構造である．しかしながら，動詞語幹 V が屈折接辞 T と隣接していないので，これらは S-not-V 語順の構造として適格ではない (PE では (17a) の構造に do 挿入を適用することで S-do-not-V 型の否定文を派生させている)．目下の関心にとって重要なのは (17c) である．もし LModE で主語位置が FinP 指定部に統合されたとすると，上位の NegP を利用することによって T と V の隣接性が保証されることになるので，S-not-V 型否定文が誤って容認されてしまう．実際には LModE では S-not-V 型否定文が観察されないことから，LModE では FinP 指定部は主語位置として用いられなかった，すなわち主語位置は TP 指定部として統合されたと結論付けることができる．[11] これは本稿が検証の対象としている素性継承パラメタの予測を裏付けるものである．

4. まとめ

以上，本稿では Nawata (2009 et seq.) の素性継承パラメタによって予測される英語主語位置の通時的変遷を Penn-Corpora によって検証した．主語が一致素性または時制素性によって認可されるという前提のもとでは，素性継承パラメタは主語が下方に推移しながらひとつに統合されていったという予測をするが，Penn-Corpora による検証はそれを裏付ける結果を提供した．各時

---

[11] 理論上の可能性としてもうひとつ考えられるのは，下位主語位置と上位 NegP を利用した否定文である．その場合，(i) のような not-S-V 語順が派生されるはずである．
　(i) [$_{NegP}$ **not** [$_{TP}$ **Subj.** T [$_{vP}$ V-v VP]]]
しかしながら，実際にはこのような否定文は LModE から PE にかけて (あるいはそれ以前の英語にも) 存在しない．この事実を捉えるために，Flagg (2002) による (ii) の制約を暫定的に採用する．
　(ii) [Neg] must be Adjacent [...] to a local syntactic head; Adjacency assessment is sensitive to the argument/adjunct status of potential interveners.
(Flagg (2002: 94))
ここで局所的統語主要部 (local syntactic head) とは，具体的には T のことを指している．この制約のもとでは，(i) は [Neg] 素性を持つ not と T の間に項である主語が介在して両者の隣接性が妨げられることから正しく排除される．

代の主語位置を関連する素性の分布とともに示すと (18) のようにまとめられる.

(18) a. OE-EME:機能的に分化した2つの主語位置
[ForceP Force [TopP Subj. Top[uNum] [FinP Subj. Fin[uPer] [TP T[tense] vP]]]]
b. LME-EModE:機能的に等価な2つの主語位置
[ForceP Force [FinP Subj. Fin[uφ] [TP Subj. T[tense] vP]]]
c. LModE-PE:1つの主語位置
[ForceP Force [FinP Fin [TP Subj. T[uφ, tense] vP]]]

この結果は当該の仮説が大筋で妥当であることを示唆するとともに,生成文法,とりわけ通時的統語論において行われている仮説演繹的な理論構築において,その特性を理解した上で使用すればコーパスが十分に有用であることを示していると言えよう.

ここで本稿の分析がもたらす類型論的な帰結について触れる.主語位置へのA移動に関して,Miyagawa (2010) は当該の移動が一致素性に依存して生じる英語タイプの一致基盤型 (= 主語卓越型) 言語と,焦点素性に依存して生じる日本語タイプの談話階層型言語に大別している.本稿の分析が正しければ,英語は OE から EME にかけては主語が必ず CP 領域を占めて談話上の解釈を受ける談話階層型言語であったが,LME に主語が TP 領域へと下方に推移することでそのような特性が失われ,主語卓越型の言語になったといえる.Miyagawa が両タイプの言語の違いを主語移動を駆動する素性の違いに求めたのに対し,本稿の分析では英語史における談話階層型から主語卓越型へという類型論的変化は,主語移動を駆動する一致素性を担う機能範疇が推移したことで生じたということになる.

最後に,(3) (=(18)) に示したパラメータ変化の代案の可能性を提示して本稿を閉じたい.ここまで主語を認可する素性として一致素性と時制素性を想定してきたが (1 節での議論を参照),そのように考えると (18a) の TP 指定部も主語を認可する位置であるということになる.しかしながら,筆者の知る限りにおいて初期英語において主語位置が3つ存在したことを積極的に支持する証拠は提示されていない.

では,主語を認可するのは一致素性だけであり,時制素性は直接関与しないとしたらどうであろうか.その場合,通時的な一致素性の分布の推移を (19) のように修正する可能性が浮上する.

(19) 素性継承パラメータ（代案）
    a. OE-EME
       [$_{ForceP}$ Force [$_{TopP}$ Subj. Top$_{[uNum]}$ [$_{FinP}$ Subj. Fin$_{[uPer]}$ [$_{TP}$ T vP]]]]
    b. LME-EModE
       [$_{ForceP}$ Force [$_{FinP}$ Subj. Fin$_{[uPer]}$ [$_{TP}$ Subj. T$_{[uNum]}$ vP]]]
    c. LModE-PE
       [$_{ForceP}$ Force [$_{FinP}$ Fin [$_{TP}$ Subj. T$_{[u\phi]}$ vP]]]

上の (18) との違いは，EME から LME への推移において [uNum] が Top 主要部から T 主要部へと下降している点である．このように想定することにより，主語位置を厳密に「一致素性を持つ範疇の指定部」と定義することができるとともに，なぜ主語位置が最大2つに制限されるのかという問いに対して「句構造に含まれる解釈不可能な一致素性が数と人称の2つであるから」という原理的な説明を与える道筋が開ける．

  Nawata (2009 et seq.) は素性継承パラメータが変化した要因を動詞屈折接辞の衰退に求めており，(18) と (19) の優劣は [uNum] と [uPer] がいかにして屈折接辞として具現化されるのかという点からも検討されなければならない．初期英語に3番目の主語位置があるのかどうか，もしないとすれば (19) の史的変化を裏付ける独立した証拠があるのかどうかについては，今後の課題としたい．

参考文献

Alexiadou, Artemis and Elena Anagnostopoulou (2007) "The Subject-In-Situ Generalization Revisited," *Interface+Recursion=Language?: Chomsky's Minimalism and the View from Syntax-Semantics*, ed. by Uli Sauerland and Hans-Martin Gärtner, 31–59, Mouton de Gruyter, Berlin.

Andor, József (2004) "The Master and His Performance: An Interview with Noam Chomsky," *Intercultural Pragmatics* 1, 93–111.

荒木一雄・宇賀治正朋 (1984) 『英語史 III A』 大修館書店，東京．

Bobaljik, Jonathan David (2002) "Realizing Germanic Inflection: Why Morphology Does Not Drive Syntax," *The Journal of Comparative Germanic Linguistics* 6, 129–167.

Chomsky, Noam (1993) "A Minimalist Program for Linguistic Theory," *The View from Building 20: Essays in Linguistics in Honor of Sylvain Bromberger*, ed. by Kenneth Hale and Samuel Jay Keyser, 1–52, MIT Press, Cambridge, MA.

Chomsky, Noam (1995) *The Minimalist Program*, MIT Press, Cambridge, MA.
Chomsky, Noam (2008) "On Phases," *Foundational Issues in Linguistic Theory: Essays in Honor of Jean-Roger Vergnaud*, ed. by Robert Freidin, Carlos P. Otero and Maria Luisa Zubizarreta, 133-166, MIT Press, Cambridge, MA.
Chomsky, Noam (2013) "Problems of Projection," *Lingua* 130, 33-49.
Chomsky, Noam (2016) *What Kind of Creatures Are We?*, Columbia University Press, New York.
Fischer, Olga, Ans van Kemenade, Willem Koopman and Wim van der Wurff (2000) *The Syntax of Early English*, Cambridge University Press, Cambridge.
Flagg, Elissa (2002) "Adjacency and Lowering in Morphology: The Case of English Sentential Negation," *2002 CLA Proceedings*, 94-107.
Haeberli, Eric and Richard Ingham (2007) "The Position of Negation and Adverbs in Early Middle English," *Lingua* 117, 1-25.
Ingham, Richard (2000) "Negation and OV Order in Late Middle English," *Journal of Linguistics* 36, 13-38.
Iyeiri, Yoko (2005) "'I Not Say' Once Again: A Study of the Early History of the 'Not+Finite Verb' Type in English," *Aspects of English Negation*, ed. by Yoko Iyeiri, 59-81, John Benjamins, Amsterdam.
Jespersen, Otto (1940 [1970]) *A Modern English Grammar on Historical Principles*, Part V, Allen & Unwin, London.
Kemenade, Ans van (1999) "Sentential Negation and Clause Structure in Old English," *Negation in the History of English*, ed. by Ingrid Tieken-Boon van Ostade, Gunnel Tottie and Wim van der Wurff, 147-165, Mouton de Gruyter, Berlin.
Kemenade, Ans van (2000) "Jespersen's Cycle Revisited: Formal Properties of Grammaticalization," *Diachronic Syntax: Models and Mechanisms*, ed. by Susan Pintzuk, George Tsoulas and Anthony Warner, 51-74, Oxford University Press, Oxford.
Kemenade, Ans van and Bettelou Los (2006) "Discourse Adverbs and Clausal Syntax in Old and Middle English," *The Handbook of the History of English*, ed. by Ans van Kemenade and Bettelou Los, 224-248, Blackwell, Malden.
Kemenade, Ans van and Marit Westergaard (2012) "Syntax and Information Structure: Verb-Second Variation in Middle English," *Information Structure and Syntactic Change in the History of English*, ed. by Anneli Meurman-Solin, María José López-Couso and Bettelou Los, 87-118, Oxford University Press, Oxford.
Lightfoot, David (1999) *The Development of Language: Acquisition, Change, and Evolution*, Blackwell, Malden.
Miyagawa, Shigeru (2010) *Why Agree? Why Move?: Unifying Agreement-Based and Discourse-Configurational Languages*, MIT Press, Cambridge, MA.
Nawata, Hiroyuki (2009) "Clausal Architecture and Inflectional Paradigm: The Case

of V2 in the History of English," *English Linguistics* 26, 247-283.

縄田裕幸 (2013) 「CP カートグラフィーによる that 痕跡効果の通時的考察」『言語変化―動機とメカニズム―』, 中野弘三・田中智之 (編), 120-135, 開拓社, 東京.

Nawata, Hiroyuki (2014a) "Verbal Inflection, Feature Inheritance, and the Loss of Null Subjects in Middle English," *Interdisciplinary Information Sciences* 20, 103-120.

Nawata, Hiroyuki (2014b) "Temporal Adverbs and the Downward Shift of Subjects in Middle English: A Pilot Study," *Studies in Modern English: The Thirtieth Anniversary Publication of the Modern English Association*, ed. by Ken Nakagawa, 203-218, Eichosha, Tokyo.

Pollock, Jean-Yves (1989) "Verb Movement, Universal Grammar, and the Structure of IP," *Linguistic Inquiry* 20, 365-424.

Richards, Marc D. (2007) "On Feature Inheritance: An Argument from the Phase Impenetrability Condition," *Linguistic Inquiry* 38, 563-572.

Rissanen, Matti (1999) "Syntax," *The Cambridge History of the English Language, Vol. III, 1476-1776*, ed. by Roger Lass, 187-331, Cambridge University Press, Cambridge.

Rizzi, Luigi (1997) "The Fine Structure of the Left Periphery," *Elements of Grammar: Handbook in Generative Syntax*, ed. by Liliane Haegeman, 281-337, Kluwer, Dordrecht.

Tanaka, Tomoyuki (2000) "On the Development of Transitive Expletive Constructions in the History of English," *Lingua* 110, 473-495.

Thráinsson, Höskuldur (2007) *The Syntax of Icelandic*, Cambridge University Press, Cambridge.

Tognini-Bonelli, Elena (2001) *Corpus Linguistics at Work*, John Benjamins, Amsterdam.

Ukaji, Masatomo (1992) "'I Not Say': Bridge Phenomenon in Syntactic Change," *History of Englishes: New Methods and Interpretations in Historical Linguistics*, ed. by Matti Rissanen, Ossi Ihalainen, Terttu Nevalainen and Irma Taavitsainen, 453-462, Mouton de Gruyter, Berlin.

柳朋宏 (2014) 『コーパスの窓から探る英語の歴史：Parsed Corpora of Historical English & CorpusSearch 2 入門』三恵社, 名古屋.

文法化と言語進化
―英語の通時的変化から見えるもの―*

保坂　道雄

日本大学

1. はじめに

　英語の通時的研究に新たな視点に立つ議論が加わった．冠詞や接続詞，助動詞等の機能語の発達を中心に扱う文法化の研究とその現象の背後に潜む進化的メカニズムの解明に取り組むアプローチである．本論考では，こうした新たな潮流を俯瞰し，その先にある研究の可能性について考えてみたい．

　まず，第2節にて，英語の特異性を生み出した通時的変化を概観し，そこに見られる文法化の現象について考察する．第3節では，各種の文法化現象を統語構造変化の観点から議論し，そこに通底するメカニズムに着目する．第4節では，思考と伝達についての新たな言語モデルを提案すると共に，文法化現象を言語進化研究の観点から見直し，言語の多様性を生み出すメカニズム解明への道筋を示す．第5節がまとめとなる．

2. 現代英語の特異性と文法化

　日本では外国語＝英語という教育が一般的で，また文法と言えば，国文法より英文法の方が先に頭に浮かぶ人も多いと思われる．主語と動詞の関係，現在形と過去形，完了形や進行形，助動詞に関係代名詞など，多くの人たちが高校までにこうした事項が，言葉の文法一般に存在すると感じるようになり，あたかも，英語が世界の言語の代表のような錯覚に陥りがちである．しかしなが

---

* 本論文は，2015年9月5日に東京大学駒場キャンパスで行った発表（2015年度駒場英語史研究会）と9月8日に東北大学にて行った講演（東北大学言語変化・変異研究ユニット主催第2回ワークショップ）をもとに作成したものである．当日貴重なコメントを下さった皆様に感謝するとともに，東京大学での研究会にお呼び頂いた寺澤盾先生，東北大学でのワークショップにお招き頂いた小川芳樹先生に御礼申し上げる．

ら，多様な言語の世界を見渡すと，英語はむしろ，例外的な言語と言えるかもしれない．まず次節では，冠詞，義務的主語，所有標識，助動詞 DO，再帰代名詞，進行形といった現代英語に特徴的な文法現象を観察し，その文法化の過程を考察する．

2.1. 現代英語の特異性

(1a) に見られるように，現代英語の単数可算名詞では，冠詞は必須の文法事項である．しかしながら，言語によってその存在は多様であり，(1b) の日本語では冠詞は存在せず，(1c) の古英語では任意の要素であった．

(1) a. John bought *(a / the) book yesterday.
    b. ジョンは昨日 ___ 本を買った．
    c. ða   geseah ic ___ duru.   (CP 21.155.3)
      then saw   I   door

冠詞が決して普遍的でないことが，通言語的ばかりでなく，歴史的にも確認できるわけである．

次に，現代英語の義務的主語についてであるが，(2a) に示すように，現代英語では，主語の省略は通常許されない．しかしながら，(2b) の日本語では，談話環境が整えば，容易に省略が可能である．また，同じ印欧語族でも，(2c) のように，イタリア語では主語を省略しても問題ない．

(2) a. *(He) will come back tomorrow.
    b. (彼は) 明日帰って来るよ．
    c. (Io) parlo islandese.
      (I) speak Icelandic.

なお，古英語でも，時にこうした省略が起こることが，(3) に示す例で確認することができる．

(3) Nearwe   ___   genyddon on norðwegas.
    anxiously (they) hastened on north.ways
                                     (Exodus 68; van Gelderen (2013:275))

角田 (1991: 235) では，「主語が非常に強いという点で，英語は世界的にも類例の無い，希な言語であるかも知れない」と述べており，通時的に見ると，その特異性は言語変化の結果であることが示唆される．

なお，現代英語では，虚辞 (it, there) が義務的な主語として使用される場

合があるが，(4a) のように，ドイツ語やイタリア語では，必ずしも必要とされないことがわかる．また，(4b) に示すように，古英語でも，こうした虚辞は任意であり，(4c) のような義務的主語としての虚辞が，中英語になってから確立する．

(4) a. *It*'s cold. / Mir ist kalt. (German) / Fa freddo. (Italian)
    b. forðon ＿＿ cald wæs ...   (Lindisf. Gosp. Jn 18.18)
       because (it) cold was
    c. Is *there* a mouse in the kitchen?

こうした虚辞は，生成文法の初期の頃から話題に上る文法現象で，半世紀以上経た現在でも議論が続いている．

次に，現代英語の所有標識であるが，-'s を用いる方法と of を用いる方法の2種類があり，(5a) のように，有生名詞では -'s が，無生名詞では of が用いられる傾向があると言われている．しかしながら，(5b) のように，日本語では共に助詞の「の」を用いて前置されるが，フランス語では，(5c) のように，前置詞の de を用いて後置される用法のみが用いられる．また，古英語の場合は，(5d) のように，前置される場合も後置される場合も通常属格が使用される．

(5) a. Mary*'s* book / the leg *of* the table
    b. マリーの本 / テーブルの脚
    c. le livre *de* Marie / le pied *de* la table
    d. *Godes* fultum / sumne dæl *þæs meoses*
       God's help   some part of the moss

現代英語の所有表現には，何らかの歴史的変化が関係していると考えられる．

次は，助動詞 DO についてである．現代英語では，疑問文や否定文において，(6) に示すように，語彙的意味を欠く助動詞 DO が用いられる．しかしながら，(7) のフランス語や (8) のドイツ語の疑問文や否定文には，DO に対応する助動詞は存在しない．

(6) a. *Do* you like apples?
    b. I *don't* know.
(7) a. Aimez-vous des pommes?   (French)
       like you the apples

  b. Je ne sais pas.
    I not know Neg
(8) a. Mögen Sie Äpfel?   (German)
    like you apples
  b. Ich weiß nicht.
    I know not

また，古英語においても，(9) のように，疑問文では主語と動詞が倒置され，否定文では動詞の前に直接否定辞 ne が置かれ，助動詞 DO は必要とされなかった．

(9) a. Hwæt *segst þu* be þe sylfum? (WSG, Jn 1.22)
   what say you about yourself
   "What do you say about yourself?"
  b. Ic hine *ne* cuðe;   (WSG, Jn 1.33)
   I him not knew
   "I didn't know him."

現代英語に見られる助動詞 DO は，世界の言語はもとより，英語が属する印欧語族においてさえ，珍しい統語現象であると言える．これもまた，英語の通時的変化の結果と考えられよう．

 (10) は，英語，フランス語，ドイツ語の再帰構文の例である．現代英語では，(10a) のように，本来再帰代名詞を目的語として必要としていた再帰動詞が，自動詞として用いられるようになった例が多数見られる．それに対して，(10b) のフランス語や (10c) のドイツ語では，現在も再帰動詞が盛んに使用されている．

(10) a. I *repented* (*me* / *myself*) after my thoughtless act.
  b. Je *me prépare* à un examen. (= I'm preparing for an exam.)
  c. Frank *setzt sich* unter den Baum. (= Frank is sitting under the tree.)

現代英語の dress oneself や wash oneself 等も，こうした再帰構文の名残であると考えられる．

 次に，進行形についてであるが．(11) の例から分かるとおり，英語では，be + doing により動作の進行状態を表す文法形式が存在するが，同じ印欧語族であっても，(11b) や (11c) のように，フランス語やドイツ語では単純な現

在形が用いられており，特別な言語形式は採用されていない．

(11) a. I'*m reading* a book now.
 b. Je *lis*　un livre　maintenant.
   I　read a　 book　 now
 c. Ich *lese* jetzt ein Buch.
   I　 read now a　 book

実際，進行形を特別な形式として有する言語の数はかなり限られていると言われている．

また，英語は他の言語と比較して，その語順が固定的であることは明白である．(12a) に見られるように，現代英語では，主語と目的語を入れ替えると文意が変わってしまう．しかしながら，(12b) の日本語では，主語と目的語を入れ替えても，意味に変化は生じない．また，時代をさかのぼって，古英語を眺めると，(12c) のように，日本語同様，主語と目的語の入れ替えが可能である．

(12) a. John loves Ann. ≠ Ann loves John.
 b. ジョンは アンを 愛している．＝ アンを ジョンは 愛している．
 c. Se cyning cwelþ þone biscop. = Þone biscop cwelþ se cyning.
   the king　 kills　 the　 bishop　 the　 bishop kills　 the king

実際，世界の言語では，日本語のような SOV 語順が主流で，その際も非固定的な語順が多いと言われている．

以上のように，現代英語は，他の言語と比べ，顕著な特異性が見られ，同じ印欧語族の言語と比較してもその特異性が際立っている．ではなぜ，現代英語はこうした特性を獲得したのであろうか．次節では，保坂 (2014a) に沿って，こうした英語の特異性について，文法化の観点から考察する．

2.2. 文法化する英語

まず，冠詞の文法化であるが，図 1，図 2 に示すように，不定冠詞にしても定冠詞にしても，元々の語彙的意味（不定冠詞は元来数詞で，定冠詞は指示詞であった）が希薄化し，やがて機能語としての役割に特化していく．

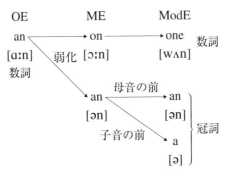

図1 不定冠詞の文法化
(保坂 (2014a: 13))

図2 定冠詞の文法化
(保坂 (2014a: 15))

また，その時点で，(13) に見られるように，冠詞が義務的存在になる過程が，歴史的に観察される．

(13) a. Eornostlice gyf þu bringst þine lac to *weofode*,
 (WSG, Mt. 5.23)
 therefore if you bring your gift to altar
 b. So if you are about to offer your gift to God at *the altar*,
 (TEV, Mt. 5.23)

これは，聖書の同一箇所を，古英語と現代英語で比較したものであるが，(13a) の古英語の weofode には冠詞がないが，同じ意味を表す現代英語の alter には文法的に the が必要となっている．

図3は，虚辞 there の文法化の過程である．[1]

---

[1] 虚辞 there の発達に関して，筆者が行った実証的研究として，Hosaka (1999) をあげるこ

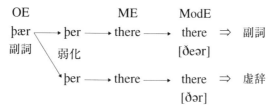

図 3　there の文法化（保坂 (2014a: 24)）

元々，場所を表す副詞であった there が，意味の希薄化を経て，やがて虚辞として機能するようになる．重要な点は，(14a) に見られるような新情報を担う名詞を導入するという機能的役割の発達である．

(14) a. *There* was a lot of grass there.　　　　　　　(TEV, Jn 6.10)
　　 b. On þære stowe wæs mycel gærs;　　　　　(WSG, Jn 6.10)
　　　　on the　 place　was much　grass

すなわち，古英語では，(14b) のように場所句を倒置することにより簡単に新情報の導入が可能であったものが，やがて語順の固定化に伴い，虚辞 there がその役割を引き継いだと考えられるわけである．

　次に，-'s であるが，図 4 に示すように，現代英語では所有標識として文法化する．

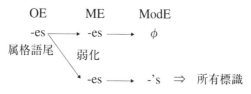

図 4　所有標識 -'s の文法化（保坂 (2014a: 32)）

したがって，(15) のように，現代英語の -'s は既に名詞の屈折語尾としての機能は失い，名詞句全体につく不変化詞的な役割に変化していると言える．

(15) The blonde I'd been dancing with*'s* name was Barnice something.

これもまた，冠詞や虚辞と同様，属格の -es が本来の用法から機能的な要素に

とができる．その論考では，英語の歴史的言語コーパスである The Helsinki Corpus of English Texts を資料として用い，there 存在構文の通時的発達を論じている．

再分析されたと考えることができる．

助動詞 DO は元々使役を表す本動詞であったと言われているが，図 5 が示す通り，その後語彙的意味が消失し，助動詞としての機能を発達させたと考えられる．[2]

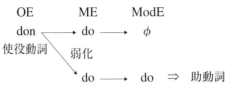

図 5　DO の文法化（保坂（2014a: 72））

ただし，現代英語の DO のように，疑問文や否定文を作る際に利用されるようになるには時間が必要であり，それ以前の中英語や初期近代英語期には，(16a) のように，韻律を整えるために用いられたり（dooth の使用により，carie が tarie と脚韻を踏むことが可能となる），(16b) のように，過去形を明示するために用いられたりと（現在形と過去形が同形である cast の時制を明示可能となる），様々な用途に使われた．

(16) a. This Nicholas no lenger wolde tarie, / But *dooth* dul softe unto his chambre carie. (Ch CT A 3409-10)
　　 b. for my vesture they *did* cast lots. (AV, Jn 19.24)

こうした例から機能語としての発達の一側面を垣間見ることができる．

次に，再帰代名詞の文法化を観察する．図 6 に示すように，本来古英語では，self は名詞の意味を強めるために用いられていたものが（実際普通名詞等とも共起していた），意味の弱化と共に，照応形として発達する．[3]

---

[2] 助動詞 DO の発達に関する筆者の行った実証的研究としては，保坂（1996）をあげることができる．なお，そこでは，Helsinki Corpus の古英語データを用いて，助動詞 DO の起源について議論を行っている．

[3] 再帰代名詞の発達に関する筆者の行った実証的研究としては，保坂（2005）をあげることができる．なお，そこでは，The York-Toronto-Helsinki Parsed Corpus of Old English Prose を用いて，単純代名詞と Self 形代名詞の照応形用法について考察を行った．

図 6　再帰代名詞の文法化（保坂（2014a: 63））

(17) は現代英語の例であるが，(17a) は通常の再帰代名詞の用法で，束縛理論に適って同一節内に先行詞を有するが，(17b) では，myself に先行詞がなく，me の強意用法と考えることができる．

(17) a. I have hurt *myself*.
　　 b. They have never invited Margaret and *myself* to dinner.

ここでもまた，語彙的な意味が弱化し，機能的役割（すなわち，照応機能）を持つ要素となる過程を観察することができる．

最後は，進行形の文法化である．図 7 に示すように，この文法化には，2 つの過程が存在する．1 つ目は，be 動詞の意味の弱化によるコピュラ構文の出現と，be 動詞の助動詞化という過程である．

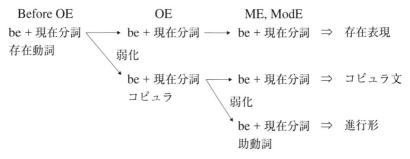

図 7　進行形の文法化（保坂（2014a: 106））

また，この 2 つの過程の存在により，現代英語において，(18) に見られるような 3 つの構文が併存することとなる．

(18) a. There *are* many people *working* there.
　　 b. His lecture *was stimulating* for us.
　　 c. He *is watching* baseball on TV now.

(18a) は，be が存在動詞としての意味を保持しており，本動詞の構文と考え

られるが，(18b) は be 動詞がコピュラとして機能しており，現在分詞は形容詞化している．(18c) は通常の進行形であるが，この構文が十分に確立するのは，19 世紀になってからと言われている．

3. 文法化のメカニズム

3.1. 文法化と外適応

さて，こうした文法化現象の背後には，図 8 に示す文法化のメカニズムが潜んでいる．

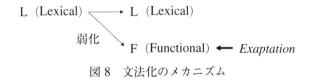

図 8　文法化のメカニズム

つまり，いずれも，語彙的要素から機能的要素への変化で，その際，語彙的な意味が弱化し，本来の機能を失った存在（Lass (1990) はこれを，Junk と呼ぶ）になり，他の機能へと外適応（Exaptation）したというわけである．この外適応の概念は，もともと進化生物学者である Gould and Vrba (1982) によって導入されたもので，鳥の翼の進化がしばしば例にあげられる．つまり，翼は，決して飛ぶために進化したものではなく，もともと体温保持の機能としてあったものが，空を飛ぶという機能としてたまたま用いられたことが，生存に適したため，鳥の特質として残ったと考えられるというものである．これを文法化にあてはめると，例えば，冠詞は，不定冠詞にしろ，定冠詞にしろ，もともとの語彙的意味が弱化し，本来の機能とは異なる情報価値を明示するという役割を持つようになり，それがコミュニケーションに対し適応的であったため，生き残ったと考えることができる．また，こうした文法化には，機能構造の創発という側面も存在する．

3.2. 機能範疇の創発

(19) に示すように，元々語彙的な投射（LP）でしかなかった存在が，機能的な投射構造（FP）を創発したと考えられる．[4]

(19)　[LP　　] ＞ [FP [LP　　]]

---

[4] なお，FP の創発に関する詳細な議論は，Hosaka (2009) を参照．

ただし，この考え方には，生成文法の観点から強い反論もある．いわゆる Uniformitarian Hypothesis に基づくもので，「言語は，共時的にも通時的にも，すべて共通の構造を有している」という主張である．[5] それに従うと，FP が通時的変化の中で創発することは許容されないと考えられるが，それについては，4 節にて，動的言語モデルに基づき，2 つの言語レベルを想定することで説明が可能となることを見る．

3.2.1. DP 構造の創発

まず，DP 構造の創発についてであるが，(20), (21), (22) に示す通り，冠詞，所有標識，再帰代名詞のいずれにも機能範疇 DP の出現が確認できる．

(20) $[_{NP}$ þe $[_{NP}$ book $]]$ > $[_{DP}$ the $[_{NP}$ book$]]$
(21) $[_{NP}$ N+es$]$ > $[_{DP}$ N $[_{D}$'s$]]$ > $[_{DP}$ DP $[_{D}$'s$]]$
(22) $[_{NP}$ $[_{NP}$ one$]$ $[_{NP/AP}$ self$]]$ > $[_{NP}$ oneself$]$ > $[_{DP}$ oneself$]$[6]

また，こうした DP の出現により，(23a) に見られるように，古英語での語彙的な付加が繰り返し可能であった構造 ($[_{NP}$ ðas $[_{NP}$ mine $[_{NP}$ word$]]]$) から現代英語のこうした連鎖が不可能になった構造 (*$[_{DP}$ these my $[_{NP}$ words$]]$) へと変化したと考えられる．なお，同時に，こうした意味を表す新しい表現方法として，(23b) に見られる of 属格を用いた構造 ($[_{DP}$ these $[_{NP}$ $[_{NP}$ words$]$ $[_{PP}$ of mine$]]]$) が発達して来たものと想定される．

(23) a. ðas mine word vs. *these my words
     b. these words of mine

3.2.2. AspP 構造の創発

次に，Aspect Phrase (AspP) の出現についてであるが，(24) に示す通り，2 つの文法化の過程が内在されている．

(24) $[_{VP}$ NP $[_{V'}$ be $[_{AP}$ doing$]]]$ > $[_{CopP}$ NP $[_{Cop'}$ be $[_{AP}$ doing$]]]$ > $[_{AspP}$ NP $[_{Asp'}$ be $[_{VP}$ doing$]]]$

重要な点は，AspP の創発前に，CopP (Copula Phrase) の創発が介在している点である．すなわち，be 動詞の持っていた存在の意味の消失の結果，be が

---

[5] Uniformitarianism についての詳細は，Newmeyer (2002) 等を参照．
[6] 再帰代名詞を DP として分析する考え方については，van Gelderen (2004), Déchaine and Wiltschko (2002) 等を参照．

外適応によりコピュラとしての機能を獲得し，その後，再度進行相を明示する機能構造 AspP の主要部として再分析されたと考えることができるのである．

3.2.3. AuxP 構造の創発

次に，AuxP (Auxiliary Phrase) の出現であるが，(25) に示す通り，使役動詞であった DO が，助動詞として再分析される背後には，助動詞を主要部とする構造が想定される．

(25)　$[_{VP}\text{ don }[_{VP}\text{ NP V}]] > [_{VP}\text{ don }[_{VP}\text{ (NP) V}]] > [_{AuxP}\text{ }[_{Aux'}\text{ do }[_{VP}\text{ V}]]]$

実際，この構造の出現以前に，法助動詞を主要部とする ModalP 等を仮定することも可能であるが，ここで重要な点は，語彙的意味の無い do が機能投射構造の主要部を占めることにより，AuxP が義務化され，英語の V 移動そのものが制限されるようになった点である．これ以降，英語においては主語・動詞の倒置に強い制約が課せられるようになる．[7]

3.2.4. PredP 構造の創発

(26) に示すように，PredP (Predication Phrase) の出現により，主部・述部の関係が構造的に規定され，英語は強い主語制約を持つようになり，やがて虚辞 (it, there) が出現したと考えられる．

(26)　$[_{VP}\text{ there }[_{VP}\text{ }[_{VP}\text{ NP be}]]] > [_{TopP}\text{ there }[_{Top'}\text{ be}_i\text{ }[_{VP}\text{ NP }t_i]]] >$
　　　$[_{PredP}\text{ there }[_{Pred'}\text{ be}_i\text{ }[_{VP}\text{ NP }t_i]]]$

なお，PredP の実証的研究は現在様々な言語で進行中で，その創発の要因についてはまだ不明の点も多いが，現段階では，コピュラ構文の出現と PredP の出現になんらかの相関関係があるのではとの推測に留める．[8]

3.2.5. 語順の文法化：$F_{<\theta>}P$ の創発

さて，こうした文法化の現象は，機能語の発達だけに関わるものではなく，構造自体の変化にも関係する．いわゆる語順の固定化の問題である．文法化の

---

[7] AuxP の創発に関する詳細は，Helsinki Corpus のデータをもとに分析を行った Hosaka (2007) を参照．なお，保坂 (2014a) では，AspP, AuxP, ModalP を IP として一括して扱っている．また，こうした機能範疇は CP 等も含め，すべて機能投射構造 (FP) の主要部にある素性の違いに帰すことが可能であり，FP の Label 自体は大きな意味を持たないと考えられる．

[8] den Dikken (2006) で提案されている RP (Relator Phrase) もまた，同種の機能投射構造であると考えられる．

研究では，語順を文法化現象として扱うか否かで意見が分かれているが，保坂 (2014a) では，文法化現象を構造変化と捉えることにより，語順もまた文法化の中で説明できることを示した．

名詞の屈折変化の消失が語順の固定化と密接に関係することは，英語の通時的研究でたびたび論じられているが，その理論的背景については十分に説明が行われておらず，本節ではこの点を文法化の観点から論じるものである．名詞の屈折形態にしろ，日本語の助詞にしろ，その役割とは，(27) に示す動詞によって付与された意味役割が，(28) の Visibility Requirement によって明示化されることにあると考えることができる．

(27) [gave Tom<ag> [gave Mary<rec> [gave ring<th> gave]]]⁹

(28) Visibility Requirement
Thematic roles of NP must be visible at the Communicative Interface.

つまり，(29) に見られるように，日本語では，助詞の「が」が動作主を，助詞の「に」が受領者を，助詞の「を」が主題を明示すると考えることができ，それらの存在により，語順の自由度が保証されている．

(29) [VP トムが <ag ←が> [V' メアリーに <rec ←に> [V' 指輪を <th ←を> あげた]]]

ただし，ここで大切な点は，意味役割を可視化するとは，「聞き手」に対して行われるということである．つまり，(28) の Visibility Requirement とは，従来の Conceptual Interface に対する Visibility Condition とは異なり，Communicative Interface に課せられる条件となる．すなわち，話し手にとっては，構造を構築した際に，既に意味関係は明白で，それを「聞き手」が復元できることが重要であり，その手段として，こうした助詞や格変化が存在していると考えられる．しかし，通時的変化に伴い，こうした方策が非可視的になったため，英語では，(30) に示すように，機能投射構造（FP）がその役割を引き継いだと考えられる．

(30) [FP Tom<ag> [F' gave + F<ag> [FP Mary<rec> [F' gave + F<rec> [FP the ring<th> [F' gave + F<th> [VP T̶o̶m̶<ag> [V' M̶a̶r̶y̶<rec> [V' t̶h̶e̶ ̶r̶i̶n̶g̶<th> gave]]]]]]]]]

---

[9] 本論考では，後ほど説明する Language of Thought の言語レベルを想定し，そこでは Bare Phrase Structure で階層構造が出来上がると考える．なお，<ag> は agent を，<rec> は recipient を，<th> は theme を表す．

すなわち，動作主を同定する $F_{<ag>}$，受領者を同定する $F_{<rec>}$，主題を同定する $F_{<th>}$ の各構造が創発し，構造的な意味役割の可視化が可能となり，英語はその通時的変化の過程で，語順が固定化したものと考えられるのである．

さて，こうした機能投射構造の創発は，理論的に如何なる説明が可能であろうか．3.2 節で指摘した Uniformitarianism の立場からすると，こうした創発現象は受け入れ難いと考えられる．次節では，この議論に新たな突破口を与える進化言語研究の視点に立つ動的言語モデルについて考察する．

4. 新たな言語モデルの追求

4.1. ミニマリストの言語観

(31) は，Chomsky (2005) にて，人間言語を形作る 3 つの要因として提案されたものである．

(31) Three factors in Language Design
1. Genetic endowment (*UG*)
2. Experience (*Acquisition*)
3. Principles that are language—or even organism—independent (*Third factor*) (Chomsky (2005))

1 つ目は，生得的な言語能力である普遍文法（Narrow Syntax）であり，2 つ目は，いわゆる言語獲得時のインプットなる言語経験である．3 つ目にあたる Third Factor は，言語や生物現象だけに関わるのではないより一般的な法則とされ，(32) に示すように，Minimal Computation (MC) が関係すると示唆されている．

(32) The principle of minimal computation (MC) is presumably a 'third factor' property, not specific to language or probably even to biological organisms, so it can be presupposed here.

(Chomsky (2013: 63))

では，この MC とは如何なるものであろうか．まず，「ことば」の存在意義について，最近の Chomsky の発言 (33), (34) に着目する．

(33) If this line of reasoning is generally correct, then there is good reason to return to a traditional conception of language as "an instrument of thought," and to revise Aristotle's dictum accordingly: lan-

guage is not sound with meaning but meaning with sound—more generally, with some form of externalization, typically sound though other modalities are readily available, as I mentioned earlier.

(Chomsky (2014: 7))

(34) The apparent asymmetry of BP (Basic Principle) provides additional reasons for returning to a traditional concept of language as essentially an instrument for construction and interpretation of thought—in effect providing a "language of thought" (LOT).

(Chomsky (2015a: 5))

つまり，"Language is meaning with sound." との新たな格言に立ち，言語の基本を思考の言語 (LoT) と想定しているわけである．次に，こうした思考の言語の存在を明確にした新たな言語モデルを提示する．

4.2. 動的言語モデル

図9は，言語を LoT (Language of Thought) と LoC (Language of Communication) の2つに分けモデル化したものである．

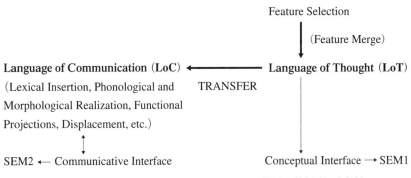

図9　The Dynamic Model of Language（保坂 (2014b: 261)）

本モデルでは，最初の段階では，意味素性のみを併合し，構造を作り上げ，それを概念インターフェイスに送り，文の意味（SEM1）が出力される．ここで重要な点は，この時点では，言語産出者のみが関与し，言語受領者の存在は想定されていないことである．したがって，意味に曖昧さは存在せず，形態や語順等は不必要である．しかしながら，言語受領者の存在が必要となる伝達のインターフェイスにおいては，相手に意味を伝える必要があり，音声・形態・統語の全てがこの時点で機能すると想定し，文の意味（SEM2）が出力される．

つまり，LoT はすべて形のない意味だけの存在で，目に見える言語現象は LoC の段階に存在し，通時的変化もまた LoC において生じる現象と考えられるというものである．

4.3. Merge-only Hypothesis and Duality of Semantics

さて，最近のミニマリストの基本的考え方には，(35) にあるように，言語はインターフェイス（感覚運動系と意図概念系の2つ）に最適化されたものであるというテーゼがある．

(35) Strong Minimalist Thesis
   Language is a perfect solution to interface conditions.
   (Chomsky (2007: 5))

また，(36) のように，両インターフェイス＋併合操作が言語を生み出すメカニズムであると考えられている．なお，この併合操作には2つの種類があることが当初より指摘されている．いわゆる外的併合（External Merge）と移動操作に代わる内的併合（Internal Merge）である．

(36) a. Interfaces + Merge = Language
    b. External Merge and Internal Merge (=Move)

実は，この2つの併合操作は意味解釈に大きな影響を与え，いわゆる「意味の二重性」(Duality of Semantics) という現象と深く関わっている．(37a) と (37b) は命題的意味は同じであるが，(a) は，What did John do? に対する適切な返答であり，(b) は，What did John do with my book? に対する適切な返答となる．

(37) a. John gave your book to Mary.
    b. Your book, John gave ___ to Mary.　　　(Rizzi (2011: 2))

また，この意味の差は，あくまで聞き手の存在が前提となるため，LoC において産出される意味であり，これが，「意味の二重性」を生んでいると考えられるのである．(38) に示すように，Chomsky 自身もその点は気づいており，外的併合で産出される意味と内的併合で産出される意味（談話的な意味等を含む）を分けて考えることができると述べており，先程のモデルの SEM1 と SEM2 の違いと実質的に重なると考えられる．[10]

---

　[10] なお，本論文では，数量詞の作用域については考察対象としないが，数量詞解釈の多義

(38) The two types of Merge correlate well with the duality of semantics that has been studied from various points of view over the years. EM yields generalized argument structure, and IM all other semantic properties: discourse-related and scopal properties.

(Chomsky (2007: 10))

つまり，SEM1 と SEM2 が「意味の二重性」の正体というわけである．すると，SEM1 を生み出すシステムは，実は単純で，項構造の外的併合のみで出来上がっていると考えられ，それを Narrow Syntax と見なすことができる．すなわち，インターフェイスに対して Perfect であるのは LoT のみである．それに対して，伝達の言語（LoC）では，コミュニケーションへの適応という新たな要因が存在し，MC（言い換えると，Computational Efficiency）と Communicative Efficiency との間で相克が生じ，形態統語的変化が起こると説明でき，それを Broad Syntax と見なし，ここに内的併合（いわゆる移動操作）が関与すると考えることができる．実は，それこそ，機能投射構造の創発を促すメカニズムであり，文法化の背後に潜む言語の変化を駆動する力である．最後に，再度文法化を言語進化の視点で見直してみる．

4.4. 英語の特異性の進化的説明

まず，冠詞の義務化に関しては，数詞及び指示詞の外適応 + FP の外適応（DP の創発）と説明でき，-'s 所有標識と of 所有標識の出現もまた，DP の創発の結果と考えられ，助動詞 DO の出現については，本動詞 DO の外適応 + FP の外適応（AuxP の創発）として説明可能である．ではなぜ，こうした変化が生じたのであろうか．それは，いずれも，語順の固定化に伴う弊害から情報構造を維持するシステムが創発したものと考えられる．つまり，冠詞はそれまで語順が担っていた情報構造を明示する役割を引き継ぎ，その結果 DP が創発し，所有格を後置するためには of が活用され，また，疑問文や否定文の派生によって損なわれる動詞と目的語の隣接を保持するために，助動詞 DO の構造が役に立ったと考えることができるのである．

それでは，なぜ語順が固定化したのであろうか．これは，3.2.5 節にて示した通り，屈折接辞の消失に伴い，意味役割を同定する方策が，FP の外適応に

性の問題は，LF 移動を想定しない LoC の現象と捉え直すこともできると考えられる．すなわち，英語で，Someone loves everyone. に 2 つの解釈（someone > everyone, everyone > someone）が存在するのは，LoC における目的語（everyone）の移動が関与しているためであると推測できるのである．

より生じた $F_{<\theta>}$ に依存するようになったことによると説明することができる．また，主語の義務化には，$F_{<\theta>}$ と PredP 双方の創発が関与していると考えられる．

4.5. 文法化と Broad Syntax

こうして，文法化は，伝達の言語（LoC）の領域で，コミュニケーションへの適応の結果，通時的に生じた現象として，進化的側面から説明することが可能となる．また，より広い見地に立てば，図 10 に示すように，これまで言語学が対象としてきた多様な言語現象は，Narrow Syntax ではなく，Broad Syntax の領域にあり，そこで生じる複雑適応的現象であると考えられ，Narrow Syntax に焦点をあてる生物言語学との間に大きな乖離が生じてしまったと考えられるのである．

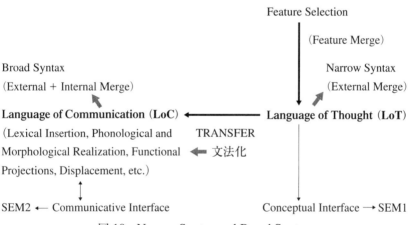

図 10　Narrow Syntax and Broad Syntax

5. まとめ

Chomsky はしばしば，言語の進化を雪の結晶にたとえる．

(39) so the emerging system should just follow laws of nature, in this case the principles of Minimal Computation—again the way a snowflake follows laws of nature.

(Chomsky (2015b: 27))

また，こうした創発現象の研究は，20世紀後半より盛んに行われている複雑適応系の研究として知られるもので，生物の進化はもとより，砂の上に表れる波紋の形成や，渡り鳥が形作る飛行形態，アリのコロニーから社会共同体の発達までもを射程に収めたものである．そして，言語もまた，この複雑適応的システムを持っており，[11] (40) に示すように，実はこれこそ，(31) で提示された Third Factor と考えられないであろうか．

(40) Third Factor = Complex Adaptation

つまり，Third Factor は言語や生物に限らずあらゆる事象に共通のメカニズムで，言語は両インターフェイスへの複雑適応的システムから生まれたと考えられ，思考のインターフェイスに対しては，Minimal Computation のみが前提とされるため Perfect なシステムと考えられるが，伝達のインターフェイスでは，Computational Efficiency と Communicative Efficiency との間で複雑適応的な変化が生じ，それが文法化の正体でもあり，その結果言語の多様性が生まれたと考えられるというわけである．

参考文献

Chomsky, Noam (2005) "Three Factors in Language Design," *Linguistic Inquiry* 36.1, 1-22.

Chomsky, Noam (2007) "Approaching UG from Below," *Interfaces + Recursion = Language?: Chomsky's Minimalism and the View from Syntax-Semantics*, ed. by Uli Sauverland and Hans-Martin Gärtner, 1-29, Mouton de Gruyter, Berlin.

Chomsky, Noam (2013) "Problems of Projection," *Lingua* 130, 33-49.

Chomsky, Noam (2015a) "Problems of Projection: Extensions," *Structures, Strategies and Beyond*, ed. by E. D. Domenico, C. Hamann and S. Matteini, 3-16, John Benjamins, Amsterdam.

Chomsky, Noam (2015b) "The Architecture of Language Reconsidered," *Sophia Linguistica* LXIV, 13-27.

Déchaine, Rose-Marie and Martina Wiltschko (2002) "Deriving Reflexives," *WCCFL* 21, 77-84.

Dikken, Marcel den (2006) *Relators and Linkers: The Syntax of Predication, Predicate Inversion, and Copulas*, MIT Press, Cambridge, MA.

---

[11] 複雑適応系研究の第一人者である Gell-Mann (1994) にて，言語習得と言語進化もまた複雑適応系の1つであることが示唆されている．

Gelderen, Elly van (2004) *Grammaticalization as Economy*, John Benjamins, Amsterdam.
Gelderen, Elly van (2013) "Null Subjects in Old English," *Linguistic Inquiry* 44.2, 271-285.
Gell-Mann, Murray (1994) *The Quark and the Jaguar*, Abacus, London.
Gould, Stephen Jay and Elisabeth S. Vrba (1982) "Exaptation—A Missing Term in the Science of Form," *Paleobiology* 8.1, 4-15.
Lass, Roger (1990) "How to Do Things with Junk: Exaptation in Language Evolution," *Journal of Linguistics* 26, 79-102.
保坂道雄 (1996)「英語史研究における Helsinki Corpus の役割：古英語の "DO" をめぐって」『英語コーパス研究』第3号, 27-44.
Hosaka, Michio (1999) "On the Development of the Expletive *there* in *there+be* Construction,"『近代英語研究』第15号, 1-28.
保坂道雄 (2005)「文法化と適応的言語進化：英語における再帰代名詞の発達をめぐって」『文法化：新たな展開』, 秋元実治・保坂道雄 (編), 141-168, 英潮社, 東京.
Hosaka, Michio (2007) "Emergent Structure: The Rise and Fall of V-Movement in the History of English," *Language Beyond*, ed. by Mayumi Sawada, Larry Walker and Shizuya Tara, 209-227, Eichosha, Tokyo.
Hosaka, Michio (2009) "The Emergence of CP," *English Linguistics* 26.2, 476-496.
保坂道雄 (2014a)『文法化する英語』開拓社, 東京.
保坂道雄 (2014b)「格の存在意義と統語変化」『言語の設計・発達・進化』, 藤田耕司・福井直樹・遊佐典昭・池内正幸 (編), 257-278, 開拓社, 東京.
Newmeyer, Frederick J. (2002) "Uniformitarian Assumptions and Language Evolution Research," *The Transition to Language*, ed. by Alison Wray, 350-375, Oxford University Press, Oxford.
Rizzi, Luigi (2011) "Syntactic Cartography and the Syntacticisation of Scope-discourse Semantics," http://www.philosophie.ch/kevin/festschrift/
角田太作 (1991)『世界の言語と日本語』くろしお出版, 東京.

中英語における形容詞屈折の衰退とその言語学的余波*

堀田　隆一

慶應義塾大学

1. 序節

　古英語では，形容詞はゲルマン語の文法を受け継いで，名詞と同様に，性，数，格に応じた複雑な屈折を示した．形容詞にあっては，そればかりではなく，主として統語的な条件により弱変化屈折と強変化屈折の区別（意味・語用的には定性の区別）もあった．しかし，古英語後期から中英語にかけて生じた，強勢を伴わない屈折語尾の水平化・消失により，形容詞の屈折体系は大きな打撃を受け，再編成，そしてさらに後には完全な崩壊へと進んだ．後期中英語の形容詞屈折の衰退と残存の状況については，とりわけチョーサー作品の初期写本による研究が多くなされ，記述されているが，中英語の初期から後期にかけての通時的な記述・説明を試みた研究は少ない．また，英語史的な観点からみると，中英語期の形容詞屈折の衰退と残存は，その後の英語の言語体系へ広範な影響を及ぼしたにもかかわらず，従来の研究では主として音韻形態論への直接的な反響が言及されるにとどまり，より総合的な視座から，統語，語彙，韻律，綴字，文体などへの余波について触れられることは少なかった．

　本稿では，これまで本格的に扱われてこなかった上記の2点，すなわち (1) 中英語の初期から後期にかけての形容詞屈折の衰退と残存，(2) それが後の言語体系に及ぼした影響，を中心に議論する．まず，2節では，初期中英語にお

---

* 本研究は，2015年10月17日に名古屋工業大学で開催された日本英文学会中部支部第67回大会のシンポジウムにおいて「中英語における形容詞屈折の衰退とその（社会）言語学的余波」という題名のもとに口頭発表を行った内容に基づき，発展させたものである．また，本研究は，2014–18年度の科学研究費基盤研究（C）「近代英語における言語変化の内的・外的要因－現代英語へとつながる動態の研究」（研究課題番号：26370575）の支援を受けてなされたものである．関係機関に謝意を表したい．また，本稿の複数の査読者には内容・形式の両面において助言をいただき，とりわけ議論の本質的な部分である当該言語変化の原因について，理論的な観点から有益な示唆をいただいた．この場を借りて感謝したい．

ける形容詞屈折の衰退について，*A Linguistic Atlas of Early Middle English* のテキスト・データベース（以降 *LAEME* と略称）を用いた量的な調査の結果を Hotta (2012, 2014) に基づいて紹介する．3 節では，*The General Prologue* on CD-ROM を用いて，15 世紀の 53 の写本・刊本における形容詞屈折の状況を通時的に比較し，分析する．4 節では，形容詞屈折の衰退が 15 世紀以降の言語体系に対していかなる衝撃を与えたのかを論じたい．最終節では，本稿の議論を整理し，結論とする．

2. 初期中英語の形容詞屈折の分布

　後期古英語のウェスト・サクソン方言における標準的な形容詞屈折は，主として統語的な観点から強変化屈折と弱変化屈折に大別される．弱変化屈折とは，問題の形容詞が限定的に用いられているとき，つまり，(1) 定冠詞に先行されている場合，(2) 名詞の所有格に先行されている場合，(3) 人称代名詞の属格に先行されている場合，(4) 固有名詞を修飾する場合，(5) 呼格として用いられる場合にみられる屈折である (Burnley (1982: 171))．一方，強変化屈折は，限定用法におけるそれ以外のすべての場合，及び叙述用法において，形容詞の取る屈折である．この強・弱変化屈折の区別（意味・語用的な観点からは定性の区別）のもとで，さらに 3 性，2 数，5 格（うち具格については部分的に関与するのみ）が分けられる．

　形容詞の取る屈折語尾は，元来，互いに明確に区別される子音や母音をもっていたが，強勢のない音節に置かれることから，後期古英語には徐々に水平化や消失の兆候を示していた．初期中英語までには，概ね *-n* や *-m* の鼻音語尾は消失し，綴字上典型的に *-<e>* で表される語末母音も曖昧母音 /ə/ へと水平化し，さらには消失する傾向を示した．また，このような音韻の弱化と並行して，形態的な類推や同化も進み，*-es*, *-re*, *-ra* などの屈折語尾はより単純な *-e* や *-ø* に置き換えられていった．したがって，時期，方言，個別写本によって少なからぬ揺れは認められるものの，初期中英語には，形容詞屈折はおよそ水平化した *-e* か *-ø* かのいずれかの語尾を示す体系へと再編成されていた．

　では，初期中英語では，形容詞が *-e* か *-ø* のいずれを取るかについて，いかなる規則があったのだろうか．古英語では，定性（強・弱変化），性，数，格という 4 つの文法範疇の組み合わせにより特定の屈折語尾が決定されていたが，初期中英語では，まさにその屈折語尾の音韻形態的な水平化を通じて問題の種々の範疇が機能不全になりかけていた．その際，4 つの範疇が一斉に機能を消失していったのか，あるいは各々の範疇は何らかの順番で非関与的に

なっていったのか．

この問題に対する答えを得るべく，Hotta (2012, 2014) では，1150–1325 年に筆写されたテキストを収集した *LAEME* を利用して，形容詞屈折語尾の分布に関する量的な調査を試みた．調査対象としては，収録されている 167 のテキストのうち，方言の特定されている 120 のテキストを用いた．これらの対象テキストを，半世紀ごとに 4 時期へ区分し (C12b, C13a, C13b, C14a)，さらにそれを 7 方言へと分類した (Northern, North-East Midland, North-West Midland, South-East Midland, South-West Midland, Southwestern, Southeastern)．

形容詞の屈折語尾の衰退に関する研究では，子音で終わる単音節の形容詞に注目することが多い (Mustanoja (1960: 276), Pearsall (1999: 179), Lass (1992: 116))．というのは，語幹末に本来的に -e を含む多音節語では，文法的に付加される -e との区別がつけられないからである．したがって，この調査でも対象とする形容詞を上記の条件に合致する 77 種類に限定した．

考慮する範疇については，数と格については *LAEME* のタグにより機械的に抜き出すことができるが，性についてはタグが付与されていないために，今回は考慮を断念した．定性の区別については，*LAEME* 編纂者はタグ付けをしていないが，統語的な生起条件を限定することによって，ある程度は機械的に抜き出すことができる．具体的には，*the*, *this*, *that*, *my* などの典型的な限定詞の後に形容詞と名詞が続く統語環境を定（弱変化）の環境とし，限定詞が先行しない統語環境を不定（強変化）の環境として扱った（ただし，限定詞と形容詞の間に，別の語句が 3 語まで挿入されている可能性を考慮した）．

では，調査結果を示そう．まず，全体的な分布としては，全 5028 の生起例について，3316 (65.95%) が不定の環境に生起している．通時的な変化を概観すれば，屈折語尾を示すものの割合は，C12b で 72.31%，C13a で 65.21%，C13b で 67.33%，C14a で 45.19% となっており，全体として漸減しているが，とりわけ 1300 年辺りを境に屈折語尾が目立って脱落しているようにみえる．

しかし，調査の主眼は，（先述のように性の考慮は断念したが）数，格，定性という 3 つの文法範疇がいかにしてその効き具合を減じていったのかを探ることである．そこで，区分した時代・方言ごとに，いずれの範疇の組み合わせが最もよく当該の屈折の分布を説明するか，すなわち "fitness" rate を算出し，比較するという手法を採った．[1] 数 (N[umber])，格 (C[ase])，定性

---

[1] "fitness" rate の算出方法は煩雑なので，その解説は本稿では割愛する．詳しくは，Hotta

(D[efiniteness])の効き目の組み合わせは,論理的には NCD, NC, ND, CD, N, C, D, そしてすべての範疇で効き目のない Z[ero] の8種類があり得る.

　結論として判明したことは以下の通りである.屈折語尾の衰退及び各範疇の衰退の時機や速度は方言によって異なるものの,概していえば,中英語の初期から中期には古英語の伝統を受け継いだ NCD が目立つが,そこから格の範疇が脱落して ND の組み合わせが主流となり,北部では次なる段階として一気に Z,つまり近現代英語の状況へと飛躍しているようにみえる.ND から Z への移行において,数と定性のいずれが先に非関与的になったかは,初期中英語における生起例の調査結果からは明らかにすることができなかった.ND の組み合わせに依存する屈折体系はチョーサーの最良の写本の言語において典型的に観察される体系であり,ND から Z への過程を探ろうとするならば,観察の場を後期中英語に移さなければならない.

3. 後期中英語の形容詞屈折の分布

　後期中英語については,初期中英語の *LAEME* に比肩するコーパスが存在しないために,形容詞屈折の分布を探るのに別の方法を取らなければならない.そこで,時代も方言も大きく限定せざるを得ないが,Solopova(編)*The General Prologue* on CD-ROM(2000)の使用が有効な代替手段となりうるだろうと判断した.これは,Hg (=Hengwrt) や El (=Ellesmere) といった伝統的に最良とされるチョーサー作『カンタベリ物語』の写本を含む,15世紀の49の写本と4つの刊本(Cx^1, Cx^2, Pn, Wy)の画像及びテキストを収録したデータベースであり,パラレル・テキストの比較を通じて,15世紀中の通時的な言語変化の観察を可能にしてくれるコーパスである.実際のところ,Caon (2002) はその姉妹版データベースである Robinson(編)*The Wife of Bath's Prologue* on CD-ROM (1996) を用いて形容詞屈折の分布について調査を行っており,本調査も Caon の手法にほぼ乗る形で行った.

　調査に当たっての手続きは以下の通りである.まず,53 の写本・刊本を4半世紀ごとに分けた.ただし 1450 年前後の時期は第3期として別に独立させ,計5期 (C15a1, C15a2, C15mid, C15b1, C15b2) に区分した(各期の写本・刊本の記号,所蔵場所,また(判るものについて)方言に関しては,以下の諸表の括弧内を参照).考慮する文法範疇としては,前節で概観した研究結

(2014: 286–287) を参照されたい.

果に基づき，数と定性（強・弱変化）の2種類に限定した．分析の実際としては，弱変化・単数，強変化・単数，（弱・強変化を区別しない）複数の3つのカテゴリーを設けた．[2] 注目する形容詞は，初期中英語の場合と同様の条件のもとで，子音で終わる単音節語の形容詞 85 種類に限定した（*best, big, black, bold, bright, broad, brown, clean, cold, cruel, dead, deaf, deep, digne, dumb, fair, fat, fine, first, five, foul, four, fresh, full, glad, gold, good, great, green, half, hard, high, hot, ilk, keen, kind, large, last, lean, loath, long, meek, moist, more, most, much, nice, old, own, pale, plain, poor, quick, red, rich, sharp, sheen, short, sick, small, smooth, soft, some, steep, stiff, stout, straight, strange, strong, such, sweet, swift, thick, thilk, thin, twelve, ware, white, whole, wide, wise, wood, worth, wroth, young*）．

　これらの形容詞に関して，Hg 写本版からの 215 の生起例を基準として，他の 52 の版の対応する行より形態を取り出し，屈折語尾 -*e* の有無について相互に分布を比較した．[3] ただし，Hg や El などの写本中で語末の *p* の頭上に現われる装飾曲線（flourish）については，これを -*e* と同等の補助符号と解釈する慣習もあるが，Burnley (1982: 177) の指摘するように，必ずしも一貫した分布を示すわけではないため，本研究では数え上げの対象から外すことにした．参考までに，補遺に The General Prologue の第 7 行を各写本・刊本から抜き出したものを一覧しておく．

　では，時代区分別に結果を見てみよう．各マスの斜線の右側には該当する形容詞の全生起数を，左側には屈折（典型的に -*e*）を示す生起数を記し，括弧内には割合を示した．

---

[2] 複数系列において強・弱の区別をつけていないのは，先立つ初期中英語期の調査から，後期中英語期ではその区別がほぼ非関与的であるとみなせること，及び同様の調査を行った Caon (2002) もこの方針を採用していることによる．

[3] 同一テキストを含んでいるはずでありながら，写本間で対応する形容詞の生起数がまちまちなのは，対応する形容詞が欠落していたり，別の語に置き換えられていたり，異なる統語環境に置かれていたりするために直接の比較ができないことなどによる．

写本・刊本	弱・単数 -e	強・単数 -e	複数 -e
Ad[4] (BL Add. 10340)	0/0 (0%)	5/5 (100%)	0/0 (0%)
Cp (Oxford, CCC 198; W. Mid.)	22/24 (91%)	31/109 (28%)	30/32 (93%)
Dd (CUL Dd.4.24; E. Mid.)	7/15 (46%)	16/57 (28%)	6/8 (75%)
El (Ellesmere)	28/32 (87%)	31/143 (21%)	37/39 (94%)
Gg (CUL Gg.4.27; E. Mid./E. Ang.)	21/24 (87%)	24/132 (18%)	32/35 (91%)
Ha[4] (BL Harley 7334; W. Mid.)	26/30 (86%)	28/120 (23%)	34/36 (94%)
Hg (Hengwrt)	28/33 (84%)	31/143 (21%)	39/39 (100%)
La (BL Lansdowne 851)	25/32 (78%)	125/149 (83%)	36/40 (90%)
Total	157/190 (82%)	291/858 (33%)	214/229 (93%)

表1：第1期（C15a1）の形容詞屈折の分布

写本・刊本	弱・単数 -e	強・単数 -e	複数 -e
Ad[3] (BL Add. 35286; E. Mid.)	14/20 (70%)	42/104 (40%)	14/20 (70%)
Bo[2] (Bodl. 686; S.W. Mid.)	28/33 (84%)	106/151 (70%)	31/39 (79%)
Do (Douce d.4)	3/4 (75%)	7/14 (50%)	2/2 (100%)
En[1] (BL Egerton 2726; E. Mid.)	12/31 (38%)	101/148 (68%)	28/38 (73%)
Ii (CUL Ii.3.26; E. Mid.)	27/30 (90%)	109/134 (81%)	32/35 (91%)
Lc (Lichfield 29; E. Mid.)	27/33 (81%)	45/147 (30%)	40/41 (97%)
Ps (Paris BN angl. 39; N. Mid.)	16/31 (51%)	43/146 (29%)	29/37 (78%)
Pw (Petworth 7; N.W. Mid.)	22/28 (78%)	50/134 (37%)	34/40 (85%)
Ry[2] (BL Royal 18.c.ii; W. Mid.)	26/32 (81%)	51/147 (34%)	35/41 (85%)
Sl[1] (BL Sloane 1685; N.W. Mid.)	9/10 (90%)	9/31 (29%)	1/2 (50%)
Total	184/252 (73%)	563/1156 (48%)	246/295 (83%)

表2：第2期（C15a2）の形容詞屈折の分布

写本・刊本	弱・単数 -e	強・単数 -e	複数 -e
Cn (Austin, HRC 143; Central Mid.)	22/27 (81%)	97/130 (74%)	21/23 (91%)
Ln (Lincoln 110; N.E. Mid./N.W. Mid.)	13/17 (76%)	33/85 (38%)	10/14 (71%)
Mg (Morgan 249; E. Mid.)	26/33 (78%)	70/145 (48%)	36/40 (90%)
Mm (CUL Mm.2.5; N. Mid.)	23/28 (82%)	127/143 (88%)	27/30 (90%)
Total	84/105 (80%)	327/503 (65%)	94/107 (87%)

表3：第3期（C15mid）の形容詞屈折の分布

写本・刊本	弱・単数 -e	強・単数 -e	複数 -e
Bw (Barlow 20; N.W. Mid.)	9/10 (90%)	22/45 (48%)	4/5 (80%)
Ch (Oxford, Ch. Ch. 152)	27/32 (84%)	72/144 (50%)	34/40 (85%)
Dl (Takamiya 32; E. Mid.)	12/17 (70%)	29/104 (27%)	22/24 (91%)
Ds[1] (Takamiya 24; E. Mid.)	15/19 (78%)	55/115 (47%)	29/32 (90%)
Fi (McLean 181; W. Mid.)	16/29 (55%)	111/140 (79%)	31/37 (83%)
Ha[2] (BL Harley 1758; W. Mid.)	23/31 (74%)	66/146 (45%)	33/39 (84%)
Ha[3] (BL Harley 7333)	29/34 (85%)	105/146 (71%)	36/39 (92%)
Ht (Hatton donat. 1; E. Mid.)	15/26 (57%)	83/138 (60%)	25/33 (75%)
Ld[1] (Laud Misc. 600)	18/29 (62%)	73/147 (49%)	31/39 (79%)
Ne (Oxford, New Coll. 314; E. Mid.)	5/11 (45%)	10/43 (23%)	5/6 (83%)
Nl (Northumberland 455; N.E. Mid.)	4/19 (21%)	45/107 (42%)	9/18 (50%)
Ph[2] (Bodmer 48; N.E. Mid./E. Ang.)	11/31 (35%)	55/148 (37%)	26/40 (65%)
Py (London, Physicians 388; W. Mid.)	19/22 (86%)	102/136 (75%)	31/33 (93%)
Ra[2] (Rawlinson poet. 149; N.E. Mid.)	13/14 (92%)	52/62 (83%)	8/9 (88%)
Ra[3] (Rawlinson poet. 223; N.E. Mid.)	20/26 (76%)	69/127 (54%)	17/25 (68%)
Ry[1] (BL Royal 17.d.xv; E. Mid.)	22/23 (95%)	132/141 (93%)	31/32 (96%)
Se (Arch. Selden. B. 14)	27/32 (84%)	59/146 (40%)	36/41 (87%)
Tc[1] (Cambridge, Trin. Coll. R.3.3)	19/30 (63%)	55/145 (37%)	28/37 (75%)
To[1] (Oxford, Trin. Coll. 49; N.E. Mid.)	28/31 (90%)	114/146 (78%)	33/40 (82%)
Total	332/466 (71%)	1309/2326 (56%)	469/569 (82%)

表4：第4期（C15b1）の形容詞屈折の分布

写本・刊本	弱・単数 -e	強・単数 -e	複数 -e
Ad[1] (BL Add. 5140; E. Mid.)	20/34 (58%)	44/144 (30%)	27/38 (71%)
Bo[1] (Bodl. 414; N.E. Mid./E. Ang.)	16/33 (48%)	68/151 (45%)	27/38 (71%)
Cx[1] (Caxton 1st Ed.)	13/28 (46%)	43/140 (30%)	32/38 (84%)
Cx[2] (Caxton 2nd Ed.)	15/29 (51%)	55/144 (38%)	30/39 (76%)
En[3] (BL Egerton 2864; E. Mid.)	25/34 (73%)	46/148 (31%)	28/38 (73%)
Gl (Hunterian 197; E. Mid./E. Ang.)	10/17 (58%)	46/86 (53%)	10/13 (76%)
Ld[2] (Laud Misc. 739; N.W. Mid.)	19/32 (59%)	87/147 (59%)	25/36 (69%)
Ma (Rylands English 113; E. Mid./E. Ang.)	17/31 (54%)	70/137 (51%)	25/35 (71%)
Pn (Pynson)	15/30 (50%)	111/145 (76%)	32/40 (80%)
Sl[2] (BL Sloane 1686)	17/24 (70%)	68/131 (51%)	23/31 (74%)
Tc[2] (Cambridge, Trin. Coll. R.3.15)	20/29 (68%)	97/137 (70%)	35/39 (89%)
Wy (Wynkyn de Worde)	19/30 (63%)	82/146 (56%)	30/39 (76%)
Total	206/351 (58%)	817/1656 (49%)	324/424 (76%)

表5：第5期（C15b2）の形容詞屈折の分布

5期にわたる全体的な潮流を2点指摘しておきたい．1点目として，いずれ

の時期においても，歴史的に -e の出現が期待されるはずの2環境のなかでは，複数の -e のほうが弱変化・単数の -e よりも平均的に比率が高く，数の範疇の効き目の強さがうかがわれる．一方，強変化・単数は，ND の屈折体系では無屈折となるはずだが，実際には時期によって変動はあるものの33–65% ほどの水準で -e 語尾が示されるという事実も確認される．ここから，定性の区別は完全には失われてこそいないものの，効き目は弱くなっていると判断できる．以上より，各範疇の効き目の通時的な推移については，ND から N を経て Z へ向かう道筋を想定したい．それでも，弱変化・単数の -e が絶対的に低い値を示すとはいえないことから，ND から N への移行を仮定するとしても，あくまで緩やかな移行ととらえるべきだろう．

2点目として，ND の屈折体系によれば，弱変化・単数，強変化・単数，複数の屈折比率はそれぞれ高，低，高となるはずだが，時代を追ってその凹凸が鈍くなっていることがわかる．第1期では82%，33%，93% とメリハリのあったものが，第5期では58%，49%，76% にまで均されている．割合を示す数値に凹凸がなくなるということは，数と定性の範疇の各々あるいはその組み合わせをもってしても，-e 語尾の有無を正確に予測することができなくなるということである．しかし，-e の有無が何らかの要因によって制御されているかのようにみえるのであれば，それは伝統的な規則とは異なる原理によって決められているということになろう．

次に，仮定される ND → N → Z の推移をより詳しく観察するために，また想定外の別の原理が何であるかを探るために，いくつかの写本・刊本を個々に考察してみよう．第1期の Dd，第2期の Ps，第5期の Bo[1]，Cx[1] などの写本では，-e の出現が低〜中，低〜中，高という分布を示し，ND から N への移行が示唆される．実際，Ps，Bo[1]，Cx[1] では補遺に示した第7行の "the young sun" の句において，従来のパラダイムでは弱変化・単数の -e が予期されるところで，*the yong sonne, the yong Sūne, the yong sonne* のように無語尾となっていることがわかる．しかし，数値上それほど明確に凹凸のある分布を示すわけでもないことから，ND から N への移行はあくまで緩やかなものだったと考えられる．[4]

---

[4] Caon (2002: 301–302) は *The Wife of Bath's Prologue* on CD-ROM による調査で，ここで触れた第2期の Ps について28%，20%，57% という比率を与えたあとで，次のように述べている．
> The scribe of Ps [NMidland dialect] drops most -*e*'s, probably under the influence of his northern dialect. He ignores both the old-fashioned and the modern rules, and — with the exception of *wyse* and *fayre* — this copyist solves the problem of final -*e* by

次に，第1期の La，第2期の Bo^2, Ii，第3期の Cn, Mm，第4期の Ha^3, Ra^2, Ry^1, To^1 を見てみよう．これらの写本では，範疇にかかわらず軒並み高い比率で -e を示す傾向があることに気づく．例えば，第206行における "A fat swan" の句では強変化・単数として本来的には無屈折のはずだが，*A fatte swanne* (La, Ii, Ha^3, To^1), *A fatte Swan* (Cn), *A fatte swan* (Mm), *A Fatte swāne* (Ry^1) のように形容詞が -e を取っている．これは，写字生の側で，-e の有無がいかなる文法範疇によって決められているのかが，すでに理解できなくなっていたことを強く示唆する．しかし，これらの写字生は -e が何らかの文法機能を帯びていたはずだという感覚は持ち合わせており，自らの口頭言語ではおそらく対応する発音のなかった -e をなるべく一貫して綴るという方針を採用したのだろう．少なくともこの写字生たちの口頭言語においては，すでに近現代英語と同様の Z のパラダイムに達していたはずである．[5]

このように，いくつかの写本・刊本から，文法標識としての -e が機能しなくなっていた兆候はうかがわれるが，その一方で保守的なパラダイムをよく残している写本もいくつか観察される．第1期の El, Hg がその代表であるが，ほかにも第2期の Lc, Ry^2，第4期の Se，第5期の En^3 等は ND の組み合わせのよく効いたパラダイムを示す．特に第5期の En^3 は，口頭言語において問題の -e が発音されたとは想定し得ないほどに遅い時期の写本でありながら，ND のパラダイムを偶然とはいえないほどによく残している．*The Wife of Bath's Prologue* on CD-ROM により調査した Caon (2002: 306) も En^3（及び Ad^1）の保守性に言及しており，写字生が保守的な写本から忠実に写した結果ではないかと考察している．実際に，補遺に示した第7行の "the young sun" の事例では，上に言及した諸版で問題の形容詞に -e が付されている．

最後に，第5期の刊本 Pn (=Pynson) における -e の分布に注目したい．50%, 76%, 80% という比率をみる限り，Pn において -e は必ずしも明確な文法標識として機能しているとは評価できない．むしろ，強変化・単数でも

---

　　writing adjectives according to his own pronunciation, hence with zero ending.
しかし，本調査によれば Ps における -e 屈折の比率は 51%, 29%, 78% であり，-e の削除が規則的であると結論づけることはできない．筆者は，むしろここでは数の範疇が単独で効いていると解釈したい．いずれにせよ，異なるテキストを同じ方針で調査し，比較することの重要性が確認できる事例である．

　[5] 15世紀の多くの写字生にとって語末の -e が口頭言語において無音となっていたことは，韻律の観点などからの研究の蓄積により，Caon (2002: 296) の指摘する通り，コンセンサスと言ってよい．

-e が広く見られるということから,非文法的な基準により -e を付す種類のテキストと判断すべきだろう.しかし,単語別にみてみると,特に語幹母音の長い語において,強変化・単数でもよく -e を示すことが判る(具体的な語形を挙げれば,*Bolde, brode, broune, clene, colde, dede, faire, fyne, foule, gode, grete, lene, lothe, meke, more, nyce, pale, poure, rede, shene, smalle, smothe, white, Wyde, wise, wode, wrothe* など).[6]

以上の分析と考察から,15世紀の形容詞屈折語尾 -e を巡る状況は次のように推移したのではないかと仮説される.まず,*The General Prologue* on CD-ROM から得られた形容詞語尾 -e の分布に関する証拠から,15世紀中に ND から N を経由して Z へ移行していたことが示唆される.しかし,写字生の口頭言語において,特に15世紀後半には,いずれの場合においても問題の -e はすでに発音されることはなかったと想定されるため,この移行はあくまで書記言語において示唆される仮説上の移行とみなす必要がある.だが,この移行は,書記言語上に反映されているものであるとはいえ,まったく口頭言語から切り離されたものであるとも考えにくい.写字生のなるべく忠実に写本を再現しようとする意識や,古い言語体系への敬意や憧憬により,書記言語が本質的に保守的な性格をもつものだとしても,それは数世代の遅れをもって,実際に口頭言語において生じた変化をある程度正確に反映している可能性が高い.したがって,書記言語からの証拠が示すように,口頭言語においても,おそらくは ND から N への移行は15世紀までに現実に起こっていたものと解釈したい.その後,この移行が完了する前に,急速に Z への移行が生じ,先の移行を凌駕してしまったのではないか.

関連してもう1つ重要な点は,上記の移行が進行し,おそらく完了しつつあったのと並行して,書記言語上の別の過程が進行していたことである.その別の過程とは,形容詞に付される -e の有無が,綴字体系における一貫性の追求やその再編成という別の動機づけによって制御されるようになっていった経

---

[6] Caon (2002: 306) は,Pn における -e の使用規則を,印刷の効率を上げるための新規則と評している.

> In Pynson's case it seems evident that the adoption of such a rule for final -*e* had practical consequences for the speed of the production of books.

このように長い語幹母音をもつ形容詞が常に -e を伴うという傾向は,Py のほか,第2期の Bo^2, II, 第3期の Cn, 第4期の Py, Ry^1, 第5期の Tc^2 にも観察される(特に *best, fair, good, great, own, poor, red, small, such, white, wise* について).しかし,これらの写本の多くでは,先述の通り,およそ軒並み -e を付すという傾向が色濃く,必ずしも特定の音韻特徴をもつ形容詞であるという基準により -e の付加が決まっていると論じることはできないかもしれない.

緯である．上述のように，いくつかの写本・刊本では，いずれの文法範疇によっても説明されない，軒並み書き添えられる -e が見られた．また，別の写本・刊本では，-e は従来の文法範疇に依存するのではなく，現代風に先行する母音の長さを示すのに用いられるようになりつつあった．これらのテキストでは，-e は古英語より続いてきたような文法的な標識であることを徐々にやめ，代わりに綴字体系に関与する別の機能を獲得しつつあったといえるだろう．[7]

4. 形容詞屈折の衰退と残存の言語学的余波

2節と3節で，中英語期の初期から後期にかけて，形容詞屈折がいかにして衰退あるいは残存したかに関する実態を，コーパスにより明らかにした．では，この時期の形容詞屈折を巡る変化は，後続する中英語の末期から近代英語の初期という時代の英語の言語体系へ，いかなる衝撃を与えたのだろうか．本節では，形容詞屈折の変化の英語史上の意義を考察したい．

まず明らかなことは，形容詞屈折が衰退し，少なくとも口頭言語において -e がいかなる文法環境においても発音されなくなったことにより，英語史において（そしてゲルマン語史や印欧語史において）連綿と続いてきた総合から分析への傾向が，さらに一歩推し進められたということがある．この駆流 (drift) とも呼ばれる長期にわたる言語変化の原動力の問題について，ここで深入りすることは控えるが，英語史においても名詞や動詞などの主たる品詞において着実に進行していた駆流が，いよいよ本格的に形容詞に及び，そして数世紀をかけてその屈折体系を崩壊させていったのである．これにより近代英語は中英語よりも一層総合的性格を弱め，代わりに分析的性格を強めていくことになった．

総合的性格の弱まりと密接に関連して，形態統語上の一致が一段と弱まり，いくつかの文法範疇を明示する手段が変化したり弱化することになった点も指

---

[7]「-e は古英語より続いてきたような文法的な標識であることを徐々にやめ」たと述べたこの箇所について，査読者の1人より，確かに -e は古英語的な一致形態論としての役割は失いつつあったとはいえるが，文法的な役割が完全に無に帰したかどうかは再検討の余地があるかもしれないとの指摘をいただいた．例えば，限定用法と叙述用法の別や被修飾名詞との位置関係など，その他の文法的なパラメータに -e の（不）出現が依存している可能性は，調査してみないとわからないのではないか，と．この点に関しては，体系的な調査ではないが，限定・叙述用法の区別，形容詞の名詞としての用法，呼格的表現での用法という観点から Hotta (2014: 293–298) で取り上げているので，その議論も参考にされたい．

摘しておきたい．古英語では，数，格，定性という文法範疇は，名詞と動詞と形容詞の相互作用のなかで機能していた．数や格は本来的には名詞(句)の範疇だが，それが主語として立つときには述語動詞と一致する必要があったし，それを限定・叙述する形容詞とも一致する必要があった．しかし，形容詞屈折の衰退により，この相互作用の集団から形容詞が外れていくと，数と格はもっぱら名詞と動詞に関与する範疇へと縮小化した．形容詞屈折が衰退した分だけ，英語における形態統語上の一致の種類と機会が減ったということになる．一方，定性は名詞(句)の範疇だが，古英語では，語順などとともに形容詞屈折もこの範疇の明示化に貢献していた．しかし，15世紀までに形容詞屈折が衰退すると，定性の区別は主として冠詞という別の語類により担われるようになった．いずれの範疇も，近代英語以降，機能としては存続することになったが，それを標示する手段は大いに変化したことになる．

次に，韻律パターンの変化への関与についても言及しておこう．語尾に現れ得た -e が無音となったことで，単音節語幹の形容詞は，常に単音節語として生起することが確定した．the goode man に観察された古い規則的な弱強弱強の韻律は，新しい the good man の弱弱強に置換された．もとより古英語や中英語でも弱強格が常に規則的に繰り返されたわけではないし，近代英語以降にも種々の韻律パターンが起こり得たのであるから，この形容詞屈折の衰退が英語の韻律パターンの本質を変容させたということにはならない．しかし，その衰退とおよそ時を同じくして後期中英語に生じたとされる冠詞の発達やロマンス語強勢規則 (Romance Stress Rule) などとともに，英語の新しい韻律パターンの生成や定着に関与した1要因であったと評価することはできるかもしれない．この可能性については，現段階では，仮説的に提起するにとどめておきたい．

次に，音韻形態論の観点から，単音節形容詞の語幹母音が確定した点に触れておこう．中英語までは blak(e) は，屈折語尾の有無により，/blak/ あるいは /blaːkə/ のように語幹母音が量的に変異した．後者の長母音は，初期中英語に生じた開音節長化 (Middle English Open Syllable Lengthening) の出力結果である．屈折語尾 /ə/ が消失すると，いずれの形態も単音節で一致することになったが，語幹母音は短長の変異を保持したままであったため，この語は音韻上 /blak/ と /blaːk/ の2つの変異形をもつに至った．結果的には，後に短母音をもつ /blak/ が標準的な形態として採用され，現在の /blæk/ に連なるが，長母音をもつ異形態は Blake と綴られ，固有名詞として命脈を保っている．smal(e) についても同様の事情があった (Burnley (1982: 176))．このような揺れを示す形容詞の種類は限られてはいるが，これらの語においては，開音節

長化と形容詞屈折の衰退は，それぞれ単音節形容詞の語幹母音の量的な変異を生み出し，後に解消させるという役割を果たしたのである．[8]

　最後に，前節の後半でも取り上げたが，形容詞屈折の衰退・残存と，綴字 -<e> の機能の関係に注目したい．15世紀において写本・刊本上に綴られた形容詞語尾の -<e> は，El, Hg を含めたいくつかの場合においては，従来通りの文法範疇（の組み合わせ）を反映した純粋な文法標識として機能していただろう．また，それらの写本では，-<e> とその有無は，保守的な言語使用を強く示唆するという意味で，文法的であると同時に文体的な機能，あるいは社会言語学的といってもよい機能を帯びていたともいえる．また，別の写本では，-<e> は文法標識として加えられたのではなく，軒並み無差別に加えられたという例も見られることから，少なくともそこでの -<e> の機能は余剰的であったといえるかもしれない．これは，後の16世紀以降の刊本で盛んになる，行末などでの埋め草としての -<e> の機能にも通じるところがあるから，単に余剰的というよりは，印刷の実用上あるいはデザイン上の機能をもっていたというべきかもしれない．さらに別の写本で示されるように，-<e> には，後の英語綴字体系において一般化し標準化する，先行母音の長さを示すという機能も芽生えつつあった．初期中英語までは主として統語形態的な機能を担っていた -<e> が，後期古英語になって，その機能を減退させ，むしろそれ以外の種々の機能を獲得すべく試行錯誤していたといえるのではないか．

　この最後の点は，言い換えれば，口頭言語において -e は文法的な機能とともに音韻的実現も完全に消滅することになったが，書記言語においては，対応する -<e> は文法的な機能こそ消失したものの，別の役割を獲得することによってその後も綴字上に実現され続けたということである．-<e> はいったん無機能へと帰し，それゆえ消え行く運命だったにもかかわらず，新機能を獲得して存続する力を得たということであるから，これは進化言語学においていわれる外適応 (exaptation) にほかならない．[9]

---

　[8] 単音節形容詞における母音の長短の揺れについては，中尾 (1985: 134) 及び Görlach (1991: 71) を参照．
　[9] 進化生物学における外適応については Gould and Vrba (1982) を，進化言語学における外適応については Lass (1990) を参照．筆者は，綴字の機能の転用を外適応とみなして議論した研究は寡聞にして知らないが，現象自体は非常にありふれたものであり，英語史上にも豊富に事例が見つけられる．たとえば，古英語の <c> は /k/ あるいは /tʃ/ に対応したが，中英語以降は /k/ あるいは /s/ に対応するようになった．一方，/tʃ/ は中英語以降は二重字 <ch> によって表されることになった，等々．先行する母音の長さを示す -<e> の慣習の発達については，Scragg (1974: 79-80) や Brengelman (1980: 347) は，16世紀後半に活躍した Richard Mulcaster (1530?-1611年) などの正書法論者に帰しているが，Caon (2002: 297) 及び

5. 結論

本稿では，*LAEME* を用いた先行研究の概観と，*The General Prologue* on CD-ROM を用いた調査の実施により，中英語期における形容詞屈折の衰退と残存の実態を通時的に探った．調査対象として，屈折語尾としての *-e* の有無を確実に判別できるように子音で終わる単音節の形容詞に限り，各時期において数，格，定性の文法範疇の各々あるいはその組み合わせがそれら形容詞の屈折語尾の有無をいかに決定し得たかを数量化して示した．結果として，初期中英語においては，形容詞屈折体系において関与的な文法範疇の組み合わせは，方言によっても揺れは見られるものの，数，格，定性が組み合わさって機能した NCD のパラダイムから，数と定性のみが関与する ND のパラダイムへと移行したことが明らかとなった．一方，後期中英語に関しては，ND のパラダイムが徐々に定性の関与を弱め，N のパラダイムへと移行しつつあったこと，またそれと並行して急速に数の範疇も効力を失い，結果として現代的な Z のパラダイム（無屈折体系）へと推移していった様子が，15 世紀の比較可能な写本・刊本の比較により，示唆された．[10]

そこで参照されている Salmon (1989) によれば，John Rastell (c. 1475–1536) なる人物がそれより半世紀ほど早い時期に同発想を抱き，実践していたという．

[10] 本論で提案した NCD → ND → N → Z という各範疇の非関与化の順序に関して，査読者の 1 人より Booij (1996) の統語形態論を参照した理論的な評価と解釈が示された．Booij (1996: 1) によれば，屈折は inherent inflection と contextual inflection に区分され，各々は次のように特徴づけられる

> Inherent inflection is the kind of inflection that is not required by the syntactic context, although it may have syntactic relevance. Examples are the category number for nouns, comparative and superlative degree of the adjective, and tense and aspect for verbs. Other examples of inherent verbal inflection are infinitives and participles. Contextual inflection, on the other hand, is that kind of inflection that is dictated by syntax, such as person and number markers on verbs that agree with subjects and/or objects, agreement markers for adjectives, and structural case markers on nouns.

査読者は，この区分を念頭に，形容詞屈折における範疇の非関与化は，より contextual なものから始まり，より inherent なものへと進んでいったと考え得るのではないかと提案した．格，定性，数の順で非関与化したとすれば，これらを名詞の範疇としてとらえた場合には，確かにより contextual なものからより inherent なものへと非関与化したと解釈できるかもしれない（もっとも，定性は名詞には直接標示されないので，この解釈にも問題は残るかもしれない）．しかし，この理論的な見解について考慮しなければならない点は，本稿で注目しているのは名詞ではなく形容詞の屈折であることだ．いずれの範疇も，本質的 (inherent) には名詞に属する範疇であり，形容詞にとってはいずれも間接的であり統語環境に依存する (contextual) 範疇にすぎない．ただし，理論的に名詞における素性を形容詞へ適用することが許されるとするならば，この条件のもとで，上記の洞察は有意義となるかもしれない．屈折に関する

しかし，上述の 15 世紀の形容詞屈折体系の発展は，あくまで書記言語上に反映されているものであることに留意すべきである．とりわけ 15 世紀後半の写字生の口頭変種においては，形容詞の屈折語尾は無音に帰していたと想定され，したがって書記言語上に反映された発展は，数世代前に口頭言語において生じた発展を近似的に映し出したものである可能性が高い．さらに，この発展と並行して，書記上の -<e> の機能変化あるいは外適応が進行していたことも指摘した．15 世紀の書記言語において綴られた語尾の -<e> は，従来のように文法標識であり続けることをやめ，何らかの文体的な役割，あるいは先行する母音の量を標示するという正書法上の役割を獲得しつつあったと考えられる．-<e> の新旧役割の並存の様式は，写本・刊本によっても異なっており，一言で概括することはできないが，15 世紀中に形容詞屈折が衰退するにつれて，その書記上の実現であった -<e> が別の用途に流用される傾向が生じていたことは確かである．

最後に，形容詞屈折が中英語の末期までにほぼ完全に無となったことによる言語的影響を論じた．具体的には，すでに触れた -<e> の新たな機能の獲得に加え，分析から総合への潮流にさらなる一押しを加えたこと，韻律パターンの変容の一助となった可能性があること，単音節形容詞の語幹母音の固定化，などの点を指摘しながら，形容詞屈折の衰退が近代英語以降の言語体系にいかなる衝撃を与えたか，すなわちその英語史上の意義を考察した．

従来の研究では，形容詞屈折の衰退は，チョーサーなどの個別テキストにおける語尾の分布というように，主として共時的なアプローチが多かったように思われる．本研究では，近年容易に入手可能となってきた電子コーパスを用いることで，通時態を主軸とした，より広範な調査を試行した．英語史上少なからぬ意義をもつこの問題に対し，本調査を通じて新たな角度から貢献することができたのではないかと期待する．

補遺

以下は，The General Prologue の第 7 行を，Solopova（編）の *The General Prologue* on CD-ROM に収録されている写本・刊本（対応行の存在するもののみ）から抜き出したものである．

---

inherent 対 contextual という観点は，形容詞屈折の衰退を総合から分析へという英語史の一般的な傾向のなかに位置づける際の，1 つの理論的な道具立てとなりうるように思われる．

第 1 期 (C15a1)

El	The tendre croppes / and the yonge sonne
Ha[4]	The tendre croppes and þe ȝonge sonne
Hg	The tendre croppes / and the yonge sonne
La	The tendre croppes 7 þe ȝonge sonne .

第 2 期 (C15a2)

Bo[2]	The tendre Croppes and the yong sonne
En[1]	The tendre croppes and' the yonge son
Ii	The tendre croppes and the yong sonne
Lc	The tendir croppis 7 þe yonge sonne
Ps	The tendre croppes and the yong sonne
Pw	The tendre croppis 7 þe yonge sonne
Ry[2]	The tendre croppes 7 the ȝonge sonne

第 3 期 (C15mid)

Mg	The tendre croppes / and the yonge sonne

第 4 期 (C15b1)

Ch	The tendre Croppes . and the yonge sonne
Ds[1]	The tender croppis 7 the yong' sonne
Fi	The tender croppes and þe yonge sonne
Ha[2]	The tendre croppes . 7 the yong sonne .
Ha[3]	The tendre croppys . And þe yownge sonne
Ht	The tendre croppes and the yong' sonne
Ld[1]	The tendre croppes and the yong sonne
Ph[2]	The tendir croppis and the yong Sūne
Py	The tendre croppis . and the yong' sonne
Se	The tendre croppis / 7 the yonge sonne
Tc[1]	The tendre croppis and th yong sonne
To[1]	the tendre Croppis . and the yonge sonne

第 5 期 (C15b2)

Ad[1]	The tendre croppys / and the yong sonne
Bo[1]	The tendir croppis and the yong Sūne .

Cx[1]	The tendir croppis / and' the yong sonne
Cx[2]	The tendyr croppis / and' the yong' sonne
En[3]	The tendre croppis and the yonge sonne
Ld[2]	The tendre croppys and the yong sōne .
Ma	¶ The tenir Croppis . and' þe yonge son
Pn	The tendre croppes and the yong sonne
Tc[2]	The tendre croppes / and the yonge sonne
Wy	The tendre croppys and the yonge sonne

参考文献

Booij, Geert. (1996) "Inherent versus Contextual Inflection and the Split Morphology Hypothesis," *Yearbook of Morphology 1995*, ed. by Geert Booij and Jaap van Marle, 1–16, Kluwer, Dordrecht.

Brengelman, F. H. (1980) "Orthoepists, Printers, and the Rationalization of English Spelling," *Journal of English and Germanic Philology* 79, 332–354.

Burnley, David (1982) "Inflection in Chaucer's Adjectives," *Neuphilologische Mitteilungen* 83, 169–177.

Burnley, David (1983) *The Language of Chaucer*, Macmillan Education, Basingstoke.

Campbell, A. (1959) *Old English Grammar*, Oxford University Press, Oxford.

Caon, Louisella (2002) "Final -*e* and Spelling Habits in the Fifteenth-Century Versions of the *Wife of Bath's Prologue*," *English Studies* 4, 296–310.

Görlach, Manfred (1991) *Introduction to Early Modern English*, Cambridge University Press, Cambridge.

Gould, Stephen Jay and Elizabeth S. Vrba (1982) "Exaptation — A Missing Term in the Science of Form," *Paleobiology* 8.1, 4–15.

Horobin, Simon (2007) *Chaucer's Language*, Palgrave Macmillan, Basingstoke.

Hotta, Ryuichi (2009) *The Development of the Nominal Plural Forms in Early Middle English*, Hituzi Linguistics in English 10, Hituzi Syobo, Tokyo.

Hotta, Ryuichi (2012) "The Levelling of Adjectival Inflection in Early Middle English: A Diachronic and Dialectal Study with the *LAEME* Corpus," *Journal of the Institute of Cultural Science* 73, 255–273.

Hotta, Ryuichi (2014) "The Decreasing Relevance of Number, Case, and Definiteness to Adjectival Inflection in Early Middle English: A Diachronic and Dialectal Study with the LAEME Corpus,"『チョーサーと中世を眺めて』(チョーサー研究会20周年記念論文集), 狩野昇一(編), 273–299, 麻生出版, 東京.

Laing, Margaret and Roger Lass, eds. (2007) *A Linguistic Atlas of Early Middle Eng-*

lish, 1150–1325, University of Edinburgh, Edinburgh, available online at http://www.lel.ed.ac.uk/ihd/laeme1/laeme1.html, accessed on 11 October 2015.

Laing, Margaret and Roger Lass (2015) "Tagging." Chapter 4 of "A Linguistic Atlas of Early Middle English: Introduction," available online at http://www.lel.ed.ac.uk/ihd/laeme1/pdf/Introchap4.pdf, accessed on 11 October 2015.

Lass, Roger (1990) "How to Do Things with Junk: Exaptation in Language Evolution," *Journal of Linguistics* 26, 79–102.

Lass, Roger (1992) "Phonology and Morphology," *The Cambridge History of the English Language*, Vol. II: *1066–1476*, ed. by Norman Blake, 23–154, Cambridge University Press, Cambridge.

Minkova, Donka (1990) "Adjectival Inflexion Relics and Speech Rhythm in Late Middle and Early Modern English," *Papers from the 5th International Conference on English Historical Linguistics, Cambridge, 6–9 April 1987*, ed. by Sylvia Adamson, Vivien Law, Nigel Vincent and Susan Wright, 313–336, John Benjamins, Amsterdam.

Minkova, Donka (1991) *The History of Final Vowels in English: The Sound of Muting*, Mouton de Gruyter, Berlin.

Minkova, Donka (2009) "The Forms of Speech," *A Companion to Medieval English Literature and Culture: c.1350–c.1500*, ed. by Peter Brown, 159–175, Wiley-Blackwell, Malden, MA.

Moore, Samuel (1927) "Loss of Final *n* in Inflectional Syllables of Middle English," *Language* 3, 232–259.

Moore, Samuel (1928) "Earliest Morphological Changes in Middle English," *Language* 4, 238–266.

Mossé, Fernand (1952) *A Handbook of Middle English*, trans. by James A. Walker, Johns Hopkins, Baltimore.

Mustanoja, T. F. (1960) *A Middle English Syntax*, Société Néophilologique, Helsinki.

中尾俊夫 (1985)『音韻史』(英語学大系第11巻), 大修館書店, 東京.

Pearsall, Derek (1999) "The Weak Declension of the Adjective and Its Importance in Chaucerian Metre," *Chaucer in Perspective: Middle English Essays in Honour of Norman Blake*, ed. by Geoffrey Lester, 178–193, Sheffield Academic Press, Sheffield.

Robinson, P., ed. (1996) *The Wife of Bath's Prologue* on CD-ROM, Cambridge University Press, Cambridge.

Salmon, Vivian (1989) "John Rastell and the Normalization of Early Sixteenth-Century Orthography," *Essays on English Language in Honour of Bertil Sundby*, ed. by L. E. Breivik, A. Hille, and S. Johansson, 289–301, Novus, Oslo.

Samuels, M. L. (1972) "Chaucerian Final -E," *Notes and Queries* 217, 445–448.

Scragg, D. G. (1974) *A History of English Spelling*, Manchester University Press,

Manchester.

Solopova, Elizabeth, ed. (2000) *The General Prologue* on CD-ROM, Cambridge University Press, Cambridge.

Topliff, Delores E. (1970) "Analysis of Singular Weak Adjective Inflexion in Chaucer's Works," *Journal of English Linguistics* 4, 78–89.

古英語における他動形容詞の目的語位置について*

柳　朋宏

中部大学

1. はじめに

　古英語の他動形容詞の目的語は，他動詞の目的語と同じように，形容詞に先行することも後続することも可能である．[1] 以下に挙げる (1a) は形容詞 gelice 'like' に目的語 heora yfelum weorcum 'their evil deeds' が先行している例，(1b) は形容詞 lic 'like' に目的語 anre leon hiwe 'a lion form' が後続している例である．例文中，be 動詞は下線で，他動形容詞は太字で，その目的語は斜体字で，それぞれ示すこととする．[2]

(1) a. Witodlice þa arleasan <u>beoð</u> *heora yfelum weorcum* **gelice**.
　　　verily　the wicked　are　their　evil　works　like
　　　'Verily the wicked shall be like their own evil deeds.'
　　　　　　　　　　　　　　　　　　　　　　　　(ÆLS [Christ] 213)
　　b. þæt oðer <u>wæs</u> **lic** *anre leon hiwe*
　　　the other was like a　lion form
　　　'the second was like a Lion's form'　(ÆLS [Mark] 180)

本稿では (1) のような他動形容詞構文に焦点をあて，目的語が統語構造上どの位置に生起できたのかについて，The York-Toronto-Helsinki Parsed Corpus of Old English Prose (Taylor et al. (2003); YCOE) から得られた用例に基づき，論じる．特に法助動詞を含む他動詞構文との比較を通して，主に

---

* 本稿は 2014 年 7 月 14 日-17 日に KU Leuven（ベルギー）で開催された第 18 回国際歴史英語学会議での口頭発表の一部に加筆・修正を加えたものである．コメントをいただいた 2 名の査読者に謝意を表したい．なお，本研究の一部は JSPS 科研費 (16K02784) および中部大学特別研究費 (28IL10A) の助成を受けたものである．

[1] 目的語を伴う形容詞については Kemenade (1987) と Mitchell (1985) も参照．
[2] 本稿では beon/wesan 'be' と weorþan 'become' を合わせて be 動詞と表記する．

次の 2 点を主張する.

(A) 他動形容詞の与格目的語は，他動詞の対格目的語と同様，述部に先行することも後続することも可能である.
(B) 他動形容詞の与格目的語は，他動詞の対格目的語と同様，目的語移動の適用を受け，副詞や談話標識（þa 'then' や nu 'now'）に先行することが可能である.

さて，議論に入る前に本稿で使用した歴史コーパス YCOE と検索ソフト CorpusSearch 2 について述べておこう．YCOE は英国ヨーク大学の Ann Taylor, Anthony Warner, Susan Pintzuk, Frank Beths によって公開された古英語の散文コーパスである.[3] カナダのトロント大学で古英語辞書を作成するために準備された The Dictionary of Old English Corpus の一部に，品詞標識と統語標識を付与したものである．総語数は約 150 万語である．The Helsinki Corpus of English Texts, Diachronic Part にも収録されている作品については，作品の時代区分により o1（850 年以前），o2（850 年-950 年），o3（950 年-1050 年），o4（1050 年-1150 年）という拡張子がファイル名に付けられているが，収録されていない作品には付加されていない.[4]

YCOE は，Anthony Kroch と Ann Taylor によって公開された，中英語の標識付けされたコーパス The Penn-Helsinki Parsed Corpus of Middle English, Second edition (PPCME2) の姉妹コーパスとして編纂された.[5] YCOE は姉妹コーパスである PPCME2, PPCEME, PPCMBE2（注 5 を参照）と合わせて，Beth Randall による CorpusSearch 2 を用いて，品詞標識・

---

[3] 古英語の韻文コーパスは The York-Helsinki Parsed Corpus of Old English Poetry として，Susan Pintzuk と Leendert Plug によって公開されている．YCOE と同じく Oxford Text Archive を通して入手可能である．詳細については次のウェブサイトを参照のこと．
http://www-users.york.ac.uk/~lang18/pcorpus.html

[4] YCOE は Oxford Text Archive を通して入手可能である．YCOE の詳細については次のウェブサイトを参照のこと．
http://www-users.york.ac.uk/~lang22/YCOE/YcoeHome.htm

[5] PPCME2 は 2016 年現在 release 4 が公開されている．
http://www.ling.upenn.edu/hist-corpora/PPCME2-RELEASE-4/index.html
PPCME2 は初期近代英語のコーパス The Penn-Helsinki Parsed Corpus of Early Modern English (PPCEME, release 3) と The Penn-Helsinki Parsed Corpus of Modern British English, Second edition (PPCMBE2, release 1) と合わせてペンシルバニア大学から CD-ROM で購入することができる．
http://www.ling.upenn.edu/hist-corpora/

統語標識を指定した検索が可能である．[6]

2. 古英語における目的語移動

　本節では，古英語における他動詞目的語の移動可能性について論じている Yanagi (2010) の分析を概観する．よく知られているように，現代英語に比べ古英語は比較的自由な語順を許す言語である．たとえば，他動詞の目的語は本動詞に先行することも後続することも可能である．Yanagi (2010) では古英語コーパスである YCOE から得られたデータに基づき，目的語移動の種類について論じている．分析は，主節の助動詞構文において法助動詞と不定詞の間に目的語と副詞が生起している場合に限定している．そのような環境では (2)，(3) の語順が可能である．(2) は「副詞-目的語」語順の，(3) は「目的語-副詞」語順の例である．例文中，法助動詞には下線を付し，他動詞は太字で，目的語は斜体字で，それぞれ示している．また副詞類には枠を付した．

(2)　「副詞-目的語」語順
　a.　Æðeldryð　wolde　ða　*ealle woruld-þincg* **forlætan**
　　　Æthelthryth would then all　world-things　forsake
　　　'Æthelthryth desired to forsake all worldly things'
　　　　　　　　　　　　　　　　　　　　(ÆLS [Æthelthryth] 31)
　b.　We ne　magon　nu　*ealle þa fif bec*　**areccan**:
　　　we NEG may　now all　the five books enumerate
　　　'We cannot now enumerate all the five books'
　　　　　　　　　　　　　　　　　　　　(ÆCHom I 278.79)

(3)　「目的語-副詞」語順
　a.　Þær　mihte　*wundor*　ða　**geseon**, se ðe wære gehende,
　　　there might wonder　then　see　who was at hand
　　　hu se wind and se lig　wunnon him betwinan,
　　　how the wind and the flame strove them between
　　　'Then might he who was at hand see a miracle, how the wind and the flame strove between them;'　　(ÆLS [Martin] 434)

---

[6] CorpusSearch 2 は以下のサイトから無料で入手可能である．
　　http://corpussearch.sourceforge.net/CS.html
使用方法については上記サイトもしくは柳 (2014) を参照．

b. Ic wolde *ðine ðenunge* sylf ☐nu☐ **gearcian**
     I would your refection self now prepare
     'I would now prepare your refection myself' (ÆCHom II 82.36)
     ((2) と (3) は Yanagi (2010: 425-426) からの引用である)

　古英語の目的語移動 (Object Movement) に類似した統語現象はスカンジナビア諸語やドイツ語・オランダ語においても観察されている．スカンジナビア諸語で観察される現象は「目的語転移 (Object Shift)」，ドイツ語やオランダ語で観察される現象は「かき混ぜ (Scrambling)」とそれぞれ呼ばれている．「目的語転移」は名詞や代名詞といった名詞要素にのみ適用される．アイスランド語では (4), (5) のように名詞と代名詞の両方に適用されるが，デンマーク語（そして，スウェーデン語やノルウェー語）では (6) のように代名詞のみが転移の対象となり，(7) が示すように名詞には適用されない．(6) のような代名詞の目的語転移はスカンジナビア諸語においては義務的である（Thráinsson (2001: 150) 参照).[7]

  (4) a. Nemandinn las   *ekki* bókina.
         student-the read   not book-the
      b. Nemandinn las   bókina$_i$ *ekki* t_i
         'The student didn't read the book.'
                              (Icelandic/Thráinsson (2001: 148))
  (5) a. *Nemandinn las   *ekki* hana.
      b. Nemandinn las   hana$_i$ *ekki* t_i
         'The student didn't read it.'   (Icelandic/Thráinsson (2001: 150))
  (6) a. *Studenten læste   *ikke* den.
      b. Studenten læste   den$_i$ *ikke* t_i
         'The student didn't read it.'   (Danish/Thráinsson (2001: 150))
  (7) *Studenten læste bogen$_i$ *ikke* t_i
      student-the read book-the not
      'The student didn't read the book.'
                              (Danish/Thráinsson (2001: 150))

　また目的語転移は動詞が動詞句の外へ移動している場合にのみ適用される操作だと言われている．こうした動詞移動と目的語転移との関連性は一般に

---

　[7] 目的語転移とかき混ぜについては Thráinsson (2001) と Vikner (2006) を参照．

Holmberg の一般化として知られている（Holmberg (1986, 1999) を参照）.

一方，かき混ぜはより自由に適用される操作であり，(8) のように名詞句だけでなく，(9) のように前置詞句のような名詞句以外の構成要素に対しても適用される．(9b) では前置詞句 auf meine Bemerkung 'on my remark' が副詞 kaum 'hardly' を越えて左側に生起している．目的語転移との対比で重要なことは，かき混ぜは本動詞の移動とは無関係に生じる点である．

(8) a. Der Student hat   *nicht* das Buch gelesen.
      the student has   not   the book read
   b. Der Student hat das Buch$_i$ *nicht* t_i gelesen.
     'The student hasn't read the book.'
                                             (German/Thráinsson (2001: 148))

(9) a. … dass Jens kaum auf meine Bemerkung reagierte.
          that John hardly on my remark   reacted
   b. … dass Jens **auf meine Bemerkung**$_i$ kaum t_i reagierte.
          that John on my remark   hardly reacted
                                              (German/Thráinsson (2001: 156))

以上のような言語事実に基づき，古英語で観察される目的語移動は，ドイツ語やオランダ語で観察されるかき混ぜと統語特性を共有していると結論づけられている．(3) の例が示しているように，本動詞が移動しない助動詞構文においても目的語が副詞を越えて移動していることが証拠の1つである．また，目的語移動の着地点が句構造の上位に存在することを主張し，さらに Yanagi (2010) では，Kemenade and Los (2006: 232-233) の議論を援用し，その着地点は「内的話題化領域」として機能することが提案されている．

(10) [Kemenade and Los's] approach entails that Old English morpho-syntax encodes discourse relations. The central claim is that in its clause-internal use *þa/þonne* ['then'] is a focus particle, i.e. <u>a morphosyntactic marker which separates the topic domain of the clause from the focus domain</u>. "Topic" domain is here understood as the portion of the clause that encodes given information, whereas the "focus" domain contains new information.
                  (Kemenade and Los (2006: 232-233)；下線は筆者による)

この分析を発展させ，Yanagi (2015) では古英語において3種類の目的語移動が利用可能であったと提案している．統語的要因による移動，かき混ぜに

よる移動，談話的要因による移動の3つである．統語的目的語移動は，little v に随意的に付与される EPP 素性によって駆動される．これにより二重目的語構文における「間接目的語－直接目的語」語順と「直接目的語－間接目的語」語順の関係を説明することができる．かき混ぜによる移動と談話的要因による移動は，目的語が飛び越える要素によって区別されている．古英語における談話標識 þa 'then' や nu 'now' を越える目的語移動を談話的要因による移動，それ以外の副詞類を越える目的語移動をかき混ぜによる移動と分類している．

3. 古英語における他動形容詞構文

本節では他動形容詞構文における be 動詞，他動形容詞，与格目的語の3要素間の語順を示す．以下で提示する用例は YCOE から収集したものである．(1) の場合と同じく，他動形容詞構文の例については，be 動詞は下線で，他動形容詞は太字で，その与格目的語は斜体字で示している．

はじめに与格目的語が形容詞に先行する語順から始めよう．(11) は be 動詞が与格目的語と形容詞に先行している事例である．

(11) a. Witodlice þa arleasan beoð *heora yfelum weorcum* **gelice**.
    verily the wicked are their evil works like
    'Verily the wicked shall be like their own evil deeds.'

    (ÆLS [Christ] 213)

b. Dionisius þa wearð *his hæsum* **gehyrsum**
    Dionysius then became his commands obedient
    'Dionysius was then obedient to his commands'

    (ÆCHom I 498.42)

古英語の基本語順が主要部後続型であることと古英語が V2 言語であることを考慮すれば，(11) の語順は主節での基本語順を反映したものであると捉えることができる (4.2 節参照).[8] これらの例では主語が文頭に生起し，定形動詞 ((11a) の beoð 'are' や (11b) の wearð 'become') が節中2番目の位置を占めている．これらの例では，形容詞の目的語は基底生成位置を占めており，移

---

[8] 古英語は V2 言語で，定形動詞は節中2番目に生起することが多いが，(11a) のように，witodlice 'truly' のような副詞が文頭に現れたり，(11b) のように þa 'then' が話題要素と定形動詞の間に介在したりすることで，V3 語順となることがある．一般的には witodlice のような副詞は節外要素として，þa や代名詞は接語として分析される．

動していない．
　次に (12) は従属節の例である．従属節では一般に定形動詞が節末に生起することを考慮すれば，(12) の例は従属節での基本語順を反映させたものということになる．

(12) a. Gif heo þære yrmþe **forewittig**   wære: ne   mihte heo
       if they the   misery foreknowing were NEG could they
       mid orsorgum mode. þære gesundfulnysse andwyrdes
       with heedless mind   the prosperity   present
       lifes brucan.
       life enjoy
       'If they had been foreknowing of that misery, they could not with heedless mind have enjoyed the prosperity of the present life.'   (ÆCHom I 412.72)
   b. Ic lærde hlafordas þæt hi   heora ðeowum **liþ**   wæron
       I taught masters that they their servants kind were
       'I taught masters to be kind to their servants'
                                              (ÆCHom I 396.217)

(11) と (12) では形容詞とその目的語が隣接しているが，(13) のように目的語が形容詞から分離している事例も観察される．

(13) a. *Þysum weorce* wæs sum oþer **gelic**
       this   work   was some other like
       'Another work was like this one'   (ÆLS [Martin] 474)
   b. *Eallum godum mannum* he wæs **lufiendlic**.
       all   good men   he was kind
       unrihtwisum and synfullum egeslic;
       unrighteous and sinful   terrible
       'To all good men he was kind, to the unrighteous and sinful terrible'   (ÆCHom II 197.254)

(13a) では þysum weorce 'this work' が，(13b) では eallum godum mannum 'all good men' が，それぞれ話題化要素として文頭に生起している．
　次に与格目的語が形容詞の右側に生起する語順を取り上げる．(14) は be 動詞が形容詞と与格目的語に先行している事例である．

(14) a. Þær beoð **cuðe**   ure ealra dæda *eallum þam werodum*
      there are known our all deeds all the people
      'There shall all our deeds be known to all that company'
      (ÆLS [Ash-Wed] 171)

   b. Heofenan rice   is **gelic** *sumum cyninge* þe worhte
      heaven's kingdom is like some king   who made
      his suna gifte.
      his son marriage
      'The kingdom of heaven is like unto a certain king who made a marriage for his son.' (ÆCHom I 476.5)

(14) では，形容詞句が主要部後続型であることを考慮すれば，目的語が右方移動していると考えられる．特に (14b) では与格目的語 sumum cyninge 'some king' に関係節 þe worhte his suna gifte 'who made a marriage for his son' が付随しており，目的語が「重く」なっていることが語順に影響していると考えられる．

(15) は be 動詞が形容詞と与格目的語の間に介在している例である．

(15) a. **Genoh** wære *þam wædlan* his untrumnyss þeah ðe he
      enough were the beggar his infirmity   though he
      wiste hæfde:
      food had
      'For the beggar his infirmity had been enough, though he had had food' (ÆCHom I 367.55)

   b. Ne wiðcweðe ic Drihten to deorfenne gyt. gif ic **nydbehefe**
      NEG refuse I Lord   to labour   yet if I needful
      eom gyt *þinum folce*.
      am yet thy people
      'I refuse not, Lord, still to labour, if I am yet needful to thy people' (ÆCHom II 296.293)

(15a) では形容詞 genoh 'enough' が節の最初に生起している．古英語は V2 言語であるので，形容詞が話題化されていると捉えることができる．(15b) は従属節の例で目的語 þinum folce 'thy people' が節末に生起している．(14b) の場合と同様に，形容詞句が主要部後続型であるとすると，(15b) の目的語は形容詞 nydbehefe 'needful' の補部位置から右方向に移動したことになる．こ

の目的語が右方移動していることは副詞 gyt 'yet' が be 動詞と節末にある目的語の間に介在していることからも確認することができる.

　他動形容詞とその目的語の分布をまとめると，他動形容詞構文では目的語は形容詞に先行することも後続することも可能であったことになる．こうした語順の多様性は他動詞構文の目的語と副詞の語順においても観察されるものである．また (13) のように与格目的語が話題化されることもあった．目的語に付与される格の違いは目的語の分布に影響しないと結論づけることができる.

4. 形容詞構文における目的語移動について

4.1. 目的語と副詞の語順

　本節では，YCOE から得られた言語事実に基づき，他動形容詞構文における目的語移動の可能性について論じる．(2), (3) で示した助動詞構文と統語環境を合わせるため，be 動詞と他動形容詞の間に与格目的語と副詞が生起している事例のみを分析対象とし，目的語が名詞の場合と代名詞の場合とに分けて概観する.

　まず名詞が副詞に先行している「名詞目的語-副詞」語順の事例から始めよう．この種の例は全体で 5 例観察された．ただし 2 組が同じ内容の例であることから稀な語順であると言える．実際の例を (16) に挙げる.

(16) a. þonne wyrð *þysse þeode* sona God **milde**
   then became these people soon God merciful
   'then God became soon merciful to these people'
   　　　　　　　　　　　　　(LawVAtr:26.66 / LawVIAtr:30.78)

  b. and þæt hi beon *heora worldhlafordum* eac
   and that they should be their earthly masters also
   holde and getrywe
   kind and faithful
   'and that they should also be kind and faithful to their earthly masters'　(WCan 1.1.1 [Fowler]:1.3 / WCan 1.1.2 [Fowler]:1.2)

(16a) では目的語 þysse þeode 'these people' が副詞 sona 'soon' に先行している．同様に (16b) においても目的語 heora worldhlafordum 'their earthly masters' が副詞 eac 'also' に先行している．さらに，(16b) については，同一文中に逆の語順である「副詞-名詞目的語」語順の例も含まれていた．(17) がその部分である.

(17) and þæt hig ealle beon ⟨a⟩ *heora ealdre*
and that they all should be always their elderly
holde and gehyrsume
kind and obedient
'and that they all should be always kind and obedient to their elderly' (WCan 1.1.1 [Fowler]:1.3 / WCan 1.1.2 [Fowler]:1.2)

上記 (17) と同じ語順の例を (18) に掲載する．(18) のどちらの例においても副詞 þa 'then' が名詞 ((18a) の leon 'lion' と (18b) の deofle 'devil') に先行する語順となっている．このような「副詞－名詞目的語」語順は全体で 29 例見つかった．

(18) a. He wearð ⟨þa⟩ *leon* **gelic** on his gewinnum and dædum
he became then lion like in his strifes and deeds
'He became then like a lion in his strifes and deeds'
(ÆLS [Maccabees] 282)
b. He wearð ⟨þa⟩ *deofle* **gehyrsum**. 7 Gode ungehyrsum.
he became then devil obedient and God disobedient
'Then was he to the devil obedient, and to God disobedient'
(ÆCHom I 184.157)

次に目的語が代名詞の場合をみてみよう．与格代名詞が形容詞の前位置に現れる頻度は与格名詞の場合より少し高めである．「代名詞目的語－副詞」語順の例は 17 例あり，(19) はそのうちの 2 例である．

(19) a. God wearð *him* ⟨þa⟩ **yrre** for yfelum dædum
God became them then angry for evil deeds
'God then became angry at them for their evil deeds' (Judg 3.8)
b. Hwæt ys *me* ⟨gyt⟩ **wana**?
what is me yet lacking
'What is yet lacking to me?' (Mt [WSCp] 19.20)

一方，逆の語順である「副詞－代名詞目的語」語順は 5 例であった．

(20) wearð ⟨þa⟩ *him* **gram**
became then him angry
'then became angry at him' (ÆLS [Cecilia] 27)

ここまでの他動形容詞と与格目的語の分布をまとめたものが表1である．この表から明らかなように，与格名詞は副詞に後続する傾向にあり，与格代名詞は副詞に先行する傾向にある．

表1：他動形容詞の目的語と副詞の語順

	副詞-目的語	目的語-副詞	合計
名詞	29 (85.3%)	5 (14.7%)	34 (100.0%)
代名詞	5 (22.7%)	17 (77.3%)	22 (100.0%)
合計	34 (60.8%)	22 (39.2%)	56 (100.0%)

また，それぞれの語順で用いられている副詞を抜き出したものが(21)と(22)である．名詞・代名詞の区別を無視すれば，目的語が副詞に先行する場合と後続する場合のいずれにも用いられる副詞は限られている．þa/þonne 'then', nu 'now', eac 'also', gyt 'yet', sona 'soon' がその類である．この内 sona 'soon' 以外の副詞は，助動詞構文においても，「目的語-副詞」語順と「副詞-目的語」語順のいずれにも現れる副詞と一致している(cf. Yanagi (2010: 429-431))．Kemenade and Los (2006) と Yanagi (2010) にしたがい，þa/þonne 'then', nu 'now', eac 'also' を談話標識として分類する．

(21) a. 「名詞目的語-副詞」語順で用いられる副詞
    eac 'also', sona 'soon', feorran 'from far'
  b. 「副詞-名詞目的語」語順で用いられる副詞
    þa/þonne 'then', nu 'now', eac 'also', gyt 'yet', sona 'soon', þeah 'yet, however' ...
(22) a. 「代名詞目的語-副詞」語順で用いられる副詞
    þa/þonne 'then', nu 'now', eac 'also', gyt 'yet', sona 'soon', eft 'often', næfre 'never' ...
  b. 「副詞-代名詞目的語」語順で用いられる副詞
    þa 'then', ær 'before', na 'no', wundorlice 'wonderfully'

他動形容詞構文と助動詞構文における目的語の移動可能性を比較するため，助動詞構文における目的語と副詞の分布を表2として掲載する．[9]

---

[9] この分布は YCOE 全体ではなく Ælfric による3作品(『説教集』第1集・第2集と『聖人列伝』)におけるものである．

表2：助動詞構文における目的語と副詞の語順（Yanagi (2010: 342)）

	副詞-目的語	目的語-副詞	合計
名詞	28 (68.3%)	13 (31.7%)	41 (100.0%)
代名詞	9 (47.4%)	10 (52.6%)	19 (100.0%)
合計	37 (61.7%)	23 (38.3%)	60 (100.0%)

表1と表2を比較すると目的語移動に関して以下のことがわかる．他動形容詞構文における名詞目的語の副詞を越えての移動は助動詞構文の場合に比べて頻度が低い．一方，目的語が代名詞の場合は，助動詞構文における目的語移動は他動形容詞構文における目的語移動よりも頻度が低い．

4.2. 分析

本節では他動形容詞構文における目的語移動がどのように派生されるかについて論じる．まず他動詞と他動形容詞の述部構造について考察する．他動詞の目的語には対格が付与されるのに対し，他動形容詞の目的語には与格が付与される．[10] 生成文法による一般的な格の分類では，対格は構造格，与格は内在格に分類される．このことを考慮するとそれぞれの述部構造は概略（23）のようになる．

(23) a. 他動詞句構造（構造格）
 [$_{vP}$ Subj [$_{v'}$ v [$_{VP}$ V Obj]]] （語順不問）

---

[10] 本稿では与格目的語を選択する他動形容詞のみを取り上げているが，属格目的語を選択する他動形容詞も存在する．
 (i) a. heora net **full** *fixa*
  their net full fishes.GEN
  'their net full of fish' (ÆHom 15:147.2213/Ringe and Taylor (2014: 456))
 b. nan oðer fioh þæs *hlisan* **wyrðe**
  no other price the.GEN fame.GEN worthy
  'no other price worthy of the fame'
   (Bo 39.133.27.2653/Ringe and Taylor (2014: 456))
 c. þa **wædlan** stowe *wætres*
  the.ACC lacking.ACC place.ACC water.GEN
  'the place lacking water' (Alex 33.9.424/Ringe and Taylor (2014: 456))
(i) の例文中，他動形容詞は太字で，属格目的語は斜字体で示している．属格目的語も与格目的語同様，(ia) のように形容詞に後続することも，(ib) のように形容詞に先行することも可能である．また (ic) のように分離することもある．ただし本文で論じている他動形容詞とは異なり，(i) の他動形容詞は名詞修飾の形容詞である．

b. 他動形容詞句構造（内在格）
[$_{AP}$ Subj [$_{A'}$ A Obj]]（語順不問）

(23a) の他動詞句構造では目的語は機能範疇である little v から対格を構造的に付与されるのに対し，(23b) の他動形容詞句構造では目的語は語彙範疇である A との併合により，θ役割と同時に与格が付与される．

また Chomsky (2008) の分析では，EPP 素性は随意的に機能範疇 (T, C, v) に付与され，その指定部への移動を引き起こす．仮に little v に EPP 素性が付与されれば，目的語が little v の外側の指定部へと移動することになる．これとは対照的に他動形容詞句構造には他動詞句構造の little v に対応する機能範疇が存在しない．Chomsky (2008) の提案に従い，EPP 素性は機能範疇にのみ随意的に付与されるとすれば，他動形容詞句構造では述語内で目的語の移動を引き起こす EPP 素性は存在しないことになる．

次に他動詞構文と他動形容詞構文における句構造について考察する．古英語において法助動詞を含む構造は概略 (24) のようになる．[11] 本稿では CP は主要部先行型，TP, VP, vP, AP は主要部後続型であると仮定する．[12]

(24) [$_{CP}$ XP modal [$_{TP}$ Subj [$_{VP}$ [$_{vP}$ [$_{VP}$ Obj V$_{inf}$] v] t_{modal}] T]]

(24) で重要な点は，語彙動詞が VP-shell 構造をしている点とその上位にさらに法助動詞を主要部とする VP が投射している点である．これに対して他動形容詞構文の構造は概略 (25) のようになる．

(25) [$_{CP}$ XP be [$_{TP}$ Subj [$_{VP}$ [$_{AP}$ Obj A]] t_{be}] T]]

さらに副詞や談話標識が生起する機能範疇を仮定する．Yanagi (2015) で提案されているように，副詞 (Adv) は TP の下位に投射する FP の指定部に，談話標識 (discourse marker; DM) は下位の CP の主要部に，それぞれ生起するものとする．

(26) [$_{CP}$ XP V [$_{CP}$ DM [$_{TP}$ Subj [$_{FP}$ Adv [$_{VP}$ Obj V]] T]]]

以上のことを踏まえると (2a) の文（(27) として再掲）は (28) の構造とな

---

[11] (24), (25) の構造で modal は法助動詞を，XP は話題要素を表している．
[12] 古英語の句構造については，Kemenade (1987), Pintzuk (1999), Fischer et al. (2000) なども参照．

る。[13]

(27) Æðeldryð wolde ð̄a *ealle woruld-þincg* **forlætan**
   Æthelthryth would then all   world-things   forsake
   'Æthelthryth desired to forsake all worldly things'

   (ÆLS [Æthelthryth] 31)

(28) [CP Æðeldryð wolde [CP ð̄a [TP [VP
         [VP [Obj *ealle woruld-þincg*] **forlætan**] t_{modal} t_{modal}]]]

(28) では目的語 ealle woruld-þincg 'all worldly things' は基底生成位置にとどまったままである．

一方目的語が移動している (3a) の文 ((29) として再掲) の派生構造は (30) のようになる．

(29) Þær mihte *wundor* ð̄a **geseon**, se ðe wære gehende,
   there might wonder then see   who was   at hand
   hu se wind and se lig   wunnon him betwinan,
   how the wind and the flame strove them between
   'Then might he who was at hand see a miracle, how the wind and the flame strove between them;'   (ÆLS [Martin] 434)

(30) [CP Þær mihte [CP *wundor* ð̄a [TP

      [VP [VP t_{Obj} **geseon**] t_{modal}] t_{modal}]]]

(28) の場合とは異なり，(30) では目的語 wundor 'wonder' は動詞句内から，副詞 ð̄a 'then' を主要部とする投射の指定部位置に移動している．この移動は談話的要因による移動である．[14]

このような談話的要因による目的語移動が助動詞構文において観察される一方で，他動形容詞構文ではそのような移動はほとんど観察されなかった．談話標識は生起しているが名詞目的語は移動していない (17a) の例 ((31) として再掲) の構造を (32) に示す．

---

[13] 以下の構造では議論に直接関わらない部分は省略している．
[14] þa 'then' の談話機能については Kemenade and Los (2006) を参照のこと．

(31) He wearð þa *leon gelic* on his gewinnum and dædum
　　　he became then lion like　in his strifes　　and deeds
　　　'He became then like a lion in his strifes and deeds'

(ÆLS [Maccabees] 282)

(32) [CP He wearð [CP þa [TP [VP [AP *leon* **gelic**
　　　[PP on his gewinnum and dædum]] t_V]] t_V]]

(32) の構造では目的語 leon 'lion' は基底生成位置を占めている.

　他動形容詞構文においては，名詞目的語が談話的要因では移動する可能性が低いのとは対照的に，他動形容詞構文においても代名詞目的語は談話標識に先行することが可能である．(18) の例 ((33) として再掲) は (34) の派生をたどることになる．

(33) God wearð *him* þa **yrre** for yfelum dædum
　　　God became them then angry for evil　 deeds
　　　'God then became angry at them for their evil deeds'　(Judg 3.8)

(34) [CP God wearð [CP *him*-þa [TP

　　　　　[VP [AP t_{Obj} **yrre** for yfelum dædum] t_V] t_V]]]

(30) の名詞目的語の移動の場合とは異なり，古英語の代名詞目的語は接語特性を有しているため，指定部ではなく主要部に付加される．

　一方，目的語が副詞を越えて移動している例も存在する．(15a) の例 ((35) として再掲) は (36) の派生構造を持つことになる．

(35) þonne wyrð *þysse þeode* sona God **milde**
　　　then　 became these people soon God merciful
　　　'then God became soon merciful to these people'

(LawVAtr:26.66 / LawVIAtr:30.78)

(36) [CP þonne wyrð [TP [FP *þysse þeode* sona [VP

　　　　　[AP God [A' t_{Obj} **milde**]] t_V]] t_V]]

(36) の構造では，副詞 sona 'soon' は TP より下位の機能範疇の主要部とし

て生起している.[15]

4.3. Kemenade and Milićev (2012)

さて ða/ðonne 'then' を含む (30) や (32) のような統語構造に関連して, Kemenade and Milićev (2012) の分析を概観しておこう.[16] 彼女らは Nilsen (2003) の ΣP 分析に基づいた分析を提案している. ΣP は「話題性 (topic-hood)」に関連した機能範疇である. ただし, Kemenade and Milićev では Nilsen とは異なり, 全ての話題関連要素が Σ に牽引されると提案している.

また Kemenade and Milićev では ða/ðonne 'then' を談話演算子 (dicourse operator) と分析し,「話題／前提 (topic/presupposition)」領域と「焦点／新情報 (focus/new information)」領域を分離する要素であると提案している. このような構造形を構築するために 2 種類の派生の可能性があると論じており, 派生後の構造形を示したものが (37) と (38) である.

(37)　[$_{FPTP}$　[ΣP]　focus prt　[FOCUS　[t$_{ΣP}$　[$_{VP}$ ...
　　　　　　　　　　　　　　　　　　　(Kemenade and Milićev (2012: 244))

(38)　[$_{WP}$　[ΣP]　fpt　[$_{FPTP}$　FOCUS　t$_{fpt}$　[t$_{FOCUS}$　[t$_{ΣP}$　[$_{VP}$ ...
　　　　　　　　　　　　　　　　　　　(Kemenade and Milićev (2012: 244))

(37), (38) における FPTP は焦点化詞 (focus particle) を主要部とする投射であり, 主要部は (37) では focus prt が, (38) では fpt の痕跡が占めている. Nilsen (2003) の分析に基づく (38) の構造では, bare 'just, only' のような焦点化詞は焦点要素 (FOCUS) をその指定部に牽引すると論じている.

(37) と (38) とでは派生方法は異なるものの, 最終的な表示として「話題要素-ða/ðonne-焦点」という構造形が得られる点は共通している. (37) における FPTP あるいは (38) の WP は (30)/(32) の構造における下位の CP に相当するものと考えられる. Nilsen-Kemenade/Milićev の分析では話題要素が一旦 ΣP の指定部に移動した後, ΣP 全体がさらに別の機能範疇の指定部に移動するという複雑な派生を仮定している. 本論での分析と彼らの分析との比較や妥当性の検討については今後の研究課題としたいが, (38) の統語構造における FPTP は (36) の統語構造における FP の 1 つの可能性として捉えることができるかもしれない.

---

[15] この機能範疇の特徴づけについては今後の課題としたい.
[16] この文献は査読者の 1 人から紹介していただいた.

5. 結語

　本稿では古英語の他動形容詞構文に焦点をあて，他動形容詞の与格目的語は，他動詞の対格目的語と同じように，述語に先行することも後続することも可能であること，話題化の適用を受けることを示した．

　また助動詞構文における対格目的語の移動と同じように，他動形容詞構文に生起する与格目的語も移動可能であることを示した．Yanagi (2015) の分析を適用し，他動形容詞構文においても，副詞に先行するかき混ぜによる目的語移動と þa 'then' や nu 'now' のような談話標識に先行する談話的要因による目的語移動が適用されると主張した．このことからかき混ぜによる目的語移動と談話的要因による目的語移動には格の違いは関与しないことになる．

　他動形容詞の与格目的語が副詞に先行することや談話標識に先行することは可能であることは示したが，それぞれの移動を引き起こす具体的な駆動要因や，かき混ぜによる目的語移動と談話的要因による目的語移動を区別する特性については今後の課題としたい．

参考文献

Chomsky, Noam (2008) "On Phases," *Foundational Issues in Linguistic Theory: Essays in Honor of Jean-Roger Vergnaud*, ed. by Robert Freidin, Carlos P. Otero and Maria Luisa Zubizarreta, 133-166, MIT Press, Cambridge, MA.

Fischer, Olga, Ans van Kemenade, Willem Koopman and Wim van der Wurff (2000) *The Syntax of Early English*, Cambridge University Press, Cambridge.

Holmberg, Anders (1986) *Word Order and Syntactic Features in Scandinavian Languages and English*, Doctoral dissertation, University of Stockholm.

Holmberg, Anders (1999) "Remarks on Holmberg's Generalization," *Studia Linguistica* 53, 1-39.

Kemenade, Ans van (1987) *Syntactic Case and Morphological Case in the History of English*, Foris, Dordrecht.

Kemenade, Ans van and Bettelou Los (2006) "Discourse Adverbs and Clausal Syntax in Old and Middle English," *The Handbook of the History of English*, ed. by Ans van Kemenade and Bettelou Los, 224-248, Blackwell, Malden.

Kemenade, Ans van and Tanja Milićev (2012) "Syntax and Discourse in Old and Middle English Word Order," *Grammatical Change: Origins, Nature, Outcomes*, ed. by Dianne Jonas, John Whitman and Andrew Garrett, 239-255, Oxford University Press, Oxford.

Mitchell, Bruce (1985) *Old English Syntax*, 2 vols., Clarendon Press, Oxford.

Nilsen, Øystein (2003) *Eliminating Positions: Syntax and Semantics of Sentence Modification*, LOT, Utrecht.

Pintzuk, Susan (1999) *Phrase Structures in Competition: Variation and Change in Old English Word Order*, Garland, New York.

Ringe, Don and Ann Taylor (2014) *The Development of Old English*, Oxford University Press.

Taylor, Ann, Anthony Warner, Susan Pintzuk and Frank Beths (2003) The York-Toronto-Helsinki Parsed Corpus of Old English Prose. University of York, York. [YCOE]

Thráinsson, Höskuldur (2001) "Object Shift and Scrambling," *The Handbook of Contemporary Syntactic Theory*, ed. by Mark Baltin and Chris Collins, 148–202, Blackwell, Malden.

Vikner, Sten (2006) "Object Shift," *The Blackwell Companion to Syntax*, Vol. III, ed. by Martin Everaert and Henk van Riemsdijk, 392–436, Blackwell, Malden.

Yanagi, Tomohiro (2010) "Object Movement and Adverb Placement in Old English," *Synchronic and Diachronic Approaches to the Study of Language*, ed. by Nakano Hirozo et al., 425–438, Eichosha Phoenix, Tokyo.

柳朋宏（2014）『コーパスの窓から探る英語の歴史』三恵社，名古屋．

Yanagi, Tomohiro (2015) "Three Types of Object Movement in Old English," ms., Chubu University.

英語における名詞用法形容詞の発達史*

山村　崇斗
筑波大学

1. 序

現代英語では，定冠詞 the と形容詞が主要部名詞を欠きながらも，名詞句として機能する (1) のような名詞用法の形容詞が観察される．

(1) The gap between **the rich** and **the poor** keeps widening,
(http://www.bbc.com/news/business-32824770)

本稿では，(1) のような名詞用法の形容詞を Kester (1996) に倣い，HUMAN 構文 (HUMAN construction) と呼ぶ．HUMAN 構文はその名の通り，形容詞の表す特性を持つ複数の人を指す表現であり，総称的な解釈を持つ複数名詞として用いられる特異性を持つ．[1]

Kester (1996) は，HUMAN 構文を (2) のように分析している．

(2) [the poor **pro**$^{[+human, +generic, +plural]}$]　　　　(cf. Kester (1996: 59ff.))

(2) において，形容詞 poor は空名詞 pro を前置修飾しており，この空名詞は [+human, +generic, +plural] の素性が指定されている．

現代英語では，名詞用法の形容詞は，(1) のような HUMAN 構文に限定されているため，(2) のように，ある特定の値を指定された空名詞 pro のみが利用されていると考えられるが，古英語や中英語では，複数の人以外を指す事例

---

* 本稿は，言語変化・変異研究ユニット主催の第二回ワークショップ「コーパスから分かる言語の可変性と普遍性」での発表を基にしている．また，本研究は JSPS 科研費 (26770133) の助成を受けたものである．
[1] 名詞用法形容詞には，(i) のように抽象概念を表す単数表現として用いられるものがあるが，本稿では取り扱わないこととする．
　　(i)　She's interested in **the supernatural**.　　　　　　　(Swan (2005: 14))

が観察され,現代英語よりも広い文脈で用いられると言われてきた (Mossé (1952: 91), Lightfoot (1979: 178), Mitchell (1985: 63ff.), Fischer (1992: 222ff.), Rissanen (1999: 199ff.), Fischer (2000: 176)). すなわち,古英語や中英語では,名詞用法形容詞は (2) のような構造や空名詞 pro 以外のものによって構成されていたことが考えられる.さらに興味深いことに,Swan (2005) は (3) のように,現代英語の HUMAN 構文には所有の標識 -'s が付着しないと述べている.

(3)　Note that [*the* + adjective] cannot be used with a possessive *'s*.
*the problems of **the poor*** OR ***poor people's*** *problems*
(NOT ~~*the poor's problems*~~) (Swan (2005: 13))

「貧しい人々の問題」という意味を表すとき,the poor's という形式はふさわしくなく,poor people's problems のように,people などの顕在的名詞を用いなければならない,というのである.しかし,(4) のような例を許す英語母語話者がいることも事実である.(4) は,BNC コーパスからの事例だが,ここで the poor's isolation や the poor's income のように,名詞用法形容詞が所有標識 -'s との共起が見られる.

(4)　a.　It is not because of ***the poor's*** isolation from the modern sector that they remain poor, ... (BNC, Academic)
　　b.　A system that had been designed to exclude ***the poor's*** income from the payment of tax, ... (BNC, Academic)
　　c.　***The poor's*** entitlement to relief depended upon their having a settlement in the parish. (BNC, Non-academic)

本稿では,1) 古英語や中英語の名詞用法形容詞,特に HUMAN 構文の内部構造を明らかにし,そして 2) 現代英語で見られる (4) のような事例が HUMAN 構文の内部構造について何を示唆するかを考察する.

2. 古英語,中英語の HUMAN 構文

本節では,古英語と中英語の HUMAN 構文の実例を挙げ,その内部構造について考察するが,HUMAN 構文の事例を観察する前に,古英語と中英語の形容詞の屈折語尾について概観することにする.

古英語の形容詞は被修飾語である名詞の性・数・格に応じて語尾変化する.また強変化と弱変化の 2 種類の変化があり,当該の名詞句の定性によって,

どちらの変化をするかが決定された．すなわち，指示詞を伴わない名詞句内では強変化し，指示詞を伴う場合は弱変化する．古英語の形容詞の屈折パラダイムは，以下の表1のようにまとめられる．

表1　古英語の形容詞屈折パラダイム

		弱変化			強変化		
		男性	中性	女性	男性	中性	女性
単数	主格	-a	-e	-e		-φ	
	属格		-an		-es	-es	-re
	対格	-an	-e	-an	-ne	-φ	-e
	与格		-an		-um	-um	-re
	具格				-e	-e	-re
複数	主格		-an		-e	-φ	a-a
	対格						
	属格		-ena		-ra	-ra	-a
			-ra				
	与格		-um			-um	
	具格						

多様な古英語の形容詞屈折は，後期古英語では衰退し始め，数の区別のみになり，その結果，中英語の形容詞屈折は表2のようになった．

表2　中英語の形容詞の屈折パラダイム

	弱変化	強変化
単数	-e	-φ
複数	-e	-e

HUMAN 構文自体は，現代英語に限ったものではない．例えば，(5) にあるように (現代) オランダ語でも観察される．オランダ語の HUMAN 構文では，定冠詞と必ずしも共起する必要はなく，オランダ語の形容詞も単数と複数の区別を屈折語尾で表すので，HUMAN 構文が単数表現としても用いられる点で，現代英語のそれとは異なる性質を示す．

(5) HUMAN *pro* (Dutch)
    a. [Rijken **pro**] worden alleen maar rijker.
        rich　　　　become only　richer
       'The rich only become richer.'

b. [Een zieke **pro**] heeft recht op een goed verzorging.
     a   sick   has   right to a   good care
     'A sick person has a right to good care.'
  c. Ik zag [twee blinden **pro**] de straat oversteken.
     I saw two blind   the street cross
     'I saw two blind people cross the street.' (cf. Kester (1996: 62))

1節で述べたとおり，古英語でも HUMAN 構文が観察される．また，表1で見た通り，古英語でも形容詞は屈折によって数の区別をするため，古英語の HUMAN 構文も複数表現としてだけでなく，単数表現としても用いられたとしても不思議ではない．

以上の点を踏まえて，古英語の電子コーパス York-Toronto-Helsinki Parsed Corpus of Old English Prose（YCOE）からの実例によって，古英語の HUMAN 構文の振る舞いを観察したい．(6) では，4つの HUMAN 構文が見られる．いずれも複数対格の屈折語尾を持っており，blinde, healte, deofol-seoce は指示詞を伴わず強変化を，deadan は指示詞 ða を伴い，弱変化を示している．[2]

(6) Þær-to-geanes gehælde Petrus **blinde**, and **healte**, and **deofol-seoce**, and **ða deadan** arærde, ...
                    (cocathom1,ÆCHom_I,_26:394.168.5100-5101)
    'On the other hand Peter healed the blind, and the halt, and the possessed of devils, and raised up the dead, ...'
                                                  (Thorpe (1844: 376-377))

いずれの事例も主要部名詞を欠いているが，blinde, healte, deofol-seoce は動詞 gehælde 'healed', ða deadan は動詞 arærde 'raised up' の目的語として機能している．また (7) が示すように，このような名詞用法形容詞が単数屈折の語尾をもって現れる場合も見られる．(7a) は指示詞を伴わないため，強変化形で，(7b) は指示詞 se を伴うため，弱変化形で現れている．

(7) a. Þonne ðu **nacodne** geseo, scryd hine, ...
                      (cocathom1,ÆCHom_I,_11:273.208.2161)
       'When you see a naked man, clothe him, ...'
                                                  (Thorpe (1844: 180-181))

---

[2] 以下，史的英語の事例には当該コーパスにおける ID 番号を，現代語訳に関しては，特に参考にした資料がある場合には，その文献情報を付す．

b. Æfter ðisum aras **se dead**, …

(cocathom2,ÆCHom_II,_23:203.123.4503)

'After this, the dead man arose, …'　(Thorpe (1846: 356-357))

このように，古英語では形容詞が主要部となる名詞を持たずに，名詞句を成す事例が見られる．中英語でも同様の事例として，(8) のような例が観察される．これらの例は中英語の電子コーパス The Penn-Helsinki Parsed Corpus of Middle English, Second edition (PPCME2) からのものである．

(8) a. Angeles schulle gon and departe **þe wickede** fro þe goode,
'Angels shall go and separate the wicked from the good'
(CMAELR3,57.973)

b. þe fayrnesse of alle mankynde, hpe of al þe wordle, ioye of heuene, refut of wrecchen, solas of þo þat beþ in sorwe, cumfort of **pouere**, … (CMAELR3,35.264)
'honour of all mankind, hope of the world, glory of heaven, refuge of the wretched, comfort of the afflicted, consolation of the poor'　(Pezzini (2008: 245))

一見すると，名詞と同じように性・数・格に応じて屈折を示すため，これら古英語や中英語の HUMAN 構文で見られる形容詞そのものが名詞として機能しているように考えられるかもしれない．しかし，以下の古英語の名詞の屈折パラダイム（表3）に注目されたい．

表3　古英語の名詞の屈折パラダイム

数	格	弱変化名詞			強変化名詞		
		男性	中性	女性	男性	中性	女性
単数	主格	-a	-e	-e	-φ		
	対格	-an	-e	-an			
	与格	-an				-e	
	属格				-es	-es	-e
複数	主格	-an			-as	-φ	-a
	対格				-as	-φ	-a
	与格	-um			-um		
	属格	-ena			-a	-a	-a

実際のところ，弱変化名詞と形容詞の弱変化屈折は全く同じ屈折パラダイムを

共有しているため，形容詞が屈折する古英語や中英語においては，HUMAN 構文の形容詞は，形容詞派生名詞（deadjectival noun）であると分析可能かもしれない．しかし，本稿では (7a) や (9) の形容詞の強変化屈折の事例から，古英語の HUMAN 構文に含まれる形容詞は，形容詞として本来の役割を果たしており，Kester (1996) が主張する (2) のような空範疇を含む構造を持つと考える．

(9) micel menigu **geleaffulra** him eac to geðeodde
  'a great multitude of believers also joined to him'
    (cocathom1,ÆCHom_I,_4:208.74.697 / Thorpe (1844: 62-63))

(7a) の nacodne や (9) の geleaffulra はそれぞれ，単数対格 (-ne) と複数属格 (-ra) の語尾をもち，これらの屈折語尾は名詞には現れないものである．[3]

中英語では，名詞の屈折も衰退し，最終的に表4のようになった．

表4　中英語の名詞の屈折パラダイム

	主格，目的格	属格
単数	-ϕ	-es
複数	-es	-es

中英語では名詞は形容詞と屈折語尾を共有しておらず，(8) は表2の形容詞の屈折パラダイムに従っているため，中英語でも古英語と同じように HUMAN 構文において形容詞は形容詞としての本来の役割を果たしていると考えられる．

これらのことから，(2) の空名詞 pro を援用し，(8) や (9) に挙げた古英語や中英語の HUMAN 構文は，(10a-d) の構造で分析される．また現代英語の (2) の事例も，(11) のような構造を持つと考えられる．

(10) a. [$_{DP}$ ða.PL.NOM [$_{NP}$ deadan.PL.NOM [$_{N'}$ *pro*$^{[+human, +plural]}$]]]
  b. [$_{DP}$ se.SG.NOM [$_{NP}$ dead.SG.NOM [$_{N'}$ *pro*$^{[+human, -plural]}$]]]
  c. [$_{DP}$ ϕ [$_{NP}$ blinde.PL.NOM [$_{N'}$ *pro*$^{[+human, +plural]}$]]]
  d. [$_{DP}$ ϕ [$_{NP}$ nacodene.SG.ACC [$_{N'}$ *pro*$^{[+human, -plural]}$]]]
(11) [$_{DP}$ the [$_{NP}$ poor [$_{N'}$ *pro*$^{[+human, +plural, +generic]}$]]]

---

[3] 古英語にも (i) のような形容詞からのゼロ派生名詞はあるが，これらは，女性強変化名詞であり，抽象名詞として機能するため，人を表す HUMAN 構文とは異なる．
  (i) *bieldu* 'boldness', *birhtu* brightness', *cieldu* 'cold'　(cf. Kastovsky (1992: 394))

現代英語の場合と同様に，空名詞 pro は [+human] 素性を指定されている．
しかし，現代英語とは異なり，形容詞の屈折語尾によって数が区別されるた
め，空名詞 pro は数の素性について [+plural] と [-plural] のどちらかを指
定され，形容詞は空名詞 pro の持つ素性に関して一致し，その屈折形態を決
定する．[4]

英語の HUMAN 構文の歴史的発達を考えたとき，(10) と (11) の構造を比
較すると，定冠詞相当語である指示詞との共起は義務ではなかったが，現代英
語では定冠詞との共起が義務であるし，空名詞 pro が指定されている数の素
性に関しても，[+plural] と [-plural] の両方が可能であったが，現代英語で
は必ず [+plural] の指定を受けているといった変化が見られるが，本稿では
これらの変化については触れないこととする．次の節では，1 節で見た (3) の
陳述と (4) の事実との不一致について，これが内部構造の変化によって説明
されることを示す．

3. 名詞前位の所有句としての HUMAN 構文の衰退

前節では古英語や中英語で HUMAN 構文が観察されたことを例示し，そし
てその内部構造が (10) のようであると仮定した．また，現代英語でも同様の
(11) のような内部構造を仮定した．(3) の陳述によれば，(10) や (11) の構
造は所有句として機能することに何らかの制限を受けていると考えられる．以
下では，古英語の HUMAN 構文は所有句として問題なく生じること，そして
当該の制限が中英語以降の HUMAN 構文で見られることを，事例を挙げて示
す．

古英語でも属格の句が名詞の前に現れて，所有者を表す．古英語では
HUMAN 構文も名詞の前に現れ，所有者を表す事例が多くみられる．(12) は
YCOE からの事例である．

(12) a. ðurh   tyn winter full Godes   cyricena hynnysse
         through ten year   full God's   church   persecution
         and *unsceaððiendra fordemednesse*   and
         and innocent.PL.GEN condemnation.SG.NOM   and
         slege   haligra martyra   unblinnendlice
         fatal-stroke holy   martyrs   incessantly

---

[4] 古英語，中英語の HUMAN 構文における総称性 (genericity) については，今後の調査の課
題とする．

```
       done  was
       don   wæs
```
'with burning of God's churches and condemnation of the innocent and slaughter of holy martyrs it went on incessantly for ten years' time' (cobede,Bede_1:6.34.3.279: o2)

b. þæt is seo stow, in ðære beoð onfangne
   that is that place where are received
   soðfæstra   saula
   truthful.PL.GEN soul.PL.NOM
   'that is the place where the souls of the just are received'
   (cobede,Bede_5:13.432.10.4346: o2)

c. he nyle   naht eaðe *þæs   synfullan*
   he not-to-want not easily that.SG.GEN sinful.SG.GEN
   deað
   death.SG.ACC
   'he did not desire death of the wicked easily'
   (coaelhom,ÆHom_16:47.2279: o3)
   (cf. Yamamura (2010: 357))

(12c) の HUMAN 構文の内部構造は，(13) のように分析される．この場合，属格の屈折語尾は形容詞自体に具現化している．

(13)

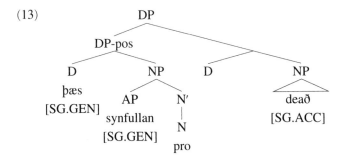

一方，PPCME2 からは (14) に挙げた2例のみが見られる．これらの例は，1225年ごろ，初期中英語の文献から取られたものである．

(14) a. Sorhfule & sari & sunfule toturn.
        'sorrowful and sorry and sinful's refuge'
        (CMMARGA,73.291: m1)

b. wondrinde & wrecches & wonlese wisent.
   'wandering and wretch and hopeless's ruler'
   (CMMARGA,73.291: m1)

Yamamura (2010) は，名詞用法形容詞が属格形で名詞前位の位置に現れる頻度について史的電子コーパスを用いて調査し，その結果を表5のようにまとめている．

表5　属格形の名詞用法形容詞の頻度　　　　　（100万語当たり）

	古英語		中英語		初期近代英語		
	前期	後期	前期	後期	1期	2期	3期
頻度	40.7	24.0	0.2	0.1	0.0	0.2	0.2

(cf. Yamamura (2010: 357))

Yamamura (2010) の調査は，HUMAN 構文に限らず名詞用法形容詞全体についてのもののため，HUMAN 構文に議論を限る場合には不正確であるが，HUMAN 構文を含む名詞用法形容詞全体において，中英語では顕著に属格形では生じなくなったことが分かっている．

本稿では，(10) で説明したとおり，古英語から中英語にかけて human 構文の内部構造が変化したとは考えていない．それではなぜ，human 構文は所有者を表す句として名詞の前に現れなくなったのだろうか．これは所有標識の史的変化に起因すると考えられる．古英語では，所有の標識として属格の屈折語尾が用いられ，それは (15) のように名詞や形容詞自体に直接具現していた．

(15) se   wælreowa ne   mihte þæs   eadigan
     that cruel   not   might that.SG.GEN blessed.SG.GEN
     apostoles   bodunge   alecgan
     apostle.SG.GEN preaching suppress
     'the cruel one might not suppress the preaching of the blessed apostle'
        (cocathom1,ÆCHom_I,_4:207.25.656 / Thorpe (1844: 58-59))

しかし，中英語では既に見たように，形容詞は格の区別を失くしたばかりか，所有標識自体も，所有句内ではなく所有句外に生成され接語として機能するように変化している．所有標識の接語としてのふるまいは，群属格によって説明される．群属格とは，所有の句の最も右側にある要素に所有の標識が付着する

現象である．(15) でみたように，古英語では所有の句に属する全ての要素が属格形で現れるが，Allen (2003) が群属格の初例として挙げている (16) の 1387 年頃の例では，所有の標識 (-es) が所有句の右端の要素である Fraunces にのみ見られる．

(16) but þe kyng of Fraunces men were i-slawe
'But the king of France's men were slain'
(CMPOLYCH, VIII,349.380 / Allen (2003: 16))

(17) のように，接語としての所有の標識が D 主要部に生成され，その指定部に接語化すると仮定し，(18) のような構造を持つとすると，HUMAN 構文が所有の句として指定部に生成される場合，(19) のような構造になると考えられる．

(17) a. The possessor marker -'s (-es in ME) occupies D.
(Abney (1987: 52))
b. It is attached to its specifier as a clitic. (Anderson (2008))

(18)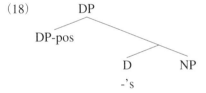

(19)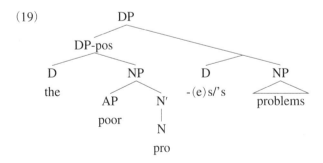

この時，接語である所有標識 -'s は線形的に直前にある範疇に接語化しようとするが，ホストとなるべき要素が音韻具現を持たない空名詞 pro であるため，これが適切なホストになれず，この構造は破綻してしまう．このように，中英語において，HUMAN 構文が所有の句として名詞前位に現れないのは，HUMAN 構文の構造が変わったからではなく，所有の標識が屈折接辞から接語

へと変化したことに起因していると考えられる．このことは，HUMAN 構文において古英語でも中英語でも空名詞が主要部となっているという仮定の下で適切に説明される．

4. 名詞前位の所有句としての HUMAN 構文の残滓

(4) でみたように，(19) では説明できない事例があることは確かな事実である．最後に，(4) のような事例について考え，HUMAN 構文自体に生じえた変化について可能性を示す．

(20) は初期近代英語の電子コーパス The Penn-Helsinki Parsed Corpus of Early Modern English (PPCEME) からの事例で，(21) は後期近代英語の電子コーパス The Penn Parsed Corpus of Modern British English (PPCMBE) からの例である．

(20) And that freedom that conscience libertie gaue me for to saue right, I preserved, dispising the ***mightie's*** offence.
(BOETHEL-E2-P1,9.22: e2)

(21) My writing to you today prevents Eliz=th's= writing to Harriot, for which Evil I implore **the latter's** pardon.
(AUSTEN-180X,163.73: 1805-8)

中英語で最後に観察された 1225 年から見て，(20) は，350 年以上経った 1593 年の文献から，(21) は，さらに 200 年以上たった 1805 年ごろの文献からの事例であるが，中英語から引き続き，かなりの低頻度で現れているようである．1700 年から 1914 年のイギリス英語の文献を収録する PPCMBE に対して，1814 年から 1909 年のアメリカ英語の文献を収録する The Corpus of Historical American English (COHA) を調べてみると，(21) の事例と近い 1814 年の文献から (22) の事例が見られ，他にも，(23) のような事例が COHA から得られる．

(22) But here comes our fat farmer who every Sunday puts some money into ***the poor's*** box; (Lovers Vows: 1814)

(23) the + adjective's (searched with the query, *the [j*] 's*)
the poor's (10); the dead's (4); the amiable's (3); ...

(23) の事例を得た際に使用したクエリでは，(24) のような事例も含まれてい

る。[5]

(24) the almighty's (66); the accused's (25); the new-year's (13); the Inca's (12); the Californian's (11); the drunk's (11); ...

さらなる分類，分析は必要だが，(24) の事例は HUMAN 構文として扱えない可能性がある．例えば almighty は形容詞だと考えられているが，古英語期から指示詞付きの HUMAN 構文の形で現れ，常にキリスト教の神を表す表現であり，ある意味，固有名詞に近い．また，accused は 1832 年の文献で既に an accused という不定冠詞との共起が見られ，最近では複数形の -s との共起が見られるため，完全に名詞化している可能性もある．しかし，少なくとも (22) (23) のような明らかに HUMAN 構文とみえるものが，所有の標識と共起している事例が 1800 年以降にみられる．

これらのことから，3 節で論じたように大部分の英語話者にとっては，HUMAN 構文で用いられる形容詞は (11) のように空名詞 pro を前位修飾する形容詞として機能しているが，ごく一部の英語話者にとっては，(25) のような空名詞 pro を用いる構造ではなく，空の名詞化接辞を利用する構造が可能になっていると考えられる．

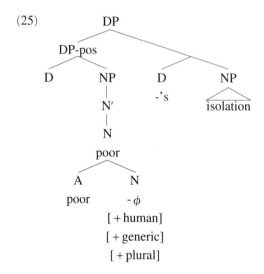

(25)

この構造では，[+human, +plural, +generic] の素性の指定を受けていた

---

[5] カッコ内の数は，素頻度を表す．

pro に成り代わり，同じ素性の指定を受けた名詞化接辞が，形容詞 poor に統語論に導入される前に付着すると考える．これによって，形容詞であったものは，統語論では名詞としてみなされる．このタイプを許す話者にとっては，所有の標識 -'s が生成された D の指定部に，この HUMAN 構文が生じたとしても，所有の標識が付着するのは，空範疇ではなく，音形を持つ名詞 poor であるため，派生は収束することになる．

 空名詞から空の名詞化接辞への変化は文法化の一例と考えることができる．音形はないが，語彙要素から機能要素へと変化する様は，ちょうど古英語の名詞 lic 'body, form' から現代英語の副詞化接辞 -ly へと変化したという事実 (Kastovsky (2006)) と同様である．

 変化の時期は今のところ不明確であるが，2 節での議論を踏まえれば，HUMAN 構文内の形容詞が名詞ではないことを示していた形容詞の屈折の消失が，HUMAN 構文の主要部の曖昧性を引き起こし，空範疇の性質の変化につながった可能性が考えられる．改めて (14) の中英語の事例を見てみると，所有の句に属する形容詞は属格の屈折接辞が見られないが，(14b) の wrecches 'wretch' のみ，語尾に -es がついている．

(14) a. Sorhfule & sari & sunfule toturn.
 'sorrowful and sorry and sinful's refuge'
 (CMMARGA,73.291: m1)
 b. wondrinde & wrecches & wonlese wisent.
 'wandering and wretch and hopeless's ruler'
 (CMMARGA,73.291: m1)

これは，中英語では形容詞の屈折において格の区別が消失しているためだと考えられるが，wrecches のみ形容詞らしからぬ振る舞いをしているようである．Oxford English Dictionary によれば，wrecch 'wretch' は本来的に名詞であり，また PPCME2 の中でも形容詞のタグだけでなく名詞のタグが付された wrecch が存在する．このことから，1225 年の文献からの事例である (14) では，形容詞には形態的に具現する手段がないが，wrecches の存在から考えると，古英語と同様に名詞前位の所有の句内の要素個々に格の具現が期待されていることになる．以上のことから，図 1 のような変化のシナリオが推測される．

図 1　HUMAN 構文の内部構造における変化のシナリオ

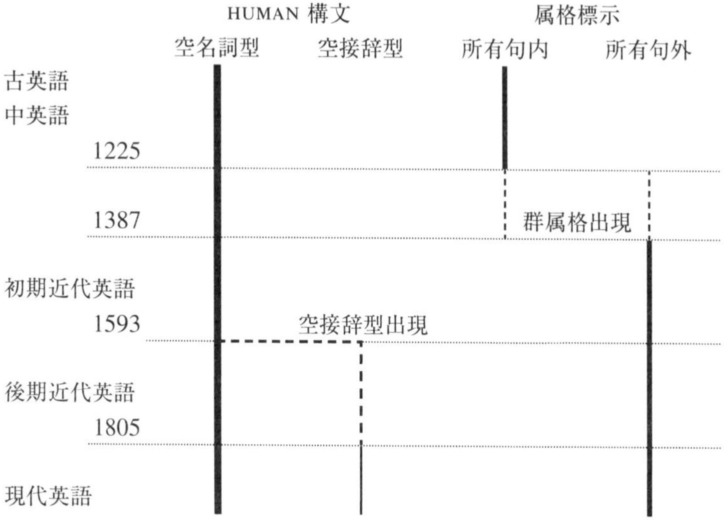

古英語から少なくとも中英語の 1225 年の事例までの HUMAN 構文では所有の句内で属格標示がされていたため，空名詞型の HUMAN 構文が名詞前位の所有句として生じることができた．その後，属格形の HUMAN 構文は観察されないのは，1387 年の文献で群属格が現れたことが示唆するように属格標示が接語として所有句外に現れるようになり，空名詞への接語化が許されないからである．その後 1593 年の文献で所有標識 -'s と HUMAN 構文との共起が観察された．この時期から空接辞型の HUMAN 構文が可能になった可能性が見られる．そして，1805 年以降にも空接辞型の HUMAN 構文を可能とする文法を習得した英語母語話者がいるようである．

5.　結語

　本稿では，英語史における HUMAN 構文の事例を主に史的電子コーパスを用いて提示し，その内部構造を明らかにすることを試みた．また属格の HUMAN 構文の英語史における分布に注目し，HUMAN 構文の内部構造の変化について考察した．名詞前位の所有句として生じる HUMAN 構文が，中英語以降急激に減少したこと，また初期近代英語以降再びその現象が姿を現したことが，空名詞 pro を使った内部構造と空名詞から空の名詞化接辞への史的変化を仮定することで説明を試みた．本稿の調査では，1225 年から 1593 年の

間に,所有句としての HUMAN 構文の事例が得られなかったため,空接辞型の HUMAN 構文の出現が初期近代英語以降だと結論付けた.しかし,これは限られた文献調査から得られたものであるため,空の名詞化接辞の出現時期については,さらなる文献調査によって早まる可能性も考えられる.また,歴史的英語の調査だけでなく現代英語の調査でも,属格形の HUMAN 構文がそれほど多く見られていないのは何故なのかも,今後の課題として残されている.

参考文献

Abney, Steven Paul (1987) *The English Noun Phrase in Its Sentential Aspect*, Ph.D.

Allen, Cynthia (2003) "Deflection and the Development of the Genitive in English," *English Language and Linguistics* 7, 1–28.

Anderson, Stephen R. (2008) "The English Group Genitive is a Special Clitic," *English Linguistics* 25, 1–20.

Fischer, Olga (1992) "Syntax," *The Cambridge History of the English Language*, Vol. 2, ed. by Norman Blake, 207–408, Cambridge University Press, Cambridge.

Fischer, Olga (2000) "The Position of the Adjective in Old English," *Generative Theory and Corpus Studies: A Dialogue from 10 ICEHL*, ed. by Ricardo Bermúdez-Otero, David Denison, Richard M. Hogg and C. B. McCully, 153–181, Mouton de Gruyter, Berlin.

Kastovsky, Dieter (1992) "Semantics and Vocabulary," *The Cambridge History of the English Language*, ed. by Richard M. Hogg, 290–408, Cambridge University Press, Cambridge.

Kastovsky, Dieter (2006) "7. Typological Change in Derivational Morphology," *The Handbook of the History of English*, ed. by Ans van Kemenade and Bettelou Los, Blackwell Reference Online.

Kester, Ellen-Petra (1996) "Adjectival Inflection and the Licensing of Empty Categories in DP," *Journal of Linguistics* 32, 57–78.

Lightfoot, David W. (1979) *Principles of Diachronic Syntax*, Cambridge University Press, Cambridge.

Mitchell, Bruce (1985) *Old English Syntax*, Vol. 1, Clarendon Press, Oxford.

Mossé, Fernand (1952) *A Handbook of Middle English*, The Johns Hopkins Press, Baltimore.

Pezzini, Domenico (2008) *The Translation of Religious Texts in the Middle Ages: Tracts and Rules, Hymns and Staints' Lives*, Peter Lang AG, International Academic Publishers, Bern.

Rissanen, Matti (1999) "Syntax," *The Cambridge History of the English Language*,

Vol. 3, ed. by Roger Lass, 187-331, Cambridge University Press, Cambridge.
Swan, Michael (2005) *Practical English Usage*, Oxford University Press, Oxford.
Thorpe, Benjamin (1844) *The Homilies of the Anglo-Saxon Church: the First Part, Containing the Sermones Catholici, or Homilies of Ælfric; in the Original Anglo-Saxon, with an English Version* Vol. 1, Cambridge University Press, London.
Thorpe, Benjamin (1846) *The Homilies of the Anglo-Saxon Church: the First Part, Containing the Sermones Catholici, or Homilies of Ælfric; in the Original Anglo-Saxon, with an English Version* Vol. 2, Cambridge University Press, London.
Yamamura, Shuto (2010) "The Development of Adjectives Used as Nouns in the History of English," *English Linguistics* 27, 344-363.

コーパス

Kroch, Anthony, Beatrice Santorini and Lauren Delfs (2004) *The Penn-Helsinki Parsed Corpus of Early Modern English* (PPCEME), University of Pennsylvania, Philadelphia.
Kroch, Anthony, Beatrice Santorini and Ariel Diertani (2010) *The Penn Parsed Corpus of Modern British English* (PPCMBE), University of Pennsylvania, Philadelphia.
Kroch, Anthony and Ann Taylor (2000) *The Penn-Helsinki Parsed Corpus of Middle English*, Second edition (PPCME2), University of Pennsylvania, Philadelphia.
Davies, Mark (2004-) *BYU-BNC*. (Based on the British National Corpus from Oxford University Press). Available online at http://corpus.byu.edu/bnc/. accessed in 10 July 2015.
Davies, Mark (2010) *The Corpus of Historical American English* (COHA): 400 million words 1810-2009. <http://corpus.byu.edu/coha/>, accessed in 22 July 2015.
Taylor, Ann, Ansthony Warner, Susan Pintzuk and Frank Beths (2003) *The York-Toronto-Helsinki Parsed Corpus of Old English Prose* (YCOE), University of York, Heslington.

辞書

Oxford English Dictionary Second Edition on CD-ROM (v. 4.0)
Bosworth-Toller Anglo-Saxon Dictionary (*the digital edition: http://bosworth.ff.cuni.cz/*)

Part II
日本語の構文変化とコーパス

「(で)ございます」の言語学
―役割語の視点から―

秋月　高太郎

尚絅学院大学

1. はじめに

今日の日本では，日常生活において，以下のような言い回しを耳にすることがあるだろう．

(1) a.　こちらにございます．
　　b.　540円でございます．

(1a) では動詞「ある」の代わりに「ございます」が，(1b) では助動詞「だ」の代わりに「でございます」が選択されている（以下，区別の必要がない限り，これらをまとめて「(で)ございます」で表す）．現代の日本語話者には，(1) は，それぞれ，「ある」や「だ」を用いるより丁寧な表現と感じられるだろうが，丁寧さを表現するのであれば，(2) のように言うこともできる．

(2) a.　こちらにあります．
　　b.　540円です．

それにもかかわらず，(1) のような言い方が選択されるのは，話し手がより丁寧な言い方を心がける必要があるとみなす相手や場面での発話であると考えられる．たとえば，接客の場面において，店員が客の問いかけに答えるような場面である．

(3)　客：　　すいません．お正月のしめ飾りって置いてます？
　　店員：　こちらにございます．

(4)　客：　　これっていくら？
　　店員：　540円でございます．

もちろん，(3), (4) のような客の問いかけに対して，(2) のように答える店

員はいないとは言えないが，少なくとも，接客用語のマニュアル等では (1) のような言い方のほうが推奨されているにちがいない．実際，(2) のような言い方をされれば，店に対して「店員の接客が失礼だ」というクレームをつけるような人もいるかもしれない．このことは，現代日本語において，「(で)ございます」は，相手に対して，話し手が最大限の丁寧さを表すための語彙として，ある意味で，手軽に（クレーム回避のための語彙として）用いられていることを示している．しかし，(3)，(4) のような接客の場面以外で，「(で)ございます」という語彙を用いることは，多くの現代日本語話者にとってはまれであろう．おそらく，実在する現代日本語話者で，「(で)ございます」という語彙を（違和感なく）用いることができるのは，特定の人物に限られるのではないだろうか．

本論文では，「(で)ございます」という語彙に，以上のような使用上の制限があることに注目し，その用いられ方の通時的変移を明らかにすることを試みる．第2節では，現代日本語において「(で)ございます」という語彙が特定の人物像とむすびついていることを示すことで，その用いられ方の解明には役割語の視点が有効であることを述べる．第3節では，現代のライトノベルやマンガ[1]において，「(で)ございます」がどのような登場人物に用いられているのかを見る．さらに，第4節および第5節では，それぞれ，近世末期の滑稽本，近代の文学作品で，「(で)ございます」やその変異形がどのように用いられていたかを見る．第6節では，以上での観察をふまえ，役割語としての「(で)ございます」の変移を跡づけてみる．[2]

2. 「(で)ございます」とむすびつく人物像

現代日本語において，「(で)ございます」という語彙の使用は，敬語の使い方という視点から述べられることがある．たとえば，菊地 (1996) は，「(で)ございます」の使用には，以下のような条件があることを述べている．

(5) 最も難しい問題は，「ございます」を使う場合，文体／敬度の一貫性に配慮しなければならない，という点です．つまり，その文体において，①「ございます」を（不自然なく）使える箇所では一貫して「ご

---

[1] 本論文では，漢字表記の「漫画」やひらがな表記の「まんが」から想起されるであろう特定のイメージを避けるため，あえて「マンガ」というカタカナ表記を用いる．
[2] 現代日本語の「おはようございます」や「ありがとうございます」のような，「ございます」を含んだ定型的なあいさつの表現は，考察の対象としない．

ざいます」を使い，②また他の箇所でも「ございます」に見合った敬度の高い表現を使わなければなりません。

(菊地 (1996: 98))

　このことを，2014年12月29日に行われた，佳子さまの「20歳の誕生日を前に」と題された会見におけるご発言から考えてみよう．以下の (6) は，記者の質問に対するお答えの中で，佳子さまが，「(で) ございます」を用いていらっしゃる文の例である．

(6) a. 高校生の頃は、成年というと随分大人のイメージがございましたが、いざ自分が成年を迎えるとなると、まだ未熟なところが多くあると感じております。
　　b. 短所は、父と同じように導火線が短いところがありまして、家の中ではささいなことで口論になってしまうこともございます。
　　c. 日々の生活の中での関心や趣味についてですが、趣味というほどではございませんが、幼い頃から絵を描いたり、物を作ったり、体を動かしたりすることが好きで、今でも続けております。
(『毎日新聞』ウェブ版 2014年12月29日 (http://mainichi.jp/feature/koushitsu/news/20141229k0000m040117000c.html　2015年1月2日採集))

　この会見において，佳子さまは「(で) ございます」という語彙を多く用いていらっしゃるが，用いることが可能な箇所すべてで用いていらっしゃるわけではない．たとえば，(6a) の「まだ未熟なところが多くある」，(6b) の「導火線が短いところがありまして」，(6c) の「関心や趣味についてですが」は，それぞれ，「まだ未熟なところが多くございますが」，「導火線が短いところがございまして」，「関心や趣味についてでございますが」とおっしゃることも可能であろう．しかし，もしこのように「(で) ございます」を多用したならば，聞き手に対して「わざとらしい」または「いやみな」印象を与えかねない．菊地 (1996) の「不自然なく」という表現 ((5) ①参照) は，このような事実を指しているのだと考えられる．佳子さまの会見のお言葉では，不自然でない程度に「(で) ございます」の使用が調整されていると見ることができる．[3]

　また，佳子さまのご発言は，(5) ②の「また他の箇所でも「ございます」に見合った敬度の高い表現を使わなければな」らないということにも配慮がなさ

---

[3] ただし，「不自然でない程度」が具体的に，どの程度の使用量を指すのかは明らかでない．

れていることがうかがえる．たとえば，(6a) では「感じております」，(6c) では「続けております」のように謙譲語を用いることで，ご自分の感情や行為を低めて表現していらっしゃる．また，以下の (7) では，学習院時代のご学友に対して「いらっしゃいます」を，天皇皇后両陛下に対して「てくださいます」を，それぞれ，用いていらっしゃる．[4]

(7) a. 例えば、私と同じように幼稚園から大学までずっと学習院に通っている方もいらっしゃいますし、そうするとなかなか新しい方と出会う機会もありません。
b. 最後に祖父母としての両陛下についてですが、お若かった頃のご自身の経験などをよくお話ししてくださいます。
(『毎日新聞』ウェブ版 2014 年 12 月 29 日 (http://mainichi.jp/feature/koushitsu/news/20141229k0000m040117000c.html　2015 年 1 月 2 日採集))

以上の観察から，佳子さまは，この会見において，皇室の一員として，きわめて注意深くお言葉を選ばれてご発言されていることがわかる．このように，「(で)ございます」は用意周到に，かつ，用いるにふさわしい人物によって用いられてはじめて「不自然なく」受け入れることができる．このことは，「(で)ございます」という語彙は，それを用いる人物像と深くむすびついていることを示している．すなわち，現代日本においては，「(で)ございます」を用いて話す人物に対して，ある特定のイメージが期待されているということである．[5]

ある語彙の使用が特定の人物のイメージとむすびついているとき，その語彙は「役割語」と呼ばれる．金水 (2003) は，役割語を以下のように定義している．

(8) ある特定の言葉づかい（語彙・語法・言い回し・イントネーション等）を聞くと特定の人物像（年齢、性別、職業、階層、時代、容姿・風貌、性格等）を思い浮かべることができるとき、あるいはある特定の人物像を提示されるとその人物がいかにも使用しそうな言葉づか

---

[4] 菊地 (1996) は，身内に対して「てくださる」を用いるのは誤りと述べている．ただし，この場合は，天皇皇后両陛下を指していることから，絶対敬語的な用法と見ることもできよう．

[5] 遠藤 (1997) は，1993 年に採取した女性の談話資料から，「(で)ございます」の使用には「年齢・性別・個人の偏りがある」ことを指摘している．なお，この談話資料には「(で)ございます」の使用例が 21 例あるが，そのうち 14 例は，書籍編集の仕事（課長職）に就いている 40 代の女性である．

いを思い浮かべるとができるとき、その言葉づかいを「役割語」と呼ぶ。

(金水 (2003: 205))

また，定延 (2006) は，身体や人格のように変わらないことが前提とされているものと，態度やスタイルのように場面や相手によって「多かれ少なかれ変えている」ものの間にあるものを「キャラクタ」と名づけている．

(9) 「場面や相手によって変わらず、ちょうど身体のように安定していて、一人に一つしかない」とみなされているもの。それが見なしにすぎず、実際には一人の中でもいろいろ変わっていることが露わになると、私たちがしばしばショックを受けるもの。これを態度やスタイル、人格や身体と区別して、仮に「キャラクタ」、適宜略して「キャラ」と呼んでおこう。

(定延 (2006: 118))

さらに，定延 (2006) は，「ことばが、そのことばの内容とは別に、そのことばを発するキャラクタを暗に示す」ことがあるとし，話し手によってラベルづけされるキャラクタを「発話キャラクタ」と呼んでいる．

本節で見たように，現代日本語の「(で)ございます」という語彙の用いられ方は，使用する話し手の人物像とむすびついている．その限りにおいて，「(で)ございます」という語彙の用いられ方は，金水 (2003) によって導入された「役割語」や，それに基づいた定延 (2006) の「発話キャラクタ」といった概念によって説明されることが期待できる．以下では，役割語研究の枠組みにしたがって，「(で)ございます」の用いられ方を明らかにしていく．

3. 現代のライトノベル・マンガの登場人物が用いる「(で)ございます」

現代のライトノベルやマンガには，「(で)ございます」を多用する人物が登場することがある．以下は，そのような登場人物のせりふである．

(10) a. ベランダにございました。

(東川篤哉『謎解きはディナーのあとで』(2012: 40))

b. 旦那様は刑事になられたお嬢様のことをたいそう心配しておいででございます。

(同上 (30))

(11) a. 東京に／本郷家のお墓が／ございます[6]

(宮城理子『メイちゃんの執事①』(2006: 72))[7]

　　 b. お目覚めの／お時間で／ございますよ　　　　（同上 (3)）
(12) a. 私は拝見した／ことはございません／が…

(楓やな『黒執事①』(2007: 58))

　　 b. それは残念で／ございました　　　　　　　　（同上 (9)）
(13) a. はい／ございます

(さくらももこ『ちびまる子ちゃん⑧』(1991: 81))

　　 b. おぼっちゃま／お得意の／モーツァルトで／ございます

（同上 (80)）

以上の (10)-(13) のせりふにおいて，(a) では「ある／あります」の代わりに「ございます」が，(b) では「だ／です」の代わりに「でございます」が用いられている．これらのせりふはすべて，「執事」と呼ばれる登場人物によるものである．これらの「(で)ございます」を用いる登場人物を総称して「執事キャラクター」と呼ぶことにする．執事キャラクターは，登場する作品の世界観を越えて，共通した特徴を有している．たとえば，『謎解きはディナーのあとで』に登場する影山は，その初登場場面において，以下のように描写されている．

(14)　　すぐさま運転席の扉が開き，中からひょろりと背の高い男が姿を現した．
　　　　歳のころなら三十代半ば．喪服と見紛うようなダークスーツを着こなした姿は，高貴な家柄の人物のようにも，キャバレーの呼び込みのようにも見える．男は銀縁眼鏡の奥から鋭い視線で麗子の方を一瞥すると，そのままいっさい表情を変えることなく，車の側面に片膝をつき車体の傷の確認に移った．

(東川篤哉『謎解きはディナーのあとで』(2012: 27))

この描写を参考に，執事キャラクターの見た目の特徴をまとめると，以下のようになる．なお，このような特徴は，(11)-(13) のマンガ作品においては，登場人物の外見に，絵として描かれている．

---

[6] 以後，マンガの登場人物のふきだし内のせりふは，改行を「／」で示す．
[7] マンガのせりふの例については，その話の雑誌掲載時の年でなく，収録された単行本の発行年を示す．

(15) a. 黒い長髪である
　　 b. スリムな長身である
　　 c. （丸い）銀縁の眼鏡をかけている
　　 d. 白いシャツを着ている
　　 e. （蝶）ネクタイを締めている
　　 f. 黒のスーツまたは燕尾服を着ている
　　 g. 白い手袋をはめている
　　 h. スーツの胸のポケットに白いポケットチーフを入れている
　　 i. 黒い革靴を履いている
　　 j. 懐中時計を所持している

　もちろん(15)は，執事キャラクターが満たすべき外見の必要十分条件ではない．(15)の項目のうちのいくつかを満たしてさえいれば，日本語話者である読者は，たやすく，その登場人物を執事キャラクターとみなすことができる．

　また，執事キャラクターは，外見以外に，たとえばそのふるまいにも共通点がある．以下は，ライトノベル『影執事マルクの手違い』の冒頭部分に書かれた，執事の行動についての描写である．

(16) 　使用人の朝は早い。
　　　ほぼ夜明けと同時に目を覚まし、いつ主と顔を合わせても失礼にならぬよう、まず顔を洗って身なりを整える。衣服は晩に眠る前、皺にならぬよう丁寧に伸ばしておき、皺が寄っていたなら水ノリを吹きかけた上でアイロンがけをして伸ばしておく。
　　　特に執事ともなれば身なりに品性も求められる。常に完璧なる身だしなみと、紳士的な身振り素振り。
　　　　　　　　　　　　（手島史詞『影執事マルクの手違い』(2008: 5)）

　ここでは，執事たる者のふるまいが一般論として述べられているが，この直後，この物語に登場する執事キャラクターであるマルク＝マルドゥークもこの例外ではないとされる．(16)から，執事キャラクターには，(15)のような外見上の特徴に加えて，そのふるまいが「紳士的」であることが要求されることがわかる．[8]

---

[8] 新井(2011)によれば，現代日本のマンガやライトノベルに登場する執事キャラクターのあり方は，19世紀のイギリス社会における「執事(butler)」よりは，「下男(footman)」に近い．

ここで，執事キャラクターのことばづかいを，さらに注意深くみてみよう．以下の (17) は，『謎解きはディナーのあとで』の執事キャラクター影山の，主人である麗子に対するときのせりふの例である．

(17) a. かしこまりました、お嬢様
            (東川篤哉『謎解きはディナーのあとで』(2012: 35))
   b. わたくしは宝生家の執事兼運転手 (同上 (28))
   c. 犯人はまだ申し上げられません (同上 (35))
   d. しかし、お嬢様がもう少し時間をかけてお話してくださるのならば、
            (同上 (31))
   e. 旦那様は刑事になられたお嬢様のことをたいそう心配しておいででございます
            (同上 (30))

影山は，麗子を「お嬢様」と呼び，自分のことを「わたくし」と称する．また，自分の行為を「申し上げる」といった謙譲語で表現し，麗子や麗子の父親の行為を「お話しする」「ておいで(だ)」といった尊敬語で表現する．(10)–(13) および (17) のようなことばづかいを〈執事語〉と呼ぶことにする．(ヴァーチャルな) 現代日本語において，「(で) ございます」は〈執事語〉を構成する語彙の1つである．

今日のライトノベルやマンガの作者は，自らの作品において執事のキャラクターを造形するにあたって，〈執事語〉を用いる．現代日本語話者である読者は，その登場人物から，ただちに執事の人物像を想起する．そのような読者は，日常のコミュニケーションにおいて，「遊び」として，〈執事語〉を用いて「執事」の発話キャラクタを発動させることもありうるだろう．実際，今日のブログや Twitter には，そのような発話が散見される．以下の (18) は，「執事のつぶやき」と題されたブログに書かれた文章の一部である．

(18) a. 『かかぁ殿下と空っ風』で有名な
       冬場の関東地方に強風をもたらす
       赤城颪発祥の地でございますよ？
   b. ま、良い方向に変化してるのは事実です。
       それが証拠に、今年は皆さん
       毛皮の御召替えが早い。
       驚きの早着替えでございました (笑)

(「執事のつぶやき」(http://cattery-7storm.tea-nifty.com/blog/cat21769428/index.html, 2015年12月27日採集))

内容から判断して，このブログの書き手は主婦だと思われる．実在の執事である可能性はおそらくない．しかし，この書き手は，少なくともネット上では，「でございます」を用いることで，執事の発話キャラクタを「臨時」的に発動している．そうすることで，自分が執事キャラクターのファンであることを告白し，同じような趣向の人々に向けての共感を引き出させていると言うこともできる．

また，以下の（19）は，「執事喫茶」というネット上の広告文である．ここでもまた「でございます」が用いられている．

(19)　「Swallowtail」は
美味しい紅茶やスイーツを豊富に取り揃え，
優雅な時間をお楽しみいただける、ティーサロン<u>でございます</u>。
洗練された執事がお嬢様、お坊っちゃまのお帰りを
お待ち致しております。
(「執事喫茶　Swallowtail」(http://www.butlers-cafe.jp/　2015年12月27日採集)

この「でございます」は，接客用語というより，（店主が）執事の発話キャラクタを発動させていると考えるほうが適切である．(19)は，〈執事語〉で書かれることによってはじめて，「執事喫茶」の広告文たりうるのである．

4.　近世末期の滑稽本の登場人物が用いる「(で)ございます」

第3章で，現代日本語において，「(で)ございます」という語彙は，〈執事語〉を構成する語彙の1つとみなせることを述べた．では，このような特定の語形と，〈執事語〉のような語彙群とのむすびつきは，いつ頃，どのようにして成立したのだろうか．「(で)ございます」という語彙は，執事キャラクターが日本の文学作品やマンガ等に登場する以前から存在したことは容易に推測できる．本節では，近世末期の滑稽本である式亭三馬『浮世風呂』(1807-1813)に現れる「(で)ございます」の使用例を見ることで，その起源を考える手がかりとする．

『浮世風呂』を見る限り，近世末期の江戸では，「(で)ございます」の変異形（variant）がいくつか共存して用いられていたと考えられる．『浮世風呂』の登

場人物は，(20) のような変異形を用いている．

(20) a. ございます
b. ござりやす
c. ござんやす
d. ございます
e. ごつす
f. ごぜえます

『浮世風呂』では，これらの変異形が，登場人物によって，巧妙に使い分けられている．たとえば，もっぱら「ございます」を用いる人物もいる一方，もっぱら「ござります」を用いる人物もいる，といった具合である．このことは，少なくとも近世末期の江戸において，どの変異形を用いるのかが，その話し手の社会的属性や人格的属性に関係していた可能性を示唆する．三馬がそのようなことを自覚し，注意深く登場人物を造形したであろうことは十分想像できることである．[9] 以下では，これらの変異形の中でも最も使用例の多い「ござります」と「ございます」に焦点を当てて考察を進める．

まず，湯屋の「ばんとう」のセリフを見てみよう．以下の (21) は，「前編巻之下」に登場する「ばんとう」が，湯屋を訪れた「生酔」という客に対して，「(で)ござります」を用いて話している例である．

(21) a. お脱ぎなさる場がござりませぬ
（式亭三馬『浮世風呂・前編巻之下』(85)）[10]
b. 見る物でもないが、アレハきく物でござります （同上 (83)）

この場面で「ばんとう」は，酔っぱらいの度重なる無粋な問いかけに対しても，以下の (22) のように，「ハイ」という応答や「おる」のような謙譲語を多用して，終始，丁寧なことばづかいで対応している．

(22) なまゑひ「ココロレ、ば番頭、居るか、ア、居るか、居ねへか
ばんとう「ハイ、爰に居ります
（式亭三馬『浮世風呂・前編巻之下』(81)）

---

[9] 三馬は，さまざまな「(で)ございます」の変異形を，登場人物によって使い分けている．たとえば，「二編巻之下」に登場する「子もり」の女性は「ござんやアす」を，「二編巻之上」に登場する「まりをつく女の子」は「ごじやいまちゆ」を，「三編巻之下」に登場する「けり子」と「かも子」は，女性だが，「ござります」を，それぞれ用いている．
[10] 『浮世風呂』の用例は，1957 年，岩波書店刊，中村通夫校注のものを使用する．

『浮世風呂』には複数の異なった「ばんとう」が登場するが，どの「ばんとう」も，湯屋を訪れる客に対して，一貫して丁寧なことばづかいで対応している．

同様の例は，若年の客が年配の客と対話する場面にも見いだせる．以下の(23)は，「四編巻之上」で，「商人体の男」の「点兵衛」が，俳諧師の「鬼角」に対して「でございます」を用いている例である．

(23) a. シタガさやうなぐさみが好物(かうぶつ)でござります。
　　　　　　　　　　　　　　（式亭三馬『浮世風呂・四編巻之上』(262)）
　　　b. 左様(さやう)なら狂歌(きやうか)でござりませうか　　　　　　（同上(263)）

これらの例に対して，次のようなことが言える．近世末期の江戸において，若年である下層の男性町人（この場合「ばんとう」）が，上位の人物と話すときには「(で) ございます」を用いて話す．しかし，『浮世風呂』において，すべての下層の男性町人が必ずしも「(で) ございます」を用いて話しているわけではないことには注意が必要である．(22)のような「(で) ございます」は，上位の人物に対する丁寧なことばづかいとして選ばれているという，スタイル的な用法である可能性がある．ゆえに，下層の男性町人が用いる「(で) ございます」は，必ずしも，下層の男性町人という社会的属性とむすびついていると言うことはできない．

次に女性の登場人物のことばづかいを見てみよう．以下の(24)は，「二編巻之上」に登場する「巳」と「辰」という2人の「かみさま」（おかみさん，奥さん）の対話の一部である．

(24) 巳「京形(きやうがた)だの、京かんざしだのと、何でも珍(めづら)しい事を好(このみ)ます。お江戸の人はお江戸の風(ふう)がいつまでも能(よ)うございますよ。つかねへことでございますが、御惣領(ごそうりやう)のお姉(あね)さんは、タシカ、お片付(かたづけ)なさいましたツけネ
　　　辰「ハイ、相應(さうおう)な所(とこ)がございましたから片づけました
　　　　　　　　　　　　　　（式亭三馬『浮世風呂・二編巻之上』(119)）

この場面において，「巳」と「辰」は，「(で)ございます」を多用している．「巳」と「辰」は中年の女性と考えられるが，『浮世風呂』には，年齢を問わず，「(で)ございます」を用いて話す女性が多く登場する．以下の(25)は，「二編巻之下」に登場する下女の「やす」の発話，(26)は「三編巻之上」に登場する「六十ぢかきばあさま」の発話である．

(25) やす「ハイ。いへもう私(わたくし)の旦那(だんな)をお誉(ほ)め申(まう)すのもいかゞでございます

が、惣別お氣立のよいおかだでネ。おまへさん。あなたがお屋敷にお出遊す時分は、お部屋中で評判のお結構人でございました。

(式亭三馬『浮世風呂・二編巻之下』(150-1))

(26) a. 暮におしつめて人手はございませずネ。
(式亭三馬『浮世風呂・三編巻之上』(188))
b. まづあけましてはけつかうな春でございます　（同上 (187)）
c. 今年は余寒が強うございまして。あのまア雪を御覧じましな
（同上 (189)）
d. それは御不自由でございませう。　（同上 (190)）

この「六十ぢかきばあさま」の「(で)ございます」の用い方は注目に値する．動詞や助動詞（コピュラ）として用いているばかりでなく，「強うございまして」のように形容詞の連用形にも「ございます」を接続して用い，さらに，「ございませず」という否定形や，「ございませう」という推量形にも活用させて用いている．

これらの例から，近世末期の江戸のことばには，男性町人が「(で) ござります」を用い，女性町人が「(で)ございます」を用いるというジェンダー差を見いだすことができるかもしれない．しかし，ここで注意すべきなのは，男性町人が用いる「(で) ござります」が，下から上へというスタイルに基づいたものであるのに対し，女性町人が用いる「(で)ございます」は，話し手の社会的属性の相違を越えて，品位ある女性らしさを演出するための言語資源として用いられているという点である．これについて，小林 (2007) は次のように述べている．

(27) 「ございます」は、近世初期には出来ていた「ござります」が、gozarimasu → gozaimasu のごとく、母音 /a/ /i/ にはさまれた r 音がスリップ（脱落）した結果生まれた語である。ちょうど『浮世風呂』が刊行された頃、「ござります」よりは肩ひじ張らぬ、それでいて品位をさりげなく保てることばとして調法され出し、幕末には旧来の「ござります」を完全に駆逐したと考えられている。

(小林 (2007: 144-145))

「(で)ございます」が「調法され」たのは，そのまま文末に付加して，終助詞のように用いることができたからであろう．「(で)ございます」を形容詞に続けたり，活用させて用いるといった芸当は，「六十ぢかきばあさま」にはでき

ても，「巳」や「辰」といった「かみさま」，ましてや下女の「やす」には到底不可能な芸当であったと思われる．[11]

　以上の観察から次のようなことが言える．近世末期の江戸において，「(で)ございます」は，当時の女性に求められていた品位とむすびついていたと考えられる．言い換えれば，「(で)ございます」を用いることで，品位ある女性という発話キャラクタを繰り出すことが可能だったということである．この意味で，近世末期の江戸における「(で)ございます」は，役割語的な性質をもっていた可能性が高い．そこで，当時の女性の話し手による「(で)ございます」という語彙を使用したことばづかいを，当面，〈かみさま語〉と呼ぶことにする．

5. 近代の小説の登場人物が用いる「(で)ございます」

　本節では，近代に書かれた小説において，どのような登場人物が「(で)ございます」を用いているのかを見てみる．

　最初に，坪内逍遥『當世書生気質』(1886) をとりあげる．以下の (28) は，冒頭で，芸妓の「田の次」が，書生の「小町田」と再会した場面の発話である．

(28) a.　ほんたうに久闊(しばらく)でございましたしたネエ

　　　　　　　　　　　　　　　　　　(坪内逍遥『當世書生気質』(16))[12]
　　b.　兄さん．いろいろ久振(ひさぶり)でお話がしたうございますから、あのう
　　　　……　　　　　　　　　　　　　　　　　　　(同上 (18))

「田の次」が用いる「(で)ございます」は，近世後期の『浮世風呂』の女性の登場人物たちが用いるそれの延長上にあると見てよい．すなわち，「田の次」は，(28) において，「(で)ございます」を用いることによって，品位ある女性らしさを繰り出しているのである．興味深いことに，「田の次」は，「小町田」と再会する前の場面で，客の「園田さん」と話すときには，以下の (29) のように，「(で)ございます」を用いずに話している．

---

[11] 「やす」は，「ともだちの下女」に，「そんな遊(あそ)せ詞(ことば)は見ツとむねへ」「せめて，湯(ゆ)へでも來(き)時(とき)は持前(もちまへ)の詞(ことば)のをつかはねへじやア，氣(き)が竭(つ)らアナ」といやみを言われる．このことから，三馬は，「やす」のような武家女中のことばづかいを付け焼き刃なものとして設定したことがうかがえる．

[12] 『當世書生気質』の用例は，2006 年，岩波書店刊のものを使用する．

(29) 姉さんがやらなけりゃア、妾(わたし)だって否(いや)ですワ。男三人に女一人では、どうせ叶(かな)やアしませんもの。　　　(坪内逍遥『當世書生気質』(13))

この場面で,「田の次」は「(で)ございます」を用いて(30)のように言ってもよかったはずである.

(30) 姉さんがやらなけりゃア、妾だって否でございます。男三人に女一人では、どうせ叶やございませんもの。

しかし坪内は,「田の次」のせりふとして,(30)のような言い方を選ばなかった.おそらく,坪内は読者に,「小町田」に対しては「(で)ございます」を用いて話すということばづかいをさせることによって,「田の次」の「小町田」に対する特別な感情のようなものを感じさせたかったのであろう.

次に,『當世書生気質』と同時代の作品である,二葉亭四迷『浮雲』(1887-1889)を見てみよう.以下の(31)は,ヒロインの「お勢」が,官吏の「本田昇」と,菊見に行った帰り道で話している場面での会話である.

(31) 「先刻(さっき)の方はよっぽど別嬪(べっぴん)でしたネ!
「エ、先刻の方とは
「ソラ課長さんの令妹(れいまい)とか仰(お)しやった
「ウー誰の事かと思ったら……然うですネ随分別嬪ですネ
「そして家(うち)で視たよりも美しくッてネ、それだもんだから……ネ
……貴君(あなた)もネ……
　　　　　　　　　　　　　　　(二葉亭四迷『浮雲』(116))[13]

(31)において,「お勢」は,「昇」に対して,「仰しやった」のような尊敬語を用いつつも,終助詞(または間投詞)の「ネ」を多用して,積極的に親密さを高めるようなことばづかいをしている.そこには,「(で)ございます」を用いるような気配はまったくない.しかし,この後で,「お勢」の方が美人だというような気遣いの言葉を発した「昇」に対し,「お勢」は次のように言いはなつ.

(32) アラよう御座んすよ　　　　　(二葉亭四迷『浮雲』(117))

ここでは「ございます」の変異形「ござんす」が用いられている.この言い回しについて,小林(2007)は,「この当時の若い娘よりは年増の奥様に、短

---

[13] 『浮雲』の用例は,2004年,岩波書店刊,十川信介校注のものを使用する.

いセンテンスでシャープに言い切るときに愛用された語」と述べている．この指摘が正しければ，明治初期には，女性が用いる「(で)ございます」は，すでに古めかしさを感じさせる語彙になっていたことになる．金水 (2003) も指摘しているように，「お勢」のことばづかいは，すでに「近代的な〈女性語〉」になっており，もし「お勢」が〈かみさま語〉を繰り出せば，「古い女性」を想起させてしまうことになる．それは，近代的な女性として描かれている「お勢」の人物像と一致しない．したがって，(32) のような，ある意味，皮肉的な場面で，定型句として使用するしかないのである．

ここまで，明治初期に書かれた小説における，女性の登場人物のことばづかいを見てきた．意外なことに，『當世書生気質』にも『浮雲』にも，「(で)ございます」を用いて話す男性の登場人物は登場しない．そこで，時代を下って，大正時代に書かれた作品をみてみよう．ここでは，夏目漱石『こゝろ』(1914) をとりあげる．以下の (33) は，書生である「私」の，掛茶屋で出会った「先生」に対するせりふである．

(33) a.　これからおりおりお宅へ伺ってもよござんすか
　　　　　　　　　　　　　　　　　　　　　　　（夏目漱石『こゝろ』(15)）[14]
　　b.　今度お墓参りにいらっしゃる時にお伴をしてもよござんすか
　　　　　　　　　　　　　　　　　　　　　　　　　　　　（同上 (22)）

「私」は，『浮雲』の「お勢」が用いたのと同じ定型句を用いている．「よ(う)ございんす」という定型句は，当時，女性の話し手ばかりでなく，「書生」のような，若い男性の話し手にも用いられていたことがうかがえる．[15] しかし，『こゝろ』における「私」の「(で)ございます」の使用は，この定型句での使用に限られ，「先生」との対話でのことばづかいは，以下の (34) のように，現代日本語のデス・マス体と同じになっている．

(34) a.　すぐお宅へお帰りですか　　　　　　　　（夏目漱石『こゝろ』(21)）
　　b.　私はちっとも淋しくはありません　　　　　　　　　　（同上 (29)）

以上，『當世書生気質』『浮雲』『こゝろ』の 3 つの作品を通して，次のようなことがわかった．これらの作品には，「(で)がございます」を文末の表現として常用する登場人物は登場しない．明治初期に書かれた作品には，芸妓が特

---

[14] 『こゝろ』の用例は，2004 年，角川書店刊のものを使用する．
[15] 『浮雲』においても，「文三」が「お勢」の母「お政」に対して「ああわるう御座ンした……」と謝る場面がある（第三篇第十五回）．

別な相手に対して用いる例があるが（『當世書生氣質』の (28) の例を参照），明治大正期には，女性の登場人物であっても，通常の会話において「(で)ございます」を常用するようには造形されなかった．男性の登場人物においては，「(で)ございます」の使用例は，「よござんす」のような定型的な表現での使用を除いてまったく発見できない．

これには，当時，現実の話し手が常用する，丁寧な文末の表現が，「(で)ございます」から「です・ます」にシフトしつつあったことが反映していると考えられる．田中 (2013) は，明治初期から大正期に刊行された総合雑誌『太陽』をコーパスにした『太陽コーパス』から，口語体で書かれた演説記事の文末表現を分析した結果，『太陽』創刊年である 1895 年の記事では「であります」体が一般的で，「でござります」体が散発的に用いられているのに対し，1901 年の記事では，「であります体」が増大し，「でござります」体は衰退していることを指摘している．[16]『太陽』の演説記事は，男性知識人の話し手によるものが多いが，彼らのことばづかいが，一般の人々のことばづかいにも，ある程度の影響を与えたと推測できる．したがって，『當世書生氣質』『浮雲』『こゝろ』といった，当時の世相をかなりの程度意識した作品においては，その登場人物たちのことばづかいも，当時の現実の人々のそれに近いものになっているのだと考えられる．

では，よりフィクション性の高い作品における登場人物のことばづかいはどうなっているであろうか．ここでは，坪内逍遙譯『リヤ王』(1934) をとりあげる．坪内譯『リア王』は，言うまでもなく，16 世紀にイングランドで書かれた戯曲の翻訳である．したがってそれは，当時の日本の現実とはかけはなれた舞台や登場人物による物語であり，坪内は，彼なりの想像力を駆使して，登場人物を造形したと考えられる．実は，『リヤ王』には，「(で)ございます」を多用する男性の登場人物がいる．それは，リヤ王の忠臣として仕えていた「ケント」伯爵が，追放されて，「下人」の姿でリヤ王の前に現れたときのせりふに顕著に現れる．

(35) a. めっぽふ正直な野郎ですが、王さまと同じに貧乏でございまさ。
　　　　　　　　　　　　　　　　　　　　（坪内逍遙譯『リヤ王』(45)）
　　 b. が、あんたは、旦那と呼んで見たいお顔附の方でございます。
　　　　　　　　　　　　　　　　　　　　　　　　　　　（同上 (46)）

---

[16] 田中 (2013) では，「でございます」は「でござります」の音便形として扱われており，両者の区別はされていない．

秋月（2015）で指摘したように,「ケント」は,伯爵としてリヤ王の前に現れる「第1幕第1場」では「ござる」を用いているが,追放後に「下人」の姿に変装して再登場する「第1幕第4場」では,リヤ王に対して,(35)のように,「(で)ございます」を用いて話している.坪内は,「伯爵ケント」と「下人ケント」のセリフを,ことばづかいにおいて区別して訳出しており,後者にのみ「(で)ございます」を用いさせているのである.このような例は,役割語としての用法を十分に感じさせるものである.『當世書生気質』『浮雲』『こゝろ』といった作品においては,特定の（社会的）属性をもった登場人物と特定のことばづかいのむすびつきを見いだすことはできなかった.たとえば,これらの作品に共通する「書生」の登場人物に〈書生語〉のようなことばづかいを想定することは困難である.一方,『リヤ王』のような,当時の世相とは乖離した,フィクション性が高い作品には,社会的属性とのむすびつきを想起させることばづかいをする人物が登場することがある.おそらく,(35)のようなことばづかいは,当時の人々に,「下人」や「下男」といった人物像を想起させたのであろう.したがって,このようなことばづかいを〈下男語〉と呼ぶことにする.

6. おわりに

本論文では,「(で)ございます」という語彙が,近世末期から近代,そして現代のフィクション作品において,どのような登場人物によって用いられているかを見た.その結果,以下のような知見を得ることができた.

第1に,現代日本語の「(で)ございます」は,ライトノベルやマンガのようなフィクションの世界において,執事キャラクターによって用いられる〈執事語〉という語彙群を構成する語彙の1つであることが明らかになった.今日では,現実においても,「(で)ございます」という語彙は,執事の発話キャラクタを繰り出すための言語資源として用いられている.

第2に,「(で)ございます」という語彙は,どのようにして〈執事語〉という語彙群を構成する語彙の1つとなったのだろうか.まず,〈執事語〉の起源として,昭和初期の〈下男語〉が候補としてあげられる.しかし,現代日本のライトノベルやマンガに登場する執事キャラクターと,昭和初期に翻訳された『リヤ王』に登場する「下人」姿のケントの間には,外見にもそのふるまい方にも,かなりのへだたりがある.現代の執事キャラクターの多くは,「お嬢様」と呼ばれるような若い女性の世話をする男性として登場するため,(15)で示したような,女性にとって好ましいと思われる外見を備えた,上品な人物として描かれる.一方,昭和初期の「下人」の登場人物は,高貴または裕福な人物

に仕える，みすぼらしい外見で，卑屈な態度の人物として描かれている．しかし，このような違いは，読者に共有される「付き従う男性」のステレオタイプの相違と見ることも可能である．昭和初期においては，「付き従う男性」から「下人」のような人物像が想起されたのに対し，現代では「執事」のような人物像が想起されるのである．この意味で，「下人」と「執事」の間には連続性を認めることができる．ゆえに，〈執事語〉の起源として〈下人語〉が想定できると思われる．[17]

第 3 に，〈執事語〉としての「(で)ございます」の起源は〈下男語〉に求められるとするなら，「(で)ございます」という語彙は，どのような経緯で，昭和初期のフィクション作品に〈下男語〉としてとりいれられたのだろうか．候補の 1 つは〈かみさま語〉である．本論文では，近世末期の滑稽本において，「(で)ございます」は，女性の登場人物が品格を演出する際に用いられているとみなせることから，これを〈かみさま語〉と呼んだ．しかし，当時，〈かみさま語〉のような役割語が存在したかどうかには疑問が残る．なぜなら，当時の人々は，「(で)ございます」を用いる女性（の登場人物）から，品格を感じとっただろうが，それからただちに特定の人物像（「かみさま」や芸妓）を想起したかどうかは疑わしいからである．明治初期の小説に登場する芸妓の使用例を含め，当時，このようなことばづかいと特定の社会的属性のむすびつきは，あったとしても弱かった可能性が高い．この意味で，近世末期から明治初期の作品において，女性の登場人物が用いる「(で)ございます」を役割語と断じることにはためらいがある．[18] したがって，役割語の起源という視点から見たとき，〈かみさま語〉と〈下男語〉に連続性を見いだすのは困難だと思われる．

第 4 に，〈下男語〉における「(で)ございます」の起源を，〈かみさま語〉のそれに求めることができないとすれば，別の起源を求める必要がある．本論文では，それに答えるだけの十分な準備がないが，以下，推測を述べる．〈下男語〉における「(で)ございます」の起源は，現実世界における男性と女性の話し手が選択しうる文末表現の変移の速度の違いに求められる可能性がある．おそらく，現実における「(で)ございます」の使用の衰退は，男性の話し手より

---

[17] 現代の〈下男語〉としては，金水（編）(2014) に，〈田舎ことば〉〈やくざことば〉としてあげられている「ごぜえます」が想定できるかもしれない．しかし，「ごぜえます」と，本論文でとりあげた「(で)ございます」をどのように区別すべきかは明確でない．

[18] 役割語の定義に，性格的属性を含めるかどうかについては議論がある．西田 (2010) は，人物像を，年齢・職業・階層に基づく社会的属性と，性格に基づく性格的属性に二分し，後者を背景とする言語表現は，典型的な役割語とは異なった「属性表現」であるとしている．これにしたがえば，〈かみさま語〉は属性表現とみなすべきかもしれない．

も女性の話し手の方が早かった．ゆえに，女性の話し手が用いる「（で）ございます」は，近世末期には上述のような，品格とむすびついた役割語的性格を獲得したのであろう．一方，男性の話し手，特に年配の知識人は，明治になっても，「（で）ございます」を手放さなかった．このことは，田中（2013）による『太陽コーパス』記事の分析が裏づけになる．これが，「（で）ございます」と現実の社会的属性のむすびつきを形成する素地になったと思われる．明治末期には，現実の男性の話し手も「（で）ございます」を使用しなくなる．すると，「（で）ございます」は「昔の知識人男性」が用いていた（らしい）という記憶だけが残る．さらに時代が進むと，「知識人」という属性は忘れ去られ，「昔の男性」という属性だけが残る．さらに，「昔の」という属性は「古くさい」「汚い」といった見た目の属性に変換される．フィクションの世界において，このような見た目の属性をもった男性の登場人物が「下人」や「下男」だったのではないだろうか．その結果，現実において男性の話し手が「（で）ございます」を用いることによって醸し出される「古くささ」や「卑屈さ」のイメージが，役割語としての〈下男語〉に組み込まれる背景になったと考えてもよいように思われる．〈下男語〉形成の実証については今後の課題としたい．

使用テキスト一覧

さくらももこ（1991）『ちびまる子ちゃん⑧』集英社
式亭三馬・中村通夫校注（1957）『日本古典文学大系63　浮世風呂』岩波書店
坪内逍遥譯（1934）『新修シェークスピヤ全集第三十巻　リヤ王』中央公論社
坪内逍遥作（2006）『当世書生気質』岩波書店
手島史詞（2008）『影執事マルクの手違い』富士見書房
楓やな（2007）『黒執事①』スクウェア・エニックス
夏目漱石（2004）『こころ』角川書店
東川篤哉（2012）『謎解きはディナーのあとで』小学館
二葉亭四迷作・十川信介校注（2004）『浮雲』岩波書店
宮城理子（2006）『メイちゃんの執事①』集英社

参考文献

秋月高太郎（2015）「「ござる」の言語学」『尚絅学院大学紀要』第69号，53-66．
新井潤美（2011）『執事とメイドの表裏――イギリス文化における使用人のイメージ』白水社，東京．
遠藤織枝（1997）「職場敬語のいま」『女性の言葉・職場編』，現代日本語研究会編，ひ

つじ書房，東京．
菊地康人（1996）『敬語再入門』丸善，東京．
金水敏（2003）『ヴァーチャル日本語　役割語の謎』岩波書店，東京．
金水敏（編）（2003）『役割語研究の地平』くろしお出版，東京．
金水敏（2008）「役割語と日本語史」『日本語史のインターフェイス』，金水敏・乾善彦・渋谷勝己，岩波書店，東京．
金水敏（編）（2011）『役割語研究の展開』くろしお出版，東京．
金水敏（編）（2014）『〈役割語〉小辞典』岩波書店，東京．
小林千草（2007）『女ことばはどこへ消えたか？』光文社，東京．
定延利之（2006）「ことばと発話キャラクタ」『文学』7-6, 126-133.
定延利之（2011）『日本語社会　のぞきキャラくり――顔つき・カラダつき・ことばつき』三省堂，東京．
田中牧郎（2013）『〈そうだったんだ！日本語〉近代書き言葉はこうしてできた』岩波書店，東京．
西田隆政（2010）「「属性表現」をめぐって――ツンデレ表現と役割語の相違点を中心に――」『甲南女子大学研究紀要』第 46 号，文化・文学編，1-11.

日本語比較表現における形式名詞の非音声化について*

菊地　朗

東北大学

1. はじめに

　近年の大規模コーパスやデータベースの拡充に歩調を合わせて，言語研究におけるコーパスの有用性が高まってきている．それらコーパスやデータベースを適切な注意を払いつつ使用することにより，言語事実に関してより正確な記述が可能になることに加えて，レジスターごとの言語表現の使用頻度についての理解が得られるようにもなる．さらに，その表現が使用された年代などの情報も加えることにより，言語の歴史的変化に関する情報も利用可能になっている．使用頻度や歴史的変化に関する情報は，個人の言語的直観からは正確に得ることができない情報である．そのような情報を分析上の資料として仮説検証に利用することにより，仮説の反証可能性を高めることに役立つ．

　もう1つ，コーパスやそれに類したデータベースが個人の言語的直観からの資料に比べて有用と言える特徴として，それらコーパスを用いることにより，一般的には標準的とされていない用法が存在していることを確認することができる場合がある．特に，言語研究者個人が直観を持たない言語現象に関して，そのような現象が一定の割合で存在し，使用されていることを，コーパスを用いて確認することができる場合がある．言いかえれば共時的に変異が生じていることを確認できる．本稿で資料とする言語は日本語の例ではあるが，それは，次節で紹介するように，標準的な日本語の文法書や辞書には収録されていない「言語変異」に属する現象であり，また，筆者が直観を持たない用法である．そのようなタイプの資料は，現状では，コーパスを用いてしか採取でき

---

* 本論はワークショップ「コーパスからわかる言語変化と言語理論」（2014年9月9日東北大学）での口頭発表に基づいている．ワークショップ開催にご尽力なされた小川芳樹氏，発表時に有益なコメントをくださった方々，および査読をしていただき貴重なコメントをくださった方々に謝意を表する．

ない.

　「言語変異」は「言語変化」へとつながる可能性がある．言語変化については，文法化（grammaticalization）と呼ばれる過程が関わっていることが知られている．文法化とは，概略的に言えば，自立的な語彙範疇の項目が付属語的な機能範疇の項目となり，文法的機能を担うようになる変化のことを言う（Hopper and Traugott (1993)）．そして，その変化には一定の方向性があると言われている．すなわち，(1) や (2) に示したような順序で変化が進行するという一般化である．この仮説は一方向性の仮説（unidirectionality hypothesis）と呼ばれる．

　(1) a. semantic bleaching: 意味内容の希薄化
　　　b. context generalization: 新しい文脈での使用
　　　c. decategorization: 語彙範疇の形態統語的な性質の消失，機能範疇化
　　　d. phonetic reduction: 音声内容の消失
　　　　　　　　　　　　　　　　　（Heine and Kuteva (2002, 2), Cf. Givon (1971)）
　(2)　content item > grammatical word > clitic > affix
　　　　　　　　　　　　　　　　　　　　　　　（Hopper and Traugott (1993: 7)）

　この，文法化と一方向性の仮説に関して，(a) この仮説の具体的な内容はどのようになっているのか，(b) 逆方向の変化（degrammaticalization）は存在するのか否か，そして，(c) このような文法化によって表される言語変化上の記述的一般化は言語理論上の仕組みによってどのように説明されるのか，などが研究上の課題とされているという流れがある（Cf. Borjars and Vincent (2011)）．

　本稿では，上記のコーパス使用と文法化現象の両面に関して，次のような主張を行いたい．すなわち，(i) コーパスを利用することにより一般には標準的とされていない（そして，調査者自身には誤用と思われる）用法が存在することが確認できること，および (ii) (1a) から (1d) へと変化するプロセスを示す新たな現象の存在を指摘することである．

　以下，第2節では，本論で考察する用法について指摘し，それを採取した資料について説明する．第3節では，その用法について考えられる分析を検討し，文法化の方向性が言うところの，語彙的な名詞から形式名詞への変化，および，その無音化への進行のケースに該当すると論じる．第4節では，その用法が出現し始めた時期について資料を考察し，比較的最近になって発生してきた用法である可能性を示す．第5節では，コーパスから分かる生起位置

に関する制約について述べる.

2. 比較の文脈での「のが」

2.1. 実例

本論で取り上げる現象の例は,次の (3) に挙げた表現における「〜のが」の用法である.これは「2ちゃんねる」と呼ばれる掲示板への書き込みから採取した.

(3) a. でもアキはすでに東京より北三陸<u>のが</u>良いって知ってるじゃん？
b. 県会議員の妻で近所付き合いしないって設定があり得ないよなw 選挙の時なんか,本人より奥さん<u>のが</u>大変だぞ.
c. 脚本書いてる段階では,アキよりユイ<u>のが</u>超絶かわいい設定なんだろうけど

このような例における「のが」の「が」は格助詞であると思われる.(格)助詞などの直前に「の」が現れる例として,下記 (4) にあるような例があるが,(3) の「の」の用法は,このいずれにも該当しない.

(4) NP-の + 助詞/Copula
a. 学部生の先生への依存は許せるが,**院生のは許せない**
b. この本は **John** のだ

(4a) は,Saito and Murasugi (1989) などで議論されている名詞句削除 (N'-Deletion) の例であり,この例で言えば「院生のは」の部分は「院生の先生への依存は」と復元されるものである.(4b) は奥津 (1974) の言う,代名詞の「の」の例である.奥津によれば,この例の「John の」の部分は,基底構造では John + 所有の「の」+ 代名詞の「の」の連鎖となった「John のの」から,代名詞の「の」を削除して得られるものとされている.その派生を仮定すれば,この「John の」の部分は「John の本」と解釈される.

これに対して (3) の例では,「の」の後ろに生じるべき名詞句に対応する名詞が先行文脈にあるわけではない.いずれも,強いて解釈するならば「の方(ほう)」を補って解釈されるべき例である.したがって,このような点で (3) は (4) とは別の用法となっている(第3節にて詳述).

名詞句削除,あるいは代名詞の「の」を用いて「のが」の形式になる場合があるが,そのような例と,(3) に該当する例を比較すると,より違いが明瞭になるかもしれない.

(5) Johnの絵は確かに面白いが，Bill のがもっと面白い

(6) 「ここ（北三陸）が一番好きだからそれを確認するために出て行くという見せ方をするはずだべ」
「でもアキはすでに東京より北三陸のが良いって知ってるじゃん？」

(5) の「のが」は，名詞句削除の事例であり，「Bill の」は「Billの絵」と解釈され，Johnの絵とBill（という人物自体）との比較の解釈にはならない．一方，(6) の例では，「北三陸のが」の部分は，東京という土地と北三陸（という土地自体）との比較を表す解釈になっている．

2.2. 資料の選択と加工に関する注意点

上記 (3) や (6) に示した用例の資料としての資格については，より慎重に検討する必要があると思われる．これらの用例が，産出した使用者にとっても単なる誤用であったとか，インターネット経由の掲示板で採取した資料ならタイピング上の誤りであったなどの可能性があるからである．さらには，これらの用法は，そもそも考察の対象になりえる用法であるのかの検討も必要である．

また，これらの用法が真に言語変異を表す用法であると仮定したとしても，調査者には問題の表現に関する内省や直観が働かない以上，採取した資料の取捨選択については一定の節度をもって行わなければならない．また，データを採取する元テキストの選択についても注意しなければならない．それというのも，このような表現に関しては，次のような外的条件が働いていると思われるからである．

(7) a. 使用域がざっくばらんな会話などの領域に限られており，標準的な書籍，新聞等では編集者の校閲により表面化しない．会話主体の小説などでも著者や編集者による校閲が介入する．

b. 仮にコーパスに含まれていたとしても，論説文や説明文などが加わったコーパスでは相対的に使用頻度の割合が大きく落ちる結果になる．

当該の用例に関して，(7) のような外的条件が働き，なかなか記録媒体に残らないことになる（あるいは頻度に関する情報が失われる）とすると，外的条件を適切に排除できるような使用域のテキストを元資料として選択する必要がある．

2.3. 収集データと検索方法

(7) の外的条件を考慮すると，ここで問題とする言語表現が生起しやすい使用域のテキストを選択すべきである．すなわち，編集者などによる校閲が加わらないテキストであることと，会話などが主体で論説文や説明文などが多くを占めることがないテキストである．既成の日本語コーパスには，この条件を満たすコーパスは存在しない．したがって，元資料となるコーパスは自作した．

元資料

上記 (7) の条件を考慮したうえで，元資料として，インターネット上の掲示板である「2 チャンネル (http://www.2ch.net/)」の「テレビドラマ板」における，NHK 朝の連続テレビ小説「あまちゃん」(2013 年 4 月～9 月放映) についてのスレッドを選んだ．この掲示版では，1 スレッドあたり 1000 件の書き込みが可能である．そのスレッドは「ログ速」(http://www.logsoku.com/) というサイトに保存されている．そこから，放送開始前の Part 1 (2012 年 6 月 4 日) から，放送終了間際の Part 400 (2013 年 9 月 15 日) までのログを蒐集した．このログは 2016 年 2 月時点でも「ログ速」から蒐集可能である．

コーパスの作成

このようにして蒐集したログは html 形式のファイルである．html 形式のファイルにはタグ等の記号が含まれているので，まずは，それを排除し plain text に変換した．text file への変換により，総計 85.3MB のテキストが得られた．1 スレッドあたり平均 145,000 文字である．マイクロソフト社のワープロソフト Word を用いると，平均 94,800 語になる (400 スレッド総計で約 3,7920,000 語)．

しかしながら，掲示板には，投稿者自身の書き込みによる資料のほかに，次のような言語資料としては使えないテキスト情報が含まれる．

(8) a. 投稿者情報 (投稿者名，アドレス，投稿日，投稿者 ID)
例 25：名無しさんは見た！＠放送中は実況板で [sage] 投稿日：2013/04/06 (土) 06:42:09.81 ID：kjZYwhuH0 [1/4 回 (PC)]
b. 「テンプレート」と呼ばれる，各スレッドの冒頭部分の重複情報
c. 不要な改行コード
d. アスキーアート，「荒らし」と呼ばれる投稿者による同一表現の連続的な書き込み，その他

これらは，いわば「ゴミ」となるので，一部は一定のスクリプトを使い，また

一部は手作業で元テキストから削除した．なお，(8d) の情報については多くを手作業に頼ったため，削除が不完全である可能性がある．

このような「ゴミ」の排除の結果，テキストファイルで総計，41.3MB，1スレッドあたり平均 62,000 文字，41,200 語（総計，約 1,648,000 語）のコーパスができた．

以上のような手順を踏むならば，元の掲示板ログから，本調査者が用いているコーパスとほぼ同一のコーパスを作成することができると思われ，再現性に問題はないと思われる．

検索方法

上記のコーパスを元に，「のが」を検索語として，テキスト検索用のソフトウェアの grep を用いて検索をかけた．その結果から，第3節で触れる「の」が補文標識となっているものを，「時制語尾＋の」をキーワードとして排除した（「形容詞語幹＋い／かった」も含む）．さらに，上述の名詞句削除や代名詞としての「の」に該当する例を手作業で排除した．

以上のような排除を行ったうえで，検索結果を一覧すると，重複した表現を明確に判定できる．それらは大半，別の投稿者の発言を引用したものである．それを1例ずつ視認しながらリストから削除した．最後に，リストに残った例を1つずつ検討し，当該用法に属すると思われるものだけを残した．

2.4. 調査結果

前節に示した検索方法によって得られた結果は次のとおりである．

(9) a. 「のが」の単純な連鎖　　　　　　　24,187 例
　　b. 補文標識の「の」除いた連鎖　　　9,359 例
　　c. その他（名詞句削除や代名詞の例）
　　　 を排除した連鎖　　　　　　　　　935 例
　　d. 最終的に確認した該当例　　　　　245 例
(10)　「の方が」と「〜のほうが」の例　　9,619 例

最終的に確認した該当例のうち，いくつかを提示しておく．

(11) a. このスレ的にはみずたく**のが**人気あんだ？ ストーブよりも
　　 b. 客観的にみて，韓国のドラマ**のが**よくできてる
　　 c. 綺麗なこよりも愛嬌あるブサイク**のが**アイドルにむいてるのか？
　　 d. 月曜より火曜**のが**印象強いけど

e.　個よりも地域コミュニティ維持のが大事.

　以上の結果を踏まえて，2.2 節で述べた注意点について再考察してみよう．まず，このような用例は，投稿者自身が誤用と認める例であったり，単なるタイプミスである可能性はあるのだろうか．それに関しては，誤用やタイプミスと考えるには明らかに数が多すぎるように思われる．また，特に何かと比較する文脈に生起しているという点で，生起環境が一貫していることも誤用ではないことをうかがわせる．
　別の可能性として，単一の投稿者が個人語としてこの用法を使っており，その投稿者が投稿をしている書き込みにだけ，これが現れるという可能性もあるかもしれない．しかし，当該の用法が現れる話題は非常に多岐にわたり，単一人物が投稿しているとは考えにくい．さらに，単一の書き込みの中で，「のが」と「のほうが」が現れている例もある．

(12)　ちらりと見た GMT より潮騒のメモリーズのが可愛いな
　　　主役のアキが潮騒のほうが目立つってのもあるが

(単一の書き込み)

この例は，この投稿者にとっては，「のが」の使用も，「のほうが」の使用も，どちらも自然と感じていることを示唆していると考えられる．
　さらに，この用法は「2 ちゃんねる」という掲示板でのローカルスラングである可能性もある．確かに，その可能性は否定できないが，ローカルスラングであっても，自然な言語産出の例であることは否定できない．また，「2 ちゃんねる」以外の掲示板でも，類例を採取できる．次の例は，現代日本語コーパス「少納言」(1971 年～ 2008 年) によって採取した例である．出所は「Yahoo! 知恵袋」という質問サイトである．

(13) a.　～には回答つかんのかい？　このカテは？　このごろは，真面目な
　　　　質問よりも，ふざけた質問<u>のが</u>，回答が多いね．低年齢が多いか
　　　　らでしょう．　　　　　　　　　　　　　　　　(Yahoo! 知恵袋 2005)
　　b.　先週 1 週間保育園をお休み　年長さんになり初めての登園　家に
　　　　居るよりも保育園<u>のが</u>楽しい！と言ってます
　　　　　　　　　　　　　　　　　(Yahoo! ブログ / 学校と教育 / 教育 2008)

　また，この用法が言語変異を表すとして，なぜ，一般の書籍などの印刷物には見られないのかという疑問が生じるかもしれない．これについては，(7) のような編集者の校閲による修正，排除が行われるからと考えられる．それに対

して，インターネットでの書き込みの場合には，編集者などの第三者による校閲は行われず，書き込みの瞬間にそのまま文字として記録される．そのため，自然発生的な発話例として残ると考えられる．

　最後に，問題の用法が方言である可能性もある．肥筑方言では，このような「のが」に似た用法があるらしい．この用法の発生のそもそもの原因は方言にあったのかもしれないが，実際のデータを見ると，特に方言を使用しているとうかがわせるような証拠がない．「のが」を方言として使用しているとすると，その他の部分にも肥筑方言の語彙や言い回しが頻繁に生じてもおかしくないのであるが，多くの例においては，「のが」以外の部分は標準語を用いている．

　以上のような理由から，当該の「のが」の用法は誤用ではなく，現代日本語の言語変異を表す現実の（産出者が文法的と判断している）発話例であると結論付ける．その結論が正しいのであるならば，言語学的な考察に値する用法であると言って差し支えないと考える．

3. 「方」の無音声化分析

3.1. 統語構造

　さて，当該の「のが」が文法的とされる発話例であるとすると，その統語構造はどのようになっているのかが問題となる．可能性として，「の」がDPに含まれるNPの主要部になっている構造の可能性と，「の」は属格標識であり，DP内部のNPの主要部が，「方」に対応する音声的に空の名詞要素が占めている構造の可能性の2つが考えられる．

(14)　北三陸のがいい

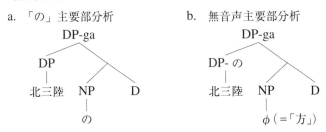

　この2つの構造のうち，(14b)の構造が妥当であるように思われる．第1に，当該の表現は，「～の方が」という表現で最も自然にパラフレーズできるものであり，「～の方が」の構造と並行的であるのは(14b)の方であるからである．

(15) a. 北三陸のがいい
　　 b. 北三陸の方がいい

　第2に，(14a)の構造を仮定した場合，DP指定部のDP「北三陸」には適切な格がないことになり，一般的に不適格となるはずである．(14b)の場合なら，属格標識があるので，その点の問題には直面しない．

　第3に，(14a)の構造を仮定すると，「の」に関して，従来の日本語文法の枠組みからすると，まったく新しい種類の「の」を認めなくてはならないことになってしまう点がある．「の」には，属格標識の「の」に加えて，(16)のような代名詞の「の」，および(17)のような補文標識の「の」があるとされてきた．それ以外の「の」の用法は，従来，指摘されてこなかった．

(16)　N主要部の「の」＝代名詞 (one)
　　 a.（田中が買ってきたリンゴは美味しかったが）太郎が買ってきた<u>の</u>はまずかった．(=The one Taro bought wasn't good.)
　　 b. 新じゃがは大きなものよりは小さい<u>の</u>の方がおいしい
(17) a. 彼が早めにやってきたの（＝こと）が良かった
　　 b. それより，新しい装置を開発するの（＝こと）が先決だろう

上記のような属格標識，代名詞，そして補文標識の3用法しか「の」にはないとすると，(14a)の「の」については，それらのいずれでもないので新しい種類であると言わなければならない．しかしながら，そのような新種の「の」はこの構文にしか生じないものであり，独立した存在根拠が欠けている．一方，(14b)の構造を考えるなら，「の」は通例の属格標識であるので，根拠のない新種を設定する必要はなくなる．

　最後に，当該の「のが」の表現が生起する文脈を検討すると，その生起文脈は，明らかに，「のが」がつく名詞句と他の名詞句とを，ある特定の評価尺度で比較している構文に限定されている．典型的には，比較基準を表す「～より」句と共起する．「～より」句がない場合でも，述語は段階的述語（gradable predicate）であり，非顕在的な比較構文になっていると言える．それ以外の用例はコーパスには存在しなかった．

(18)　「～より」との共起
　　 a. <u>映画の主題歌</u>よりママの歌のがいい
　　 b. <u>杏</u>より吉高のがやばい

この事実は，(14b)のように「方」に対応する空名詞があると考えることで，

自然に説明可能であると思われる．

3.2. 「方」の用法と無音声化

(14b) の構造が可能であると主張することは，名詞「方」には音声形式がない用法もあるということになる（換言すれば，「方」の語彙記載項では音声素性は随意的であることになる）．しかし，どのような用法の「方」であっても，無音声化が可能なのであろうか．事実は，そうはなっていないと思われる．

『広辞苑』によると，「方」は，歴史的には，空間的な「方向・方面」を表す用法が最も古い．そして，そのような用法の「方」では，無音声形式は許されないと思われる（アステリスクを丸かっこで表しているのは，この用法の母語話者から得た判断ではないからである．コーパスには該当例が存在しなかったことから推定した判断を表している）．

(19) 空間的「方向・方面」
 a. 北の方から男がやってきた
  (*) 北のから男がやってきた
 b. 東の方に煙が上がる
  (*) 東のに煙が上がる

この空間的な「方向・方面」の意味用法は，拡張されて，「部面・分野」を表すようになる．この用法でも，「方」の無音声化がある例はコーパスには存在せず，無音声化は許されないと推定できる．

(20) 「部面・分野」
 a. 酒の方では引けを取らない
  (*) 酒のでは引けを取らない
 b. 設計の方をやっています
  (*) 設計のをやっています

「方向・方面」にせよ，「部面・分野」にせよ，いずれの場合にも「方」には固有の内在的な意味があり，「の方」がある形式と，ない形式とでは（些細ではあるが）意味の違いがあると思われる．

(21) a. 北の方から男が来た ≠ 北から男が来た
 b. 設計の方をやっています ≠ 設計をやっています

(21a) について言えば，「北」が表す方角が文脈上，明瞭になっていて，いわば「点」として「北」が明示できるような場合，「北から男が来た」と言えるが，

「北」が表す方角があまり明瞭になっていない場合は，「点」的ではなく「方面」として「北の方から」という表現が用いられると思われる．(21b) に関しても，「設計」という分野を中心として「設計を中心とする関係の分野」という意味合いで，あいまいにぼかした言い方をするなら「設計の方をやっています」と言い，明瞭に「設計」という仕事を言うなら「設計をやっています」と言うと思われる．

もし，このように，(21) のそれぞれの対に関して意味の違いがあるとすると，空間用法にも「部面・分野」の意味にも意味内容 (semantic content) が残っていると言える．換言すれば，いずれも語彙的な内容語 (content word) となっている．

(20) のような「部面・分野」の用法からさらに用法の拡張が起き，「比較」の選択肢を表す用法が生じる．

(22) a. あの本よりこの本の方が面白い
　　　b. あの本よりこの本が面白い

(22a, b) については，(21) に見られたような，意味の相違が感じられないという点である．真理条件的には両者は等価であり，「方」には固有の意味内容は存在しないと考えられる．強いて意味を特定しようとするならば，この用法の「方は」，「比較」をしていることを明示化する機能しか担っていないように思われる．換言すると，「分野」から「比較」の選択肢を表現する用法へと拡張するに伴って，意味漂白 (semantic bleaching) が生じ，「方」が形式名詞 (formal noun) に近づいてきていると考えられる．

(23)　　空間的方向　→　部面・分野　→　比較選択肢
　　　　語彙的名詞　　　語彙的名詞　　　形式名詞

文法化の過程（例えば，上記 (1)）に正確に当てはまるとは言い難いが，意味漂白が進行するのに伴って，「方」を使う伝達上の有用性が失われ，あえてそれを発音する意味も失われていくと思われる．そのような心理が働き，(24a) の表現の代替表現として，音声的に空の「方」を用いた (24b) が出現していると推測できる．

(24) a. あの本よりこの本の [方] が面白い
　　　b. あの本よりこの本の [e] が面白い

つまり，同じ意味を表現するなら，発声を節約する（あるいは，文字のタイピングの労力を減らす）方が楽であり，経済的であるという語用論的な要因が関

わっているのかもしれない．このような変異の発生は，(1) の文法化の過程の一部である (25) の変化過程を示す一例と考えてよいと思われる．[1]

(25)　semantic bleaching → phonetic reduction

4.　変化の歴史的傾向

　本論で対象としている表現は，以前の時代でも存在していたのだろうか．第2節で述べたように，当該の言語表現は印刷物には残りにくい性質を持っている．したがって，過去の時代にも存在していたとしても，印刷物の形態を取らない，インターネットなどの媒体に記録された形でしか，検索することはできない．インターネットが大規模に広まるのは1995年あたりからである．
　本論で扱っている「のが」の表現がいつ頃から生じたかを探るために，本論で資料としたものと，ほぼ同じ資格を持つ言語資料を検討した．具体的には，本論の資料と同じく「2ちゃんねる」の「テレビドラマ板」での，NHK朝の連続テレビ小説に関してのスレッドを用いた．対象にしたのは2004年放送の「てるてる家族」についてのスレッドで，上述の「ログ速」には，9スレッドのみが現存していた．この時代は，インターネットが拡大し始めてから，ほぼ10年が経過した時代であり，現在からほぼ10年前の時代でもある．ログに記録されている年月は，2004年3月〜11月であった．
　第2節で紹介した方法と同じ方法で，ログを整形し，検索を行った．その結果，次のような数値が得られた．

(26)　a.　「〜の方が／のほうが」　201例
　　　b.　「〜のが」　　　　　　　2例

対象とするスレッドを同数にして2013年放送の「あまちゃん」のスレッド (part1~9) で検索した結果が次である．

(27)　a.　「〜の方が／のほうが」　216例
　　　b.　「〜のが」　　　　　　　5例

---

[1] 査読者に，本稿で論じている構文での「が／の交替」の可能性について示唆をいただいた．形式名詞「方」が関わる構文では「が／の交替」は許されない（この本の方が面白い理由／*この本の方の面白い理由）．「方の」の「方」が無音声化するという本論での主張が正しいとすると，「*この本のの面白い理由」が非文であることは，「*この本の方の面白い理由」の非文法性に帰着できることになる．

(26) と (27) の数値を元に,「〜の方 (ほう) が」と「〜のが」の比を取ると,次のようになる．参考までに,上記 (9) と (10) で提示した全スレッド対象にした場合の数値も挙げておく．

(28)　　　　　　　「の方／ほうが」　「のが」　　比
　　2004 年：　　201　　　　　　　2　　　　100.5 : 1
　　2013 年：　　216　　　　　　　5　　　　43.2 : 1　（9 スレッド）
　　2013 年：　　9619　　　　　　245　　　39.2 : 1　（全スレッド）

サンプル数が少ないため,このような数値から確定したことを言うことはできないが,この数値は,ある一定の傾向として,2000 年代に比べると 2010 年代までに,当該の表現が増えてきている可能性があることを示唆していると思われる．

　現代日本語コーパス「少納言」により,「〜よりも」＋「のが」を検索語として検索したところ,対象とする例が 4 件存在した．いずれの例も 2000 年代以降の例であった．コーパスが収録している資料を 1971 年から 1999 年までの 29 年間と,2000 年から 2008 年までの 8 年間に分けるとすると,問題の例が 2000 年以降に偏在していることは,本論で扱った種類の表現がここ 10 数年ほどの間に出現し,増えてきているとする可能性を強く示唆するものと考えられる．

5. 主格名詞句と対格名詞句での生起

　ここまで本論では,「〜の方が」の意味に対応する「〜のが」の形式の表現についてのみ扱ってきた．すなわち主格標示されている名詞句での生起について論じてきた．これに対して,対格標示されている名詞句に当該の表現が生じている例はどうなのだろうか．検索すると,次の (29) のような例が存在することが分かった．これは,「前作の方を好きな人」という意味で用いられており,「方」の無音声化が関わっている表現の例に該当する．

(29)　本作より前作のを好きな人っているのか？

しかし,次の結果が示すように,主格名詞句の場合と比較すると,対格名詞句に生じる例は極端に少なかった．

(30)　主格名詞句「〜のが」　　245 例
　　　対格名詞句「〜のを」　　　3 例

このような主格と対格の非対称性は何らかの統語的な要因が関係していると考えるかもしれない．しかしながら，それは妥当な分析方向とは思われない．それと言うのも，「方」が顕在化している例自体に，主格と対格で非対称性があるからである．「方」が顕在化した例の数は次のとおりである．

(31) 主格名詞句「〜の方が／〜のほうが」　9619例
　　　対格名詞句「〜の方を／〜のほうを」　　232例

つまり，(30) に見られる極端な差は，そもそもの「〜の方」の現れ方自体に差があることに起因していると考えられる．[2]

「〜方が／を」に関して (31) に示された差が生じることには，この構文が比較の意味を表していることと関係があると考えられる．比較構文では述語部分に評価などを表す段階述語が生じ，その段階述語の当てはまる度合いに関して，ある対象と別の対象との比較を行う．評価などを表す段階述語のもっとも典型的な述語は形容詞である．そして形容詞は1項述語であるのが典型である．(31) のように主格名詞句に「方」が生じる例が多いのは，述語が形容詞であることが多いことの反映であると言え，(30) のように「方」の無音声化した形式でも主格名詞句に生じることが多いことも，同じことの反映であると考えられる．[3]

6. まとめ

以上，本論では，日本語に関して，印刷物などの媒体には記録されにくいものの，言語変異を表していると思われる表現について取り上げ，それが言語学的分析の対象となりうる表現として存在していることを確認した．具体的には，比較を表す文で，「〜の方が」の意味に対応する「〜のが」の形式をした表

---

[2] (30) での「のが」と「のを」の頻度比と，(31) での「の方が」と「の方を」の頻度比は，前者が80倍であるのに対して，後者は40倍と2倍の差があり，説明の必要がある事実となっている．この事実は，文法化がより進行した形式（前者の，無音声化した「$\phi_{方}$」）は，そうではない形式（後者の，「方」）に比べて，より典型的な環境に生じる傾向が高いことを示唆しているのかもしれない．

[3] 形容詞述語であっても「太郎よりも次郎の方を賢いと思う」といったようにECMの環境におけば「を」格の項を取ることができる．ここでは，形容詞述語は「を」格の項を取れないと言っているわけではなく，「が」格の項に比べて「を」格の項が生じる環境が小さいと述べている．主格項に比べて対格項が少ないことにより，対格項に該当する「$\phi_{方}$を」が少ないことが帰結として生じ，それと同時に「〜の方を／〜の$\phi_{方}$を」の用法が少数ながらも存在することが示されることになる．

現である．コーパスを用いることにより，このような用法は単なる誤用とは異なることが示された．このことは，コーパスを利用することにより一般的には標準的とはされていない用法（言語変異）の確認ができること，すなわち，コーパスを利用した言語研究の可能性を開く実証例となる．さらに，この種の例の分析を試み，文法化の言語変化プロセスに当てはまると思われる現象であると論じ，文法化の方向性が言うところの，語彙的な名詞から形式名詞への変化，および，その無音化への進行に該当しているケースであること，および，この用法が比較的最近になって発生したものである可能性を示唆した．本稿で示した分析が妥当かどうかの評価は今後の研究に委ねられるが，言語変異および変化に関しての新しい研究方向を切り開く刺激となれば幸いである．

参考文献

青木博史（編）(2007)『日本語の構造変化と文法化』ひつじ書房，東京．

Borjars, Kersti and Niegel Vincent (2011) "Grammaticalization and Directionality," *The Oxford Handbook of Grammaticalization*, ed. by Heiko Narrog and Bernd Heine, 163-176, Oxford University Press, Oxford.

Givon, Talmy (1971) "Historical Syntax and Synchronic Morphology," *CLS* 7, 394-415.

Heine, Bernd and Tania Kuteva (2002) *World Lexicon of Grammaticalization*, Cambridge University Press, Cambridge.

Hopper, Paul and Elizabeth Traugott (2003) *Grammaticalization*, Cambridge University Press, Cambridge.

奥津敬一郎 (1974)『生成日本文法論：名詞句の構造』大修館書店，東京．

Saito, Mamoru and Keiko Murasugi (1989) "N'-deletion in Japanese," ms., The University of Connecticut.

若者ことばは通時変化を確認できるか？
——テレビドラマのデータベース作成とその分析結果より——*

桑本　裕二

公立鳥取環境大学

1. はじめに

　本稿は，若者ことばという一種の集団語（米川（2000，2009））である周辺的で不安定な語彙群に対し，通時変化を確認して分析研究を行う素材として，連続テレビドラマに基づくデータベースを設定し，実際にデータベースを作成し，それらを分析することで，その効果と問題点を考察したものである．

　筆者は先に桑本（2016）において，自然発話に近い状態の会話のやりとりが擬似的ながらも豊富に現れ，その会話が分析対象として利便的であるものとして，連続テレビドラマ（1回60分×10回程度）を最も効果的な素材であるとしてあげた．さらに，若者ことばが会話に使用されるテキストとして，主に20代半ばの登場人物数名が活躍する場面設定のドラマ作品に限ることで若者ことばに限定した会話のデータを抽出しやすいと考え，本稿における作成すべきデータベースのもとになるドラマの選定基準も明示した．

　筆者は，1990年代，2000年代，2010年代の，約10年おき3作品の，20代半ばの若者たちが活躍する連続テレビドラマをもとに，台詞の音声に基づいたデータベースを作成したが，本稿では，そのデータベースの分析を行って，若者ことばの通時変化について考察する．

　若者ことばは，本来不安定な語彙群であって，そもそも収集が困難であり，データベースに現れにくい語彙も多く存在するが，若者ことばとしてはむしろ例外的な，定着して一般語彙に近いふるまいをしている「マジ」「〜じゃん」

＊ 本稿は東北大学大学院情報科学研究科「言語変化・変異研究ユニット」第2回ワークショップ（2015年9月8日，於東北大学）における口頭発表に基づくものである．草稿の段階で2名の匿名の査読者には貴重な助言，コメントをいただいた．また，本研究に関わるデータベースの作成に関しては以下の各氏に協力いただいた．記して感謝申し上げる：石川恵太，伊藤光希，佐藤克，本間涼介，松橋広太．

などの語彙について，その定着の度合いについて確認することが，ある程度可能であることがわかった．また，従来個人の研究者が，通時的にも共時的にも若者ことばの語彙について，かなり限定的にしか指摘できなかった知見について，データベースを用いることによって，部分的にはそれらを実証する余地があることが確認できた．

2. 若者ことばの通時研究のための連続テレビドラマの設定基準

桑本 (2016) では，若者ことばを含む日常語，特に世相語が反映した言語資料として，週1回60分，3ヶ月程度の放映で完結する連続テレビドラマの台詞に基づいたデータベースが最も効果的であることを論じた．また，特に若者ことばが多く出現する舞台背景として，以下の条件を設定基準として考案した．

(1) (若者ことばが現れやすい) データベースのための連続ドラマ選定の基準 (桑本 (2016: 42))
  a. 年代設定が放映時の現在であること．
  b. 中心的な登場人物が20代半ばくらいの若者数名であること．
  c. 主要登場人物は，男女が適当に交じっていること．
  d. 主要登場人物を演じるキャストの放映時の実年齢も同じく20代半ばであること．
  e. 主人公たちの家庭 (親，きょうだいとの会話が想定される状況) は中心的な場面となっていないこと．
  f. 登場人物たちの感情ののった生き生きとした表現が期待できるので，できればラブコメディである．
  g. 医療現場や法曹界など高度に専門的な用語が飛び交う状況下のものは避ける．
  h. SFやホラーなど状況が非現実的な場面設定のものは避ける．

筆者はこの設定基準に基づいて，若者ことばの通時研究のためのデータベースとしての連続テレビドラマを選定することとした．

3. データベースとして選定したドラマについて

筆者は，前節の基準に基づいて，分析対象の連続ドラマを慎重に選定することとした．若者同士が自然な状態で若者ことばを使うという状況下で，その頻

度を異なる年代の作品で比較する必要があったので，桑本（2014）でデータベースの作成について報告した「SUMMER NUDE」（2013年）から約10年ごとさかのぼり，他に，2000年代と，1990年代の同種の連続ドラマを選定した．それらを (2) に示す．

(2) データベースを作成するために選定した連続テレビドラマ
 a. 2010年代：「SUMMER NUDE」2013年7～9月　フジテレビ系
 b. 2000年代：「天体観測」　　　　　2002年7～9月　フジテレビ系
 c. 1990年代：「あすなろ白書」　　　1993年10～12月 フジテレビ系

前節 (1) の基準に合致していることを示すため，主な情報を表示すると表1のとおりとなるが，特にキャストの実年齢，登場人物の関係や主な舞台などがほぼ均質的に一様であることが見てとれる．[1]

表1　データベースのテレビドラマの情報

	あすなろ白書	天体観測	SUMMER NUDE
放映年	1993年	2002年	2013年
放映時間	60分×11回 最終話は90分	60分×12回	60分×11回 1話，2話は75分
主なキャスト （放映時年齢）	石田ひかり（21） 筒井道隆（22） 木村拓哉（20） 鈴木杏樹（24） 西島秀俊（22）	伊藤英明（26） 坂口憲二（26） オダギリジョー（26） 小雪（25） 田畑智子（21） 小西真奈美（23） 山崎樹範（28） 長谷川京子（23）	山下智久（28） 香里奈（29） 戸田恵梨香（24） 長澤まさみ（26） 勝地涼（26） 窪田正孝（24）
登場人物たちの関係	大学の同級生	大学のサークルメンバーの数年後	幼なじみとその周辺の人々
主な舞台	大学のサークルの部屋	メンバーが集まる居酒屋など	海の家のあるビーチ

---

[1] 口頭発表時に，和田裕一氏（東北大学）より，均質なデータを期するためには，シナリオの脚本家やドラマの演出家などの個性が偏りを見せるという点に慎重になるべきとの指摘を受けた．筆者はこの点に関しては，状況設定や登場人物の実年齢，ストーリー展開の類似ということによって脚本家の個性が反映するなどの偏頗の可能性を回避した．

4. 分析

4.0.

　筆者は表1の3つの連続テレビドラマの台詞を文字化してデータベースを作成した.[2] 台詞の回数や長さを示しやすくするため，Excel ファイルに入力した（図1参照）．筆者は，分析にあたって，3つのドラマ作品のすべてを実際に視聴したが，そのうち，若者ことばの語彙と認定できたものは31語あった．そして，それらの語を分析対象にし，出現回数を確認した．分析対象の31語とその出現数は付表に載せたとおりである．

	あれ？今日，ひかるは？
	あのバカ，バイト行った.
	あそう. じゃ，またくんね.
	ああ.
	じゃまた！
	ウッス.
	ねえねえ，
	ん？
	バイトってどこでやってんの？
	レンタルビデオ屋.
	ビデオ屋？

図1　データベースの一部
（「SUMMER NUDE」第2話分より）

4.1. 出現数が増加した若者ことば

　桑本（2016: 40）で述べたように，若者ことばは大部分は5年以内に消え去るが，生き残っていく若者ことばは年代を追って出現頻度を増すことが考えられる．付表の分析語31語のうち，最も現在（本稿最終提出時：2016年4月）に近い「SUMMER NUDE」（2013年）で出現回数が多かったものは，30回以上出現したものに限ると，「～じゃん」（119回）「マジ」（48回）「やっぱ」（31回）「～わ（女性語ではないもの）」（62回）「～わけ？」（34回）の5語があげられる．この5語について年代の異なる他の2作品との増加の様子を，付表から抽出し，増加の様子を図2にグラフで示す．

---

[2] データベースの作成は，注 * に記した5名の協力のもとになされた．

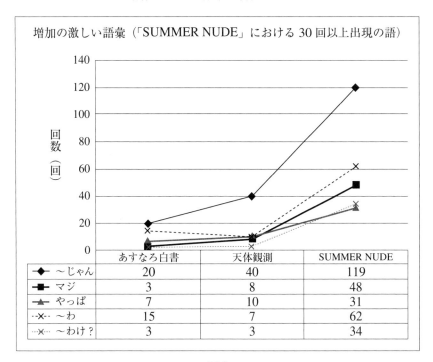

図 2

　図 2 のグラフからは，前 2 回に比べて，最後の作品でこのような言いかたが急激に多くなっていることがわかる．

　「SUMMER NUDE」で 20 回未満ではあるが，前 2 回から増加が見られた他の語彙 11 語について同様のグラフを示すと図 3 のとおりとなる．

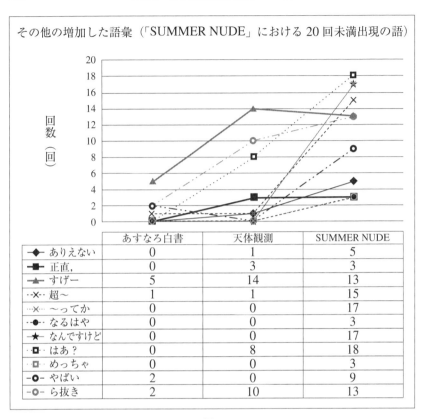

図 3

「すげー」(5 → 14 → 13)「ら抜き」(2 → 10 → 13)「はあ？」(0 → 8 → 18) などは，1993 年の「あすなろ白書」から 2002 年の「天体観測」までの最初の 9 年で急激に増えているものの，多くの語彙は 2002 年の「天体観測」から 2013 年の「SUMMER NUDE」にかけて急激に回数が伸び，図 2 と同様の結果を示している．図 2 と図 3 から総じていえることは，どの語彙も 1993 年の「あすなろ白書」でほとんど出現しない状況に対し，2013 年の「SUMMER NUDE」では格段に出現が増加しているということである．

　一例として，「マジ」の出現した状況を 3 つのドラマの間で相互に比較してみる．マジの出現は，3 回（あすなろ白書）→ 8 回（天体観測）→ 48 回（SUMMER NUDE）と増加したが，それぞれのドラマのなかで，以下のような出現例があった．

(3) 「マジ」の出現例
　　a. 「あすなろ白書」：3 回

　　　　——<u>マジ</u>？ 超リッチー．今日の合コンってさ，結構レベル高いと思わない？

　　b. 「天体観測」：8 回

　　　　——<u>マジ</u>犯罪じゃん．
　　　　——来た来た，キモくない？ <u>マジ</u>ありえない．

　　c. 「SUMMER NUDE」：48 回

　i. ——いつ？
　　　——昨日．
　　　——今，<u>マジ</u>な話してんだけど．
　　　——<u>マジ</u>で昨日来たんだって．

　ii. ——<u>マジ</u>っていうかさー，結局<u>マジ</u>にもならせてくれなかったっていうかさー．

「あすなろ白書」（1993 年）では「マジ」の出現はわずか 3 回で (3a) が示すように散発的である．「天体観測」（2002 年）では (3b) のように，「マジ」と言った台詞に対しておうむ返しのように応答の台詞にもう一度出現する例があった．「SUMMER NUDE」（2013 年）では (3c-i) のような応答にも繰り返し現れるものに加えて，同一の台詞のなかに反復して現れる例があった (3c-ii)．このような言語使用が結果的に出現頻度を増したのではないかと考えられる．また，「あすなろ白書」（3 回）「天体観測」（8 回）から，「SUMMER NUDE」で 48 回と著しく出現頻度が増しているひとつの要因として，用法の拡張ということも考えられる．(3a, b) では「マジ」は単独で用いられているが，(3c) では「マジな」「マジで」「マジに」など形容動詞として拡張的に使用されている．桑本 (2003: 119) は，若者ことばの定着の特徴として「形態的派生が存在すること」を挙げているが，(3c) の例のなかの様々な形態派生形[3]の存在は，この予測を実証しているといえる．

---

[3] 桑本 (2010: 125f.) は品詞派生の他に，「マジギレ」「まじうざ」などの複合語の豊富さを挙げている．また，意味派生の多様性も指摘している（桑本 (2010: 124f.)）．

4.2. 2つの「〜わ」の頻度の交替

付表と図2にも取り上げた「〜わ」は，いわゆる女性語の「〜わ[4]」「〜だわ」などではなく，男性でも使うものである．女性語の「〜わ」は上昇イントネーションを伴い，ここで扱う「〜わ」は下降イントネーションを伴うものである．

(4) 若者ことばとしての「〜わ」の例
 a. 「ひとにおごらせといて，よくいうわ．」(SUMMER NUDE)
 b. 「もう，あったま来た！ ちょっと行ってくるわ．」(SUMMER NUDE)
 c. 「じゃあ俺，数報告してくるわ．」(あすなろ白書)

(4a) などがこの種の「〜わ」の典型的な例である．(4b) は女性の台詞であるが，いわゆる女性語の「〜わ」ではない．また，(4c) のように，1992年の「あすなろ白書」にも出現しているのでさほど新しい言い回しとも思えない．

一方，女性語の「〜わ」は，1992年の「あすなろ白書」には数多く出現している．

(5) 女性語の「〜わ」の例（いずれも「あすなろ白書」より）
 a. 「ごめん，私帰るわ．」
 b. 「あたしの感情は掛居くんのおもちゃじゃないわ．」

(4), (5) に示した2つの「〜わ」の出現頻度について対比させたものが次の図4である．

---

[4] 査読者は，元々女性語の「〜わ」は，現代ではフィクション作品に登場する「お嬢様」や「おネエ」キャラの登場人物が「女性らしさ」をあえて作り出すために用いられるという役割語（金水 (2003)）的な側面もあると指摘している．

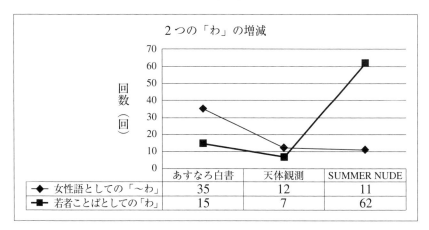

図 4

　1992年の「あすなろ白書」から2013年の「SUMMER NUDE」にかけての20年の間に2つの「〜わ」の出現頻度が逆転していることがわかる．ただしこのことは，「〜わ」という語彙の意味が交替したことを示すわけではない．両者は別の語彙であり，女性語の「〜わ」が20年の間に衰退し，逆に男性でも使う別の語彙である「〜わ」の出現が激増したことを示しているのである．女性語の「〜わ」については，小林 (2007) の，はなしことばとしては現在では女性語の「〜わ」はほぼ消滅したという指摘があるが，データベースに基づく図4のデータは，小林 (2007) の主張を実証するものとしての価値をもつ．これは，データベースを使用しないでは簡単にうることのできない証拠である．なお，「SUMMER NUDE」に出現した11例の女性語の「〜わ」はそのほとんどが中年以降の女性の発話であり，そのことからも，若者世代からの女性語「〜わ」の消滅は確認でき，これらはすべてデータベースの分析によってえられることである．

4.3. 発話の速さと台詞の長さについて

　語彙の変化そのものとは関係ないが，この種のデータベースによって，台詞の交替の速さや発話の速さ，台詞の長さなどは極めて容易に確認できる．台詞の速さに関連する項目を表2に示す．

表2 発話の速さに関するデータ

	あすなろ白書 (1993)	天体観測 (2002)	SUMMER NUDE (2013)
総放映時間	約8時間38分 (518分)	約9時間0分 (540分)	約8時間38分 (518分)
台詞数	3,982	4,770	6,146
1分あたりの台詞数(話)	7.7	8.8	11.9
台詞の文字数	約101,025	約119,355	約153,680
1分あたりの文字数	195.2	221.0	298.9
1台詞あたりの文字数	25.4	25.0	25.2

一人のキャストが発した一つながりの台詞を1つの単位として，その総数を総放映時間（分）で割ったものが3項目の「1分あたりの台詞数（話）」である．また，文字数を算出しそれを時間（分）で割ったものが5項目の「1分あたりの文字数」である．[5] それぞれグラフにして図5，図6に示す．

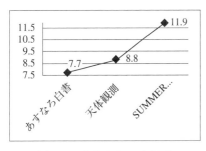

図5 1分あたりの台詞数

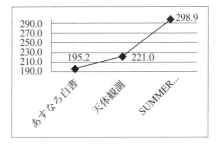

図6 1分あたりの文字数

図5は台詞の交替の頻度を，図6は1分あたりの台詞の情報量を示しているが，いずれも古いドラマから新しいドラマに向かって徐々に数値が高くなっている．これらのグラフから読み取れることは，キャストは台詞を早口で，かつ頻繁にやりとりするということが，10年ごとにどんどん激しくなってきていることである．

ところが，総文字数を台詞数で割った，1つの台詞の平均の文字数は表2中の6項目のとおりであるが，図7に示したとおりほぼ横ばいである．

---

[5] 台詞の文字数の勘定は，台詞のデータを1行の文字数，ページの行数を固定したWORDファイルに変換して行った．

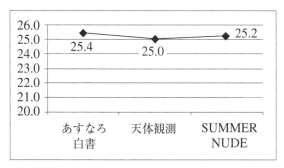

図7 1台詞あたりの文字数

これは，台詞を発話する速さはどんどん増しているが，台詞ごとの平均の情報量は変わらないということである．

そこで，長い台詞だけに注目し，長い台詞がどの程度の頻度で現れるかについて調べてみた．文字にして50字以上の台詞を便宜的に「長い」台詞とみなし，それが現れる回数と頻度を調べた．その結果を表3に示す．

表3 台詞の長さに関するデータ

	あすなろ白書 (1993)	天体観測 (2002)	SUMMER NUDE (2013)
台詞数	3,982	4,770	6,146
台詞の文字数	約101,025	約119,355	約154,680
1台詞あたりの文字数	25.4	25.0	25.2
50字以上の台詞数	227	270	225
長い台詞（50字以上）の 現れる間隔（〜回に1度）	17.5	17.7	27.3

表3の5項目の「長い台詞（50字以上）の現れる間隔」をグラフに示すと図8のようになる．

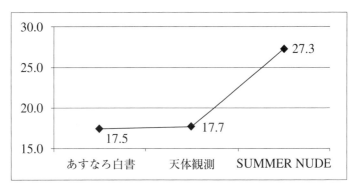

図 8　長い台詞（50 字以上）の現れる間隔（〜回に 1 度）

長い台詞の現れる間隔は 2002 年の「天体観測」から 2013 年の「SUMMER NUDE」にかけて急激に上がっている．つまり，出現頻度は急激に下がることを意味する．「天体観測」で 17.7 回に 1 回の割合であったものが，「SUMMER NUDE」では 27.7 回に 1 回にまで出現頻度が下がる．平均して約 1.5 倍の間隔が開いて出現するところまで出現頻度が低下していることが示される．

　以上をまとめると，20 年間に若者世代のドラマにおける台詞のやりとりは，徐々に頻繁になり，会話の速度も速まってきているが，その反面，長い台詞の頻度が徐々に低下してきていることになる．これらの知見は，データベースの処理によってはじめて明確にされ，実証されたことである．

5.　データベース利用によって確認できたことと問題点

5.0.

　以上，ドラマのデータベースを利用して，若者ことばの分析を行った．データベースの利用によって確認できたことや，データベースを用いることによる通時変化確認の利点やその問題点についてまとめる．

5.1.　データベース利用の利点
5.1.1.　若者ことばの定着と普及の確認

　若者ことばの大部分は発生してすぐに消え去る運命にある．流行が 1 年もてばいい方で，米川（2009）が平均 2.6 年，永瀬（1999）が 5 年以内というふうにそれぞれ若者ことばの寿命を推定した（桑本（2016）を参照）．データベースの利用によって確認しやすいのは，むしろ少数に分類されるような，定着する（した）若者ことばの状況である．本稿では 4.1 節の図 2，図 3 に示した語

彙である．これらの語彙は，「マジ」「〜じゃん」「やっぱ」「〜れる（ら抜き）」「超〜」などを含むが，桑本（2003）で示した，若者ことばの定着の特徴としてあげた条件に見事に合致している．[6] つまり，かなりの情報量を含むデータベースの作成とその利用は，語彙集などによって言及された，またはそれに基づいて考察した論点を実証的に支える結果となった．

中東（2004: 19f.）の示したような，いくつかの若者ことば（キャンパスことば）の語彙集や，アンケート調査，また，それらに基づく先行研究では，主に，そういう語彙がある（または，ない）ことしか言及することができない．つまり，これらの研究方法では，若者ことばが発生した事実やその時期，または逆に消滅したことを確認できるだけで，どの程度まで定着したのか，また，普及したのかは，本稿の考察の中心であるデータベースを利用し，出現頻度の割合を比較，分析しなければえられない知見である．

5.1.2. 既存の語彙集，研究で言及されなかった語彙の発見

データベースのもととなったドラマを視聴，または作成したデータベースのテキストを検索することでようやく気づく語彙というものが少なからずあった．

(6) 通常の調査法では確認しにくい語彙
 a. 〜ってか／ってかさー
 b. 〜なんですけどー
 c. はあ？／は？
 d. 〜なわけ？

(6)にあげた語群は，通常若者ことばとして認知されることは少ないが，筆者がデータベース作成中に頻出が気になり，作成後に検索したところかなりの件数がヒットしたものである．これらの語彙の発見も，データベース利用の利点の１つといえる．

5.2. データベース利用の問題点

データベースを作成したものの，若者ことばについての通時変化を効率的に

---

[6] 桑本（2003: 119）であげた，若者ことばの定着の特徴は以下のとおりである．1. 使用場面が広いこと，2. 形態的派生が存在すること，3. 意味の転換，4. あいまいな表現，5. 符丁的すぎるものは定着しない，6. テレビを通じて流行った芸能人の言動を発生源とするものは定着しない．

分析できない語彙は多々あった．たとえば，(7) の 7 語は筆者が典型的な若者ことばとして検索語に加えていたが（付表には載せていない），当然ながら，どのドラマのデータベースにおいても 1 件もヒットしなかった．

(7) データベースに現れなかった語彙の例
・いけてる　　・イケメン　　・オタク　　　・カッケー
・ちがくて　　・チャラい　　・やばくね？

その他，付表に載せた分析対象語のうち，「いい子ちゃん」(1 回)「事故る」(2 回)「やべー」(1 回)「ヤンキー」(1 回) は「あすなろ白書」にのみ，「うざい」(2 回)「きもい」(1 回) は「天体観測」にのみ，「拒否る」(1 回)「仕事終わり」(1 回)「ちげー」(1 回)「ぶっちゃけ」(1 回)「むずい」(1 回) は「SUMMER NUDE」にのみ出現したが，回数があまりにも少なく，また，そのドラマにだけ出現したということだけで，当該の年代の代表的な若者ことばと認定することはできない．また，定着・普及をしている（していた）と判定することもできない．これらの語彙が出現した，または出現した回数が少ない，または (7) の語群が全く出現しないのは，偶発的なことだったのか，またはキャストや脚本の個性によるものなのか，現状では判断できない．データベースの量を増やすことによって解消される，または改善されるのかもしれないが，1 つ 1 つのデータベースを作成するのにともなう労力と，桑本 (2016) で述べた，若者ことばが反映されやすい条件を探してデータベースのドラマを選定したという緻密な制限を考慮するならば，これ以上のデータベースの増大化を望むのは極めて困難であろう．

6. 結論

本稿は，若者ことばという，特定の集団に限って用いられ，また，そのなかでも使用する場面が極めて制限的な，そして通時的にも安定性の低い語彙群に対して，連続テレビドラマの台詞をもとにしたデータベースを利用して語彙の出現頻度を分析することでその通時変化を確認しようとしたものであった．

若者ことばは概して短命であり，語彙を収集するのは困難であり，これまでの研究においては，地域的にも母集団の規模においてもきわめて制限的な語彙収集に留まり，そのような状況下での考察を余儀なくされてきた．本稿では，データベースを利用し，語彙の出現の多寡を比較することで若者ことばの盛衰について実証できる可能性が確認された．

作成したデータベースに記録されない若者ことばは，極めて多いようにみう

けられる．これは，桑本（2016）での考察のとおり，出没があまりにも速く，寿命が極めて短い（米川（2012），永瀬（1999））という，若者ことばが内包している特有の性質によるものである．この一方で，現在では一般語彙に近いところまで普及していると認めうる「マジ」「超〜」などの語彙群に対しては，データベース上に出現頻度の変化が明確に表れ，その出現状況をもとにした考察が可能となった．

本稿で行ったデータベース作成とその分析において，価値ある成果は次の2点である．

まず1つ目として，定着している若者ことばとしては，当データベースに多く検索された語彙が当てはまるが，桑本（2003）で予想した特徴がそのままそれらの語彙群として実証されることとなった．

もうひとつは，「〜ってか」「〜なんですけどー」「はあ？」「〜なわけ？」など，これまでは若者ことば独特の言い回しとは認められなかった語彙や語法がデータベース上に現れることで，新たに分析対象とすることができたということである．このような発見は，データベースの検索を通してでなければえられなかったことである．

その一方で，多くの若者ことばは，データベース上に記録されないということもある．自然発話に近い模擬的なはなしことばデータベースとして連続テレビドラマを利用したわけであるが，効果的に語彙を収集できないことに関しては，量的な問題があるのか，自然会話のなかに語彙が現れにくいという，若者ことば特有の性質によるものなのか，それらの諸問題は，今後に向けて明らかにしていかなければならない．具体的にはこの種の語彙分析に対して，同時期のさらに複数の作品のデータベースを作って，データを増やすことでより充実した分量のものを対象にするとか，また，10年ごとといわず，5年ごと，2，3年ごとの同種のデータベースを作って分析するなどの方策が考えられる．現時点では，将来的な展望として今後の研究に委ねたい．

参考文献

金水敏（2003）『ヴァーチャル日本語　役割語の謎』岩波書店，東京．
桑本裕二（2003）「若者ことばの発生と定着について」『秋田工業高等専門学校研究紀要』第38号，113-120．
桑本裕二（2010）『若者ことば　不思議のヒミツ』秋田魁新報社，秋田．
桑本裕二（2014）「若者ことばにおける曖昧表現の形態および意味構造の変異について——テレビドラマのデータベースの通時研究への利用を目指して——」『秋田工業高等専門学校研究紀要』第49号，68-75．

桑本裕二（2016）「若者ことばの通時研究のための連続テレビドラマのデータベース利用の有効性について」『秋田工業高等専門学校研究紀要』第51号, 37-44.
小林千草（2007）『女ことばはどこへ消えたか？』光文社，東京.
永瀬治郎（1999）「語の盛衰――キャンパス言葉の寿命――」『日本語学』第18巻第10号, 14-24.
中東靖恵（2004）「キャンパスことば研究のこれまでとこれから」『岡山大学言語学論叢』第11号, 17-28.
米川明彦（2000）『集団語辞典』東京堂出版，東京.
米川明彦（2009）『集団語の研究　上巻』東京堂出版，東京.

付表　ドラマデータベース内の若者ことばの出現数（回）

	あすなろ白書	天体観測	SUMMER NUDE
ありえない	0	1	5
いい子ちゃん	1	0	0
うける	1	0	1
うざい	0	2	0
きもい	0	1	0
拒否る	0	0	1
仕事終わり	0	0	1
事故る	2	0	0
〜じゃん	20	40	119
正直,	0	3	3
すげー	5	14	13
ちげー	0	0	1
超〜	1	1	15
〜ってか／ってかさー	0	0	17
テンション高い／上げる	2	1	1
なるはや	0	0	3
なんですけど	0	0	17
はあ？	0	8	18
ぶっちゃけ	0	0	1
マジ	3	8	48
むかつく	0	1	1
むずい	0	0	1
めっちゃ	0	0	3
やっぱ	7	10	31
やばい	2	0	9
やべー	1	0	0
ヤンキー	1	0	0
ら抜き	2	10	13
〜わ（女性語でない）	15	7	62
〜わけ？	3	3	34
わりー	7	6	8

日本語の「V＋て＋V」形式の通時的発達に関する一考察*

小菅　智也
秋田工業高等専門学校

1. はじめに

本稿では日本語の「V1＋て＋V2」の形式の用法の通時的変化について論じる．「V1＋て＋V2」のV2位置に，下記の動詞が生じると，アスペクトやモダリティなど，さまざまな意味が生じる．例えば，V2位置に「いる」が生じた場合を見てみる．(2a-d) の「いる」はそれぞれ，結果状態，経験，反復，進行の意味を表している (cf. Nakatani (2013: 39-40))．

(1)　ある，いる，おく，しまう，もらう，あげる，いく，みる
(2) a.　鳥が死んでいる．（結果状態の維持（以下，結果持続））
　　b.　彼は三回逮捕されている．（経験）
　　c.　多くの人が毎日飢えで死んでいる．（反復）
　　d.　鳥が飛んでいる．（進行）

V2の意味の多様性については，文法化の結果として生じるとする立場 (Shibatani (2007)，吉田 (2012) 等) と，文法化とは無関係であるとする立場 (Nakatani (2013)) があるが，いずれにおいても，通時的なデータに基づいた検証はなされていない．

本稿では，日本語歴史コーパスのデータを基に，(2a-d) に示したV2の意味の多様性が，通時的な文法化によって生じたものであることを示す．また，コーパスから得られたデータに基づき，「V1＋て＋V2」の構造がどのように

＊ 本稿は，東北大学「言語変化・変異研究ユニット」主催第1回ワークショップ，「コーパスからわかる言語変化と言語理論」及び，FLC Conference 2014において口頭発表した内容に加筆，修正を加えたものである．本稿の執筆に当たり，貴重なご意見を頂戴した小川芳樹先生，菊地朗先生，長野明子先生，杉浦克哉先生，2名の匿名査読者，また，発表時に貴重なご意見を頂いた秋孝道先生，新沼史和先生，木戸康人氏にはこの場を借りて心からの謝意を表したい．本論文中の不備は，言うまでもなく筆者の責任によるものである．

変化していったのかを示す．具体的には，(i)「V1＋て＋V2」形式における「て」とV2はそれぞれ別々の機能範疇主要部として具現すると仮定したうえで，(ii) V2の機能範疇化と文法化と連動し，「て」の生起位置も変化し，結果，当該表現の用法が拡張していったことを主張する．

以下，2節，3節において，「V1＋て＋いる」の用法が漸次的に拡大していったという事実を確認する．4節では，本稿で採用する，Roberts and Roussou (2003) の「上方再分析（Upward Reanalysis）」を簡単に紹介する．次に，5節において「V1＋て＋いる」の用法変化について統語論的な説明を与える．また，6節では，5節で提案した分析が，「V1＋て＋しまう」にも適用可能であることを主張する．7節では，「V1＋て＋V2」形式の音韻縮約の例から，V2が機能範疇化したことを示す議論を行う．8節はまとめである．

2. 通時的データに基づく検証

本節では，「V1＋て＋V2」の通時的なデータを観察し，1節で挙げた2つの立場の妥当性を検証する．

「V1＋て＋V2」形式の用法の通時的な変化は，梶井（1997），金水（2006），畠山（2015）などに見られるように，国語学の分野で古くから観察されている．本節では，金水（2006）及び畠山（2015）の議論を紹介し，「V1＋て＋いる」の「いる」の意味が通時的に変化してきたことを示す．

2.1.「いる」の通時的な意味変化

金水等によると，「いる（ゐる）」は上代期には，着座状態への姿勢変化を表す動詞であった．その後，中古期になると，着座状態の維持を表す「ゐたり」が用いられるようになり，[1,2]「V1＋て＋ゐたり」の形式も生じるようになった．この時代では，V2としての「ゐたり」は本動詞としての用法のみが可能であった．例えば，(3) の例は，「座りながら猫を撫でている」状況を表す．

---

[1] 中古以前は，「ヲリ」が着座状態の維持を表していたようである（cf. 畠山（2015），金水（2006））．
[2] 畠山（2015）では，「ゐる」と「ゐたり」の違いを表すものとして，次の例が紹介されている．
 (i) a. かく立てるはなぞ．ゐはべれ． （落窪物語）
   b. 近くゐたれ．ただ今来む． （落窪物語）
(ia) は「座れ」という姿勢変化の起動を命令している一方，(ib) は「近くで着座した状態を維持せよ」と解釈される．

(3) いとらうたく覚えて**かき撫でてゐたり**. （源氏物語）

また，畠山によると，中古期の「V1＋て＋ゐたり」形式のV1位置に生じる動詞は，(4) に示すような，着座状態と同時に遂行可能なものに限られていた．

(4) うちながむ，泣く，うち笑ふ，うなずく，かき撫でる，抱く，かた膝つく，ねぶる，思ふ （畠山 (2015: 15)）

中世期になると，(5) に示すように，着座状態では遂行不可能な動詞がV1として生じ始め，「ゐたり」が着座状態の意味を失い始め，存在動詞としての用法が見られ始める．

(5) その人を待つとて，うち掃きなど**してゐたり** （宇治拾遺物語）

さらに，近世になると，(6) のように，「てゐたり」の形式が「ている」へと変化する．また，この時代になると，進行相や結果持続の用法が可能になる．[3]

(6) かうしさきを**うろついている**内 （東海道中膝栗毛）

ここまでの観察をまとめると，次の表1が得られる．

表1.「いる」の意味変化

	中古	中世	近世
形態	V1＋て＋ゐたり	V1＋て＋ゐたり	V1＋て＋ゐたり／いる
意味	着座状態	着座状態／存在	存在／結果持続／進行

以上，本節では，「V1＋て＋いる」形式に焦点を当て，その意味が通時的に変化していったことを見た．この事実は，Hopper and Traugott (2003) 等のように，文法化は言語の通時的変化であると考えれば，自然に説明ができる．

3. 進行相と結果持続：方言のデータから

現代語における「V1＋て＋いる」は次の (7) に示すように，進行相を表す用法と結果持続を表す用法を持つ．本節では，畠山 (2015) 及び漆原 (2006) の議論を紹介し，結果持続用法が進行相用法に先行して生じることを示す．[4]

---

[3] それぞれ (2a, d) に示した用法である．
[4] 「V＋て＋いる」形式の結果持続用法と進行相用法のどちらが歴史的に先に生じたのかについては，本稿の調査では特定できなかった．これは今後の課題としたい．

(7) a. 鳥が飛んでいる．（進行相）
    b. 鳥が死んでいる．（結果持続）

3.1. 熊本山鹿市内方言

本節では，熊本山鹿市内方言に関する畠山（2015）の議論を簡単に紹介する．

2015年における熊本山鹿市内方言では，進行相と結果持続を表すのに，それぞれ「ヨル」と「トル」が用いられるが，「ヨル」の用法に関しては，話者の世代間で (8), (9) に示す差が観察される．すなわち，20代の話者は「ヨル」を進行相としてのみ使用するが，80代の話者は「ヨル」を結果持続用法としても用いるのである．

(8) 20代の話者
    a. 進行相
       ジョン，えさ，食べヨルもん．
    b. 結果持続
       座っトルけん．／＊座りヨル
(9) 80代の話者
    a. 進行相
       ジョン，えさ，食べヨルもん．
    b. 結果持続
       座っトルけん．／座りヨル

畠山は，元々結果持続を表していた「ヨル」が，進行相をも表すようになり，古い用法，つまり結果持続用法としての「ヨル」は20代の話者の間では衰退したと分析している．

3.2. 北部九州方言

漆原（2005）は，北部九州方言の「ヨウ」，「トウ」について，「完了相用法→進行相用法」の変化を主張している．[5]

2003年における北部九州方言では，進行相には「ヨウ」が，完了相には「トウ」が用いられるが，ここにも，話者の年齢層により，「トウ」の用法について差が観察される．30代後半以上の話者は「ヨウ」を進行相として，「トウ」

---

[5] 先の畠山の観察は「結果持続用法→進行相用法」であり，漆原の観察とは異なるものと思われるが，両者とも，V1が表す相が完結相から非完結相へと変化することを観察している．

を完了相として用いる．30代前半以下の話者も「ヨウ」，「トウ」をそれぞれ進行相，完了相として用いるのだが，この年代の話者は，「トウ」を進行相としても用いることがある．

(10) 30代後半以上の話者
    a. 進行相
       ジョンが本を読みヨウ．／*ジョンが本を読んドウ．
    b. 完了相
       ジョンが本を読んドウ．
(11) 30代前半以下の話者
    a. 進行相
       ジョンが本を読みヨウ．／ジョンが本を読んドウ．
    b. 完了相
       ジョンが本を読んドウ．

漆原は，Ritter and Rosen (2000) の動詞句の階層構造を採用し，進行相の「ヨウ」と完了相の「トウ」がそれぞれ F-init(iator)，F-delim(iter) の位置に生じるとしている．

(12) [$_{\text{F-initP}}$ [$_{\text{F-init}}$ ヨウ][$_{\text{TP}}$ [$_{\text{FP-delim}}$ [$_{\text{F-delim}}$ トウ] [$_{\text{VP}}$]]]]

また，30代前半以下の話者が「トウ」を進行相としても用いる事実について，漆原は，進行相用法としての「トウ」は F-delim に生じたものが，F-init へと主要部移動した結果可能になるとしている．漆原はこの変化を文法化とは呼んでいないが，この分析は，次節で概観する Roberts and Roussou (2003) (以下 R&R) の「上方再分析 (Upward Reanalysis)」の考え方と合致する．

以上，本節では，方言のデータから，「V+て+V」形式においては結果持続用法／完了相用法が，進行相用法に先行して生じることを示した．[6]

4. 上方再分析

本節では，前節で言及した R&R の上方再分析について簡単に説明する．

Hopper and Traugott (2003) 等において，内容語が意味漂白を受け，機能語へと変化するという文法化の一方向性が指摘されてきた．R&R は文法化の

---

[6] 結果持続用法と完了相用法を比較した場合，通時的にどちらが早く確立するのかという質問を匿名の査読者から頂いた．この点は今後の課題としたい．

一方向性に対し，統語論の観点から，概略，下記のような説明を与えている．すなわち，元々語彙範疇 LP の主要部として具現していた X が（= (13a)），主要部移動により，機能範疇 FP 位置に生じるようになり（= (13b)），最終的に，FP 主要部に直接併合されるようになるという仮説である．

(13) a. [$_{FP}$ F [$_{LP}$ L (X) [$_{YP}$]]]
    b. [$_{FP}$ F (X) [$_{LP}$ L (X) [$_{YP}$]]]
    c. [$_{FP}$ F (X) [$_{LP}$ L [$_{YP}$]]]

R&R は (13) の変化を上方再分析（Upward Reanalysis）と呼び，その具体例として，英語の助動詞の用法の通時的変化等を挙げている．R&R によると，現代英語において助動詞として使用される語の一部は，中英語では，不定詞として生じたり（= (14a)），他の助動詞に後続するなど（= (14b)），語彙動詞の性質を示していた．

(14) a. Non-finite modal:
    but it sufficeth too hem **to kunne** her *Pater Noster, ...*
    but it suffices to them to know their *Pater Noster*
        (?c1425 (?c1400) *Loll. Serm.* 2.325; Denison (1993: 310))
    b. Iteration of modals:
    Who this booke **shall wylle** lerne ...
    he-who this book shall wish learn
        (c1483 (?a1480) Caxton, *Dialogues* 3.37; Denison (ibid.))

また，中英語では，(15) のように，否定辞 not が動詞に後続する用例も観察されている．R&R はこの語順は，語彙動詞が V から T へ主要部移動することで可能になるとしている．

(15) if I **gave not** this accompt to you
    if I gave not (=did't give) this account to you
        (1557: J. Cheke, Letter to Hoby; Görlach (1991:223), Roberts (1999:290))

R&R によると，英語の助動詞は元々不定詞節を補部に選択する語彙動詞が，V-T 移動により T 位置に生じていたものが（= (16)），現代英語では，(17) のように，T 位置へ直接併合され，VP 補部を選択するようになったとされている．その結果，(16b) の複文構造から (17b) の単文構造への再分析が生じ

ている．

(16) a. The kynge mote speken.
　　 b. [TP T (mote) [VP V (~~mote~~) [TP T speken]]]

(17) a. The king must speak.
　　 b. [TP The king [T' T (must) [VP speak]]]

5. 分析

本節では，「V1＋て＋V2」の構造の通時的変化を仮定して，2節及び3節で観察した当該形式の用法の通時的変化を捉える．

(18)　本稿で採用する仮定
　　 a.　「V1＋て＋V2」の用法の多様性は文法化によって生じる．
　　　　　　　　　　　　　　　　　　(Shibatani (2007)，吉田 (2012))
　　 b.　R&R の上方再分析
　　 c.　Fukuda (2013) の動詞句の階層構造 (19a, b)

(19)
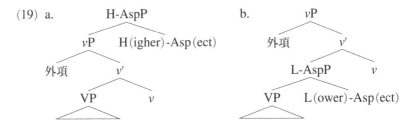

(20)　本稿での主張
　　　「V1＋て＋V2」において，「て」と V2 は別々の機能範疇の主要部として具現し，それぞれ別の役割を担う．[7]

以上を踏まえ，本節では，「V1＋て＋いる」について，次のような構造の変化の過程を主張する．

---

[7]「て」と V2 に別々の機能が備わっているという考えは，田村 (2015) も参照．田村 (2015) では，動詞のテ形はアスペクト性を担っているとしている．また，内丸 (2006) 等も「て」が Asp 主要部として生じるとしている．

(21) a. 「いる」は語彙動詞として生じ，「V1＋て」は付加詞として生じる．
b. 「いる」が機能範疇に脱範疇化．「て」は L-Asp として生じ，結果持続用法が生じる．
c. 「て」が H-Asp へと変化し，進行相用法が生じる．

5.1. Fukuda (2012) における動詞句の構造

具体的な分析を行う前に，Fukuda (2012) で提案された (19) の構造について簡単に説明しておく．影山 (1993) などでは，V-V 複合語の後項動詞はいずれも語彙範疇として分析されていたが，Fukuda はそれらの一部を機能範疇として扱う分析を提示している．

Fukuda は，(22) に示すアスペクト動詞を，(i) 長距離受身が可能か，(ii) 受動化した動詞を補部に選択できるか，(iii) 補部に生じる動詞は完結相 (telicity) をもつかの基準で分類した．

(22) 始める，続ける，終える，終わる
(23) 相動詞の分類

	始める，続ける	終える	終わる
長距離受身	ok	ok	＊
V1 の受動化	ok	＊	ok
V1 (activity)	ok	＊	ok
V1 (accomplishment)	ok	ok	ok

Fukuda はこの分類に基づき，これらの動詞が生じる位置として，L-Asp と H-Asp の 2 か所があることを提案した．L-Asp は vP と VP の間に，H-Asp は vP の上に生じる．また，L-Asp は完了相を持つ動詞のみを選択するが，H-Asp にはそのような制限はない．(23) の結果から，Fukuda は (23) に示したアスペクト動詞がそれぞれ (24a) または (24b) の位置に生じるとしている．

(24) a. [$_{v\text{P}}$ 外項 [$_{v'}$ [$_{\text{L-AspP}}$ [$_{\text{VP}}$] [$_{\text{L-Asp}}$ 終える，始める，続ける]] v]]
b. [$_{\text{H-AspP}}$ [$_{v\text{P}}$ 外項 [$_{v'}$ [$_{\text{VP}}$] v]] [$_{\text{H-Asp}}$ 終わる，始める，続ける]]

「始める，続ける」は L-Asp, H-Asp どちらに生じることもできるため，V1, V2 どちらの受動化も可能であるし，V1 位置を占める動詞の相に関しても制限がない．一方，「終える」と「終わる」にはいくつかの差が観察される．「終える」は L-Asp 位置にのみ生起可能である．この位置は v の補部であるため，V2 の受動化のみが許される．また，L-Asp は完結相を持つ V1 のみを選択す

るため,「終える」は活動動詞のV1とは共起しない.次に,「終わる」だが,こちらはH-Asp にのみ生起可能である.H-Asp は vP を補部に選択するため,V1 の受動化のみが可能となる.また,H-Asp は V1 の相に関する制限は持たないため,完結相・非完結相どちらの V1 とも共起可能である.

以上,本節では,Fukuda (2012) の動詞句の階層構造を紹介した.

5.2.「V1＋て＋いる」の構造変化

本節では,「V1＋て＋いる」の構造の変化の具体的な過程を示す.まず,「V1＋て＋ゐたり」形式の初出である中古の構造を考える.本稿では,Shibatani (2007) 等に従い,V2 が本動詞から助動詞へと変化したと考える.したがって,「V1＋て＋ゐたり」の初出例における V2 は本動詞であり,V1 は付加詞として生じていることになる.この構造を (25) に示す.[8, 9]

(25) [$_{VP}$ [$_{AspP}$ [$_{VP1}$] [$_{Asp}$ て]] [$_{VP2}$ [$_{V}$ ゐたり]]]

また,中世に生じた存在動詞としての「ゐたり」だが,これについても本動詞として考え,(25) と同様の構造を持っていたと考える.

次に近世の例を考える.近世では,「ゐたり／いる」が V1 の結果持続や進行を表すようになる.つまり,「V1＋て＋いる」が単文としての性質を帯び始めるのである.この事実は,R&R の上方再分析から自然に説明することができる.「ゐたり／いる」が上方再分析の結果,本動詞から機能範疇 F へと変化し,AspP は FP の補部に生じるようになるのである.まず,結果持続用法の構造として (26) を提案する.(26) では,「て」は L-Asp 位置に生じ,完結相を持つ事象を選択し,「いる」によりその持続が表される.

(26) 結果持続用法
[$_{FP}$ [$_{vP}$ SBJ [$_{v'}$ [$_{L-AspP}$ [$_{vP}$] [$_{L-Asp}$ て]] v]] [$_{F}$ いる]]

(26) における機能範疇 FP は,Cinque (2006: 12, 76, 88, 90) で提案されている機能範疇階層 (27) における AspP$_{continuative}$ に相当するものと考える.

(27) MoodP$_{speech\ act}$ > MoodP$_{evidential}$ > ModP$_{epistemic}$ > TP (Past) > TP (Future) > MoodP$_{irrealis}$ > ModP$_{alethic}$ > AspP$_{habitual}$ > AspP$_{repetitive\ (I)}$ > AspP$_{frequentative\ (I)}$ > ModP$_{volitional}$ > TP (Anterior) > AspP$_{terminative}$ >

---

[8] ここでの AspP は L-AspP, H-AspP どちらであってもよいと考える.
[9] AspP の付加構造が V1 と V2 の付帯状況を表すという分析は,内丸 (2006) を参照.

$\text{AspP}_{\text{continuative (I)}}$ > $\text{AspP}_{\text{retrospective}}$ > $\text{AspP}_{\text{proximative}}$ > $\text{AspP}_{\text{durative}}$ > $\text{AspP}_{\text{generic/progressive}}$ > $\text{AspP}_{\text{prospective}}$ $\text{AspP}_{\text{inceptive (I)}}$ > $\text{ModP}_{\text{obligation}}$ > $\text{ModP}_{\text{permission/ability}}$ $\text{AspP}_{\text{frustrative/success}}$ > $\text{AspP}_{\text{completive (I)}}$ > VoiceP > $\text{AspP}_{\text{inceptive (II)/continuative (II)}}$ > $\text{AspP}_{\text{completive (II)}}$ > $\text{AspP}_{\text{repetitive (II)}}$ > $\text{AspP}_{\text{frequentative (II)}}$

ちなみに，(27) の階層構造では，$\text{AspP}_{\text{continuative (I)}}$ と $\text{Asp}_{\text{continuative (II)}}$ のように，(I)/(II) で区別された機能範疇がそれぞれ Voice の上と下に存在している．Fukuda (2012) の H-Asp/L-Asp はそれぞれ Asp (I)/Asp (II) に相当する (詳細は Fukuda (2012: 1014-1016) を参照)．

これらを踏まえ，(26) の構造を次の (28) のように修正する．(28) では，「て」は $\text{Asp}_{\text{completive (II)}}$ として，「いる」は $\text{Asp}_{\text{continuative (I)}}$ として生じている．

(28) 結果持続用法

[$_{\text{AspP (continuative (I))}}$ [$_{vP}$ SBJ [$_{v'}$ [$_{\text{AspP (completive (II))}}$ [$_{VP}$] て] v]] いる]

(28) の構造では，$\text{AspP}_{\text{completive (II)}}$ により，動作の完結が表され，$\text{Asp}_{\text{continuative (I)}}$ により，その結果状態の持続が表されている．

次に，「て」が H-Asp ($\text{AspP}_{\text{inceptive (I)}}$) 位置に生じるようになり，「V1＋て＋いる」の進行相用法が確立する．

(29) 進行相用法

[$_{\text{AspP (continuative (I))}}$ [$_{\text{AspP (inceptive (I))}}$ [$_{vP}$ SBJ [$_{v'}$ [VP] v]] て] いる]

(29) においても，「いる」は $\text{Asp}_{\text{continuative (I)}}$ に生起しており，事象の継続が表されている．しかし，(29) では，「て」は $\text{Asp}_{\text{inceptive (I)}}$ に生じており，非完結的な事象を選択している．つまり，「V1＋て」により，非完結的な事象が表され，「いる」によりその持続が表されているのである．

以上，本節では，V2 の機能範疇化の観点から，「V1＋て＋いる」形式の用法の変化を説明した．[10]

6. 「V1＋て＋しまう」形式

本節では，「V1＋て＋いる」以外に，「V1＋て＋しまう」形式にも，前節の

---

[10] ここでは (2a, d) の結果持続用法と進行相用法のみを扱った．(2b, c) に示した経験用法と反復用法については，その通時的な形成過程などを含め，今後の課題としたい．

分析が当てはまることを示す．ここでは，まず，「V1＋て＋しまう」形式の V1 位置に生じる動詞タイプの通時的変化を観察し，「V1＋て＋いる」形式で行ったものと同様の分析が可能であることを示す．ここでは，(30) に示すコーパスを用いて調査を行った．

(30) a. 日本語歴史コーパス『中納言』(900 年代〜1640 年代)
b. テキストファイル
  i. 『好色一代女』(1686 年)　　ii. 『奥の細道』(1702 年)
  iii. 『曽根崎心中』(1703 年)　　iv. 『心中天の網島』(1720 年)
c. 全文検索システム『ひまわり』パッケージファイル
  i. 『ふみくら』(1781〜1884 年)
  ii. 『女性雑誌』(1895〜1925 年)

6.1. V1 タイプの変化

ここでは，「V1＋て＋しまう」形式の V1 位置に生じる動詞タイプの変化の過程を記述する．

(30) に示したコーパスでの，動詞「しまう」の初出は 1642 年の (31) のものであった．

(31)　とうからきて，はやうしまうて …　　　　　　　　(1642; 虎明本)

ただし，(31) では，「て」と「しまう」の間に副詞「はやう」が介在している．ちなみに (31) は，「早くから来て，すでに終わらせて」といった意味である．「V1＋て＋しまう」が直接接続されている例の初出は 1686 年の『好色一代女』である．ここでの例はいずれも V1 に完了相を持つ他動詞が生じている．

(32) a.　愛でくうて仕舞　　　　　　　　　　　　　　(1686; 好色一代女)
　　 b.　酒より先に鹽貝喰て仕舞　　　　　　　　　　(1686; 好色一代女)

1875 年のデータでは，(33) のように，V1 位置に非対格自動詞が生じる例が見られるようになる．

(33)　私酔てしまつて前後忘却になつたのをサ．　　　　(1875; 怪化百物語)

1894 年のデータでは，(34) のように，V1 が非能格動詞である例が見られる．また，同時期に，V1 が受動化された (35) のような例も生じる．

(34)　なまけてしまう，大浄寺へばかり行ッたって　　　(1894; 女学雑誌)

(35) サァ，いのちが惜しけれァ，しばられてしまへ．

(1894; 女学雑誌)

以上，本節では，V2の意味が漸次的に拡張してきたというデータをした．これらをまとめると表2が得られる．

表2:「V1＋て＋しまう」における V1 タイプの通時変化

		1686 年	1791 年	1875 年	1895 年	1909 年	1925 年	1950 年
完結	他動詞	3	2	0	18	60	75	79
	自動詞	0	0	1	8	58	88	80
非完結	他動詞	0	0	0	3	20	37	26
	自動詞	0	0	0	4	31	25	36
受動態		0	0	0	1	12	17	13

6.2.「V1＋てしまう」の統語構造

本節では，6.1節で観察した事実を，4, 5節で提案した統語構造を用いて説明する．

まず，「V1＋て＋しまう」の初出例である (31) について考える．ここでは，「て」と「しまう」の間に副詞要素が介在しており，V1が本動詞として使用されていることがわかる．したがって，この年代は本動詞「しまう」に AspP が付加している (36) の構造 (cf. (25)) を持っていたことになる．

(36)　$[_{VP} [_{AspP} [_{VP1}] [_{Asp} て]] [_{VP2} [_v しまう]]]$

次に，(32) のような，V1に完了相の他動詞が生じる例について考える．この年代では，「しまう」は v，「て」は L-Asp (ここでは Asp$_{completive\ (II)}$ とする) であると仮定する．

(37)　他動詞（完了相）＋てしまう
　　　$[_{vP} 外項 [_{v'} [_{AspP\ (completive\ (II))} [VP] て]] しまう]]$

(37) の「しまう」は v であるので，意図性を持つ主語のみを認可する．また，「て」が L-Asp に生じているので，この時代のデータにおける V1がいずれも完了相の他動詞であることが説明できる．

次にV1に非対格動詞が生じる例を見るが，ここでは，この段階で「しまう」が上方再分析により，さらに上位の機能範疇（ここでは，小川 (2015: 239) に従い，Asp$_{frustrative/success}$ とする）へと文法化したと考えよう．

(38) 非対格動詞＋てしまう

[AspP (frustrative/success) [H-AspP [vP [L-AspP [VP] [L-Asp て]] v] H-Asp] しまう]

(38) では，V2 の助動詞化によりその補部には H-Asp が生じることができるようになっている．V1 に非対格動詞が生じた場合，(39) に示す通り，V1 の内項がそのまま文全体の主語となる．(38) では，「しまう」が助動詞化し，外項を認可する機能を失っており，(39) の事実は，この構造から自然に説明できる．

(39) 花瓶が割れてしまった．

次に，V1 に非能格動詞が生じる例だが，これは「て」の L-Asp から H-Asp ($Asp_{completive (I)}$) への上方再分析により可能になる．この構造を (40) に示す．

(40) 非能格動詞＋てしまう

[AspP (frustrative/success) [AspP (completive (I)) [vP 外項 [v' [VP] v]] て] しまう]

「て」が H-Asp 位置に生起するようになった結果，V1 位置に完了相を持たない動詞が生じることができるようになる．「て」が H-Asp に生じるようになると，「て」は vP を補部に選択できるようになる．すると，V1 が受動化できるようになることが予測される．実際に，非能格動詞が V1 に生じるようになったのと同時期に V1 の受動化の例が生じている．[11]

(41) 受動態＋てしまう

[AspP (frustrative/success) [H-AspP [vP 外項 [v' [VP 内項 V] [v られ]]] て] しまう]

以上，本節では，「V1＋て＋しまう」形式に対して，「V1＋て＋いる」形式で行ったものと同様の分析が適用可能であることを示した．

---

[11] (37), (38) では「しまう」は補部に H-Asp を選択しているが，(i) に示すように，Aux の選択しうる統語サイズが，「L-AspP のみ→ H-Asp も可」のように広がっていったと考えることもできる（このような変化については，Ogawa (2014) の「統語的構文化 (Syntactic Constructionalization)」を参照）．

(i) a. [AuxP [L-AspP [VP] L-Asp (て)]Aux（しまう)]　　 (cf. (37))
　　 b. [AuxP [H-AspP [vP [VP] v] H-Asp (て)] Aux（しまう)]　 (cf. (38))

(37) の段階で「しまう」の補部が L-Asp であったか H-Asp であったかについては，残された問題としたい．

7. 音韻縮約

7.1. 文法化と音韻縮約

　ここまでの議論では，V2 の通時的な意味変化，および，V1 タイプの通時的変化から，「V1＋て＋V2」形式の文法化分析を支持する議論を行ってきた．本節では，「V1＋て＋V2」形式の文法化分析を支持するさらなる根拠として，当該形式の音韻縮約の例を観察する．

　Hopper and Traugott (1993) 等では，文法化に伴い，音韻縮約が可能となる場合があるとされている．例えば，英語の be going to の例を見てみる．be going to は本来場所移動を表す本動詞（＝(42a)）であったが，意志を表す助動詞（＝(42b)）として再分析され，未来の出来事を表す助動詞（＝(42c)）としての用法が確立した．また，助動詞化したことにより，(42d) のような縮約が可能になったとされている．

(42) be going to の発達
 a. She is going [to the park].
 b. She [is going to] visit Bill.
 c. She [is going to] like Bill.
 d. She [is gonna] like/visit Bill.
      (cf. Hopper and Traugott (1993)，保坂 (2014))

Corpus of Historical American English での調査からも，be going to の文法化と縮約の前後関係が示される．未来の出来事を表す be going to の用法は 1810 年の時点で既に確立されているが，音韻縮約の初出は 1910 年の (43b) の例である．

(43) be going to の用法と縮約
 a. 未来の出来事（無生物主語の例を検索）：1810 年以前から存在
  It's going to rain …
 b. gonna の初出：1910 年
  I'm gonna kneel down by my baby's bed an' ask Gawd.

7.2. 「V1＋て＋V2」形式における音韻縮約

　「V1＋て＋V2」形式の多くは，次の (44) に示す通り，音韻縮約が可能である．本節では，(30) で挙げた日本語歴史コーパスを用い，これらの縮約形の初出例に先行し，V2 要素の意味変化が生じていることを示す．

(44) a. -てる（-ている）　　　　　b. -とく（-ておく）
　　 c. -ちまう／ちゃう（-てしまう）　d. -てく（ていく）

　まず，第2節，第6節で観察した，「V＋て＋いる」及び「V＋て＋しまう」の用法の通時的変化について振り返りたい．2節では，「V＋て＋いる」の意味が通時的に変化し，近世において，結果持続用法と進行相用法が生じたことを見た．また，「V＋て＋しまう」については，梶井 (1997) において，次のような意味変化が観察されている．

(45) V1 てしまう
　　 a. 意志完了
　　　　追付勘当帳に付けてしまふべし　　　　　　（1686; 好色五人女）
　　 b. 単純完了
　　　　色々のわたり鳥調へて都にのぼりしにみな見せて仕舞し跡なれば
　　　　　　　　　　　　　　　　　　　　　　　　（1692; 世間胸算用）

これらの縮約形の初出年代を調査したところ，次の (46), (47) が得られた．[12]

(46) 　V1＋てる
　　　 アノ浜へゐつてる姉さんの。先の夫にどこか似てゐるやうさ。
　　　　　　　　　　　　　　　　　　　　　　　　（1875; 怪化百物語）
(47) a. V1＋ちまう
　　　　叔母さんがのぼせ上がつちまうぢぁないか　　（1909; 女学雑誌）
　　 b. V1＋ちゃう
　　　　私田代さんに惨めな思いさせたり惨めな田代さん見たくないから，
　　　　許しちゃうかも知れないのよ。
　　　　　　　　　　　　　　　　　　（1947; 坂口安吾『青鬼の褌を洗う女』）

　いずれの例においても，音韻縮約に先行して，V2 の意味変化が生じていることがわかる．この事実は，Hopper and Traugott (1993) の主張と響き合い，「V1＋て＋V2」形式の文法化分析をさらに支持するものであると考えられる．

---

[12] ここではあげられなかったが，他の縮約形の初出も，概ね 19 世紀後半から 20 世紀初頭であった．

8. まとめ

本稿では,「V1+て+V2」の通時的データを観察し,当該表現の用法の多様性が文法化によって生じているということを示した.具体的には,V2 の本動詞から機能範疇への文法化と,「て」が L-Asp あるいは H-Asp として生じることを仮定することで,当該用法の通時的変化をとらえることができることを示した.また,V2 の意味変化と音韻縮約の関係性を示し,当該形式の文法化分析を支持する議論を行った.

参考文献

Cinque, Guglielmo (2006) *Restructuring and Functional Heads: The Cartography of Syntactic Structures* 4, Oxford University Press, New York.

Fukuda, Shin (2012) "Aspectual Verbs as Functional Heads: Evidence from Japanese Aspectual Verbs," *Natural Language and Linguistic Theory* 30, 965-1026.

畠山真一(2015)「静止状態の維持とシテイル形式の文法化」, Morphology and Lexicon Forum 2015, 口頭発表.

Hopper, Paul J. and Closs Traugott (2003) *Grammaticalization*, Cambridge University Press, Cambridge.

保坂道雄(2014)『文法化する英語』開拓社,東京.

梶井恵子(1997)『日本語の機能表現形式――「て形」のすべて――』凡人社,東京.

金水敏(2006)『日本語の存在表現の歴史』ひつじ書房,東京.

内丸裕佳子(2006)「動詞テ形を伴う節の統語構造について――付加構造と等位構造の対立を中心に――」『日本語の研究』2, 1-15.

Nakatani, Kentaro (2013) *Predicate Concatination: A Study of the V-te V Predicate in Japanese*, Kurosio, Tokyo.

Ogawa, Yoshiki (2014) "Diachronic Demorphologization and Constructionalization of Compounds," *Interdisciplinary Information Sciences* 20, 121-161.

小川芳樹(2015)「日本語の複合動詞と「V+て+V」型複雑述部のアスペクトについての統語論的考察」『語彙意味論の新たな可能性を探って』,由本陽子・小野尚之(編), 213-242, 開拓社,東京.

Roberts, Ian and Anna Roussou (2003) *Syntactic Change: A Minimalist Approach to Grammaticalization*, Cambridge University Press, New York.

Shibatani, Masayoshi (2007) "Grammaticalization of Converb Constructions," *Connectivity in Grammar and Discourse,* ed. by Jochen Rehbein, Christiane Hohenstein and Lukas Piet, 21-49, John Benjamins, Amsterdam.

田村敏広(2015)「補助動詞「てしまう」における「不可逆性」の意味基盤」『言語研究の

視座』,深田智・西田光一・田村敏広(編),280-291,開拓社,東京.
漆原朗子(2006)「相の統語的認可と形態的実現——東京方言,北部九州方言および英語の比較による考察——」『現代形態論の潮流』,大石強・西原哲雄・豊島庸二(編),175-197,くろしお出版,東京.
吉田妙子(2012)『日本語動詞テ形のアスペクト』晃洋書房,東京.

使用コーパス

好色一代女 http://jti.lib.virginia.edu/japanese/saikaku/ichidai/IhaIchi.html
好色五人女 http://jti.lib.virginia.edu/japanese/saikaku/gonin/IhaGoni.html
奥の細道 http://jti.lib.virginia.edu/japanese/basho/MatOkun.html
曽根崎心中 http://jti.lib.virginia.edu/japanese/chikamatsu/sonezaki/index.html
心中天の網島 http://jti.lib.virginia.edu/japanese/chikamatsu/shinju/ChiShin.html
ふみくら http://www.fumikura.net/index.php
近代女性雑誌コーパス http://www.ninjal.ac.jp/corpus_center/cmj/woman-mag/
万葉集検索 http://infux03.inf.edu.yamaguchi-u.ac.jp/~manyou/ver2_2/manyou.php

コーパスを利用した日本語の *ar* 自動詞の形態統語論的分析*

新沼　史和・木戸　康人
盛岡大学・神戸大学大学院，日本学術振興会特別研究員

1. はじめに

　日本語のみならず，世界の言語には，大きく分けて 2 種類の動詞が存在する．1 つ目は，目的語を必要としない自動詞であり，もう 1 つは，目的語を必要とする他動詞である．この自動詞と他動詞を巡る最も大きな問題の 1 つは，動詞の中には，自動詞と他動詞の形式が非常に類似しているペアがあるということである．例えば，日本語の例を見てみよう．

　　(1)　ar-e の交替
　　　　a.　止まる―止める　　　　(tom-ar-u ― tom-e-ru)
　　　　b.　集まる―集める　　　　(atum-ar-u ― atum-e-ru)
　　　　c.　受かる―受ける　　　　(uk-ar-u ― uk-e-ru)
　　(2)　ar-φ の交替
　　　　a.　刺さる―刺す　　　　　(sas-ar-u ― sas-u)
　　　　b.　つながる―つなぐ　　　(tunag-ar-u ― tunag-u)
　　　　c.　塞がる―塞ぐ　　　　　(fusag-ar-u ― fusag-u)

(1) の場合には，語根が共通にあり，自動詞には *ar* という形態素，そして他動詞には，*e* という形態素が付与されている．一方，(2) の場合，自動詞には *ar* という形態素，そして他動詞には何も形態素が付与されていない．
　このような *ar* が付与された自動詞（*ar* 自動詞）がどのように派生されたの

＊ 本章は東北大学大学院情報科学研究科「言語変化・変異研究ユニット」主催第一回ワークショップ「コーパスからわかる言語変化と言語理論」(2014 年 9 月 9 日，東北大学) で口頭発表した内容の一部を加筆・修正したものである．当日の参加者から頂いたコメントは大変有益なものであった．また，長谷川信子先生からも貴重なコメントやご助言を頂いた．心より感謝申し上げる．なお，本研究は，科学研究費補助金基盤研究 (C)（研究課題番号：24520526），そして JSPS 科研費 (16J02245) の助成を受けたものである．

かという問題に対し，影山（1996）は脱使役化という操作によって説明を試みている．脱使役化とは，(3) に表しているように，外項である x を統語構造で抑制する，というものであり，結果として，内項である y が主語として具現化される，というものである．したがって，影山（1996）の脱使役化の分析に従えば，ar 自動詞は，他動詞から派生されたことになる．

(3) 　[x CONTROL [y BECOME [y BE-AT z]]]　x = φ

（影山（1996: 188））

しかしながら，影山（1996）の分析には問題点がある．[1] 第一に，脱使役化の結果，他動詞（e.g.「つける」，「上げる」）の外項が抑制されることにより，主題（theme）の意味役割を持つ目的語（e.g.「きゅうり」，「凧」）が，(4) のように，主語として表れることがあるのに対して，(5) に挙げたように，(4) と同様の ar 自動詞であっても，動作主（agent）の意味役割を持つ項（e.g.「太郎」，「花子」）を主語として要求することもある点である（青木（1997）を参照のこと）．

(4) a.　きゅうりがいい具合につかっている．
　　b.　凧が上がった．
(5) a.　太郎が昨日温泉につかった．
　　b.　花子が 2 階に上がった．

そして，問題の 2 点目は，ar 自動詞であっても，(6) と (7) に挙げたように「を」格を要求する場合があるということである（須賀（1981），鈴木（1985）を参照のこと）．[2]

(6) a.　診察が終わった．
　　b.　診察を終わった．
(7) a.　学校が変わった．
　　b.　学校を変わった．

加えて，(6) と (7) の例は，動作主主語とも共起可能である．一般的に動作主主語は，「わざと」のような動作主を要求する副詞と共起可能であるが，(8)

---

[1] Matsumoto (2000) には，本論で触れていない影山（1996）の詳細な批判的検討が行われている（西山（2000），田川（2004）も参照のこと）．

[2] 須賀（1981），鈴木（1985）では，「が」格のときと「を」格のときでは意味が違うということが報告されている．例えば，(7b) では，「別の学校に転勤（転校）になる」という意味があるのに対して，(7a) の場合，「学校の雰囲気が変化する」という意味もある．

と (9) は全て容認可能である．

(8) a. 先生がわざと診察が終わった（理由）．
　　 b. 先生がわざと診察を終わった（理由）．
(9) a. 花子がわざと学校が変わった（理由）．
　　 b. 花子がわざと学校を変わった（理由）．

　ar 自動詞であっても「を」格を要求することがある，という問題は，山田 (1936) が論じているように，助詞の「を」格が表れるからといって，他動詞を定義する基準とは成り得ない，ということと関連があるかもしれない．実際に，山田 (1936) は，(10) に示すように，経路を表す「を」格の例を挙げて，上記の論を進めている．一方，(6b) と (7b) での「を」格は，経路を表すものとは考えにくく，(10) とは性質が異なると言わざるをえない．

(10) a. 砂浜を歩く．
　　　b. 校庭を走る．

したがって，(6b) と (7b) に挙げた例は，他動詞の外項を統語構造において抑制するという影山 (1996) の脱使役化の分析では十分に捉えきれない．

　そこで，考慮しなければならないことは，2つあると筆者らは考えている．1つ目は，形態素 *ar* の本質とは一体何か，ということである．もう1つは，*ar* と他の機能範疇との関連性はどのようなものか，ということである．本論は，上の2つの問いに対して，統一的な統語的解答を提示することを目的とする．本論の主張は，形態素 *ar* は，機能範疇 Middle Voice Phrase の主要部の位置に存在する，ということである（Niinuma (2015) を参照のこと）．Niinuma (2015) は，Alexiadou (2012, 2014), Alexiadou and Doron (2012) に従い，ケセン語，そして日本語の *ar* は，Middle Voice head である，と論じている．Middle Voice head とは，非顕在的外項（implicit external argument）を Middle Voice Phrase の指定部に要求する機能範疇である，と Alexiadou (2012, 2014), Alexiadou and Doron (2012) ではしているが，本論では，その分析を一部修正し，*ar* は，外的併合（external merge）された NP をその指定部に要求しない機能範疇 Middle Voice である，と主張する．そして，「現代日本語書き言葉均衡コーパス」から得られたデータを検証し，本論で提案した構造を基にして再解釈する．

2. *Ar* 自動詞の統語構造と 3 種類の *ar* 自動詞について

2.1. 提案

本論で提案する *ar* 自動詞の統語構造は (11) である．

(11)
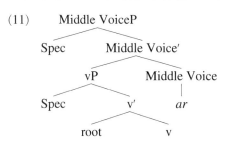

(11) の構造において，本論では，分散形態論 (Distributed Morphology) の枠組みを用いて，動詞は，root と verbalizer とに分解されると仮定する (Marantz (1997) を参照のこと)．また，Borer (2005a, b) の提案に従い，内項の NP は，vP の指定部の位置に生成されると仮定する．また，Niinuma (2015) の分析に従い，*ar* は Middle Voice head であると論じる．Alexiadou (2012, 2014), Alexiadou and Doron (2012) によれば，Middle Voice Phrase の指定部の位置には，動作主，使役主，経験者など様々な意味役割を持った非顕在的な NP が入るとしている．それに対して，本論では，Niinuma (2015) の分析を一部修正し，Middle Voice Phrase の指定部には，顕在的でかつ，外的併合しない NP が入ると主張する．つまり，Alexiadou (2012, 2014), Alexiadou and Doron (2012) が論じているように，非顕在的な NP が Middle Voice Phrase の指定部の位置に生成する場合と，顕在的な NP が他の位置から Middle Voice Phrase の指定部へ内的併合 (internal merge) する場合の 2 種類がある，というものである．[3]

---

[3] 本論では詳細に論じることができないが，分散形態論で想定されている late insertion を仮定すると，指定部に内部併合してきた NP があることはどう定式化するのか，という問題がある．それを解決する方法の 1 つとして，匿名の査読者は，指定部の NP とその下にあるコピーが同一の位相 (phase) にあれば問題が解決すると指摘している．しかしながら，vP が位相であるかどうかは議論が分かれるところであり (Legate (2003) を参照のこと)，詳細な検討が必要である．

2.2. 3つのタイプの *ar* 自動詞

本節では，3つのタイプの *ar* 自動詞があるということを指摘し，それらの *ar* 自動詞が示す特性が (11) の構造から統一的に導き出せることを論じる．

まず，タイプ1の *ar* 自動詞として，(12) のように他動詞の目的語と自動詞の主語が一致しているもので，影山 (1996) が脱使役化で説明しようとしていた例である．

(12) a. 学生が募金を集めた．
b. 募金が集まった．

本論の分析に従えば，(12b) は (13) のように派生される．Middle Voice Phrase の指定部には，非顕在的な NP（例えば，原因項）が入っていると仮定する．[4] vP の指定部にある内項が TP の指定部に内的併合し，主格を認可する．

(13)　[$_{TP}$ 募金 $_1$ [$_{Middle VoiceP}$ NP [$_{vP}$ t_1 [$_{v'}$ √atsum v]] *ar*] T]

続いて，タイプ2の *ar* 自動詞として，動作主主語が表れる (14) のような例がある．この文の構造は (15) の通りである．

(14)　太郎が風呂につかった．
(15)　[$_{TP}$ 太郎 $_1$ [$_{Middle VoiceP}$ t_1 [$_{vP}$ t_1 [$_{v'}$ √tsuk v]] *ar*] T]

(14) の意味を考えると，「太郎が自分の意志で自分の体を風呂の中に入れた」ということになるため，(14) は再帰性を持っていると仮定する．再帰性の分析が正しければ，内項である「太郎」は，vP の指定部から Middle Voice Phrase の指定部を経由し，TP の指定部へと内的併合すると考える．[5,6]

最後に，タイプ3の *ar* 自動詞は，(6) と (7) に挙げた，「を」格目的語を許すものである．以下にその例を挙げる（水谷 (1964)，須賀 (1981) を参照のこと）．

---

[4] 原因項は PP である場合もあるが（例えば「街頭募金で」など），本論では NP としての原因項を想定している．具体的には，原因項は「街頭募金」のような NP を指し，「募金が集まった」の意味は，「街頭募金が募金を集めるということを可能にした（実現した）」となる．

[5] 本論では，θ 位置への移動 (Movement into theta position) が許されるという分析に従っている．Bošković (1994)，Hornstein (1999) を参照のこと．

[6] Hasegawa (2001, 2004)，長谷川 (2002) では，このような移動を許す動詞を，動作主主語を持つ非対格動詞 (agentive unaccusatives) と呼んでおり，以下のような例がそれに該当するとしている．

(i) a. 花子が（わざと）動いた．
b. 京子が（故意に）倒れた．

(16) a. 太郎が診察を終わった．
b. 太郎が席を変わった．

鈴木 (1985) は,「x ヲ変わる」の場合, x は, 主体が占める場所や地位, あるいは主体が所属する組織などを表す名詞になると論じている．例えば, (16b) は,「太郎が自分の席の場所を変える」という解釈を持つということである．この分析は,「x が y を終わる」の場合でも同様であるように思われる. (16a) において,「太郎」は医者である場合と患者である場合とが想定されるが, いずれも「太郎が自分の診察を終えた」という解釈になる．

鈴木 (1985) の分析を統語的に捉え直すと, (16a) の構造は (17) のようになる.[7]

(17) [$_{TP}$ 太郎 $_1$ [$_{Middle VoiceP}$ t_1 [$_{vP}$ [$_{NP}$ t_1 診察] [$_{v'}$ √ow v]] ar] T]

(17) において, 内項の属格 NP である「太郎」が, 所有者上昇 (possessor raising) によって Middle Voice Phrase の指定部を経由し, 格認可のため, TP の指定部へと内的併合する．Middle Voice Phrase の指定部へと内的併合していることを裏付ける論拠は, (8) と (9) に挙げたように,「太郎」が「わざと」と共起することができるからである．また,「x ヲオワル」の形式の際, 主格で表される項が動作主の意味役割を持つことは水谷 (1964) においても言及されている．水谷 (1964) は (18) を例に挙げ,「x ガオワル」の形式が用いられるのは, おのずからしかる場合であり,「x ヲオワル」が使われるのは, みずからしかる場合である, と論じている．水谷 (1964) の考察が正しいと仮定すると, 対格目的語がある場合には, 主語には動作主が必要である, と言い換えられると考えられる．

(18) a. 対陣 {が／*を} 物別れに終わる．
b. 2 人 {が／*を} 同成績で終わる．

---

[7] Hasegawa (2001, 2004), 長谷川 (2002, 2007) は, 所有者上昇を用いて以下のような例を分析している．
  (i) a. 知子が腰を痛めた．
     b. ドルが値を上げた．
  (ii) [$_{TP}$ ドル $_1$ [$_{vP}$ [$_{VP}$ [$_{DP}$ t_1 値] ag] e] T]
(i) は, 本論で扱っている ar 自動詞とは 2 つの点で大きく異なっている. 1 つは, Hasegawa (2001, 2004), 長谷川 (2002) の例では, 所有者上昇している NP が人間に限らない, つまり, 動作主主語を必要としない点である (上記 (ib) を参照のこと). 2 つ目は, 動詞が,「痛める」「上げる」のように他動詞の形になっていることである．それに対して, 本論で扱っている ar 自動詞は, 基本的には自動詞であるが,「を」格目的語を許す場合もある．

(17) に示した所有者上昇の分析は，Kikuchi（1994）でも行われている．Kikuchi（1994）では，以下の例を提示し，デキゴト名詞（event nominal）から所有者が LF において NP の外へ移動することによって，遊離された数量詞と相互 c 統御（mutual c-command）の関係性を持つと論じている．[8] つまり，(19a) において，遊離された数量詞「30 人」は，LF において所有者上昇された NP「留学生」と LF において相互 c 統御の関係を持つため，容認可能になる，ということである．

(19) a.　あの大学が [留学生の 受け入れ] を　30 人　断った．
　　 b.　あの大学が [30 人の留学生の 受け入れ] を　断った．

ここで，再度「を」格を持つ ar 自動詞の例である (16a) を見てみると，「診察」がデキゴト名詞であることがわかる．本分析と Kikuchi（1994）の分析の違いは，Kikuchi（1994）では，所有者上昇が LF で行われているとしているのに対し，本分析では，顕在的に行われるということである．

本節の分析をまとめると，形態素 ar は，Middle Voice Phrase の主要部であり，その指定部は，非顕在的な NP，あるいは，内的併合によって満たされるということである．非顕在的な NP が Middle Voice Phrase の指定部にある場合，すなわち，タイプ 1 の ar 自動詞の場合には，従来の非対格動詞の分析と同様，内項が TP の指定部へと内的併合する．一方，Middle Voice Phrase の指定部が内的併合によって満たされる場合には，2 通りある．第一に，内項が内的併合する場合，すなわち，タイプ 2 の ar 自動詞の場合である．第二に，内項の所有者が内的併合する場合，すなわち，タイプ 3 の ar 自動詞の場合である．もし，この分析が正しければ，ar 自動詞の派生は，他動詞から派生されるのではなく，語根から直接自動詞が派生されるということ（奥津 (1967), Alexiadou (2010) も参照のこと），そして，ar 自動詞の生成は語彙概念構造を用いた分析（影山 (1996), Matsumoto (2000)）では不十分であり，統語的操作に依存して行われる，ということになる（Hasegawa (2001, 2004), 長谷川 (2002, 2007) も参照のこと）．

---

[8] Kikuchi (1994) は，デキゴト名詞だけではなく，譲渡不可能な NP の場合にも所有者上昇ができるとしている．それに対して，Funakoshi (2014) は，譲渡可能な NP からの所有者上昇が可能な場合があると論じている．この点については第 4 節で論じる．

3. コーパスデータ
3.1. 現代日本語書き言葉均衡コーパス

本節では,「現代日本語書き言葉均衡コーパス」から得られたデータを提示し,それらのデータを前節で挙げた ar 自動詞の統語構造を基に再解釈する.そうすることで, ar 自動詞の歴史的変遷について検討する.「現代日本語書き言葉均衡コーパス」とは,国立国語研究所が提供しているコーパスの1つで,書籍,新聞,雑誌,白書,ブログ等の異なるレジスターの集まりのことである.

本研究では,少納言というオンラインツールを用いて調査を行った.表1は,各媒体のサンプル数と語数である(『現代日本語書き言葉均衡コーパス』マニュアルより).

表1 「現代日本語書き言葉均衡コーパス」内のコーパス名と媒体とサンプル数

サブコーパス	媒体	サンプル(個)	語数(万語)
出版サブコーパス	書籍	10, 117	2, 866
	雑誌	1, 996	450
	新聞	1, 473	138
図書館サブコーパス	書籍	10, 551	3, 044
特定目的サブコーパス	白書	1, 500	494
	教科書	412	93
	広報紙	354	383
	ベストセラー	1, 390	375
	Yahoo! 知恵袋	91, 445	1, 030
	Yahoo! ブログ	52, 680	1, 028
	韻文	252	23
	法律	346	108
	国会会議録	159	510
合計		172, 675	10, 542

本研究では,「現代日本語書き言葉均衡コーパス」を用いるわけであるが,このコーパスには少なくとも2つ問題がある.まず,データの入手可能性が様々に異なるため,サブコーパス間,そしてレジスター間にも相違があることである.例えば,出版サブコーパスでは,2001年から2005年までの5年間のデータがあるのに対し,図書館サブコーパスでは1986年から2005年までの20年間に広がっている.次に,多くのサンプル数,語数となっている2つ

の媒体,「Yahoo! 知恵袋」と「Yahoo! ブログ」がそれぞれ 2005 年,2008 年のみとなっていることである.したがって,厳密に言えば,正確な通時的変化を研究するには不適当な部分があると言わざるをえない.しかしながら,約 40 年前から現代に至る通時的変化の傾向であれば検討することは可能ではないか,と判断し,本研究では,この「現代日本語書き言葉均衡コーパス」を用いることとする.

3.2. 調査内容

本研究では,「を」格をとることができる動詞「終わる」に焦点を当て,「NP が終わ{ら・り・る・れ・ろ・った・って}」と「NP を終わ{ら・り・る・れ・ろ・った・って}」との用例数の比較,「を」格を取る場合の目的語のタイプ(モノ名詞かデキゴト名詞),そして,「を」格を取る目的語が「が」格も取ることができるか否か,また,その用例数の差について調査を行った.

なお,(20a) のように「は」などの副助詞を伴っているものは,「が」格が消えているのか「を」格が消えているのか判別不可能なので,カウントしないこととした.加えて,(20b) にように助詞が省略されていると考えられるものも,どの格助詞が省略されているか分からないので,カウントしなかった.

(20) a. 仕事は早く終わったけれど…
    b. 仕事終わったから…

さらに,(21) のように「終わる」が複合動詞 (V1 + V2) の V2 の位置にある場合は,目的語が V1 によって認可されていると考えられるため,検索対象としなかった.

(21) 論文を書き終わって…

最後に,(22) のように,「終わる」が「が」あるいは「を」に後続する場合であっても,格助詞と認められない場合には除外した.

(22) 途中ですが,終わりに…

3.3. 結果

表 2 は「NP が終わ」と「NP を終わ」の使用例の数である.

表2 「NPが終わ」と「NPを終わ」の延べ語数

NPが終わ	5,616
NPを終わ	706

表2からは,「NPが終わ」の方が「NPを終わ」よりも圧倒的に多く使われていることが分かる.

次に,「が」格および「を」格と「終わ」に後続する活用形との関係を示したものが表3である.

表3 「終わる」の活用と延べ語数の関連性

	が	を
終わら	113	8
終わり	819	492
終わる	1,530	75
終われ	174	1
終わろ	39	7
終わった	1,707	56
終わって	1,234	67
全体	5,616	706

表3を見ると,「を」格が表れるのは,連用形「終わり」の場合に多いことが分かる.

次に,「NPを終わ」で現れたNPの種類について考察してみよう.表4は今回のコーパス検索の結果見つかったNPの種類とその具体例である.

表4 「NPを終わ」と共起するNPの種類とその具体例

種類	具体例
人の行為	仕事・収穫・増資・改修・戦い・撮影・封切り
人の行為の内容	選手生活
人の催し物	葬式
話題の対象物	ジャイアンツ
時期	(数字)日/年・一生・時間・時代・シーズン
範囲	ホール目,前半・後半・(数字)回

後述するように,表4に挙げた名詞は常に「を」格のみで現れるわけではない.したがって,「NPを終わ」の形式で現れたNPが「NPが終わ」の形式でも現れるのかどうかを検証した.その結果が表5である.

表5　NPと格の関係性

	使用数
NPが終わ	1,633
NPを終わ	706

表6は，それを年代ごとにまとめたものである．

表6　年代と格の関係性

	が	を	合計
1970年代	12	80	92
1980年代	63	197	260
1990年代	357	194	551
2000年代	1,201	235	1,436

表6を見ると，1970年代，1980年代では，「NPを終わ」の方が「NPが終わ」よりも出現数が多いのに対し，1990年代，2000年代ではその逆になっているということがわかる．

3.4. 具体例の検証

それでは，具体的な例の検証を行ってみよう．「検査が／を終わる」という例を取り上げて見てみる．

(23) a. 携帯品検査を終わった捜査員は…

（森村誠一「人間の証明」(1997)）

　　 b. 私と博士は薄暗い廊下に腰掛け，腱が傷ついていないかどうかの検査が終わるのを待っていた．

（小川洋子「博士の愛した数式」(2003)）

(23a)においては，主語（捜査員）が動作主である読みが強く感じられる一方，(23b)においては，主語（私と博士）は動作主というよりは，経験者（検査を受けた人・検査結果を待っている人）という読みの解釈になっていることがわかる．これは，2.2節に挙げた(16a)と(17)に示した分析と合致している．

また，(24)においても同様の観察が可能であると考えられる．

(24) a. 熱帯魚の水槽掃除を終わり，外の水道栓から置き水を入れようとしたら，…　　（藤田益啓「心のカベ，崩壊」(2002)）

　　 b. 一時間後に掃除が終わり，部屋の中の電灯類がないことに気

づいたので，…　　　　　　　　　　　　（「Yahoo! ブログ」(2005)）

(24a) においては，例には出てきていない主語の動作主性が強いのに対して，(24b) では，ブログの著者以外の第三者が掃除を行ったという解釈が可能である．

4. 検討

前節で見た，「現代日本語書き言葉均衡コーパス」からの結果を検討してみよう．第一に，表3に示したように，「NPを終わり」は「NPを終わ」が使用される706回のうち，492回使用されていたのに対して，「NPが終わり」は「NPが終わ」が使用される5,616回のうち，819回使用されていた．つまり，「NPを終わり」は，「NPを終わ」の中では .70 の比率で使われていたのに対して，「NPが終わり」は，「NPが終わ」の中では .15 の比率で使われていたと言い換えられる．実際に，カイ二乗統計量を用いた比率検定（イエイツ補正あり）の結果，「終わり」という連用形の場合，「NPが終わり」と「NPが終わり以外」の比率と「NPを終わり」と「NPを終わり以外」の比率の間に有意な差があった（χ^2=1155.3；df=1；p<.001）．これは，国会において議員が質問をし終わる際に使う「以上で質問を終わります」のような例が非常に多く観察されるためであると考えられる．[9]

また，年代別にみると，3.3節における表6で示した通り「NPが終わ」の延べ語数は1980年代と1990年代を境に「NPを終わ」の使用数を上回る．第2節での考察に従うと，ar が自動詞のマーカーとしての役割をより鮮明に持つようになってきたと考えられる．つまり，Middle Voice Phrase の指定部への内的併合，すなわち，タイプ2の ar 自動詞，あるいは内項の所有者上昇，すなわち，タイプ3の ar 自動詞の操作よりも，非顕在的なNP（動作主，もしくは使役主）が外的併合される操作，すなわち，タイプ1の ar 自動詞の方が多くなってきたということである．

この分析と非常に類似した分析を宮地 (1985) が行っている．宮地 (1985)

---

[9] その例の1つが以下のようなものである．
(i) ぜひ，業界全体の浮沈にかかわる問題でありますから，
　　重ねて強く要望をして，私の質問を終わります．(国会会議録　第80回国会 (1976))
この例において，「私の」という所有者は，所有者上昇によって「が」格が付与される前という分析が可能であり，所有者上昇を認めるタイプ3の分類が必要であるということを示唆していると思われる．

は,「助かる」が平安時代から上代にかけて「を」格の目的語を許していたことを指摘し,さらに現代では「NPを助かる」があまり使われないことを根拠に,「助かる」という動詞は「NPを助かる」から「NPが助かる」という経路をたどって派生した自動詞である,と論じている．(25) は「助かる」が「を」格目的語を要求している例である．

(25) a.　汝等はとくとく退散して,命をたすかるべし.

（「保元物語」鎌倉時代）

　　 b.　あ,さうか,俺はその玉子で生命を助かったと云ふ訳なんだ.

（葛西善蔵「蠢く者」(1994)）

実際,「現代日本語書き言葉均衡コーパス」によって「NPが助かる」と「NPを助かる」のデータ数を検討してみた結果,「NPが助かる」が151例であったのに対し,「NPを助かる」は3例にとどまっている．さらに,宮地 (1985) は,「を」格を許す目的語は,「命・身・君・者」などである,と述べている．これらの例は,本分析に従えば,「(わが) 命・(わが) 身・(わが) 君・(わが) 者」ということになり,所有者上昇によって「を」格目的語が現れることができた,ということになる．

　しかし,ここで1つの疑問が生じる．「助かる」は「を」格を許さなくなってきている一方,「終わる」は,現代日本語においてはまだ「を」格目的語を許している,という点である．本研究では,この問題に対して十分な解答があるわけではないが,内項に出てくるNPの違いに還元できるのではないか,と考えている．「助かる」の場合には,宮地 (1985) が指摘したとおり,「命」や「身」のようなモノ名詞の所有者が「が」格になったと考えられるのに対して,「終わる」の場合には,「質問」や「仕事」のようなデキゴト名詞の所有者が「が」格になったということである（表4を参照のこと）．実際, Funakoshi (2014) は, Kikuchi (1994) のLF所有者上昇の分析を再検討し,モノ名詞からの所有者上昇の場合は,デキゴト名詞からの所有者上昇の場合とは異なる振る舞いを見せることを論じている．本論では,名詞による所有者上昇の関係性と「を」格目的語を許さなくなってきたという関連性について十分に検討することができなかったが,十分検証する価値があるものと考える．この点については今後の課題としておく．

5.　結論と今後の展望

　本論では,「を」格と共起できる ar 自動詞の統一的な (11) の統語構造を提

案した．さらに，「現代日本語書き言葉均衡コーパス」を用いて「終わる」という動詞を中心に分析・考察を行うことで，ar 自動詞の統語構造の妥当性，そして，「を」格の認可の通時的変遷の傾向を検証した．本研究で提案した統語構造において，形態素 ar は Middle Voice Phrase の主要部であり，その指定部は，非顕在的な NP，あるいは，顕在的でかつ内的併合によって埋められる．帰結として，ar 自動詞の形成には，統語的要因が深く関わっているということである．とりわけ，内的併合と外的併合との相違によって「を」格と共起できるかどうかが決まっている，ということである．

また，「現代日本語書き言葉均衡コーパス」からのデータの検証を行うことで，ar 自動詞の1つである「終わる」が「を」格と共起する例が1980年代と1990年代を境に減少し，「が」格と共起する例が増加したことがわかった．このことが示唆していることは，「終わる」が「を」格と共起しなくなってきたということである．この原因は2つあると思われる．第一に，ar が自動詞のマーカーとしての機能を向上させてきたということである．これは，形態素 ar を伴った動詞のほとんどが自動詞であることに起因しているものと考えられる．

次に，第二の要因として，所有者上昇を許す際の制限，言い換えると，内項の NP の主要部名詞のタイプに関する制限が厳しくなったことである．つまり，「を終わる」の場合，内項の NP の主要部はデキゴト名詞であったために，所有者上昇が可能であったのに対し，「助かる」の場合には，内項の NP の主要部がモノ名詞であるため，「を」格と共起することができなくなった，ということである．

ここで，1つの疑問が生じる．なぜ所有者上昇を許さなくなってきたのか，という問題である．その問題点に対する筆者らの考察は以下の通りである．一般的に，日本語において，(26) に示すように，主語の NP からの所有者上昇は許されるが，(27) のように，目的語の位置からは許されないと言われている．

(26) a. 花子の足が長い．
　　 b. 花子が足が長い．
(27) a. 健が直美の頭をたたいた．
　　 b. *健が直美を頭をたたいた．

(Hiraiwa (2010))

(27b) は，二重対格制約（Double-o Constraint）によって排除されるものであると一般的に分析されるわけであるが，近年の研究では，ある条件下において目的語からの所有者上昇が許されるという分析もある (Hiraiwa (2010),

Ishizuka (2012)).本研究では検証することができなかったが,Hiraiwa (2010) や Ishizuka (2012) で論じられている所有者上昇の例をコーパスデータで調査し,検証することも将来的には必要になってくるであろう.

最後に,(4) と (5) で見たような「上がる」や「つかる」と似た振る舞いをする放出動詞の例を考えてみよう.「出る」も動作主主語を取る場合とそうでない場合がある(三宅(1996)を参照のこと).具体的には,(28a) における「太郎」は動作主主語であるのに対して,(28b) における「ボール」はそうではない.

(28) a. 太郎が外に出た.
b. ボールが外に出た.

加えて,「出る」は,(29) に示すように,「を」格とも共起できる点でも ar 自動詞と類似点がある.

(29) 太郎が部屋を出た.

以上の 2 つのことから,本論で論じた分析を応用できるかもしれないが,相違点もある.第一に,「出る」には形態素 ar が付与されていない.第二に,(29) に挙げたように,主要部名詞がモノ名詞(e.g.「部屋」)であるにもかかわらず,「を」格と共起可能であるということである.第三に,「を」格 NP がある場合,(30a) のように,主語は必ず有生でなければならない.

(30) a. 太郎が部屋を出た.
b. *けむりが煙突を出た.

以上のことから,「出る」は,「上がる」「つかる」と同一の分析ができないものと考えている.[10, 11] 今後は,本稿における ar 自動詞のより詳細な分析だけ

---

[10] Ogawa and Niinuma (2013) では,「出る」と共起する「を」格は経路(Path)であるという分析を提示している.
[11] ar 動詞の 1 つである「つかる」も興味深い.この動詞は,基本的には「に」格 NP を要求し,「を」格 NP になると容認度が落ちると思われる.
 (i) 温泉 {に/*を} つかる
しかしながら,以下の例のように「を」格が使われる例も散見される.
 (ii) a. 何しろこの毛衣の上から湯をつかった日には乾かすのがようないなことではないから…　　　　　　　　　　　　　　　　　　　　　　(夏目漱石『吾輩は猫である』(1905))
  b. もうすぐお夕食よ.そのまえに,お湯をつかっていらっしゃい.
　　　　　　　　　　　　　　　　　　　　　　　　(上橋菜穂子『神の守り人』(2003))
実際,「現代日本語書き言葉均衡コーパス」で検証してみたところ,「NP につかる」と「NP を

でなく「出る」などのように形態素 *ar* は付与されていないが *ar* 自動詞と似た振る舞いをする自動詞との関係性に関する分析も行う必要があるだろう．

参考文献

Alexiadou, Artemis (2010) "On the Morpho-syntax of (Anti-)causative Verbs," *Lexical Semantics, Syntax, and Event Structure,* ed. by Malka Rappaport Hovav, Edit Doron and Ivy Sichel, 177-203, Oxford University Press, Oxford.

Alexiadou, Artemis (2012) "Non-canonical Passives Revisited: Parameters of Non-active Voice," *Linguistics* 50, 1079-1100.

Alexiadou, Artemis (2014) "Active, Middle, and Passive: The Morpho-syntax of Voice," *Catalan Journal of Linguistics* 13, 19-40.

Alexiadou, Artemis and Edit Doron (2012) "The Syntactic Construction of Two Non-active Voices: Passives and Middle," *Journal of Linguistics* 48, 1-34.

青木ひろみ (1997)「《可能》における自動詞の形態的分類と特徴」『言語科学研究』3, 11-26, 神田外語大学．

Borer, Hagit (2005a) *Structuring Sense: Vol I: In Name Only*, Oxford University Press, Oxford.

Borer, Hagit (2005b) *Structuring Sense: Vol II: The Normal Course of Events*, Oxford University Press, Oxford.

Bošković, Željko (1994) "D-Structure, Theta-Criterion and Movement into Theta-Positions," *Linguistic Analysis* 24, 247-286.

Funakoshi, Kenshi (2014) "Backward Control from Possessors. Syntax," ms., University of Maryland. [http://ling.auf.net/lingbuzz/002045]

Hasegawa, Nobuko (2001) "Causatives and the Role of v: Agent, Causer and Experiencer," *Linguistics and Interdisciplinary Research*, ed. by Kazuko Inoue and Nobuko Hasegawa, 1-35, Kanda University of International Studies.

長谷川信子 (2002)「非動作主主語構文の分析」『「東西言語文化の類型論」特別プロジェクト研究成果報告書』801-833, 筑波大学．

Hasegawa, Nobuko (2004) "Unaccusative Transitives and Burzio's Generalization: Reflexive Construction in Japanese," *MITWPL* 46, 300-314.

つかる」の延べ語数は，それぞれ 72 回と 8 回であった．

しかしながら，年代ごとに分析してみると，「NP をつかる」の出現は (iia) の 1 例を除き他の 7 例が全て 1997 年以降であった．これは，「終わる」と「変わる」のように，「が」格との交替は起こさないものの，「終わる」の場合とは全く正反対の結果を表している．しかし，用例数も少ないことから，これ以上の考察をするのは難しい．今後は国立国語研究所で現在開発中である超大規模コーパス等を用いて詳細な検討が必要であろう．

長谷川信子（2007）「日本語の受動文と little v の素性」*Scientific Approaches to Language* 6, 13-38, Kanda University of International Studies.

Hornstein, Norbert (1999) "Movement and Control," *Linguistic Inquiry* 30, 69-96.

Hiraiwa, Ken (2010) "Spelling Out the Double-o Constraint," *Natural Language & Linguistic Theory* 28, 723-770.

Ishizuka, Tomoko (2012) *The Passive in Japanese: A Cartographic Minimalist Approach*, John Benjamins, Amsterdam.

影山太郎（1996）『動詞意味論』くろしお出版，東京．

Kikuchi, Akira (1994) "Extraction from NP in Japanese," *Current Topics in English and Japanese*, ed. by Masaru Nakamura, 79-104, Hituzi Syobo, Tokyo.

Legate, Julie Anne (2003) "Some Interface Properties of the Phase," *Linguistic Inquiry* 34, 506-516.

Marantz, Alec (1997) "No Escape from Syntax: Don't Try Morphological Analysis in the Privacy of Your Own Lexicon," *Proceedings of the 21st Annual Penn Linguistics Colloquium, University of Pennsylvania Working Papers in Linguistics* Vol. 4. 2, ed. by Alexis Dimitriadis, Laura Siegel, et al., 201-225, University of Pennsylvania.

Matsumoto, Yo (2000) "Causative Alternation in English and Japanese: A Closer Look," *English Linguistics* 17, 160-192.

宮地幸一（1985）『ある型動詞の諸相』桜楓社，東京．

三宅知宏（1996）「日本語の移動動詞の対格表示について」『言語研究』110, 143-165.

水谷静夫（1964）「「話を終わる」と「話を終える」」『口語文法講座3　ゆれている文法』，45-60，明治書院，東京．

Niinuma, Fumikazu (2015) "*Ar* as a Middle Voice Head: Evidence from Kesen," to appear in the proceeding of WAFL 11, MITWPL.

西山國雄（2000）「自他交替と形態論」『日英語の自他の交替』，丸田忠雄・須賀一好（編），145-165，ひつじ書房，東京．

Ogawa Yoshiki and Fumikazu Niinuma (2013) "What Determines the (Un)ergativity of Emission Verbs: A View from Japanese V-V Compounds," Mysteries of Verb-Verb Complexes in Asian Languages ポスター発表ハンドアウト．

奥津敬一郎（1967）「自動化・他動化および両極化転形──自・他動詞の対応」『国語学』70, 46-66.

須賀一好（1981）「自他違い──自動詞と目的語，そして自他の分類──」『動詞の自他』，須賀一好・早津恵美子（編），122-136，ひつじ書房，東京．

鈴木英夫（1985）「「ヲ＋自動詞」の消長について」『国語と国文学』62 (5), 104-117.

田川拓海（2004）「日本語の自他交替と接辞」MLF2004発表ハンドアウト．(dlit.huu.cc/papers/MLF2004.Intransitiviser-ar-.pdf)

山田孝雄（1936）『日本文法学概論』宝文館，東京．

Part III

日英比較・方言研究・
言語類型論とコーパス

日英語の等位同格構文と同格複合語の統語構造と構文化についての共時的・通時的考察*

小川　芳樹

東北大学

1.　導入

　伝統的な形態統語論では，いわゆる「複合語」には N^0/V^0 のような「語」を構成するものと NP/VP のような「句」を構成するものがあり，互いに異なる統語的特徴を示すという主張がなされることがある（影山 (1993), Giegerich (2009), 島村 (2015)）．一方，「語」の概念を否定する分散形態論のもとで，例えば Harley (2009) は，基底構造で複数の主要部からなる「句」の中で，主要部移動の再帰的適用によって複合語は派生されると主張している．しかし，いずれの立場も複合語の共時的な特徴を説明することがその主眼であるので，「複合語」の統語サイズの通時的変化の事実やその理由について論じた論考はほとんど見当たらない．これに対して，Ogawa (2014) は，日本語で語彙的複合語から統語的複合語が発達した通時的変化や，英語で新古典複合語 (neo-classical compound) から主要複合語 (root compound) が発達した通時的変化などに着目し，これらの事実を，分散形態論の枠組みの下で，統語サイズの通時的変化にかんする「統語的構文化」という概念を用いて説明している．

　本稿では，Ogawa (2014) の主張を踏まえて，日本語の「子（ども）」や英語の cub を含む名詞連結構造の内部構造とその統語的構文化について論じる．具体的には，「子（ども）」と動物名ないしは職業名を表す名詞から成る複合語（例：子犬／子ども犬／子ども店長），および，英語の cub と動物名ないしは職業名を表す名詞（例：cub bear / bear cub / cub pilot）から成る複合語を

---

*　本稿は，2015 年 9 月に開催された言語変化・変異研究ユニット主催の第二回ワークショップ「コーパスから分かる言語の可変性と普遍性」での口頭発表を基にしている．貴重なコメントを下さったこのワークショップの参加者，および，秋元実治，朝賀俊彦，保坂道雄，長野明子，並木崇康の各氏には謝意を申し上げる．本研究は科学研究費補助金（基盤研究 (C)，課題番号 16K02753）による成果の一部である．

「同格複合語」と呼び,「cub of a bear ／子どもの犬／犬の子ども」のような「of ／の」を含む名詞句を「等位同格構文」と呼ぶ. その上で, 同格複合語は, その初出の時点においては主要部と主要部が直接併合して作られる最小の構造を持っていたものが, 通時的に, 名詞句としてのサイズを徐々に拡大して行く「統語的構文化」の過程を経て, 現在は, Qualitative Binominal Noun Phrase (QBNP) と呼ばれる表現と同程度に複雑な名詞句の構造をもつに至った結果,「等位同格構文」が出現したということを, コーパス調査の結果に基づいて論じる. また, cub of a bear の of や「子どもの犬」の「の」は, a jewel of a village の of や「女性の運転手」の「の」と同様の名詞的繋辞 (nominal copula) であると主張する.

本稿の構成は以下の通りである. まず, 2 節では, 英語の cub bear / cub pilot タイプの同格複合語の名詞句としての特性を示すとともに, その統語的特徴が QBNP と同一であることを示す. 3 節では, 日本語の「犬の子ども／子どもの犬」のような等位同格構文を取り上げ, このうち「子どもの犬」のタイプが QBNP と同一の統語的特徴をもつことを示す. 4 節では, Ogawa (2014) が主張する「統語的構文化」の仮説を導入し, cub 構文および「子ども」構文が同格複合語から等位同格構文へと通時的に発達して来たことを, 日本語と英語のコーパスの調査をもとに示す. 5 節では,「子ども店長」「子ども力士」のような「の」が挿入されない例について, QBNP 分析を維持しつつ, ステージレベル述部と個体レベル述部の区別に基づく説明を与える. 6 節は結語である.

2. cub を含む同格複合語と等位同格構文の性質

2.1. cub を含む同格複合語の統語的特性

N-N 複合語に見えるものが, N1 が N2 に直接付加して N^0 という「語」を構成するのか, NP のような「句」を構成するのかについては, いわゆる「複合語」をどのように定義するかによっても, どのようなタイプの N-N 複合語を扱う理論とするかによっても見解が分かれる. 例えば, Lieber (1983) は, 語彙論の立場から, 主要複合語と合成複合語 (synthetic compound) のいずれについても, N1 と N2 を語彙部門で結合してできた N^0 という「語」であると主張する. 一方, Harley (2009) は, 分散形態論の立場から, 主要複合語と合成複合語のいずれについても, その構成要素である語根の √N1/√N2/√V, 名詞化接辞 (nominalizer) の $n1^0$ / $n2^0$ はそれぞれが投射して「句」を構成して

おり，その句の中で $\sqrt{N1}$ の $n1^0$ への統語的編入，$\sqrt{N1} + n1^0$ 複合体の $\sqrt{N2}$ または $\sqrt{V}$ への統語的編入，その結果できた複合体の $n2^0$ への統語的編入によって派生された統語的構築物が「複合語」であると主張している．これら2つの立場は，最初に存在する構造が「語」であるか「句」であるかという点では異なるが，最終的に派生される構造が N1 と N2 を含むゼロレベル投射になるという点では差がない．このため，N′ (Jackendoff (1977)) または NumP (Llombart-Huesca (2002)) を置き換えるとされる代名詞 one が，N1-N2 連結の N2 のみを置き換えることはできないと予測し，以下のような対比（特に，(1a) の容認性）を説明できない．

(1) a. an adult actor and a boy one　　　　(Giegerich (2009: 194))
    b. *a watchmaker and a clock one

Giegerich (2009) は，属性構文 (attributive construction) を成す metal bridge のようなタイプの主要複合語は統語部門で作られる NP であるが，N1 と N2 が項と述部の関係を成す watchmaker のような合成複合語は語彙部門で作られる N^0 であると主張する．その根拠として，one 代入に関する (1a, b) のような対比と，強勢 (stress) の置かれる位置に関する (2a, b) のような対比が挙げられている．

(2) a. metal brídge　　(phrasal stress = end-stress)
    b. wátchmaker　　(compound stress = fore-stress)

さて，本稿で対象とする同格複合語の1つである cub pilot / cub scout のタイプについても，one 代入の可能性を示唆する以下のような実例がある．

(3) Remember that we have NEW scout Oath and Law to learn this year ... no more **Cub ones!** Here is a sneak Peak!
(https://www.scoutlander.com/publicsite/unitcustom.aspx?UID=37334&CUSTOMID=89760)

この事実は，少なくとも cub scout のタイプの同格複合語は全体で N^0 ではなく，(1a) と同様，NP かそれよりも大きな統語単位であることを示唆する．

2.2. 英語の同格複合語と等位同格構文の意味的・統語的平行性

cub について，OED によれば，現在使われる意味として，以下の2つがある．

(4) a. The young of the bear and of other wild beasts; also of the whale.
   b. An undeveloped, uncouth, unpolished youth; an apprentice or beginner.

このうち (4a) の意味での cub を含む同格複合語については，bear を例にいえば，cub bear という語順と bear cub という語順の両方が可能である．また，これらとは別に，cub of a bear や bear's cub という等位同格構文 (＝名詞句) も存在し，(5a) の 4 タイプの表現は，(5b) のように，論理的に同じ意味をもつ．

(5) a. cub of a bear = bear's cub = bear cub = cub bear
   b. λx (BEAR (x) & CUB (x))

このうち cub of a bear と bear cub の関係は，corner of a street (句) と street corner (複合語) の関係と同様だと見ることもできる．つまり，前者が NP で後者が N^0 であれば，cub が名詞句内で左端に生じ，複合名詞内で右端に生じるのは，英語は句のレベルで主要部先頭言語であり (Chomsky (1981))，語のレベルでは「右側主要部の原則」(Williams (1980)) に従うためだということができる．しかし，この言い方では，cub は複合語内では右端に生じるしかないので，なぜ，*corner street の語順は不可能なのに cub bear の語順は可能なのかを説明できない．[1] 以上のことからも，cub bear は，複合名詞ではなく名詞句であって，ここで 2 つの名詞を繋ぐ of が挿入されなくてもよいのは，しかるべき統語的理由があるからだと考えた方がよい (本稿で提案する構造については後述)．

ところで，cub の (4b) の意味での用法にも (6a) と (7a) の 3 タイプがある．

(6) a. cub of a reporter = cub reporter
   b. λx∃y (REPORTER (x) & CUB (y) & SIMILAR (x, y))
(7) a. this lion cub of a man
   b. λx∃y (MAN (x) & LION CUB (y) & SIMILAR (x, y))

cub にあるこれら 3 つの用法は，Qualitative Binominal NP (QBNP) に見

---

[1] cub bear の cub は主要部ではなく bear の修飾語だからこの語順で生じ得るのだとの見方もあるかもしれない．しかし，その場合，なぜ，today poll に加えて today's poll も可能であるのと同じ理由で，cub bear に加えて cub's bear が容認できないのかが説明できない．

られる3つの異なる用法に酷似している．(8a–c) を見てみよう．

(8) a. an idiot of a doctor
　　b. an idiot doctor
　　c. a jewel of a village (≠ #a jewel village)

den Dikken (2006) によれば，(8a) は，N1 が表す属性を N2 に帰す構文である Attributive QBNP (以下，AQBNP) の解釈と，N2 の属性が N1 の属性に似ていることを表す構文である Comparative QBNP (以下，CQBNP) の解釈の間で曖昧である．(8a) は，前者の解釈では「(人間としては博識であり得るが，)医者としては無能である人」という意味 (= (9a)) をもち，後者の解釈では「医者であるが白痴に似た(無能な)人」という意味 (= (9b)) をもつ．(8a) から of a を省略した (8b) には，AQBNP としての解釈しかない．一方，(8c) には CQBNP の用法しかないので，ここでは of a を省略することはできない．

(9) a. λx (IDIOT FOR A DOCTOR (x))　　　　　　(ibid.: 36-37)
　　b. $\lambda x \exists y$ (DOCTOR (x) & IDIOT (y) & SIMILAR (x, y))
　　c. $\lambda x \exists y$ (VILLAGE (x) & JEWEL (y) & SIMILAR (x, y))

den Dikken (2006) は，これらの事実を踏まえて，AQBNP と CQBNP の統語構造について，以下の (10a, b) を提案する．

(10) a. すべての主述関係が機能範疇 R (= Relator) によって仲介されるが，AQBNP では述部が R の指定部に，主語が R の補部に生じるのに対して，CQBNP では述部が R の補部に，主語が R の指定部に生じ，表層の語順は R 補部から FP 指定部への述部倒置によって得られる．
　　b. QBNP における of は名詞的繋辞 (nominal copula) であり，AQBNP では R に随意的に生じ，CQBNP では F に義務的に生じる．また，a は，AQBNP では NumP 主要部だが，CQBNP では疑似不定冠詞 (spurious indefinite article) として RP 主要部に生じる．[2]
　　c. AQBNP では of と a は省略され得るが，述部倒置 (Predicate In-

---

[2] オランダ語では R 主要部の不定冠詞には複数名詞も後続することが証拠に挙がっている．

version) が起こっている CQBNP では of と a は省略できない。[3]

これらの提案に基づくと，「of なし」AQBNP，「of あり」AQBNP，CQBNP の統語構造は，それぞれ，(11)-(13) のようになる。[4]

(11) [$_{DP}$ D (φ) [$_{NumP}$ Num (an) [$_{RP}$ NP1 (idiot) [$_{R'}$ R (φ) NP2 (doctor)]]]]

(12) [$_{DP}$ D (φ) [$_{RP}$ [$_{Num1P}$ Num1 (an) NP1 (idiot)] [$_{R'}$ R (of) [$_{Num2P}$ Num2 (a) NP2 (doctor)]]]]

(13) [$_{DP}$ D (an) [$_{Num1P}$ [$_{FP}$ [$_{SimilarP}$ Similar (φ) Num2P (idiot)] [F (of)+R (a) [$_{RP}$ [$_{Num3P}$ Num3 (φ) NP (doctor)] [$_{R'}$ t_R $t_{SimilarP}$]]]]]]

(11)，(12) で idiot は R の指定部に生じる述語であり，doctor は R の補部の位置に生起する主語である．また，(11) では R の補部も指定部も裸 NP だが，(12) ではいずれも NumP である．R の主要部は，(12) では of が具現しているが，(11) では音形がない．(13) では，述部の idiot を支配する機能範疇 SimilarP が元々は R の補部に，主語の doctor が R の指定部に生じるが，SimilarP はその主要部に音形がないため，この空範疇を統語的に認可するために機能範疇 FP の指定部に述部倒置によって移動している．また，ここで R は，述部倒置（A 移動）を可能にするために F まで移動している．このとき，FP 主要部には，述部倒置が起こったことを示す標識としての of が必ず具現する．

以上，QBNP の統語構造について詳しく説明したのは，QBNP と cub を含む同格複合語・等位同格構文が意味的にも統語的にも酷似しているためである．まず，an idiot doctor という表現は，主要複合語のように見えるが，複合語強勢をもたず，N2 に強勢が置かれる．den Dikken は，このことを以て，この表現は複合語（=N^0）ではなく名詞句（=RP）であると主張しているが，cub bear でも同様に bear に強勢が置かれる．第 2 に，(14) に示すように，idiot を N1 にもつ AQBNP では，N2 を one で置き換え可能であることを示

---

[3] これは，文レベルでの述部倒置の際に copula の be 動詞が省略できないのと同じ理由に帰せられる．
   (i) a. I consider a picture of a politician (to be) the cause of the riot.
       b. I consider the cause of the riot *(to be) a picture of a politician.
[4] 不定冠詞 a が DP 主要部でも NumP 主要部でもあり得るとすると，*a a book のような表現が文法的になるかもしれない．しかし，これは，文法的には許されても，*preventative から preventive が導かれるのと同じ重音省略（haplology）により義務的に一方の a が省略されるため PF では許されないと考えられる．

す例が Google 検索でいくつも見つかるので，idiot doctor も，cub scout や boy actor と同様，名詞句であるといえる．(14) の特徴と cub に関する (3) の特徴は相同である．

(14) Innocent Rider Suffers because of an Idiot One.

第 3 に，(6a) の cub (of a) reporter において，of a の出現が随意的であるのは，AQBNP である (8a, b) の idiot (of a) doctor において of a の出現が随意的であるのと同様である．第 4 に，意味的にも，(6a, b), (7a, b) の cub の用法がもつ Similar を含む論理表示は，(8a, c) の CQBNP がもつ (9b, c) の論理表示と平行的である．

以上の理由から，本稿では，bear cub も cub (of a) bear も cub (of a) reporter も QBNP の一種であると仮定し，(5a, b), (6a, b) に対して以下の構造を与える．

(15) a. [$_{DP}$ D (ϕ) [$_{NumP}$ Num [$_{NP1}$ N1 (cub) [$_{PP}$ P (of) NumP (a bear)]]]]
   b. [$_{DP}$ [$_{NumP}$ a bear] [D ('s) [$_{NumP}$ Num [$_{NP1}$ N1 (cub) [$_{PP}$ P (ϕ) t_{NumP}]]]]   (cub of a bear / bear's cub の構造；機能範疇の数：2)

(16) a. [$_{DP}$ D (ϕ) [$_{NumP}$ Num [$_{RP}$ NP1 (bear)] [$_{R'}$ R (ϕ) NP2 (cub)]]]
   b. [$_{DP}$ D (ϕ) [$_{NumP}$ Num [$_{RP}$ NP1 (cub)] [$_{R'}$ R (ϕ) NP2 (bear)]]]
                 (bear cub / cub bear の構造；機能範疇の数：3)

(17) a. [$_{DP}$ D (ϕ) [$_{NumP1}$ Num (a) [$_{RP}$ NP1 (= cub) [$_{R'}$ R (of) [$_{NumP2}$ Num (a) NP2 (bear)]]]]]
               (cub of a bear の第二の構造；機能範疇の数：4)
   b. [$_{DP}$ D (ϕ) [$_{NumP}$ Num (a) [$_{RP}$ [$_{SimilarP}$ Similar (ϕ) NP1 (cub)] [$_{R'}$ R (ϕ) NP2 (reporter)]]]]
               (cub reporter の構造；機能範疇の数：4)
   c. [$_{DP}$ D (ϕ) [$_{RP}$ [$_{Num1P}$ Num1 (a) [$_{SimilarP}$ Similar (ϕ) NP1 (cub)]] [$_{R'}$ R (of) [$_{Num2P}$ Num2 (a) NP2 (reporter)]]]]
               (cub of a reporter の構造；機能範疇の数：5)

(18) [$_{DP}$ D (that) [$_{Num1P}$ [$_{FP}$ [$_{SimilarP}$ Similar (ϕ) Num2P (lion cub)] [F (of) +R (a) [$_{RP}$ [$_{Num3P}$ Num3 (ϕ) NP (man)] [$_{R'}$ t_R $t_{SimilarP}$]]]]]]
               (that lion cub of a man の構造；機能範疇の数：7)

(15a) では cub は名詞句の主要部として a bear を補部に取っている．(15b) は，(15a) の基底構造から a bear が属格認可のために DP 指定部に移動したものである．一方，(16) 以下は，cub を含む QBNP の一種であり，以下，

「cub 構文」と呼ぶことにする．(16a) では R の指定部と補部にそれぞれ主語と述語が生じ，The bear is a cub. という主述関係が統語的に表現されている．一方，(16b) では，主語と述語が RP 内で生じる位置が入れ替わっているが，これは idiot doctor (= The doctor is an idiot.) の場合と同様である．(17a) は，(15a) と同じ文字列になるが，cub が RP の指定部に生じ，R が補部に NumP を取っている QBNP である．つまり，cub of a bear は統語的に曖昧であることになる．(17b, c) は，a cub (of a) reporter を AQBNP の構造に当てはめたものである．(17a) との重要な違いとして，cub と結合する名詞が動物名を表す名詞から職業名を表す名詞に置き換わったことと連動して，RP 指定部が NP から SimilarP に置き換わっている．[5] (17b) と (17c) の違いは，R の主要部に of が具現するか否かということと，R の補部が NP か NumP かということである ((11) と (12) の相違を参照)．最後に，(18) は，cub を伴う CQBNP の構造である．ここでは，R の補部に基底生成された SimilarP が音形のない主要部をもつために，FP 指定部に述部倒置を受けている．この移動が起こると，of の具現が義務的となる ((8c) を参照)．

　(17b, c)，(18) では，cub に対してメタファー拡張 (metaphorical extension) が起こり (4b) の意味が生じているわけではなく，Similar という機能範疇を仮定することで，cub (of a) reporter における cub の構文的意味が決定されていることに注意されたい．実際，cub が (4b) の意味で使われるのが事実上 QBNP に限られるとすれば，その時にのみ得られる cub の構文的意味を，(4b) のように，cub の「語義」として辞書に記載する必要はなかろう．

　SimilarP の存在を仮定すれば，cub reporter とはいえても reporter cub とはいえないという事実もまた統語的に説明できる．音形のない主要部をもつ SimilarP は，何らかの機能範疇の指定部で統語的に認可なければならないという den Dikken (2006: 178) の仮定が正しい限りにおいて，(17b, c) や (18c) のような統語構造は許されても，(16a) の NP2 の代わりに SimilarP が生じ，その SimilarP が述部倒置を受けないような構造は許されないためである．

3. 「子（ども）」を含む同格複合語と等位同格構文の性質

　日本語においても，「子（ども）」を含む同格複合語と等位同格構文について

---

[5] den Dikken (2006) は，AQBNP の構造に SimilarP が生じる可能性を想定していないが，これは，論理的に排除されるものではない．

は，前節で英語の cub について見たのと同様のことが観察される．
　まず，『デジタル大辞泉』から，「子」と「子ども」の定義を見ておきたい．

(19) 「子」の定義（デジタル大辞泉）：
　　 a. 親から生まれたもの．こども
　　 b. 動物の生まれて間もないもの．また，鳥や魚などの卵や，卵からかえったばかりのもの．
(20) 「子ども」の定義（デジタル大辞泉）：
　　 「ども」は接尾語で，本来は複数であるが，今では多くの単数に用いる．
　　 a. 年のいかない幼い者．児童．小児．わらべ．
　　 b. 親がもうけた子．むすこやむすめ
　　 c. 動物などの子．また，その幼いほう
　　 d. 行動などが幼く，思慮が足りない者

「子」については，それが動物の子であれ人間の子であれ，区別なく使える．一方，「子ども」については，元は人間の子に対してのみ使われていたのが，後に，動物の子にも使えるようになったものである．[6] これは，cub が，元は野獣の子に対してのみ使われていたのが，後に，幼い（未熟な）人間に対しても使えるようになったのと逆方向ではあるが，意味の一般化が起こったという点では共通している．また，「ども」については，元は有生・無生の名詞に付いて複数形を表す接尾辞だったのが，現代日本語で「子」に付く場合には複数形を表さないという点で文法化（意味漂白・脱範疇化）が起こっている（注 10 も参照）．

　以上を踏まえて，以下の表現とその論理的意味を考えてみよう．

(21) a. 犬の子 = 犬の子ども = 子どもの犬 = λx (DOG (x) & INFANT (x))
　　 b. 子犬 = 子ども犬 = λx (DOG (x) & INFANT (x))
　　 c. 子ども店長 = λx (MASTER (x) & INFANT (x)) ($\neq$ 店長の子ども)

このうち，(21a) は等位同格構文であり，(21b, c) は同格複合語であるが，英語の cub 構文との間で多くの共通点がある．まず，「子どもの犬／犬の子（ども）」のように，動物名を表す名詞が「子（ども）」の右側にも左側にも生じ

---

[6] のちほど，これを裏付けるコーパス調査の結果を示す．

ることができるのは,「cub (of a) bear / bear's cub」と平行的である．第2に,「子どもの犬」とも「子犬」ともいえるのは, cub of a bear とも cub bear ともいえるのと平行的である．第3に,「子ども犬」とも「子ども店長」ともいえ, N2 が動物名でも職業名でもあり得るのは, cub bear とも cub reporter ともいえるのと平行的である．第4に,「子ども店長」とはいえても「*店長子ども」といえないのは, cub reporter とはいえても *reporter cub といえないのと平行的である．

このように，英語の cub 構文と日本語の「子ども」構文は，多くの共通点がある．このことは，当然だと思われる側面もあるが，驚くべき側面でもある．というのも，英語は主要部先頭言語で，日本語は主要部末尾言語であるので，もし, cub が常に名詞句の主要部であるならば, cub of a bear に対応する「クマの子（ども）」は許されても, *bear of a cub が容認されないのと同じ理由で「子どものクマ」も容認されないはずだし，逆に，「bear／クマ」が名詞句の主要部であるならば，「子どものクマ」が可能なように *bear of a cub も可能となるはずだが，実際には容認されない．つまり，日本語と英語は完全な鏡像関係を成していない．

この最後の点は，「子どものクマ」における主要部が「クマ」ではないことを示唆する．また，日本語が主要部末尾言語であることを踏まえれば，「子どものクマ」の主要部が「子ども」である可能性もない．このことから，この名詞句の主要部は機能範疇 R であって，「クマ」はその主語，「子ども」はその述部であると提案したい．これは，言い換えれば，「子どものクマ」は，「クマの子ども」からの述部倒置によって派生された QBNP の一種だ，ということである．

この推論が正しいことは，西山（2003）による「の」の5分類からも示すことができる．西山（2003: 16）は，「の」を，それが取り結ぶ N1 と N2 の意味関係に基づいて，以下の5つに分類している．

(22) a. タイプ [A]：NP1 と関係を有する NP2
 e.g. 洋子の首飾り，北海道の俳優，隣の部屋の音，etc.
 b. タイプ [B]：NP1 デアル NP2
 e.g. コレラ患者の大学生，北海道出身の俳優，etc.
 c. タイプ [C]：時間領域 NP1 における，NP2 の指示対象の断片の固定
 e.g. 東京オリンピック当時の君，着物を着たときの洋子，etc.

d. タイプ [D]：非飽和 NP2 とパラメータ値 NP1
      e.g. この芝居の主役，太郎の上司，『源氏物語』の作者，etc.
   e. タイプ [E]：行為名詞句 NP2 と項 NP1
      e.g. 物理学の研究，夜間外出の禁止，助手の採用，etc.

この中で，タイプ [B] の特徴として，西山は以下の3点を挙げている．

(23) タイプ [B] の「の」の特徴 (cf. 奥津 (1978))：
   a. 「NP1 ノ NP2」を「NP1 デアル NP2」と書き換え可 (p. 22)
      e.g. コレラ患者の大学生＝コレラ患者である大学生
   b. NP1 に量化表現を許さない．(p. 24)
      e.g. ?女性全員の運転手／?何人かの女性の運転手[7]
   c. NP1 を「A と B」という連言にすることができない．むしろ，「A で B」という表現が適切．(p. 24)
      e.g. フランス文学者で／*とピアニストの政治家

これに照らすと，「子どものクマ」の「の」は，まさにタイプ [B] の特徴をもつ．

(24) a. 子どものクマ ＝ 子どもであるクマ
   b. *子ども全員のクマ／*子ども3匹のクマ
      cf. 子どものクマ全員／子どものクマ3匹
      cf. 子ども全員のユニフォーム／子ども3人の集まり
   c. 子どもでオスのクマ／*子どもとオスのクマ

これ以外に，以下の特徴も，当該の「子ども」が述部であることを示す．

(25) a. 日本語では，主語や目的語となる名詞（句）には「たち」を付けられるが，述語となる名詞（句）には「たち」をつけられない．
      a1. 先生たちが悪い／*太郎と次郎は先生たちだ．
      a2. 子どものクマたち＝クマの子どもたち≠(*)子どもたちのクマ
      a3. クマたちの子どもたち≠(*)子どもたちのクマ（たち）
   b. 「NP1 の NP2」で NP1 が NP2 と関係 R を有する場合は N′ 削除が可能だが，NP1 が述語である場合には N′ 削除は許されない．[8]

---

[7] この「?」という容認性判断は西山のものである．筆者の判断では，これらは意図される意味では完全に容認不可能である．

[8] 同様の観察は，Hiraiwa (2012: 375-378) でもなされている．

b1. 太郎の本と次郎の [e] を交換した．
  b2. はしかの患者はたまに診るが，*コレラの [e] は診たことがない．
  b3. 親のクマは撃ち殺すが，*子どもの [e] は逃がしてやろう．

以上の事実を踏まえて，本稿では，(26a-e) を提案し，(27a-c) を仮定する．

(26) a. 「クマの子」については，「子」という名詞主要部がその補部に「クマ」を取る構造と，QBNP の構造があり得る．(cf. (28a, b))
    b. 「クマの子ども」は，QBNP の構造をもつ．(cf. (28c))
    c. 「子どものクマ」は，「クマの子ども」からの「述部倒置」によって派生される．(cf. den Dikken (2006))
    d. 「子どものクマ」の「の」は，奥津 (1978) が「繋辞「だ」の連体形としての「の」と主張するものに等しい．(cf. 西山 (2003: 24))
    e. 「子グマ」は，RP の中で述部（=「子」）が R 指定部に生じ，主語（=「クマ」）が R 補部に生じる構造をもつ．
(27) a. フェイズ (phase) の主要部は，普遍的に主要部先頭 (head-initial) であるが，非フェイズ (non-phase) の主要部は主要部パラメータ (head-parameter) によって補部との語順が決まる．[9]
    b. D と F（述部倒置の着地点）は名詞句内のフェイズ主要部である．
    c. 「子ども」の「ども」は，複数形標示の機能を失って，SimilarP 主要部，または，RelatorP 主要部へと文法化を遂げている．[10]

これらの主張と仮定に基づいて (21a, b) の統語構造を示すと，以下のようになる．

(28) a. [$_{DP}$ NP$_i$ (犬)[$_{D'}$ D (の) [$_{NumP}$ [$_{NP}$ t_i N (子)] Num (φ／たち)]]]
              (「犬の子（たち）」の構造 1；機能範疇：2)
    b. [$_{DP}$ NP$_i$ (犬)[$_{D'}$ D (の) [$_{NumP}$ [$_{RP}$ t_i [$_{R'}$ NP (子) R (φ)]] Num (φ／

---

[9] これは，Kitada (2012: 235) が提案する仮説である．Kitada は，日本語のフェイズ主要部は常に音形がないとしたが，本稿で挙げた例は，フェイズ主要部が音形をもつ実例であるといえる．
[10] 「をのこどもの酒たうべけるに」（古今和歌集；906 年），「島に木ども多く植えて」（落窪物語；986 年）など，古語において N の複数形を表す場合の「ども」は，N を選択する NumP の主要部であったと仮定しておく．一方，「子ども」の「ども」と同様の文法化を果たした事例としては，「身共」「先供」などがある．

たち)]]　　　　　　　　　　(「犬の子 (たち)」の構造 2；機能範疇：3)
c. [$_{DP}$ D (φ) [$_{NumP}$ [$_{RP}$ NP (子) [$_{R'}$ NP (犬) R (φ)]] Num (φ／たち)]]
　　　　　　　　　　　　　　(「子犬 (たち)」の構造；機能範疇：3)
d. [$_{DP}$ NP$_i$ (犬) [$_{D'}$ D (の) [$_{NumP}$ [$_{RP}$ t_i [$_{R'}$ [$_{SimilarP}$ NP (子) Similar (ども)] R (φ)]] Num (φ／たち)]]]
　　　　　　　　　　　　　　(「犬の子ども (たち)」の構造；機能範疇：4)
e. [$_{DP}$ D (φ) [$_{NumP}$ [$_{FP}$ [$_{F'}$ F [$_{RP}$ NP (犬) [$_{R'}$ [$_{SimilarP}$ NP (子) Similar (φ)] R (ども)]] Num (φ／たち)]]]]
　　　　　　　　　　　　　　(「子どもの犬 (たち)」の構造；機能範疇：5)

(28a-e) のうち (28a) は，英語の (15a, b) と同様，RP を含まないので QBNP ではないが，(28b) では，(17a) と同様，RP が加わり，QBNP となっている．(28c) は，述部が RP の指定部に生じる QBNP である．(28d) は，(28b) で NP であった R の補部が SimilarP に置き換わり，その主要部が「ども」で具現する構造である．この構造は，「犬の子が人間の子に似ている」という概念を SimilarP が表している (「子ども」の (20a) の意味を参照)．ただし，ここでは，SimilarP の中に統語的に認可されるべき空主要部は含まれないので，述部倒置は起きない．これに対して，(28e) では，「ども」が RP 主要部まで文法化し，音形を持たない SimilarP の主要部が生じている．これは何らかの機能範疇の指定部で認可されなければならないので，SimilarP が FP 指定部へ述部倒置で移動し，R が F に移動しなければならない．述部倒置が起こったことを示すために，FP 主要部には「の」が具現する．これらの結果として，「子どもの犬」という表層の語順が得られる．

(29) [$_{DP}$ D (φ) [$_{NumP}$ [$_{FP}$ [$_{SimilarP}$ NP (子) Similar (φ)] [$_{F'}$ R (ども)+F (の) [$_{RP}$ NP (犬) [$_{R'}$ $t_{SimilarP}$ t_R]] Num (φ／たち)]]]]

英語の QBNP では，意味的主要部となる名詞を叙述する 2 つ以上の名詞が (30a, b) のように再帰的 (recursive) に生じることができる．したがって，日本語の「子ども」構文が QBNP の一種であるとすると，ここでも，動物名を表す名詞を叙述する名詞が再帰的 (recursive) に生じることができると予測されるが，実際，(31a, b) に示すように，この予測は正しい．

(30) a. It was [a monster of a giant of a game].
　　 b. [My bastard of an idiot of a math tutor] decided it wasn't important.　　　　　　　　(den Dikken and Singhapreecha (2004: 14))

(31) a. 黒猫の子猫 = λx (BLACK (x) & CAT (x) & INFANT (x))
b. 黒猫のオスの子猫 = λx (BLACK (x) & CAT (x) & MALE (x) & INFANT (x))

本稿の枠組みのもとでは，(31a) に対しては以下の派生的構造が与えられる．

(32) [$_{DP}$ D (φ)[$_{NumP1}$ [$_{FP}$ [$_{NumP2}$ NP (黒猫)Num2 (φ)] [$_F$ R2 (φ) + F (の)] [$_{RP2}$ [$_{RP1}$ NumP3 (子) [$_{R'}$ NumP4 (猫) R1 (φ)]] [$_{R'}$ t_{NumP2} t_{R2}]] Num1 (φ／たち)]]]] (機能範疇の数：8)

ここでは，R1 が NumP4 (猫) と NumP3 の「子」の主述関係を取り結び，R2 が RP1 の「子猫」と NumP2 の「黒猫」の主述関係を取り結んでいる．そして，R2 が F に主要部移動することで，RP2 の中から NumP2 が FP 指定部に述部倒置で移動することが可能となり，表層の語順が得られる．RP の中への別の RP の埋込みは原理的に 2 回に制限されないため，仮に NumP2 の位置が RP3 で置き換えられれば，その中で NumP2 と NumP5 が主述関係を取り結ぶ (31b) が派生される．再帰性はこのように説明できる．[11]

4. cub 構文と「子ども」構文の通時的発達と統語的構文化

本節では，英語の cub 構文と日本語の「子ども」構文が，それぞれ，通時的にどのように発達してきたかを示すとともに，歴史コーパスが示すこれらの構文の発達の順序が，Ogawa (2014) が提案する「統語的構文化」の仮説が予測する発達の順序とほぼ完全に一致していることを示す．

4.1. 統語的構文化

「統語的構文」と「統語的構文化」は以下のように定義される．

(33) 「統語的構文」とは，2 つ以上の形態素 ($Y_1, ..., Y_n$, X) (n ≥ 1, X = 主要部) の直接的または間接的な併合によりできる構成素（いわゆる「語」または「句」）のうち，$Y_1, ..., Y_n$ の中の少なくとも 1 つが「変項」として機能するものをさす．

---

[11] この場合，FP 主要部だけでなく RP 主要部も「の」で具現し，FP が多重指定部を認可するという仮定も必要だが，前者は den Dikken (2006) で英語の of についてすでに採用されている仮定であり ((12) を参照)，後者は生成文法極小主義プログラムの併合の理論から導かれる無陳述仮説 (null hypothesis) の 1 つである．

(例:X-phobia, N-V-er, [$_{vP}$ NP$_i$ V Pro$_i$'s way PP], etc.)

(34) 「統語的構文化」とは,ある時代に主要部 X と特定の拘束形態素 Y が選択的に結合して生じる最小サイズの統語単位であったものが,のちの時代に,変項 Y (つまり,X と結合し得る非選択的な Y) と主要部 X が結合してできる最小サイズの統語的「構文」に変化し,さらにのちの時代に,主要部 X と変項 Y を含む構成素が,より多くの機能範疇 (と Y 以外の変項も) を含むように,そのサイズを一方向的に拡大していく過程をさす. (Ogawa (2014) より翻訳)[12]

Ogawa (2014) は,この仮説を用いて,ギリシャ語の *phobos* 'fear' に由来する phobia という結合形 (combining form) と別の結合形から成る hydrophobia のような新古典複合語 (neo-classical compound) が脱形態化 (demorphologization) して war phobia のような N-N 複合語が発達した通時的変化,push open the door のような V-A 形式から √push open が脱形態化して push the door open のような結果構文 (resultative construction) が発達した通時的変化,「嚙み切る」のような語彙的複合動詞から「切る」が文法化 (grammaticalization) して「読み切る」のような統語的複合動詞が発達した通時的変化の3つを説明できると論じた. phobia についてその構文化のプロセスを示すと,(35a, b) のようになる.

---

[12] 本提案は,Booij (2009) の構文形態論 (Construction Morphology) や Traugott (2015) の通時的構文文法 (diachronic construction grammar) で仮定されていることと似ているように見えるが,異なる.まず,構文形態論は,語彙部門と統語部門を区別しないことにより,語彙的な構文と統語的な構文の関係性を構文イディオム (constructional idioms) として捉えようとする試みである (Booij (2009: 216)).しかし,これは,語彙的な構文と統語的な構文の間の通時的関係性について何かを主張したり検証ができるような仮説ではない.また,Traugott の通時的構文文法は,ある構文内における形式素性・意味素性または音韻素性のみの変化を表す「構文変化 (constructional change)」と形式と意味が同時に変化する「構文化 (constructionalization)」を区別した上で,通時的に起こるミクロな (micro-step by micro-step) 変化の累積によって抽象性の増大,生産性の増大,合成性の減少などの可視的な言語変化が起こることを説明するための理論である.しかし,この理論は,構文変化や構文化の途上でどのような統語構造上の変化が起こるかについて予測したり検証したりできるような仮説ではない.一方,生成文法では Chomsky (1981) が「構文」の理論的意味付けを破棄して以降,構文は付帯現象 (epiphenomena) としてのみ認められてきたが,90 年代以降は揺り戻しがあり,動詞のアスペクト的意味を統語構造から導けるものとする語彙意味論 (Hale and Keyser (1993)) や,派生語や複合語を統語部門で生成させようとする反語彙論 (Chomsky (1995),Ogawa (2001a)) など,「構文」の概念の復活を認める理論がいくつも提案されている.分散形態論は,反語彙論の究極の形だともいえる.本稿での提案もまた,90 年代以降の生成文法理論と分散形態論に立脚し,一定の形式と意味のペアとしての「構文」を仮定した上で,その通時的変化の過程を統語的に分析するものである.

(35)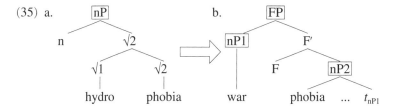

(35a)の新古典複合語に含まれる機能範疇は1つだけだが，(35b)のN-N複合語に含まれる機能範疇は3つであり，かつ，nP1には任意の名詞が入り得るので，統語的構文化が起こっているといえる．また，war phobiaのような複合名詞ではN2のみを支配する名詞句が存在することから，N2のみをoneで置き換えることができると予測するが，(36)に示すように，この予測は支持される．

(36) I have a cat phobia and you have a dog one.

4.2. Cub 構文の通時的発達

(34)が構文の通時的発達についての通言語的仮説として正しいとすると，英語のcub構文においても，その通時的発達の順序に関して一定の予測をする．

(15)から(18)までの英語の各構文において，そこに含まれる機能範疇の数が3個から7個に順次増えていることを確認したい．そうすると，これらの構文は，まさに，(15a, b), (16a,b) → (17a, b) → (17c) → (18)の順序で通時的に発達してきたと予測される．実際，Corpus of Historical American English (COHA) と Corpus of Contemporary American English (COCA) を用いて，それぞれの構文の実例がアメリカ英語で初めて収録された年代を若いものから並べてみると，この予測は概ね支持されることがわかる．[13, 14]

(37) a. a cub of the Big Bear　　　　　　　　(COHA：1828年)
　　　b. wolf-cub　　　　　　　　　　　　　　(COHA：1833年)
　　　c. my lion's cub　　　　　　　　　　　　(COHA：1839年)

---

[13] Hansard Corpus：http://www.hansard-corpus.org/x.asp
Corpus of Historical American English (COHA): http://corpus.byu.edu/coha/
Corpus of Contemporary American English (COCA): http://corpus.byu.edu/coca/
[14] 本稿ではアメリカ英語の事実のみを示すが，イギリス英語についても，OEDとHansard Corpusを用いて調べると，同様の事実が観察される．詳細は，小川 (2016) を参照．

    d. these two bear cubs that we have here　　　（COHA；1847 年）[15]
    e. a small cub Sperm Whale　　　　　　　　　　（COHA；1851 年）
    f. the cub pilot　　　　　　　　　　　　　　　（COHA；1882 年）
    g. a hot cub of a reporter　　　　　　　　　　（COHA；1917 年）
    h. this lion cub of a man　　　　　　　　　　　（COCA；1990 年）

(37a) と (37b) は，それぞれ，(15a) と (15b) の構造に対応し，(37b) は wolf と cub が直接併合（付加）してできた N^0 である．これら 3 つの表現に機能範疇は D と Num しか含まれない．[16] (37d, e) は (16a, b) の構造に対応し，機能範疇として D と Num と R の 3 つを含む．(37f) は (17b) の構造をもち，機能範疇として D と Num と R と Similar の 4 つを含む．(37g) は (17c) の構造をもち，機能範疇として D と Num が 2 つと R と Similar の計 5 つを含む．(37h) は (18) の構造をもち，機能範疇として D と Num が 3 つと R と Similar と F の計 7 つを含み，FP 指定部への述部倒置という統語的移動操作も伴う．このため，含まれる機能範疇の数が少ないものから多いものへと，上記の順序で構文が発達していき，初出例がその順にコーパスの中に観察されたのである．

4.3.「子ども」構文の通時的発達

　日本語については，(28a-e) と (32) の各構文において，そこに含まれる機能範疇の数が 2 個から 8 個に順次増えていることを確認したい．そうすると，これらの構文は，まさに，(28a) → (28b, c) → (28d) → (28e) → (32) の順序で通時的に発達してきたと予測される．実際，日本語の書き言葉を記録した 11 のコーパスで西暦 900 年から 2008 年までの「子ども」構文の実例とその件数を調べ，各構文をその初出時期に基づいて順序付けしたところ，以下の結果を得た．[17]

---

[15] ice-cream のようにハイフンで接続された複合語や，blackboard のように一語で綴られた「名詞 + 名詞」形は，名詞と名詞の間にスペースを挟む (37d-f) のような形式と統語的に区別され，前者は，一般に，「句」ではなく「語」であると考えられている (Payne and Huddleston (2002), Bauer, Lieber and Plag (2013: 432) を参照)．このため，本稿でも，ハイフンでつながれた wolf-cub のタイプは「語」，ハイフンを伴わない bear cub のタイプは「句」として区別する．関連する議論は，Ogawa (2014: 130), 島村 (2015) も参照．

[16] 極小主義統語論のもとでのいわゆる N^0 はすべて，分散形態論のもとでは $\sqrt{N}$ が n によって範疇化された構造 (nP) をもつという意味で「句」であるが，これは，(15)-(18) のすべてに等しく当てはまるものなので，単純化のために捨象する．

[17] 日本語のデータを収集するために使用したコーパスとその URL は以下の通りである．
　日本語歴史コーパス「中納言」：https://chunagon.ninjal.ac.jp/auth/login

(38) a. N（動物名）の子（中納言；鳥の子：900 年）
    b. 子＋N（動物名）（ふみくらコーパス；子雀：1796 年）
    c. 子＋N（職業名）（新聞記事文庫；子役：1910 年）
    d. N（動物名）の子供（青空文庫；蟻の子供ら：1933 年）
    e. 子供／子どものN（職業名）（少納言：子供の役者：1989 年）
    f. 子供／子どものN（動物名）（少納言：子供のうさぎ：1991 年）
    g. N（動物名）の子＋N（動物名）（少納言：黒猫の子猫：1997 年）
    h. 子供／子ども＋N（職業名）（少納言：子供役者：2001 年）[18]
    i. 子供／子ども＋N（動物名）（少納言：子どもネズミ：2004 年）

方丈記：http://www.aozora.gr.jp/cards/000196/files/975_15935.html
平家物語原文縦書き：http://heike.utakura.com/1
ふみくらコーパス：http://www.fumikura.net/lists.html
明六雑誌コーパス：http://pj.ninjal.ac.jp/corpus_center/cmj/meiroku/
国民之友コーパス：http://pj.ninjal.ac.jp/corpus_center/cmj/kokumin/
太陽コーパス：http://pj.ninjal.ac.jp/corpus_center/cmj/taiyou/
近代女性雑誌コーパス：http://pj.ninjal.ac.jp/corpus_center/cmj/woman-mag/
新聞記事文庫：http://www.lib.kobe-u.ac.jp/sinbun/
青空文庫：http://www.aozora.gr.jp
日本語書き言葉均衡コーパス「少納言」：http://www.kotonoha.gr.jp/shonagon/

[18]「子ども店長」という用例は，2009 年から始まった某自動車メーカーのCM を契機として広く使われるようになった．「子ども」と職業名を表す名詞を結合するさいの自由度がさほど広くない話者であっても，「子ども力士」「子どもモデル」などは容認するのではないかと思われる．

(39) 「子ども」構文の頻度変化（初出例を含む年代を網掛けで示す）

時代	900年代	1000年代	1100年代	1200年代	1300年代	1642年	1700年代末
コーパス名称	中納言	中納言	中納言	青空文庫	平家物語	中納言	ふみくらコーパス
	（竹取物語等）	（枕草子, 源氏物語等）		（方丈記）		（虎明本狂言集）	
N(動物)の子	1	5	0	0	1	7	0
子＋N(動物)	0	0	0	0	0	0	2
N(動物)の子ども	0	0	0	0	0	0	0
子どものN(動物)	0	0	0	0	0	0	0
子ども＋N(動物)	0	0	0	0	0	0	0
子役	0	0	0	0	0	0	0
N(職業)の子	0	0	0	0	0	0	0
子どものN(職業)	0	0	0	0	0	0	0
子ども＋N(職業)	0	0	0	0	0	0	0
ちびっ子＋N(職業)	0	0	0	0	0	0	0

時代	1800年代	1900~1925年	1926~1950年	1970~1979年	1980~1989年	1990~1999年	2000~2008年
コーパス名称	ふみくらコーパス 太陽コーパス 女性雑誌コーパス 国民之友コーパス 明六雑誌コーパス 青空文庫	女性雑誌コーパス 太陽コーパス 新聞記事文庫 青空文庫	新聞記事文庫 青空文庫	少納言	少納言	青空文庫	
N(動物)の子	26	46	8	1	4	10	31
子＋N(動物)	8	12	46	6	170	275	1018
N(動物)の子ども	0	0	1	0	1	0	5
子どものN(動物)	0	0	0	0	0	2	7
子ども＋N(動物)	0	0	0	0	0	0	3
子役	1	3	5	0	1	7	187
N(職業)の子	0	0	0	0	1	0	3
子どものN(職業)	0	0	0	0	1	0	0
子ども＋N(職業)	0	0	0	0	0	0	1
ちびっ子＋N(職業)	0	0	0	0	0	0	3

(38) と (39) が示すのは，日本語の歴史の中でほとんどの期間，「N（動物名）の子」というRを伴わない等位同格構文しか存在せず，「子＋N（動物名）」という同格複合語が初めて可能になったのが18世紀末，「N（動物名）の子供」という等位同格構文が出現したのは20世紀半ばで，「子供の＋N」という述部倒置構文が初めて生じた1989~91年からはまだ25年ほどしか経っていない，ということである．英語において各種のcub構文が発達して来た最後の段階で1970~90年代になってcubを含むCQBNPが生じたように，日本語でも各種の「子ども」構文が発達して来た最後の段階で「子ども」を含むCQBNPが1980~90年代になって生じたことは，偶然ではないと考えるべきであろう．[19]

---

[19] 筆者が知る限り，日本語以外のアジアの言語には，「子どもの犬／犬の子ども」「女性の教師」のタイプのいわゆる「同格の属格」構文は存在しない．Shibatani et al. (2013: 374–

5. ステージレベル・個体レベルの区別と「の」の出現可能性

本節では，日本語の「子供ネズミ／子供役者／ちびっこ力士」のタイプの構文について論じる．これらの構文でも述部倒置が起こっているはずだが，倒置の標識となるはずの「の」の出現が義務的でない（または，許されない）のはなぜだろうか．以下では，この問いに対する１つの回答を示したい．

西山（2003: 37）は，名詞を飽和名詞（「俳優」「建築家」「看護師」など）と非飽和名詞（「主役」「建築者」「看護人」など）に分けた上で，「子供」については，その両方の用法があると述べている．

(40) 「子供」という表現は〈大人にたいする子供〉の意味であれば飽和名詞であるが，〈親にたいする子供〉の意味であれば非飽和名詞である．

この区別を踏まえると，動物名を表す名詞と結合するときの「子供」は「親」と対照される非飽和名詞である場合と「大人／成獣」と対照される飽和名詞である場合の両方があり得るのに対して，職業名を表す名詞と結合するときの「子供」や「ちびっ子」は常に「大人」と対照される飽和名詞であるといえる．

(41) a. 子どものクマ ⟷ 親のクマ（「子ども」＝非飽和名詞）
     b. 子どもグマ ⟷ 大人のクマ（「子ども」＝飽和名詞）
     c. 子ども店長 ⟷ 大人の店長（「子ども」＝飽和名詞）
     d. ちびっこ店長 ⟷ 大人の店長（「ちびっ子」＝飽和名詞）

Ogawa (2001b) は，西山（2003）が提示した飽和名詞と非飽和名詞の対比とほぼ一致する関係名詞と非関係名詞の対比を前提として，従来，動詞や形容詞について用いられてきた「ステージレベル述部」と「個体レベル述部」の区別と，名詞について用いられて来た「譲渡不可能名詞」と「譲渡可能名詞」の区別は，範疇をまたぐ「関係述部」と「非関係述部」の区別に包摂されると主張している．

---

375) によれば，「女性の教師」という日本語の対応物は，韓国語，トルコ語，モンゴル語では，「女性教師」に対応する同格複合語の形式でしか表現できない．これは，中国語でも同様である．また，中国語では，「子猫」に当たる表現が「小猫／幼猫／小猫儿／小猫崽／小猫崽儿／猫仔」など多数あるが，いずれの場合も，動物名を表す名詞とそれに前接または後接する「子」を表す名詞の間に「の」に相当する「的」を挿入することはできない（中国語のデータについては，賈婉琦氏との個人談話による）．これらの言語では，名詞句内に名詞的繋辞を具現するRPが生じる段階にまで統語的構文化が進んでいないという可能性があるが，本稿では，この類型論的な問題は扱わない．

(42) Ogawa (2001b) のステージレベル・個体レベルについての提案：
　　a. ステージレベル述部・譲渡不可能名詞 ⊆ 関係述部
　　b. 個体レベル述部・譲渡可能名詞 ⊆ 非関係述部

この区別を採用すると，(41a) の「子ども」は関係述部，(41b, c) の「子ども」や (41d) の「ちびっ子」は非関係述部であることになる．

　ところで，文レベルでは，ステージレベル述部と主語の間には，個体レベル述部では生じない繋辞の be が生じる例が多くの言語に観察される．例えば，英語では，非関係名詞を述部とする (43a) は個体レベル述部文だが，ここに be を重ねると，「バカなふりをしている」というステージレベル述部文が生じる．

(43) a. John is a fool. 　　　(Individual-level)
　　 b. John is being a fool. 　(Stage-level)

これらの事実を踏まえて，名詞的繋辞についても，以下の原則を提案しよう．

(44) 「N1（の／φ）N2」構文において N1 が N2 を主語とする関係述部であるときは名詞的繋辞の「の」が義務的となるが，N1 が非関係述部であるときは名詞的繋辞の「の」は具現しない．

(44) は，「??子供の店長」や「*ちびっこの店長」の容認性が落ちる事実を説明できるだけでなく，「子供（の）役者」における「の」が随意的である事実も説明できる．「子役」とは決して「未熟な役者」ではなく完成された属性をもつ役者のサブタイプである．この意味での「子供役者」は，「子供という属性を演じる役者」を意味し，非関係述部の「子供」を含むので「の」の出現が禁止される．一方，「子供の役者」は，「いま子供である（幼い）役者」という関係述部の「子供」を含む解釈となり，この場合，「の」の出現が要請される．しかし，通常は子供が子役を演じることから，この2つの解釈は，現実的には同時に成り立つ場合が多い．結果として，「の」の出現が一見随意的になるのである．

6. 結語

　以上，本稿では，英語の cub と動物名または職業名を含む各種構文と，日本語の「子（ども）」と動物名または職業名を含む各種構文が，現代英語や現代

日本語においては,「of／の」を含むと含まないとにかかわらず,名詞句であり,den Dikken (2006) がその統語構造を明らかにしている QBNP の一種であること,また,Ogawa (2014) で提示した「統語的構文化」の仮説が予測する通りに単純な構造から機能範疇をより多く含む複雑な構造へと「統語的構文化」が進んで来たことを論じた.また,「子ども（の）ウサギ」や「子ども（の）役者」などの例で「の」が随意的であるが「ちびっこ（*の）店長」などの例では「の」が挿入できないという事実に対して,「の」が名詞的繋辞であるとの前提を活かしつつ,ステージレベル述部と個体レベル述部の区別を関係述部と非関係述部の区別に包摂した Ogawa (2001b) の主張と,両タイプの文が繋辞の具現に関して異なるという通言語的一般化に基づく説明を与えた.

参考文献

Bauer, Laurie, Rochelle Lieber and Ingo Plag (2013) *The Oxford Reference Guide to English Morphology*, Oxford University Press, Oxford.

Booij, Geert (2009) "Compounding and Construction Morphology," *Oxford Handbook of Compounding*, ed. by Rochelle Lieber and Pavol Stekauer, 201-216, Oxford University Press, Oxford.

Chomsky, Noam (1981) *Lectures on Government and Binding*, Foris, Dordrecht.

Chomsky, Noam (1995) *The Minimalist Program*, MIT Press, Cambridge, MA.

den Dikken, Marcel (2006) *Relators and Linkers: The Syntax of Predication, Predicate Inversion, and Copulas*, MIT Press, Cambridge, MA.

den Dikken, Marcel and Pornsiri Singhapreecha (2004) "Complex Noun Phrases and Linkers," *Syntax* 7, 1-54.

Giegerich, Heinz J. (2009) "Compounding and Lexicalism," *The Oxford Handbook of Compounding*, ed. by Rochelle Lieber and Pavol Stekauer, 178-200, Oxford University Press, Oxford.

Hale, Ken and Samuel Jay Keyser (1993) "On Argument Structure and the Lexical Expression of Syntactic Relations," *The View from Building 20: Essays in Linguistics in Honor of Sylvain Bromberger*, ed. by Kenneth Hale and Samuel Jay Keyser, 53-110, MIT Press, Cambridge, MA.

Harley, Heidi (2009) "Compoundings in Distributed Morphology," *The Oxford Handbook of Compounding*, ed. by Rochelle Lieber and Pavol Stekauer, 129-144, Oxford University Press, Oxford.

Hiraiwa, Ken (2012) "The Mechanism of Inverted Relativization in Japanese: A Silent Linker and Inversion," *Journal of Linguistics* 48, 345-388.

Jackendoff, Ray (1977) *X-Bar Syntax*, MIT Press, Cambridge, MA.

影山太郎 (1993)『文法と語形成』ひつじ書房, 東京.

Kitada, Shin-Ichi (2012) "A Theory of Linearization and Its Implication for Boundedness of Movement," *English Linguistics* 29, 223-258.

Lieber, Rochelle (1983) "Argument Linking and Compounds in English," *Linguistic Inquiry* 14, 251-285.

Llombart-Huesca, Amàlia (2002) "Anaphoric *One* and NP-Ellipsis," *Studia Linguistica* 56 (1), 59-89.

西山佑司 (2003)『日本語名詞句の意味論と語用論——指示的名詞句と非指示的名詞句』ひつじ書房, 東京.

Ogawa, Yoshiki (2001a) *A Unified Theory of Verbal and Nominal Projections*, Oxford University Press, New York.

Ogawa, Yoshiki (2001b) "Stage/Individual Distinction and (In)alienable Possession," *Language* 77, 1-25.

Ogawa, Yoshiki (2014) "Diachronic Demorphologization and Constructionalization of Compounds from the Perspective of Distributed Morphology and Cartography," *Interdisciplinary Information Sciences* 20 (2), 121-161.

小川芳樹 (2016)「Cub 構文の QBNP 分析と統語的構文化」『言語学の現在（いま）を知る 26 考（丸田忠雄先生御退職記念論文集）』, 菊地朗・秋孝道・鈴木亨・富澤直人・山岸達弥・北田伸一（編）, 研究社, 東京.

奥津敬一郎 (1978)『「ボクハウナギダ」の文法——ダとノ——』くろしお出版, 東京.

Payne, John and Rodney Huddleston (2002) "Nouns and Noun Phrases," *The Cambridge Grammar of the English Language*, ed. by Rodney Huddleston and Geffrey K. Pullum, 323-523, Cambridge University Press, Cambridge.

Shibatani, Masayoshi, Sung Yeo Chung and Bayaerduleng (2013) "Genitive Modifiers: *Ga/No* Conversion Revisited," *Japanese/Korean Linguistics* 22, 355-394.

島村礼子 (2015)「英語の「名詞＋名詞」形は句か語か」『現代の形態論と音声学・音韻論の視点と論点』, 西原哲雄・田中真一（編）, 21-41, 開拓社, 東京.

Traugott, Elizabeth (2015) "Toward a Coherent Account of Grammatical Constructionalization," *Diachronic Construction Grammar*, ed. by Elena Smirnova, Jóhanna Barðdal, Spike Gidea and Lotte Sommerer, 51-80, John Benjamins, Amsterdam.

Williams, Edwin (1981) "On the Notions of 'Lexically related' and 'Head of a Word'," *Linguistic Inquiry* 12, 245-274.

英語における等位複合語の生起について*

島田　雅晴

筑波大学

1. はじめに

「右側主要部の法則」として知られているように，複合語では右側の構成要素が主要部となることが多いが，中には構成要素間の関係が等位で，主要部が同定できない複合語も存在する．そのような複合語は等位複合語と呼ばれている．その中でも Bauer (2008) によって dvandva として区分されている「親子」，「父母」のような等位複合語は，類型論的な観点から興味深い．Arcodia et al. (2010) によれば，日本語，中国語，朝鮮語，モンゴル語，チベット語，タイ語など，多くのアジアの言語に dvandva の生起が観察される一方，ヨーロッパの言語では dvandva はほとんど観察されない．Shimada (2013) は，日本語には dvandva は存在するが，英語では存在しないと論じている．

Shimada (2013) によれば，dvandva が許されるかどうかは，当該言語の形態論が拘束形態素中心か自由形態素中心かということと連動している．日本語は拘束形態素中心の言語であるが，英語は自由形態素中心の言語である．dvandva が拘束形態素中心の言語で観察される複合語だとすれば，dvandva は，当該言語の形態論が拘束形優勢であるか自由形優勢であるかを見る「リトマス試験紙」といえるのである．

おもしろいことに，英語の史的変化を見た場合，古英語期は日本語と同じように拘束形優勢であったという観察が先行研究でなされている．もしそうだとすれば，古英語は現代英語と異なり，dvandva が生起できていたはずである．

---

* 本稿は 2015 年 9 月 8 日に東北大学情報科学研究科「言語変化・変異ユニット」主催第 2 回ワークショップ「コーパスからわかる言語変化の可変性と普遍性」において発表した内容に基づいている．当日コメントを下さった小野尚之氏，これまでの議論を通じ多くの示唆を与えて下さった長野明子氏に感謝申し上げる．また，2 名の査読者からも有益なコメントいただいた．なお，本研究は科研費（基盤研究 (B)）(No. 24320088) および基盤研究 (C)（No. 24520417))より補助を受けている．

本稿は古英語の辞書を広義のコーパスとみなし，この予測の妥当性を検証することを目的としている．

本論文の構成は次の通りである．第2節では Bauer (2008) の等位複合語の分類に基づいた Shimada (2013) による dvandva の分類を導入する．そして，本論文で dvandva とするものについて定義する．第3節では，村杉 (2011) などで言及されている Stem Parameter という概念を用いて，dvandva を許す言語と許さない言語についての一般化を提示する．そして，Stem Parameter の観点から英語の史的変化を概観し，現代英語とは異なり，古英語では dvandva が生起していたという予測が成り立つことをみる．第4節では古英語に dvandva が見られたかどうか，先行研究と辞書の調査を通して検討する．第5節では本論文で観察したことをまとめ，今後の課題について述べる．

2. 等位複合語の分類

2.1. Bauer (2008) の分類

この節では，まず，Bauer (2008) の等位複合語の分類を見ていく．Bauer (2008) は等位複合語を Translative 型，Co-participant 型，Dvandvas 型，Appositional 型，Hyponym-superordinate 型 の5つに分けている．それぞれの例を (1) にあげる．

(1) a. Translative compounds
  (例) *London-Edinburgh* (*express*)
 b. Co-participant compounds
  (例) *mother-child* (*relationship*)
 c. Dvandvas
  (例) 親子
 d. Appositional compounds
  (例) *singer-songwriter*
 e. Hyponym-superordinate compounds
  (例) *oak-tree*

(1a) の Translative 型と (1b) の Co-participant 型は単独では用いられず，必ず修飾要素として名詞句に埋め込まれた形でないと生起できない点で似ている．例えば，*Their relationship is mother-child* とは言えないのである．しかし，句として *a relationship between a mother and a child* のように書きかえることは可能である．つまり，Translative 型，Co-participant 型の等位複合

語，例えば，*mother-child* は，それらが修飾する *relationship* のような名詞と，項・述語の関係になっている場合がほとんどである．

次に，(1c) が本論文で扱う Dvandva 型の等位複合語である．Bauer (2008) では，Dvandva 型の等位複合語は (1d) の Appositional 型のものと明確に区別されている．両者の違いは，その指示性を考えると明瞭である．例えば，Dvandva 型の「親子」では，それが指し示すものは「親」と「子」の 'union' で，しかも全体としてあらたな概念を表している．一方，Appositional 型の *singer-songwriter* は歌手と作曲者のそれぞれを指しているのではなく，あくまでも 2 役を演じる 1 個人を指している．いわば，singer の集合と songwriter の集合の 'intersection' である．しかも，Bauer は，Appositional 型を構成する構成素同士は真に等位ではなく，例えば，*singer-songwriter* であれば，やはり，*songwriter* の方に意味の重点が置かれる読みになると述べている．つまり，歌手の性質をあわせもった作曲家，ということになるのである．「親子」にはそのような解釈はない．[1]

(1e) の Hyponym-superordinate 型は一方の構成素が大きなクラス，もう一方の構成素がそこに属する成員を示し，意味としてはその特定の成員を表すことになる．*oak-tree* は *tree* の成員 *oak* のことを意味することになる．口の一部である「くちびる」を意味する「口唇」という語が日本語でこのタイプに属する複合語といえる．[2]

2.2. Dvandva 型の下位分類

2.1 節で Bauer (2008) が等位複合語を 5 種類に分類したことを見たが，そのうちの 1 つである Dvandva 型についてはさらに 5 種類に下位分類している．本節では Bauer の Dvandva 型複合語の下位分類をもとにした Shimada

---

[1] 「親子」と単独で生起する場合は Dvandva 型であるが，「親子関係」というように，名詞を修飾し，名詞句に埋め込まれた場合は，Co-participant 型と見なければならない．関連する議論は Olsen (2001) を参照されたい．

[2] 「口唇」は「親子」と異なり，音読み（「こうしん」）である．日本語の漢字には音読みと訓読みがあり，「口」であれば，それぞれ「こう」，「くち」となる．Nagano and Shimada (2014) は，漢字は語彙素 (Lexeme) を表している書記法であるということを示し，同一漢字の音読みと訓読みは同一語彙素の異形態の関係にあるとしている．それに従えば，「こう」と「くち」は同一語彙素の異形態となる．「口唇」は「口」で表示されている語彙素と「唇」で表示されている語彙素からなる等位複合語である．同じように，「親子」も語彙素「親」と語彙素「子」からできている等位複合語である．このように，漢字表記は複合語の構成がみてとれる点で極めて有用であり，以降の議論でも日本語の複合語を見る際は積極的に漢字表記を用いることにする．

(2013) の dvandva の分類を導入する．

　Bauer (2008) は Dvandva 型の等位複合語を Additive 型，Co-hyponymic 型，Co-synonymic 型，Compromise 型，Exocentric 型の 5 つに下位分類している．Bauer (2008) からそれぞれの例を (2) にあげる．

(2) a.　Additive 型
　　　　(i)　枝葉
　　　　(ii)　*such-dukh*　happiness sorrow　　　　　　　　(Punjabi)
　　b.　Co-hyponymic 型
　　　　bas-kaar　bus-car　'vehicles'　　　　　　　　　　(Punjabi)
　　c.　Co-synonymic 型
　　　　đường sá　road street　'roads'　　　　　　　　　(Vietnamese)
　　d.　Compromise 型
　　　　north-east
　　e.　Exocentrics 型
　　　　hòu-báo　thick thin　'thickness'　　　　　　　　(Mandarin)

Additive 型は意味の異なる構成素をならべ，全体の意味が構成素の意味の総和となるものである．Additive 型はさらに細分化され，「枝葉」のように意味的に似ているものがならぶタイプと *such-dukh* のように全く反対の意味を表す構成素同士が結合しているタイプがある．(2b) の Co-hyponimic 型の複合語は，その意味が構成素それぞれの意味の単なる総和になっているものではなく，それ以上に抽象的な概念を表しているものである．(2b) の例では，「バス」と「自動車」を意味する構成素が結合した結果，バスや自動車の上位概念である「乗り物」を意味するに至っている．Co-synonymic 型はまったく同じ意味の構成素が結合してできている．(2c) ではどちらの構成素も「道」を表し，全体としても「道」の意味になっている．同じ意味の語彙素を重ねて意味を強めている，ということではない．(2d) は Compromise 型で，その意味は構成素の意味の総和によってもたらされているというよりはむしろ，足して 2 で割る，というイメージである．(2d) の例であれば，北と東の真ん中の方角を意味することになる．(2e) の Exocentric 型 は逆の意味，対極の意味を表す構成素からなる複合語で，その意味するところは，やはり，構成素の意味の総和ではなく，(2b) の Co-hyponymic 型と同様，その意味に関わる抽象概念である．(2e) の例であれば，'thick' と 'thin' という対極の意味の構成素を結合することで，それに関わる「厚さ」という概念を表す語を形成している．

　Shimada (2013) はこの Bauer の分類を出発点にして，さらに Dvandva 型

を整理・分類している．Shimada は，まず，Bauer が Compromise 型の dvandva とした (2d) のタイプを dvandva ではない Appositional 型の複合語と位置づけ，dvandva の分類から除外した．その根拠になるのは，ten Hacken (1994) などによって報告されている Compomise 型の複合語が持つ解釈である．

(3) a. *northeast, blue-green*
    b. *grijsblauw*　greyblue　'greyish blue'
    c. *blauwgrijs*　bluegrey　'blueish grey'

(ten Hacken (1994: 129))

Compromise 型の複合語は，方角や色を表す表現として使われることが多い．先ほど見た方角の表現に加えて，例えば，(3a) の *blue-green* のように使われる．Bauer はこのタイプの複合語は，構成素の読みを足して2で割る，という意味になるとして Dvandva 型の1つに数えているが, ten Hacken (1994: 129) はオランダ語の (3b) や (3c) を例にあげ，やはり，この場合も右側にくる要素が意味の「中心」となることを述べ，主要部がある通常の複合語であることを示唆している．以上を踏まえ，Shimada (2013) は Bauer の分類を次のようにまとめなおし，dvandva を大きく2種類に分割した．

(4) a.　Additive 型, Co-hyponymic 型, Exocentrics 型
    　　→ **Pairing 型**
    b.　Co-synonymic 型 → **Co-synonymic 型**

1つは Bauer がいうところの Additive 型, Co-hyponymic 型, Exocentric 型をひとまとめにした Paring 型，もう1つは Bauer の分類をそのまま引き継いだ Co-synonymic 型である．

　Paring 型は Bauer の Additive 型をもとにしたもので，構成素の意味を足すことを基本とした dvandva である．そして，Bauer と同様，似た意味を持つ構成素を結合したものと反対の意味の構成素を結合したものの2種類からなるものとなっている．前者は similative pair, 後者は alternative pair と呼ぶことにする．それぞれの例を次にあげる．

(5)　Pairing 型：similative pair
    a.　風雨，山河，森林，田畑，自己，寝食，年月，目鼻
    b.　広大だ，深遠だ，奇異だ，勇猛だ，微弱だ，強大だ，重厚だ，軟弱だ，冷淡だ

c. 飲食する，視聴する，見聞する，記述する，養護する
　　　d. 泣き叫ぶ，思い描く，思い煩う
　(6) Paring 型：alternative pair
　　　a. 男女，夫婦，親子，内外，表裏，前後，左右，自他，公私，文理，心身，今昔，損益
　　　b. 高低，<u>大小</u>，<u>長短</u>，遠近，強弱，新旧，清濁，緩急，濃淡，<u>寒暖</u>，<u>明暗</u>，<u>難易</u>
　　　c. 生死，優劣，勝敗，<u>進退</u>，<u>攻防</u>，<u>往来</u>，勝負する，貸借する，売買する，開閉する
　　　d. 貸し借りする，売り買いする，開け閉めする，行き来する，生き死に，勝ち負け

　(5) は構成素が similative pair になっているもので，(6) は alternative pair になっているものである．それぞれ (a) は構成素が名詞，(b) は形容詞，(c) は音読みの動詞，(d) は訓読みの動詞である．[3]

　日本語の形容詞と形容動詞は基本的に同じ範疇だとすれば，similative pair の場合は構成素の範疇が引き継がれた形で dvandva 全体の範疇が決まっているのがわかる．例えば，(5b) にある「広大だ」という形容動詞は「広い」という形容詞と「大きい」という形容詞からなっている．一方，alternative pair の場合は，構成素の範疇に関わらず，最終的に名詞になることが多い．(6b) の「高低」は名詞であるが，構成素は「高い」，「低い」という形容詞である．また，構成素が動詞である (6c), (6d) のタイプも「生死」というように名詞になる．軽動詞「する」が付加し，「勝負する」，「貸し借りする」というように動詞になっているものもあるが，「勝負」，「貸し借り」の部分は verbal noun で名詞である．

　(5) と (6) で下線が引かれている例は，構成素の意味の総和によって決まる解釈に加えて，構成素それ自体の意味より抽象度が高い1つの概念としての意味ももつものである．例えば，(5a) の「目鼻」は「目」と「鼻」それ自体を指す読みのほかに，「外見，ルックス」という概念を表す読みも可能である．また，(6b) の「大小」，「長短」は「大きい，小さい」，「長い，短い」ということだけでなく，それぞれ「サイズ」，「長さ」という抽象概念を意味することもできる．Bauer はこのような意味の拡張を許す dvandva を Co-hyponymic 型，

---

　[3] 注4の (v) で述べるとおり，(5d), (6d) の動詞の連用形は linking element と考える．例えば，(5d) の「泣き叫ぶ (nak-i-sakebu)」では，「泣く」の連用形「泣き」の屈折部分である -i- がそれにあたる．

Exocentric 型として区別していたが，Nagano (2014) の分析に基づけば，この意味拡張は主要部が決まらない複合語がもともと持つ一般的な特性と捉えることができる．Shimada (2013) の分類は Co-hyponymic 型，Exocentric 型を特殊な dvandva として区別することはせず，Additive 型の拡張形として，Paring 型としてひとまとめにしたものとみることができる．

Co-synonymic 型は Bauer (2008) と Shimada (2013) の分類で違いはない．興味深いのは，日本語ではこのタイプの dvandva が非常に生産的であるということである．次に例をあげる．

(7) Co-synonymic 型
    a. 土地，河川，樹木，場所，火炎，波浪，天空，背後，自己，身体，毛髪，道路，船舶，形態，利益
    b. 巨大だ，新鮮だ，良好だ，永久だ，安易だ，微細だ，劣悪だ，同等だ，柔軟だ，温暖だ，寒冷だ
    c. 比較する，学習する，分離する，応答する，存在する，歓喜する，計測する，創造する，回転する，防衛する
    d. 探し求める，耐え忍ぶ，恋い慕う，忌み嫌う

(5) の similative pair のタイプと同じように，Co-synonymic 型も構成素の範疇を引き継いで全体の範疇が決まるといってよい．ただ，Pairing 型とは異なり，意味拡張はみられないようである．以降，本稿では Shimada (2013) の分類にしたがって，dvandva の生起を考察していくことにする．[4]

---

[4] Shimada (2013) は dvandva の性質をおおよそ次のようにまとめている．
  (i) Co-hyponymic 解釈は Pairing type の等位複合語の意味が 1 つの概念として確立した際に生じる．
      (例) 目鼻（「外見」），長短（「長さ」）
  (ii) Alternative type の範疇は「名詞」になる．
      (例) 長短 (A-A)，勝敗 (V-V)，勝ち負け (V-V)
  (iii) Co-synonymic type の範疇は構成要素の範疇と同じになる．
  (iv) 日本語の等位複合語の多くは音読みである．
  (v) 訓読み動詞の複合語化で生じる「-i」は，linking element である．
(i) から (iii) は本文で見たとおりである．(iv) については，後で触れる．(v) は動詞の連用形について述べたものである．

3. Dvandva の生起に関する言語間相違

3.1. 一般化

Bauer (2008) によれば，Dvandva 型複合語は通常考えられているよりその分布は限定的である．Arcodia et al. (2010) は日本語をはじめとするアジアの言語では dvandva が生起する一方，英語などヨーロッパの言語ではあまり観察されないとしている．Shimada (2013) は，日本語の dvandva の多くが拘束形態素である音読み形構成素の結合体であることに着目し，自由形態素より拘束形態素の方が優位な言語で dvandva が生起しやすいのではないかという可能性を示唆している．[5]

ある言語で拘束形あるいは自由形が優位であるというのは，次の村杉 (2011: 246-247) からの引用にある Stem Parameter という概念でとらえられるものと思われる．

(8) "その言語獲得にみられる言語間の相違は，当該の大人の文法において，<u>動詞の語幹がそれ自体独立した形態として成立しうるか否かの違い (Stem Parameter)</u> と関係する．語幹がそれ自体では形態的に成り立たない [−stem] のパラメーター値を選ぶ言語を母語とする幼児は，最初の動詞として，動詞の語幹に（当該の大人の文法での）デフォルトの形態を代用形として付いた形式を産出する．<u>幼児はわずか１歳という段階で母語の動詞形態の体系の特性を反映した不定詞の形式を選択する</u>のである．"　　　　　　　　　　　　　　（下線は筆者）

村杉によれば，子どもは当該言語の動詞の語幹が自由形か拘束形かに依存して，不定詞の形式を選択するという．母語習得のかなり早い段階で決まる Stem Parameter は，当該言語の形態論が word-based か stem-based かを選択するものといえる．この違いが当該言語のタイプを決める重要な要素であることは，Kastovsky (2006: 157) によっても指摘されている．

---

[5] 本論文で対象にしている音読みの複合語は中国語からの借入語であり，複合語形成規則が反映されているとはいえないのではないか，という疑問が生じるかもしれない．現代英語において，*philosophy* などの新古典複合語がラテン語，ギリシャ語からの借入そのままに使われているのではなく，英語由来の語と同じく英語の複合語形成プロセスを経て列記とした現代英語の複合語として生成されていることが Panocová and ten Hacken (2015) で論じられている．もともとは借入語であったものも，入った先の言語の文法により分析された結果，借入語としてではなく借入先の言語の文法により派生するようになることもあるのである．現代日本語の音読み複合語も，創造的な新語形成の事実などから，日本語の文法により生成されている複合語であることが Nagano and Shimada (2014) で論じられている．

(9) "Of these parameters, the most important is the first, i.e. the status of the base form, on which inflectional and derivational processes operate. ... The base form can be a word, a stem, or a root, and accordingly one can distinguish between word-based, stem-based, or root-based morphology."

Stem Parameter が [＋stem] の言語は word-based 言語で自由形中心言語, [－stem] の言語は stem-based 言語で拘束形中心言語といえる.

　日本語は, 動詞の屈折語尾が付加する語幹が母音で終わるか子音で終わるかのどちらかである. 母音で終わる動詞を母音動詞, 子音で終わる動詞を子音動詞という. 例えば,「見る」という動詞の語幹は *mi-* であるとされ, したがって, これは母音動詞である. 一方,「書く」という動詞の語幹は *kak-* であり, これは子音動詞である. どちらの場合も動詞語幹が単独で生起することはできず, このことは日本語が stem-based 言語, 拘束形中心言語であることを示している. 他方, 英語は, 3人称単数現在の屈折接辞 *-s* が付加する動詞の語幹は *like* などの自由形態素である. したがって, 英語は word-based 言語, 自由形中心言語であるといえる. 日本語と英語のこの形態的性質を dvandva の生起の可能性と結びつければ, 次のように一般化できると思われる.

(10) dvandva は word-based 言語には存在せず, stem-based 言語に存在する.

アジアの多くの言語は膠着系で stem-based 言語であるため dvandva が見られるが, 英語をはじめとするヨーロッパの言語の多くは word-based 言語であるため dvandva が見られないのである.

3.2. 英語の史的変化から見た dvandva 生起の可能性

　3.1 節で見たように, 英語は word-based 言語であり, そのため dvandva も見られないのであるが, word-based という性質は現代英語についてあてはまることであり, 時代をさかのぼると事情が異なることが次の Kastovsky (2006: 166) からの引用を見るとわかる.

(11) "... some typological "pressure" was at work transforming the whole morphological system into word-based morphology. This state of affairs was reached in the Middle English period and still characterizes Modern English inflection and derivation on a native basis."

つまり，Kastovsky は，英語は拘束形中心言語から自由形中心言語へと史的変化をうけたと指摘している．古英語期には stem-based 言語としての性質をもっていたものが，中英語，現代英語と変化するにつれて，word-based 言語になっていったというのである．

同様の指摘は，英語のレキシコンが史的に総合的（analytic）性質から分析的（analytic）性質に変化していったことを次の3つの観点から論じている Haselow (2012: 644) によってもなされている．

(12) a. Changes in the frequency of use of bound morphemes (affixes) employed for the indication of lexical categories
 b. Changes in the morphological status of lexical bases and thus in the structure of "words"
 c. Changes in the way in which a language package semantic material into words, that is, in the internal semantic structure of words (conflation)

Haselow は，古英語では接頭辞として具現するところが現代英語では前置詞として独立して具現することなどを例としてあげているが，これもまた古英語は拘束形が中心の言語で，現代英語は自由形が中心の言語であることを示しているといえる．

仮に Kastovsky や Haselow の指摘通りの変化を英語がたどってきたとするならば，そして，(10) の一般化が妥当であるならば，stem-based 言語であった古英語には dvandva が生起できていたはずである（島田 (2015)）．この予測を確かめ，(10) の妥当性を検証するため，次節では古英語期に dvandva が生起していたかを調べることにする．

4. 古英語期の dvandva

4.1. 先行研究

古英語の資料に dvandva が見られるかについて言及している先行研究は，筆者の知る限り，かなり限られている．そのうちの1つが Carr (1939) である．Carr は (13) のように述べ，OE の詩に dvandva が2例見つかったことを報告している．

(13) "There are no examples of this formation in Gothic, ON and OFris. In OE two compounds are recorded from early poetry:"

a. *āpumswēoras* 'son-in-law and father-in-law'
   → *āpums* 'son-in-law' + *swēoras* 'father-in-law'
b. *suhtorfædran* 'nephew and uncle'
   → *suhtor* 'newphew' + *fædran* 'uncle'

(Carr (1939: 40-41))

(13a) と (13b) にあげた *āpumswēoras* と *suhtorfædran* が Carr が古英語期の dvandva の実例としているものである．前者は *āpums* 'son-in-law' と *swēoras* 'father-in-law' からなっている．後者は *suhtor* 'newphew' と *fædran* 'uncle' からなっている．仮に dvandva の例だとすれば，どちらも similative pair の Paring 型となる．

Carr 以外にも古英語に dvandva が存在することに言及している先行研究は，Hatcher (1951), Faiß (1992), Kastovsky (2009) など，少ないながらもある．しかし，どれも Carr の研究を追記しているにとどまっており，実例も Carr を引用して (13a) と (13b) をあげるのみである．(14) は Hatcher (1951) と Faiß (1992) からの引用である．

(14) a. "The primitive type of dvandva has left few traces in English, but, according to Carr, we find at least two examples,"

(Hatcher (1951: 1-2))

b. "… additive copula compounds are rare in Germanic in general, being still rarer in Old English." (Faiß (1992: 63))

Carr はもう 1 つ興味深い観察をしている．古英語期に dvandva だった表現が後に等位接続詞の and を用いた句として使われていることを指摘している．次は Carr (1939: 41) からの引用である．

(15) "In the later poetry the compound is resolved into a phrase: *swēor and āpum*"

ちなみに，日本語の Paring 型の dvandva「手足」に相当する表現を *Oxford English Dictionary* で探してみると，hand and foot という形式のものしかなく，初出は 950 年である．先行研究を見る限り，古英語期にはかろうじて 2 例の Paring 型の dvandva が確認できる．また，古英語では and による句表現も見られていたのである．[6]

---

[6] 本稿では dvandva には分類していない，Bauer (2008) が Compromise 型とした

4.2. 辞書調査

古英語が stem-based 言語であったとすれば，4.1 節で見た先行研究が指摘する程度の dvandva の実例数では少なすぎるといわざるを得ない．仮に本当にその程度の実例数であるならば，古英語が stem-based 言語であるという仮定か（10）の一般化のどちらかを破棄することも考えなければならない．本節では，古英語の辞書を用いて独自に dvandva の調査をし，(10) の一般化を検証する．

本節で用いる辞書は次の 3 点である．

(16) a. *A concise Anglo-Saxon dictionary*, edited by John Richard Clark Hall, 1960.
b. 『古英語辞典』，小島謙一編，大学書林，2012．
c. *An Anglo-Saxon dictionary*, edited by Joseph Bosworth and enlarged by T. Northcote Toller, 1898

(16b) は基本的に (16a) を日本語になおしたものであり，したがって，実質的には (16c) とあわせて 2 点の辞書を用いている．調査方法は，特に，(16b) の日本語版を入り口にして，辞書の最初のページから目で dvandva と思しき語を探していき，それらしき語にあたったら (16a) と (16c) で確認し，最終判断を下す，というアナログ的なものである．

まだ，調査途中であるが，それでも驚くべきことに，次のような例が見つかっている．

(17) a. *ellencræft* 'strength, power'
→ *ellen* 'strength, power' + *cræft* 'power, strength'
b. *ādlsēoc* 'in bad health'
→ *ādle* 'disease' + *sēoc* 'sick'
c. *bealuniþ* 'malice, wickedness'
→ *bealu* 'evil, wichkedness' + *niþ* 'evil, hatred'
d. *beornwiga* 'warrior, hero'
→ *beorn* 'warrior, hero' + *wiga* 'fighter'
e. *feorhlif* 'life' → *feorh* 'life, soul' + *lif* 'life'
f. *mundbora* 'protector, guardian'

---

wīdbrād (lit.) wide broad 'wide-spread' という複合語も Carr はあげている．
(i) "… this compound … means 'wide-spread,' not 'wide and broad.'"

(Carr (1939: 41))

　　　　　→ *mund* 'protector, guardian' ＋ *bora* 'ruler'
　　g. *flotscip* 'ship' → *flot* 'sea' (*flota* 'ship') ＋ *scip* 'ship'
　　h. *flodȳp* 'wave of the sea' → *flod* 'wave' ＋ *ȳp* 'wave'
　　i. *flodwylm* 'flowing stream'
　　　　　→ *flod* 'stream' ＋ *wylm* (*wielm*) 'stream'
　　j. *ferhþsefa* 'mind, thought'
　　　　　→ *ferhþ* 'mind, intellect' ＋ *sefa* 'mind, spirit'
　　k. *friþowaru* 'protection'
　　　　　→ *friþu* 'protection' ＋ *waru* 'protection'
　　l. *friþsōcn* 'asylum' → *friþu* 'asylum' ＋ *sōcn* 'asylum'
　　m. *fyrbryne* 'a fire burning'
　　　　　→ *fyr* 'fire' ＋ *bryne* 'fire, flame'

これらはすべて Co-synonymic 型の N-N dvandva である．例えば，(17k) の *friþowaru* 'protection' は *friþu* 'protection' と *waru* 'protection' からできており，日本語の Co-synonymic 型の「防衛」，「守衛」さながらである．これを見る限り，古英語期には Co-synonymic 型の dvandva がかなり生産的に作られていたのではないかと考えられる．

少数の限られた例ながら，A-A 型の dvandva も見つかっている．[7] 日本語でいえば，「微細だ」，「豊富だ」などに相当するものである．

(18) a. *earmcearig* 'miserable and sad'
　　　　　→ *earm* 'miserable' ＋ *cearig* 'sorrowoful'
　　b. *gnorncearig* 'sad, sorrowful'
　　　　　→ *gnorn* 'sorrowful, sad' ＋ *cearig* 'sorrowful'
　　c. *hreówcearig* 'troubled, anxious, sorrowful'
　　　　　→ *hreów* 'miserable, sad' ＋ *cearig* 'sorrowful'

これらの例は，日本語の「悲惨だ」に造りが似ている．例えば，(18b) の *gnorncearig* 'sad, sorrowful' という語は *gnorn* 'sorrowful, sad' という形容詞と *cearig* 'sorrowful' という形容詞からできており，全体としても形容詞である．[8]

---

[7] A-A 型の用例を調べるにあたって，査読者からのコメントが役に立った．
[8] 古英語の dvandva を調査する過程で次のような例も見つかった．
　　(i) *ellenrof* 'remarkably strong, powerful'
　　　　　→ *ellen* 'strength' ＋ *rof* 'strong'

(17) や (18) が dvandva だとすれば，stem-based 言語である古英語に確かに dvandva が存在していたことになる．拘束形態素中心言語に dvandva が生起するという一般化が古英語にもまさしくあてはまるのである．[9]

5. まとめと今後の課題

本論文では dvandva が生起する言語は stem-based 言語，拘束形中心言語であり，word-based 言語，自由形中心言語ではないことをみてきた．日本語は前者に属し，英語は後者に属するが，英語も歴史的には過去は stem-based 言語であったので，このことは古英語期には dvandva が生起できたことを意味する．限られた先行研究からでは古英語期の dvandva の生起は確認できないが，あらためて辞書による調査を行うと，Co-synonymic 型の dvandva が古英語期にかなり生産的に作られていた可能性があることがわかった．そして，stem-based という性質と dvandva の生起に密接な関係があることもあらためて確認できた．

今後取り組むべき課題としては古英語をさらに網羅的に調査することに加えて，中英語期，近代英語期について調べることである．しだいに word-based の性質が高まっていくにつれて dvandva の生成がどのように変化していくのかを記述する必要がある．さらに，なぜ stem-based 言語では dvandva が生起

(ii) *sorgcearig* 'anxious, sorrowful'
→ *sorg* 'anxiety, sorrow' + *cearig* 'sorrowful'

これらは第1構成素が N，第2構成素が A の N-A 複合語である．しかし，dvandva のように，品詞の違いを別にすれば，構成素がほぼ同義である．このような複合語と dvandva はどのような関係になっているのかについては今後の課題としたい．

[9] Renner (2013) や Okubo (2014) など，現代英語でも *-cum-* や *-n-* という形態素を用いると dvandva が派生するという観察がある．これらは局所的に stem-based 言語の性質を体現させるマーカーと考えられる．

(i) *brasserie-cum-bar* (Renner (2013))
(ii) *mother 'n' father* (Okubo (2014))

しかし，以下の Noam Chomsky 著，"What is Language?" (p. 12) からの引用には，このような形態素がなくても dvandva として用いられていると思われる用例がある．下線部を参照されたい．

(iii) "A broader thesis is that linear order is never available for computation in the core parts of language involving syntax-semantics. Linear order, then, is a peripheral part of language, a reflex of properties of the sensorimotor system, which requires it: we cannot speak in parallel, or produce structures, but only strings of words."

ハイフンが何らかの役割を果たしている可能性も考えられるが，詳細は不明である．*-cum-* や *-n-* とともに今後の課題としたい．

するのかという根本課題を解決しなければならない．これについて Shimada (2012) は日本語の dvandva が音読み拘束形を構成素に持つことが多いことに着目して次のような示唆をしている．

(19) Dvandva formation is a morphological process to change bound forms to free forms with no semantic motives.

(19) が言わんとしていることは，特に，Co-synonymic 型を考えるとわかりやすい．例えば，音読みの「土」はこれだけでは存立できず，それを支えるためだけに意味的に無意味な要素，つまり，「土」と同じ意味を持つ「地」が虚辞要素として選ばれ，結合してできたのが「土地」という dvandva であるとする考え方である．同義の語彙素あるいは関連する意味の語彙素を重ねる dvandva 形成操作は，純粋に形式上の理由により行われるものなのである．しかし，訓読みの dvandva も音読み dvandva に比べて数は少ないながらも存在するので，さらなる検討を要する．本来は拘束形態素を支えるための dvandva 形成であったものが，その語形成の鋳型を自由形態素にも拡張したとも考えられる．

また，等位構造は Chomsky (2013) の Labeling Algorism の点からいえば，そのままでは解釈が決まらないので問題となる構造である．等位接続詞の and が必要となるのはこのためだが，stem-based 言語では and がなくても dvandva の構造で解釈が可能になるということである．主語 DP と TP に共通する φ 素性が両者が併合した文構造の解釈を保証するように，dvandva の構成素同士に共通する何らかの性質が dvandva の構造の解釈を保証するということが考えられる．そうであるならば，主語 DP と TP の間に一致が起こるように，dvandva の構成素間で何らかの一致が起こっている可能性がある．拘束性，stem-based という性質と一致の可能性にどのような関係があるのか，(19) をどのように還元するのか，といった理論的課題が残されている．

参考文献

Arcodia, Giorgio F., Nicola Grandi and Bernard Wälchli (2010) "Coordination in Compounding," *Cross-disciplinary Issues in Compounding*, ed. by Sergio Scalise and Irene Vogel, 177-197, John Benjamins, Amsterdam.
Bauer, Laurie (2008) "Dvandvas," *Word Structure* 1, 1-20.
Carr, Charles T. (1939) *Nominal Compounds in Germanic*, Oxford University Press, London.

Chomsky, Noam (2013) "Problems of Projection," *Lingua* 130, 33-49.
Faiß, Klaus (1992) *English Historical Morphology and Word-Formation: Loss versus Enrichment*, Wissenschaftlicher Verlag, Trier.
Haselow, Alexander (2012) "Lexical Typology and Typological Changes in the English Lexicon," *The Oxford Handbook of the History of English*, ed. by Terttu Nevalainen and Elizabeth Closs Traugott, 643-653, Oxford University Press, Oxford.
Hatcher, Anna G. (1951) *Modern English Word-Formation and Neo-Latin*, The Johns Hopkins Press, Baltimore.
Kastovsky, Dieter (2006) "Typological Changes in Derivational Morphology," *The Handbook of the History of English*, ed. by Ans van Kemenade and Bettelou Los, 151-176, Blackwell, Oxford.
Kastovsky, Dieter (2009) "Diachronic Perspectives," *The Oxford Handbook of Compounding*, ed. by Rochelle Lieber and Pavol Štekauer, 323-340, Blackwell, Oxford.
村杉恵子 (2011)「幼児の「誤り」を観て斯(ここ)に普遍文法を知る」『ことばの事実を見つめて』,佐藤響子・井川壽子・鈴木芳枝・古谷孝子・松谷明美・都田青子・守田美子 (編), 238-250, 開拓社, 東京.
Nagano, Akiko (2014) "Review Article: *Creative Compounding: The Semantics of Metaphorical and Metonymical Noun-Noun Combinations*, by Réka Benczes, John Benjamins, Amsterdam, 2006," *English Linguistics* 31, 312-314.
Nagano, Akiko and Masaharu Shimada (2014) "Morphological Theory and Orthography: Kanji as a Representation of Lexemes," *Journal of Linguistics* 50, 323-364.
Okubo, Tatsuhiro (2014) "Expletives in Words: Linking Elements as Markers of Wordhood," *Lingvisticae Investigationes* 37, 225-239.
Olsen, Susan (2001) "Copulative Compounds: A Closer Look at the Interface between Syntax and Morphology," *Yearbook of Morphology 2000*, 279-320.
Panocová, Renáta and Pius ten Hacken (2015) "Neoclassical word formation in English and Russian: A Contrastive Analysis," paper presented at Word Formation Theories II, Šafárik University, Košice, Slovakia.
Renner, Vincent (2013) "English *Cum*, a Borrowed Coordinator Turned Complex-Compound Marker," *Morphology* 23, 57-66
Shimada, Masaharu (2012) "Three Types of Coordinate Compounds: Comparison between Western and Asian Languages," paper presented at Universals and Typology in Word-Formation II, Šafárik University, Košice, Slovakia.
Shimada, Masaharu (2013) "Coordinated Compounds: Comparison between English and Japanese," *SKASE Journal of Theoretical Linguistics* 10, 77-96.
島田雅晴 (2015)「動詞に関わる史的変化と言語タイプ」『日本英文学会第87回大会 Proceedings』, 186-187.

ten Hacken, Puis (1994) *Defining Morphology: A Principled Approach to Determining the Boundaries of Compounding, Derivation, and Inflection*, Georg Olms, Hildesheim.

博多方言の疑問文末詞の変異と変化の観察*

長野　明子
東北大学

1. はじめに

　地域方言は言語変異の代表的現象である．語彙的形態素と音声は多くの言語の地域方言でバリエーションが豊かであるが，日本語では文末詞も豊かな方言間変異を示す．木部（2011: 3 節）は，世界で多くの言語が消滅の危機にさらされているのと同様，国内では多くの方言が危機にさらされていることを指摘した上で，その中でも生き残る可能性のある日本語の方言変異について次のように述べている．

> ただし，政治的，経済的，文化的に力のある地域のことば，例えば関西方言などは，共通語との接触により変化しつつも，完全には共通語化せずに残っていくと思われる．また，アクセントや文末詞に関しては，地域差がなくなることはないと思われる．

（木部（2011: 111）; 下線追加）

　確かに筆者の母語の日本語博多方言でも文末詞は標準語と異なる．文末詞を機能的形態素と考える場合，標準語に対する地域方言の変異には論理的にいって次の 3 種類があるはずである．

　A）　音形は標準語と同じだが特性が異なる文末詞
　B）　特性は標準語と同じだが音形が異なる文末詞
　C）　音形のみならず特性も標準語と異なる文末詞

本稿では博多方言の疑問文の文末詞に注目し，標準語と比較しながらその変異

＊ 査読者 2 名からのご質問とコメントに感謝する．特に待遇表現の分布について査読者のおひとりからいただいたご指摘はデータと分析を精査する上で大きなヒントとなった．言うまでもなく不備は全て筆者自身に帰する．

と変化を記述する．結果としてわかることは，博多方言の疑問文文末詞には（A–C）のいずれのタイプも存在し，それらの組み合わせによってバリエーションが生じるということである．[1]

2. 疑問文末詞の概観：伝統形式と一般形式

まず，博多方言の疑問文ではどのような文末詞が使われるかを概観しよう．標準語の疑問文では，以下のように普通体（益岡・田窪（1992: 216））の文末を除きカを用いる．

(1) a.　これでいいか調べましたか？　　　　　　　　　丁寧
　　 b. ??これでいいか調べたか？　　　　　　　　　　普通
　　 c.　これでいいか調べた？　　　　　　　　　　　 普通
(2) a.　誰が来るか知っていますか？　　　　　　　　　丁寧
　　 b. ??誰が来るか知ってるか？　　　　　　　　　　普通
　　 c.　誰が来るか知ってる？　　　　　　　　　　　 普通

これに対し，伝統的な博多方言のカは英語の *if* や *whether* のように補文疑問のマーカーである．以下のように，主文疑問のマーカーとしてはナ・ヤという独自の文末詞を用いる．

(3) a.　これでよかか調べたな？　　　　　　　　　　　丁寧
　　 b.　これでよかか調べたや？　　　　　　　　　　　普通
(4) a.　誰の来るか知っとうな？　　　　　　　　　　　丁寧
　　 b.　誰の来るか知っとうや？　　　　　　　　　　　普通

つまり伝統的な博多方言の文末詞カは上記の3分類の（A）に属し，標準語と音形は同一であるが分布特性は異なる．

ナ・ヤの前に補文標識（準体助詞）のトが入ることもある．

(5) a.　これでよかか調べたとな？　　　　　　　　　　丁寧

---

[1] 本稿のデータは方言学で積み上げられてきた世代別母語話者対象の現地聞き取り調査の結果（陣内（1996））と，筆者自身の内省判断に基づく．電子的コーパスという形でこそないものの，陣内（1996）のデータは福岡県内での機能的形態素の変化・変異についての得難い資料となっている．また内省について興味深いのは，博多方言の伝統的な体系とより新しい体系のうち筆者自身が使うのは後者であるにもかかわらず，前者についても後者と同じくらい自然に文法性判断ができるという点である．我々の言語知識には使用対象とはならない前世代の言語知識も継承されているのであろうか．

   b. これでよかか調べた<u>と</u>や？   普通
 (6) a. 誰の来るか知っとう<u>と</u>な？   丁寧
   b. 誰の来るか知っとう<u>と</u>や？   普通

標準語の (1), (2) でもトに対応する補文標識のノ（木戸 (2013)）を入れることができるが，分布は完全には同じでない．(7a, b), (8a, b) を比較するとわかるように，標準語では丁寧体でのノとカの直接連結は許されない．間にデス（やデショウ，デシタ）を入れねばならない．

 (7) a. *これでいいか調べました<u>の</u>か？   丁寧
   b. これでいいか調べた<u>の</u>ですか？   丁寧
   c. これでいいか調べた<u>の</u>（か）？   普通
 (8) a. *誰が来るか知っています<u>の</u>か？   丁寧
   b. 誰が来るか知っている<u>の</u>ですか？   丁寧
   c. 誰が来るか知っている<u>の</u>（か）？   普通

一方，伝統的博多方言では (5a), (6a) のように丁寧体でトとナを直接連結できる．過去の助動詞はトとナの間にくるが（例：これでよかか調べた<u>と</u>やったな？），丁寧のマスは入れるとすればトの前に入る（例：これでよかか調べましたとな？）（次節 (11) も参照）．

 まとめると，伝統的博多方言では，主文疑問文の文末詞としてナ・ヤ・トナ・トヤという形を使うといえる．ナとヤについては2節と3節で，トについては4節と5節で観察を行い，前者は3分類のうち (C) に属するのに対し後者は (B) に属することを示す．これらの文末詞を観察することは標準語との変異という点のみならず言語変化という点でも意義がある．なぜならナ・ヤは衰退しつつあり，筆者を含む話者の多くはナ・ヤのない次のような疑問文を使うからである．

 (9) a. これでよかか調べた {ね／?ですか}？   丁寧
   b. これでよかか調べた？   普通
   c. これでよかか調べた<u>と</u> {ね／ですか}？   丁寧
   d. これでよかか調べました<u>と</u>？   丁寧
   e. これでよかか調べた<u>と</u>？   普通
 (10) a. 誰が来るか知っとう {ね／ですか}？   丁寧
   b. 誰が来るか知っとう？   普通
   c. 誰が来るか知っとう<u>と</u> {ね／ですか}？ 丁寧
   d. 誰が来るか知っとります<u>と</u>？   丁寧

e.　誰が来るか知っとう<u>と</u>？　　　　　　　　　　　　　　普通

これらの形式は現在では伝統形式より一般的であるので，一般形式と呼ぶ．丁寧体では，(i) 伝統形式のナがネかデスカで置換された形 ((9a, c), (10a, c)) と (ii) ナが脱落する一方ト節内部に丁寧のマスが入る形 ((9d), (10d)) があるとわかる．一方普通体は伝統形式のヤが脱落しただけの形 ((9b, e), (10b, e)) である．伝統形式から一般形式への変化について，次節で詳しく見てみよう．

3. ナ・ヤの使い分けとその衰退

　主文疑問文の文末で標準語はカを使うのに対し伝統的博多方言はナもしくはヤを義務的に使う．ナとヤの違いは丁寧度の違いである．(3-6b) のようにトの有無に関わらずヤで終わる疑問文はぞんざいであるのに対し，(3-6a) のようにヤをナに代えるだけでぞんざいさが消える．ナの前には尊敬表現を入れられるだけでなく，丁寧のデス・マスを追加的に入れることも可能である．

(11)　a.　これでよかか調べなったですな？　　　　　　　　　尊敬＋丁寧
　　　b.　誰の来るか知っとられますな？　　　　　　　　　　尊敬＋丁寧
　　　c.　これでよかか調べられましたとな？　　　　　　　　尊敬＋丁寧

一方，ヤの前には待遇表現（以下，尊敬の助動詞と丁寧のデス・マスを指す）を一切入れられない．ヤ・トヤ形は男性が自分より目下の肉親や非常に近しく気の置けない同性友人に対して使う．例えば筆者の父親の場合，自分の妻や息子や幼馴染には (3-6b) を使い，自分の親や娘や近所の子供には (3-6a) を使うという具合に使い分けている．近所の大人には (11) のように尊敬表現の入ったナ・トナ形である．

　陣内 (1996: 127-144) では，1992年夏に福岡市博多で行った方言調査の結果が紹介されている．先生と親友それぞれに対し「どこに行っているのか」をどう言うかを聞いた結果の中から，ナ・ヤ疑問文での回答を拾うと次のようになる．それぞれの年齢・性別の人がこのような言い方をすると回答したということである．上線は高ピッチ，矢印は最終拍が長く延ばされピッチもそれに応じて上昇していくことを示す．イントネーションについては5.2節で戻る．

(12)　ナ疑問文　待遇表現あり
　　　a.　76才男性（先生へ）　　　　　ドコイキヨンナザストナ↗
　　　b.　76才男性（親友へ）　　　　　ドコイキヨンナートナ↗

c. 63才男性（先生へ）　　　　　ドコイキ**ゴザーデス**ナ ↗
(13) ナ疑問文　待遇表現なし
　　　69才・62才・36才男性（親友へ）　ドコイキヨートナ ↗
(14) ヤ疑問文　待遇表現は使用不可
　　a. 69才・45才男性（親友へ）　　ドコイキヨートヤ ↗
　　b. 52才男性（親友へ）　　　　　ドコイキヨーットヤー ↗
　　c. 45才男性（親友へ）　　　　　ドコニイキヨーットヤ ↗

　ナ疑問文には (12) のように待遇表現（太字部分）が入る場合と (13) のように入らない場合があるのに対し，ヤ疑問文には (14) のように一切入らないことがわかる．これら3種を標準語にすれば，(12)：「どちらにいらっしゃっているのですか？」，(13)：「どこに行っているのですか？」，(14)：「どこ行ってるの？」くらいだろう．
　しかし，1992年の調査の段階でも文末詞にナ・ヤを使って「どこに行っているのか？」を表現している話者は少数派である．多数派の回答は次のようなナ・ヤを使わない形である．

(15) 「どこにいらっしゃっているのですか？」（先生へ）
　　a. 75才女性　　　　　　　ドコニイキ**ゴザート**デスカ ↗
　　b. 69才男性　　　　　　　ドコイッテ**アリマス**ト ↗
　　c. 66才女性　　　　　　　ドコイッテ**アル**トデスカ ↗
　　d. 52才男性　　　　　　　ドコイキ**ゴザート**デスカ ↗
　　e. 45才男性　　　　　　　ドコイキ**ゴザート**デスカ ↗
　　f. 36才男性　　　　　　　ドコイキ**ヨンシャート**デスカ ↗
　　g. 22才以下の男女複数　　ドコイッテルンデスカ ↗
(16) 「どこに行っているの？」（親友へ）
　　a. 75才女性　　　　　　　ドコイキヨンシャートネ ↗
　　b. 62才以下の男女複数　　ドコイキヨート ↗
　　c. 48才女性　　　　　　　ドコニ　イキヨート ↗
　　d. 30才以下の男女複数　　ドコニイキヨート ↗
　　e. 19才女性　　　　　　　ドコニイキヨートネェ ↗

　先生に対する疑問文 (12a, c) と (15) を比較すると，ナが衰退した結果，尊敬表現ありのナ疑問文のナの代わりとして標準語のデスカが使われるようになったとわかる．また (15b) より，(11) のようにト節内部に待遇表現があった形式からは，デスカのない丁寧の形式がうまれたとわかる．親友に対する疑

問文 (13), (14) と (16) を比較すると，尊敬表現なしのトナ疑問文とトヤ疑問文は，一般形式ではト疑問文に一元化されたといえる．ト疑問文には (16a, e) のようにネが付くこともあり，ネがある方が丁寧であることから，ネの有無がナ対ヤの丁寧度の違いに対応すると考えられる．

以上の疑問文末詞の変異と変化は概略次表のようにまとめられる．

待遇レベル	伝統形式		一般形式		標準語	
	トなし	トあり	トなし	トあり	ノなし	ノあり
丁寧	ナ	トナ	デスカ ネ	トデスカ マスト トネ	マスカ	ノデスカ
普通	ヤ	トヤ	φ	ト	φ	ノ

表 1. 博多方言における疑問文末形態の変異と変化

伝統的疑問文ではヤとナという丁寧度指定のある文末詞が義務的に使われていたが，それが衰退した結果，(i) 文末詞なし，もしくは，トのみで終わる形の疑問文が現れたこと，(ii) 丁寧度担保のためにネという文末詞と標準語から借入されたデスカという文末詞が使われるようになったことがわかる．借入されたデスカは標準語と平行的な補文標識の後という環境だけでなく，標準語がマスカを使う補文標識なしの環境でも使われることに注意したい．一般形式トあり丁寧体のマストとは，(9d), (10d), (15b) のような疑問文の語尾であるが，このタイプについては本稿では検討を割愛する（ただし，4.4 節の注 10 を参照）．

4. トのない疑問文とトのある疑問文

トのない疑問文とトのある疑問文という対立は伝統形式でも一般形式でも維持されている．これは標準語の疑問文におけるノの有無に対応する．4.1 節で標準語についての先行研究を概観し，それを基に 4.2-4.4 節で博多方言について検討する．

4.1. 標準語のノのない疑問文とノのある疑問文

久野 (1983)，棄原 (2010)，田窪 (2010) らが論じるように，ノの有無は疑問の焦点 (Question Focus (Cruschina (2011: 15))) の位置と関係する．例えば (17) はノのない yes-no 疑問文であるが，疑問の焦点はカの直接付加した

動詞に置かれ，付加詞の「1920年に」「パリで」に置こうとすると非常に落ち着きが悪くなる．[2] 付加詞に焦点のある解釈をするには，(18)，(19) のようにノのある疑問文にせねばならない．

(17) a. 君は1920年に生まれましたか．
   b. 君はこの時計をパリで買いましたか．
(18) a. 君は [1920年に生まれたの] ですか．
   b. [君が生まれたの] は1920年ですか．
(19) a. 君は [この時計をパリで買ったの] ですか．
   b. [君がこの時計を買ったの] はパリでですか

(田窪 (2010: 42-43)；丁寧体に改変)[3]

久野がこの事実を線形順序で捉えようとするのに対し，棗原と田窪は階層関係に着目する．例えば CP 分離仮説 (Rizzi (1997)) をとる棗原の分析では，(17b) と (19a) はそれぞれ (20a) と (20b) の構造を持つ．

(20)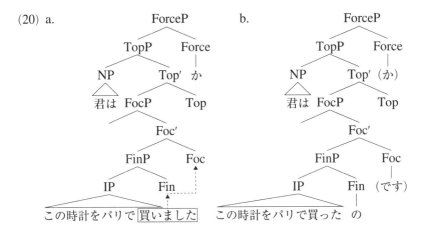

---

[2] この焦点は情報焦点と対照焦点のうち情報焦点である．田窪 (2010: 43, 注1) が以下の例で指摘する通り，対照焦点ならば「パリで」に置ける．
   (i) 君はこの時計をパリで買いましたか，ロンドンで買いましたか．
[3] 久野 (1983) はデス・マスを伴わない例文を用いている．しかし，田窪 (2010: 44, 注3) が指摘するように，疑問詞疑問文では丁寧表現がなければ不適格な文となることがある．
   (i) a. *誰が来るか？ vs. 誰が来ますか？
      b. *何を買うか？ vs. 何を買いますか？
一方，博多方言のヤ・ナにこのような制限はない．
   (ii) a. 誰が来る {や／な}？ vs. 誰が来ますな？
      b. 何ば買う {や／な}？ vs. 何ば買いますな？

CP 領域において Force と Fin (iteness) は音形の有無に関わらず義務的に投射される主要部, Top (ic) と Foc (us) は活性化に応じて随意的に投射される主要部である. 棗原論文の論点の 1 つは FocP の活性化の方法の明確化であり, 標準語の yes-no 疑問文の場合 2 つの方法があるとする. 第 1 の方法は (20a) の矢印で示したような Foc 主要部への動詞移動である. Fin を占めるノのない疑問文ではこの移動が可能であり, 移動した動詞に focus 素性が付与されるので動詞が焦点を担うことになる. 活性化の第 2 の方法は Force と Fin の非融合的具現である. ノのある疑問文がこれにあたり, (20b) のようにカが Force を, ノが Fin をそれぞれ——つまり非融合的に——具現する. このように異なる形態素に挟みこまれる構造になった場合 FocP はそこに有形の形態素がなくとも活性化される. 活性化された FocP は Foc に束縛される要素の focus 素性を認可できる. 付加詞の「パリで」も Foc に束縛される位置にあるので focus 素性を認可されうる. 第 2 の場合 Foc が有形具現してももちろんよく, ノのあるカ疑問文に生じるデスが Foc の具現形であるという. (20b) のように Fin にノがある場合は Foc 主要部への動詞移動ができないので第 1 の方法は使えない.

疑問詞疑問文の場合はどうなるだろうか. 疑問詞疑問文でのノの有無について, 棗原 (2010: 4 節) は疑問詞が副詞節内に現れるタイプに関する 1 点を除き違いを指摘していないが, 田窪 (2010: 4 節) では焦点のタイプと相関するという観察がなされている. (21) と (22) の対比が示すように, ノのない疑問詞疑問文とノのある疑問詞疑問文では「一体」という副詞との共起可能性が異なる. これは, 「質問者が疑問詞の領域としてある特定の選択肢を想定している」(p. 55) かどうかの違いを反映しており, (22) の疑問詞は情報焦点 (「穴埋め式焦点」) を担うのに対し (21) の疑問詞は対照焦点 (「マルチプルチョイス式焦点」) を担う (焦点のタイプについては Cruschina (2011) に従う).

(21) a. 誰が来ますか.　　　vs.　?? 一体誰が来ますか.
　　 b. 何を買いますか.　　vs.　?? 一体何を買いますか.
(22) a. [誰が来るの] ですか.　vs.　[一体誰が来るの] ですか.
　　 b. [何を買うの] ですか.　vs.　[一体何を買うの] ですか

(田窪 (2010: 56-57))

この対比は棗原の分析で説明可能である. まず (21a, b) のようなノのない疑問詞疑問文では, (20a) と平行的な構造で動詞が Foc に移動し焦点化されるので IP 内の疑問詞の方に焦点を置くことはできない. したがって (21) の例文ペアのうち, 疑問詞が必ず情報焦点を持つ「一体」ありの例文は容認されな

い．一方，対照焦点は (20a) とは異なる仕組み―これについては本稿では立ち入れないが―で付与されるので疑問詞の焦点化を動詞の焦点化に優先できる．これは，注 2 で述べたように (17a, b) でも対照焦点なら付加詞に置けることと平行的である．

他方，(22a, b) のようなノのある疑問詞疑問文の場合，(20b) と平行的な構造において動詞は移動しないので，非融合的方法で活性化される Foc の束縛領域内にある要素に自由に焦点を置くことができる．(22a) はノ節の中の主語に焦点を置いたもの，(22b) は目的語に焦点を置いたものである．

田窪の観察は (23B) の短縮疑問詞疑問文の派生についても示唆的である．

(23) A: 花子が何か買いましたよ．
      B: そう．(i) 何を (*か)？
              (ii) 何をですか？   （長谷川 (2010: 41) を参照）

(23B) では「一体」を使える（「一体何を？」「一体何をですか？」）．とすると，この疑問文の基底文は次のようなノのある疑問文であるはずである．

(24) a. （一体）何を買ったの？
      b. （一体）何を買ったのですか？

長谷川 (2010: 41) によると短縮疑問文は「前提となる前出の文と重複する IP 部分が省略された CP 指定部だけからなる Sluicing 構文」である．これに従えば，(23B) の最も短い短縮形 (i) の基底は (24a) である一方，(ii) の基底は (24b) になるだろう．(23B) (i) ではカが生起できないという興味深い事実を長谷川 (ibid.) は独自の視点で議論しているが，ここではこれは (24a) でノの直後にカを置くことが難しいという事実（「?? 一体何を買ったのか」）を反映すると考えておく．[4]

4.2.　博多方言伝統形式丁寧体の場合

4.1 節を基に博多方言のトのある疑問文とトのない疑問文について考えてみよう．まず (17b), (19a) の丁寧体疑問文を伝統的博多方言にすると次のようになり，同じ疑問焦点の位置の問題が観察される．(25b) のトあり疑問文なら疑問の焦点を「パリで」に置くことができるが，(25a) のトなし疑問文ではで

---

[4] 普通体でノカで終わる疑問文は (7c), (8c) のような場合は容認できるが，「何を買ったのか？」では難しい．その理由については，注 3 で触れた「*誰が来るか？」の非適格性も含め，今後の検討課題としたい．

きない.

(25) a. あんたなこの時計ばパリで買うたな？　　　　　　　　丁寧
　　　b. あんたな [この時計ばパリで買うたと] な？　　　　　　丁寧

前節で見た棗原（2010）の分析を参考にし，(25a, b) はそれぞれ (26a, b) の構造を持つと考える．

(26)

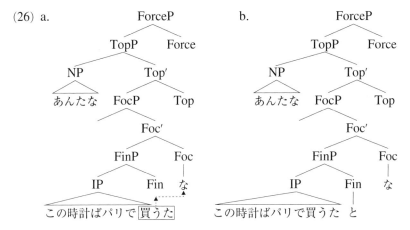

つまり筆者の考えでは，標準語と伝統的博多方言の違いは，標準語のカがForceであるのに対しナ（及びヤ）はFocであるという点にある．[5] ナ（及びヤ）をFocとするのには2つ理由がある．第1の理由は丁寧表現の分布である．普通体や独り言でない限り日本語の文では聞き手に対する敬意をどこかで表示せねばならない．中右（1994: 63-65）に従いこれを「対人関係のDモダリティ」と呼ぶ．今，考察を疑問文に限定して標準語のデス・マスが文中のどこに現れるかを棗原氏の (20a, b) の分析を基に考えると，「対人DモダリティはFoc位置で形態具現される」という仮説，略称「D-Mod/Foc仮説」を立てることができる．ノのない疑問文では動詞＋マスがFocに移動するし，ノのある疑問文ではデスがFocを占めるからである．一方，伝統的博多方言疑問文の場合について表1を基に考えると，対人Dモダリティを形態的に具現するのはデス・マスではなく文末詞ナ自体である．(11) のようにナ疑問文

---

[5] 査読者のひとりが指摘するように，ナをFocとする場合にはForce [Question] の表示が問題となり，次節で提案する一般形式の分析でも同じ問題が生じる．ここでは長谷川（2010: 3節）の提案する「語用機能（Force）の統語的表示」の原則を採用し，博多方言伝統形式（および一般形式疑問文）の語用機能は音調で表示されると考える（5.2節参照）．

の IP 内部にデス・マスを入れることも可能だが，丁寧体にとって必須なのはナであってデス・マスではない．(25a, b) でもデス・マスはないがナがあるだけで丁寧体となるのである．とすると，D-Mod/Foc 仮説からしてナは Foc を占めると考えるべきである．

　伝統形式のナを標準語の文末詞カと区別する第2の根拠は，短縮疑問詞疑問文での違いに求められる．まず，(21b) と (22b) を伝統的博多方言にした (27a) と (27b) を比較するとわかるように，疑問詞疑問文はトの有無に応じて標準語の場合と同じ焦点種類との相関を示す．トがなければやはり「一体」を使うことはできない．[6]

(27) a.　(*一体) なんば買うな？　　　　　　　　　　　　cf. (21b)
　　　b.　[一体なんば買うと] な？　　　　　　　　　　　　cf. (22b)

しかし，短縮した疑問詞疑問文は標準語と興味深い違いを示す．(23B) (i) の最も短い短縮疑問文では文末詞カを残すことはできないことを見た．しかし対応する伝統的博多方言では，次のようにナ・ヤを残さねばならない．

(28)　A:　花子のなんか買とうばい．
　　　B:　そうな．(一体) なんば *(な)？　　　　　　　　cf. (23B)
　　　　　基底文：(一体) なんば買うとな．　　　　　　　 cf. (24b)

これは上で提案したナ・ヤの Foc 分析をとれば理解可能な相違である．疑問詞疑問文の短縮においては有形の Foc を削除することはできない，と考えればよいのである．(24a) と (24b) を比較すると有形 Foc のデスは短縮に際して維持されるとわかる．同じことが (28B) についてもいえる．ナ・ヤは標準語のカとは異なり Foc であるので，短縮に際して維持されるのである．

4.3. 博多方言一般形式丁寧体の場合

　以上が伝統的形式の場合であるが，一般形式ではどうなるだろうか．まず (25a, b) に対応する丁寧体 yes-no 疑問文から考える．筆者自身の発話では「あんた」で始める限り (29a), (30a) のような尊敬形態素なしの形となり，明示的2人称を使わないなら (29b), (30c) のように尊敬形態素を入れることができる．

---

　[6] 博多方言では疑問詞の非Dリンク性を表す副詞 (英語の on earth, in the world にあたる表現) として「一体」はめったに使わず，むしろ「そもそも」の意味の「だいたい」を使うが，しかしこの差は明確である．

(29) a. あんたこの時計ばパリで買うたね？　　　　　　　丁寧
　　　b. この時計ばパリで買いんしゃったね？　　　　　　尊敬＋丁寧
(30) a. あんた [この時計ばパリで買うたと] ね？　　　　丁寧
　　　b. [この時計ばパリで買うたと] ですか？　　　　　丁寧
　　　c. [この時計ばパリで買いんしゃったと] ね？　　　尊敬＋丁寧

(25) と比較すると，文末詞ナの衰退だけでなく，主題助詞ナの衰退や「あんた」の下称化といった変化も観察されるが，今問題にしている疑問の焦点に関しては標準語とも伝統的形式とも平行性を維持している．(29a, b) では「パリで」のみに疑問の焦点を置くことはできないのに対し，(30a-c) ではそれが可能である．とすると，文末詞ナ―伝統的にはこれが Foc―がなくとも (26a, b) と平行的な構造を使っているということなので，例えば (29a) と (30a) の構造はそれぞれ (31a), (31b) のようになっているはずである．

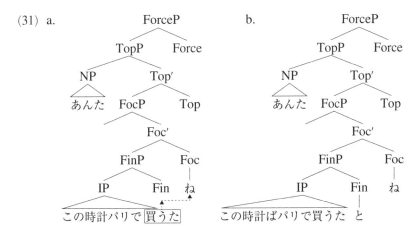

(31)

つまり筆者の考えでは，伝統形式から一般形式への変化とは，Foc 主要部を具現する音形の変化である．平山 (1997: 36) によるとネは標準語的であり女性を中心に広まった文末詞である．また，表1で見たようにネと同じ位置でデスカも使えるが，これも標準語から借入された要素である．とすると，ここでの変化を引き起こしたのは博多方言の標準語との言語接触であると考えることができよう．[7]

───────

[7] (31a, b) の構造でも D-Mod/Foc 仮説は満足されている．また，借入されたデスカについては標準語の (20b) のように Foc: デス＋Force: カと分解することはせず，デスカひとまとまりで Foc を具現すると考える．表1にあるように，標準語のデスカと異なり，博多方言―

疑問詞疑問文についても，丁寧体に関して言えば伝統形式と一般形式の違いはFocのナ具現とネ（またはデスカ）具現の違いに帰するので，検証は省略する．[8]

4.4. 博多方言普通体での変化

前節で見たのは博多方言の丁寧体における変化である．本節では普通体における変化について見通しを述べる．表1にあるように，伝統形式の普通体疑問文は文末詞ヤ・トヤで作られるのに対し，一般形式の文末はそれぞれからヤが脱落した形，すなわち∅・トである．例えば，検討してきた疑問文例の一般形式普通体は次のようになる．

(32) a. この時計ばパリで買うた？　　　　　　　　　　　　　　　普通
　　 b. この時計ばパリで買うたと？　　　　　　　　　　　　　　普通
(33) a. (?? 一体) なんば買うた？　　　　　　　　　　　　　　　普通
　　 b. 一体なんば買うたと？　　　　　　　　　　　　　　　　　普通

まず，伝統的博多方言においてヤはナと範列的（paradigmatic）な分布を示すことから，統語的にはナと同じ位置，すなわち (26a, b) のFoc主要部を占めると考えられる．動詞移動のない (26b) においてナ・ヤという音形の存在はFocPの活性化にとって欠かせないものであるが，一般形式においてヤが脱落したとすればFocPはいかなる方法で活性化されているのであろうか．特に問題となるのは (32b), (33b) である．(32a), (33a) の場合は動詞がFocへ移動するのでそれによってFocPが活性化されるといえるが，(32b), (33b) ではその方法は使えないからである．かといって，標準語の (20b) の分析で提案されたFinとForceの非融合的具現による活性化という方法も，Forceにあたる音形がないため使えない．

筆者の案は，(32b), (33b) ではトがFoc主要部を占めFocPを活性化するというものである．FinPとForcePは活性化の有無によらず投射されるが，FocPは何らかの活性化が必要である．ここで考えられるのはトがFin要素からFoc要素に変化しているという可能性である．これが正しいとすれば，普通体における変化は文法化によって引き起こされたということになるだろ

般形式のデスカはトのない疑問文でも使われるからである．
　[8] 具体的には，(27), (28) の例文中の文末詞ナを，(28B) 冒頭の「そうな」のナも含めてネかデスカに置き換えていただければ一般形式となる．（ただし，(27a)＞「なんば買うデスカ？」だけは妙で「なんば買いんしゃあデスカ？」としたい．シャルとは尊敬助動詞の1つである．）

う.[9,10]

　トが Fin から Foc に変化しているという可能性は単に理論の論理というだけでなく，経験的にもある程度裏付けがある．第1に，疑問文でナ・ヤなしの形式を使う話者は，筆者も含め，トを疑問文末詞としてのみならず「念押し」にも使う．平山（1997: 51）と村杉（1998: 232）を基に作成した博多方言のトの用法のリストをご覧いただきたい．

(34) a. 代名詞
    あかかと（赤いの），これおれんと（これ俺の），
    [太郎の走りようと] の見えたばい．
    （太郎が走っているのが見えた）
　 b. 補文標識
    [[泥棒の金ばとった] と] なここからたい．
    （泥棒が金をとったのはここからだ）
　 c. 疑問文末詞
    どこに行くと？（どこに行くの？）
　 d. 念押し
    後で食べると！（後で食べるの！）
    もーこげなことせんと！（もうこんなことしないの！）

(34a) の代名詞用法と (34b) の補文標識用法は博多方言話者に共通して使われる．一方，(34c) の疑問文用法は伝統形にはない用法であることを見てきた．そしてさらなる観察として，(34d) の念押し用法も，疑問詞ナ・ヤを使わない話者のものであるように思われるのである．少なくとも (34c) に対応する疑問文で以下 (35a) のようにナ・ヤを使う筆者の祖母や父ならば，(34d) に対しては (35b) のようにトの後に情報焦点マーカーのバイ（長野（2015），Nagano (to appear)）を入れるだろう．

---

[9] Fin 主要部を具現していたトが Foc 主要部要素に変化したとすると，ここでの変化は Roberts and Roussou (2003) の提案する，上方再分析としての文法化として捉えることができる．
[10] この分析は，(9d), (10d), (15b) のようなマスト丁寧体疑問文についても有効である．つまりこれらの文は文末のトが Foc 主要部を占め，動詞＋マス形が空になった Fin を経由してそこへ主要部移動したものである．この動詞移動は D-Mod/Foc 仮説を満たす．今後検討すべきは，トが Foc を占めるマスト疑問文が，トが Fin を占めるトデスカ疑問文（4.3節）と一般形式の文法内に併存している点である．(15) のデータでも両型の時間的関係は不明である．

(35) a.　伝統的疑問　cf. (34c)
　　　　どこに行くと {な／や}？
　　b.　伝統的念押し　cf. (34d)
　　　　後で食べるとばい！
　　　　もーこげなことせんとばい！

(34a, b, c) のトに比べ，(34d) のトには明確な強い強勢が置かれる．解釈的にも (34d) のトは Foc 性が明らかである．訳を見るとわかるように標準語のノも平行的な 4 用法を持つ（ただし，標準語における Fin から Foc への変化については立ち入らない）．[11]

トが Foc 用法を獲得しつつあるという可能性の第 2 の証拠として，疑問文末詞のトと念押しのトは (36a) のように用言のみならず，(36b) のように非用言にも直接付加できるようになってきていることが挙げられる．括弧内と比べるとわかるように，これは標準語のノには見られない変化である．

(36) a.　動詞・形容詞・助動詞＋ト
　　　　行くと？　（行くの？）／行くと！　（行くの！）
　　　　よかと？　（いいの？）／よかと！　（いいの！）
　　b.　形容動詞・副詞・名詞＋ト
　　　　駄目と？　（*駄目の？）／駄目と！　（*駄目の！）
　　　　こうと？　（*こうの？）／こうと！　（*こうの！）
　　　　休みと？　（*休みの？）／休みと！　（*休みの！）
　　　　　　　　　　　　　　　　　（陣内（1996: 82）を参照）

陣内（1996: 81-91）が 1990 年夏に福岡市の 2 つのベッドタウンで行った調査によると，(36a) のように用言にトを直接接続した形は世代によらず容認されたのに対し，(36b) のように非用言にトを直接接続した形は世代によって評価が分かれた．中・高年層（40 代以上）はほとんどの人が容認しなかったのに対し，若年層（20 代と 30 代）以下では容認する人が増えた．また，非用言＋トという形の中でも形容動詞＋ト（「駄目と」）の例が最も容認されやすく，

---

[11] 標準語のノと博多方言のトの明確な違いとして，トは属格には使わない．
　(i) a.　山田さん {*ん／の} 息子　　　（山田さんの息子）
　　 b.　山田 {ん／の} 息子　　　　　　（山田の息子）
　　 c.　大学まで {ん／の} 道　　　　　（大学までの道）
　　 d.　ダイヤ {ん／の} 指輪　　　　　（ダイヤの指輪）
　　 e.　うち {ん／の} 田んぼ　　　　　（うちの田んぼ）
　　 f.　あの人 {ん／*の} がい {ん／の} 田んぼ　（あの人の家の田んぼ）

次に状態性名詞＋ト（「休みと」）が容認されやすかった．非状態性名詞＋ト（「本と」，「これと」）を容認した話者は最も少なかった．

4.5. まとめ

以上4節ではトのある疑問文とトのない疑問文という対立について標準語と比較しながら観察を行った．結果を端的に言えば，疑問文の統語と意味解釈の仕組み，具体的には桒原 (2010) に従った仕組み自体については変異や変化はないが，それを構成する機能範疇の音形具現には変異と変化が見られる，ということになるだろう．方言内での音形具現の変化については言語接触によるものと文法化によるものとがあることもみた．

1節で導入した3種類の文末詞変異という観点では，博多方言の疑問文末詞は次のように分類できる．

- A) 音形は標準語と同じだが特性が異なる文末詞：
  伝統形式のカ（補文疑問のみ），一般形式丁寧体のデスカ（IP 内も可）
- B) 特性は標準語と同じだが音形が異なる文末詞：
  伝統形式のト (Fin)，一般形式普通体のト (Foc)
- C) 音形のみならず特性も標準語と異なる文末詞
  伝統形式のナ・ヤ（丁寧素性を持つ Foc）

5. さらなる観察

本節ではトのある疑問文とない疑問文の対立についてさらなる観察を行う．5.1節の事実は標準語でも観察されるが，5.2節の事実は博多方言（の特に一般形式）独自のものである．

5.1. 既定性と応答の形式

大竹 (2009: 2章) は，様々な具体例を用いて FinP にあたる標準語のノ節は「発話に先立って […] 話し手の念頭に成立している命題情報」(p. 19, 注 3) という意味での「既定情報」であると論じている．FinP が既定性を持つという大竹の観察は伝統的博多方言の FinP であるト節にも当てはまり，次の対話の違いをうまく捉えることができる．[12]

---

[12] 大竹 (ibid.: 28) は既定性の議論を yes-no 疑問文ではなく以下の疑問詞疑問文で行って

(37) A: 乗るな？　　　　　（乗りますか？）
　　　B: ああ，乗ろう．　　（ああ，乗ろう）
(38) A: 乗るとな？　　　　（乗るのですか？）
　　　B: ああ，そうたい．　（ああ，そうだよ）

トのない (37A) は標準語の「乗りますか？」と同様，乗るかどうかを聞いている．一方トのある (38A) は標準語の「乗るのですか？」と同様，「状況からして乗るのだろうと想定されるがそれで正しいか」を聞いている．益岡 (1989) の分類で言えば (37A) は相手が乗るという事態が存在するかどうかを問う〈存在判断型〉疑問文であるのに対し，(38A) は相手が乗るという事態の存在を前提にした上でその真偽を問う〈叙述様態判断型〉疑問文である．これに呼応して応答文での省略のストラテジー（久野 (1978: 8)）にも違いがあり，(37A) に対しては (37B) のように「本動詞反復のストラテジー」を使わねばならないが，(37A) に対しては (38B) のように「「ダ」ストラテジー」を使うことができる（タイという形式については長野 (2015)，Nagano (to appear) を参照）．[13]

(37A) と (38A) を否定疑問文（花﨑 (2015)）にした場合も興味深い違いが観察される．

(39) A: 乗らんな？（乗りませんか？）
　　　B: おう，乗ろう（乗るよ）cf. いや，乗らんめえ（乗らないよ）
(40) A: 乗らんとな？（乗らないのかい？）

いる．(ia) はどこに行くかを一緒に決めようと相談をもちかけるのに対し，(ib) は「どこに行くかを聞き手がすでに決めていると話し手が考えているという含み」があるとする．
　(i) a. 今日はどこへ行く？
　　　b. 今日はどこへ行くの？　　　　　　　　　　　　　　　　　（大竹 (2009: 28)）
確かにそのような含意の違いはあるが，疑問詞疑問文の場合はノの有無が焦点タイプの違いと連動するので，「既定性」の概念は yes-no 疑問文の場合より複雑になるように思う．(ia) の疑問詞は情報焦点ではなく対照焦点を担う．聞き手が問うているのは 2 人の間で想定される選択肢集合の中でどれを採るかである．一方，(ib) の疑問詞は情報焦点を担うので選択肢集合は想定されず，疑問詞の値それ自体を聞いている．大竹の観察はこの違いの反映であろう．特に (ib) が「どこに行くかを聞き手が既に決めていると話し手が考えている」という含意を持つのは，「どこ」の値について話し手には想定がなく，その値自体がまさに知りたいことだからである．「どこ」の値を問うのに相手がその値を知らない（決めていない）と前提することはありえない．一方，(ia) では「どこ」の値となりうる選択肢は既に共有されており，その中でどれを採るかと聞いているので「どこに行くか一緒に決めようともちかける解釈」となるのだろう．

[13] 正確には「乗るとな？」に対しては「乗るばい」（乗るよ）という本動詞反復型の応答も可能だが，その場合の対話は (38) の対話と同義ではない．

    B: うん，そうたい（そうだよ）cf. いや，乗るばい（乗るよ）

標準語の場合と同様，〈提案・勧誘〉の解釈ができるのは（39A）の方のみである．乗らないという事態がありうるかを問うことがそのような解釈を生むのであろう．一方，（40A）は相手は乗らないという判断を前提とした上でその判断が正しいかどうかを問っている．

　（26a, b）の構造で考えると，（37A），（39A）では述語「乗る」「乗らん」がFoc に移動し焦点化されるのに対し，（38A），（40A）では FinP（ト節）もしくは Fin のトが焦点化されると考えねばならない．もし後者でも前者と同じように述語「乗る」「乗らん」が焦点化されるのなら，既定性の違いや応答における「「ダ」ストラテジー」の使用可能性の違いを説明できなくなってしまうだろう．（37B），（39B）で動詞が反復されるのは，疑問の焦点が動詞にあれば応答文でもそこに焦点があるからである．一方，（38B），（40B）で代用表現「そう」が使われるのは対応する疑問の焦点が動詞ではなくト節全体にあるからであろう．ト節を「そう」で受け，それを焦点化しているのである．

5.2. イントネーション

　最後に標準語では見られない現象として，博多方言の主文疑問文はトの有無に応じてイントネーションが大きく変わる．平山（1997: 22, 48）が簡潔に記述しているように，疑問文の文末にトがあると「文全体のピッチが高平調となり，非常に耳立つ」(p. 22)．例えば（37A）と（38A）で見た yes-no 疑問文は次のようにイントネーションが異なる．

(41) a. ノルヤ↗・ノルナ↗
     b. ノルト↗・ノルトヤ(↗)・ノルトナ(↗)

                          （平山（1997: 22）；例の並べ方を変更）

(41) には伝統形式と一般形式が併記されている．（41a）と（41b）を上下で比較するとわかるように，トの有無によって疑問文のイントネーションが明確に異なる．（41a）のヤ・ナ疑問文では動詞「乗る」固有の起伏型の語アクセントが維持されているが，（41b）のトヤ・トナ・ト疑問文では疑問文全体が一本調子となりその中に語アクセントが取り込まれ，「乗る」は平板化している．

　「平板化」や「アクセント消去」と呼ばれるこの現象は，トを文末にもつ yes-no 疑問文に加え疑問詞疑問文でも起こる．以下のように疑問詞から文末詞までが一本調子の高いピッチで発音され，「無型アクセント的イントネーション」（平山（1997: 22））を呈するのである．

(42) 「どこに行っているの (かい) ?」
    a. ドコイキヨンナートナ↗   (高年層)
    b. ドコイキヨート↗   (若年層)   (平山 (1997: 22))
(43) 「どうして昨日学校休んだの ?」
      ナシテキノーガッコーヤスンダト↗   (平山 (1997: 48))

3 節内 (12)-(16) のデータでも，(16c) の 1 例を除き同じイントネーションが観察される．yes-no ト疑問と疑問詞疑問では違いもあるが，ここでは立ち入らない．[14]

  平板化の要因として陣内 (1996: 61-66) では 4 つが議論されているが，ここではそのうち情報構造という要因に注目したい．文のイントネーションは文の焦点と緊密に関連する．陣内 (1996: 64-65) は「ある発話の中で，重要な語は当然明瞭に言われ，それが持っている固有のアクセント (語アクセント) が失われないと考えられる」とし，「フォーカスの当たった語の語アクセントは，句アクセントに取り込まれないで現れる」と論じている．この考え方に立てば，(41a) と (41b) のイントネーションの違いはここまで論じてきたトのない疑問文とトのある疑問文の統語的・意味的違いの反映として理解できるだろう．(41a) は (26a) 型の構造を持ち必ず動詞に焦点が置かれる．故に動詞のアクセントが維持される．一方，(41b) は (26b) 型の構造を持ち，5.1 節に従えばト節全体が焦点を担う．よって動詞のアクセントが失われても構わない．

  疑問詞疑問文ではトの有無によらず疑問詞以降が高平調になる．これは疑問詞疑問文では焦点位置が疑問詞として明示されており，それより後の部分，例えば (42a) なら「イキヨンナー」，(42b) なら「イキヨー」，(43) なら「キノーガッコーヤスンダ」の方に文の焦点が来ることはないからではないだろうか．つまり，アクセントの平板化は疑問文の焦点が特にそこにあるわけではないということを知らせる機能を担っているように考えられるのである．これは，つまるところ，疑問文焦点位置の明示である．

---

[14] 違いを 1 点だけ述べておくと，筆者の観察が正しければ，疑問詞疑問文では post-focus F_0-reduction (Ishihara (2005)) がない (Smith (2011)) のに対し，yes-no ト疑問文ではそれがある．(41b) の例文は短いためにこれがわかりにくいが，例えば (25b), (30a-c) は「パリで」で focus F_0-boosting を示し，続く動詞から文末までは post-focus F_0 reduction を示す (cf. Nagano (to appear: §4.2))．

6. おわりに

　本稿では博多方言の疑問文末詞に注目し，その変異と変化を観察した．それを基に1節で引用した木部（2011）の指摘を再考すると，日本語の地域方言について2つの研究課題が見えてくる．第1に，今回見た範囲では文末詞の地域変異はCP領域の機能範疇の具現方法に現れていた．5.2節で触れたアクセントの平板化という現象を「アクセントの地域差」の1つとして数えてよいのなら，これも情報構造というCP領域の機能の具現化をめぐる変異である．他の領域に地域変異が現れることはないという意味ではないが，なぜCP領域の具現化には地域変異が現れやすいのであろうか．

　第2に，確かに木部の言うように地域方言には独自の文末詞が存在するが，博多方言のヤ・ナの衰退からわかるように，それらは必ずしも標準語に対して頑健であるわけではない．標準語との接触において耐久力のある文末詞とない文末詞の2種類がある．表1のようにヤ・ナは衰退し現在では標準語から借入されたデスカが広く使われるようになっている．他方，文末詞トは標準語のノにとって代わられる気配は今のところない．これらはいずれも機能的形態素であるにも関わらず言語接触に関してなぜこのような違いがあるのだろうか．CP領域には接触の影響を受けやすい部分と受けにくい部分があるのだろうか．

　これらの問いを追求するには，日本語の地域方言同士を比較すること，それと同時に外国語と比較することが肝要であろう．

参考文献

Cruschina, Silvio (2011) *Discourse-Related Features and Functional Projections*, Oxford University Press, Oxford.

花﨑美紀（2015）「「不調和」を解消する相互行為の一方策としての否定疑問文」*Conference Handbook* 33, 222-227，日本英語学会．

長谷川信子（2010）「CP領域からの空主語の認可」『統語論の新展開と日本語研究』，長谷川信子（編），31-65，開拓社，東京．

平山輝男（編）（1997）『福岡県のことば』明治書院，東京．

Ishihara, Shinichiro (2005) "Prosody-Scope Match and Mismatch in Tokyo Japanese *Wh*-questions," *English Linguistics* 22, 347-379.

陣内正敬（1996）『北部九州における方言新語研究』九州大学出版，福岡．

木部暢子（2011）「方言の多様性から見る日本語の将来――標準語ばかりでよいのか――」，『学術の動向』16: 5, 108-112．

木戸康人（2013）「福岡方言における「バイ」「タイ」の統語的分布」日本言語学会第

147回研究発表.
久野暲 (1978)『談話の文法』大修館書店, 東京.
久野暲 (1983)『新日本文法研究』大修館書店, 東京.
桒原和生 (2010)「日本語疑問文における補文標識の選択とCP領域の構造」『統語論の新展開と日本語研究』, 長谷川信子 (編), 95-127, 開拓社, 東京.
益岡隆志 (1989)「モダリティの構造と疑問・否定のスコープ」『日本語のモダリティ』, 仁田義雄・益岡隆志 (編), 193-210, くろしお出版, 東京.
益岡隆志・田窪行則 (1992)『基礎日本語文法 改訂版』くろしお出版, 東京.
村杉恵子 (1998)「言語 (獲得) 理論と方言研究」『アカデミア: 文学・語学編』65, 227-259, 南山大学.
長野明子 (2015)「情報構造のマーカーとしての博多方言の終助詞バイとタイ」Morphology & Lexicon Forum 2015, 招待発表, 2015年9月6日, 東北大学.
Nagano, Akiko (to appear) "Morphological Realization of Focus Head in Hakata Japanese," *Tsukuba English Studies* 35.
中右実 (1996)『認知意味論の原理』大修館書店, 東京.
大竹芳夫 (2009)『「の (だ)」に対応する英語の構文』くろしお出版, 東京.
Rizzi, Luigi (1997) "The Fine Structure of the Left Periphery," *Elements of Grammar*, ed. by Liliane Haegeman, 281-337, Kluwer, Dordrecht.
Roberts, Ian and Anna Roussou (2003) *Syntactic Change: A Minimalist Approach to Grammaticalization*, Cambridge University Press, Cambridge.
Smith, Jeniffer L. (2011) "[+Wh] Complementizers Drive Phonological Phrasing in Fukuoka Japanese," *Natural Language & Linguistic Theory* 29, 545-599.
田窪行則 (2010)『日本語の構造: 推論と知識管理』くろしお出版, 東京.

ラマホロト語の助動詞の語順*

西山　國雄

茨城大学

1. はじめに

　幾多の統語現象の中で，語順は最も顕著なものであり，類型論では Greenberg (1963) 以来，多くの研究がなされてきた．一方で，語順は理論的に中立的な概念なので，生成文法では head-parameter の結果として処理される以外は，Kayne (1994) 及びその流れの研究を除くとそれほど活発な研究があったとは言えない (Biberauer and Sheehan (2013) 参照)．しかし通時的視点を持った生成文法の研究では，Lightfoot (1979) 以降，英語における OV から VO への語順変化について，多くの研究が発表されている．

　語順の問題では，一律に head-initial か head-final の例が扱われることが多い．しかし実際は混合の場合もあり，これについて最近以下の重要な提案がなされている．

(1)　*The Final-over-Final Constraint* (*FOFC*)
　　 A head-final phrase αP cannot dominate head-initial phrase βP, where α and β are heads in the same Extended Projection.
　　　　　　　　　(Biberauer, Holmberg and Roberts (BHR) (2014: 171))

FOFC は V と N の両方の Extended Projection に適用され，動詞の方では [V O] Aux, [V O] v, [V O] C の語順を普遍的に排除する．BHR はこの予測は通言語的に正しいと主張し，多くの言語の例を挙げる．

　こうした背景の中，本稿は特異な性質を持つラマホロト語 (SVO, オーストロネシア) の助動詞の語順について，共時的視点と通時的視点から考察する．具体的にはラマホロト語が FOFC の真の例外として，[V O] Aux の語順を持

---

* 本稿は第 32 回日本英語学会大会 (2014 年) で発表したものである．貴重なコメントをいただいた聴衆の方々，及び査読者に感謝申し上げる．

つことを示す．

2. ラマホロト語の助動詞の語順

まず以下を参照されたい．

(2) *Lamaholot* (Nishiyama and Kelen (2007: 71))
  a. go **bisa** biho wata
      I   can cook rice
      'I can cook rice.'
  b. go biho wata **bisa**

(3) *Lamaholot* (Nishiyama and Kelen (2007: 71))
  a. go **bisa** nange pe tahi
      I can swim in sea
      'I can swim in the sea.'
  b. go nange pe tahi **bisa**
  c.??go nange **bisa** pe tahi

(2a) は Aux VO という典型的な head-initial の語順だが，これに加えて (2b) の様な VO Aux の語順も可能である．Aux が VP の前にも後にも来られることは，(3) でも確認できる．ここでは VP は V PP だが，Aux がこれに先行も後続もする．

ラマホロト語に近い Tetun も同様な語順を示す．

(4) *Tetun Dili* (Willimas-van Klinken et al. (2002: 85))
  a. nia la **bele** halai
      s/he not can run
      'S/he cannot run.'
  b. nia halai la **bele**

(5) *Tetun Fahan* (van Klinken (1999: 215))
  a. ita   tahan la **bele**
      we endure not can
      'We cannot endure (it).'
  b. ceme ne'e n-akneter ema   la   **n-atene**
      person this 3sg-honor person not 3sg-know
      'This person does not know how to honor people.'

(4) では Aux は否定語と共に現れ，動詞に先行も後続もする．(5a) は (4b) と同様な語順で，(5b) では Aux と否定語が VO に後続している．

BHR は見かけ上の [V O] Aux の例をいくつか挙げ，いずれも FOFC の真の例外ではないとする．その1つが A-bar movement である VP-fronting を含む場合で，以下がその例である．

(6) *Sardinian*（BHR (2014: 181)）
    Tunkatu su barkone asa!
    shut   the window have.2sg
    'It's shut the door you have!'

しかしラマホロト語の [V O] Aux にはこうした強調の意味はない．

他にも動詞が分詞化して名詞になっている例（ラテン語）や範疇素性を持たない例（否定辞や等位接続辞）は，[V O] Aux のように見えても FOFC の例外ではないと BHR は主張するが，(2)-(5) は範疇素性を持つ．

しかしながら，通言語的に [V O] Aux が稀なのは事実であり，なぜラマホロト語で発生したかということが問題となる．ここで注目したいのは [V O] Aux は義務的な語順ではなく，Aux [V O] も可能だということである．更に，Aux [V O] の語順のみが可能な助動詞もある．

(7) *Lamaholot*（Nishiyama and Kelen (2007: 72)）
  a. go **mvse** biho wata
      I   must cook rice   'I must cook rice.'
  b. *go biho wata **mvse**

(7) では (2) とは違う助動詞を使っているが，[V O] Aux の語順は不可である．従って Aux [V O] が本来の語順で，[V O] Aux は歴史的に新しいと仮定できる．これは同じ語族の中でより古い特徴を持つ西インドネシアの言語が Aux [V O] だということからも確認できる．なぜ特定の助動詞だけが [V O] Aux の語順も持つようになったのか，現時点ではわからないが，少なくとも Aux [V O] から [V O] Aux への語順変化が徐々に起こってきていることが推測できる．

3. 言語接触の影響

[V O] Aux が出てきた理由として最も可能性が高いのは，近隣の<u>パプア言語との接触</u>である．東インドネシアのオーストロネシア言語とパプア言語の言

語接触による類似は，Klamer（2002, forthcoming），Klamer et al.（2008），Klamer and Ewing（2010）などで多くの項目において指摘されている．次節でこれを例示するが，助動詞の順序も同様の性質を持つ．パプア言語は総じて日本語のような典型的 head-final であり，以下に示すように助動詞は文末に来る．

(8) *Teiwa*（Klammer（2010: 263））
    a. na sekola ma   gi-n **qau**
        I school come go-real good
        'I can go to school.'
    b. ha'an tei wrer-an **paat**
        you tree climb-real not.know
        'You don't know how to climb a tree.'

他の地域のオーストロネシア言語の助動詞は動詞の前に来るので，ラマホロト語の助動詞の語順はパプア言語の影響を受けたと考えられる．

BHR（2014: 177）は言語接触においても FOFC は当てはまると主張する．しかし彼等の挙げる例は head-final の Afrikaans が head-initial の英語の影響を受ける例で，ラマホロト語はこの逆である．つまり，ラマホロト語は基本的に head-initial だが，パプア言語は総じて head-final である．また V2 を示す Afrikaans は head-initial の側面も持つので，Afrikaans に基づく考察がラマホロト語の場合に適用できるか不明である．

4. 助動詞以外の言語接触の影響

本節ではパプア言語の語順が東インドネシアのオーストロネシア言語に影響を与えた助動詞以外の例として，所有名詞句と一致（agreement）を見る．まず所有名詞句だが，西インドネシアの言語では所有語は一様に主部名詞の後に来るが，ラマホロト語を含む東インドネシアのいくつかの言語では後にも前にも来る．

(9) *Lamaholot*（Nishiyama and Kelen（2007: 24ff））
    a. oto Bala na'en
        car B. his
        'Bala's car'

b. Bala oto-nvn
B.　car-3sg
'Bala's car'

一方，ラマホロト語に近いが，パプア言語と陸続きで接触しているオーストロネシア語族の Alorese では，所有語は常に主部名詞の前に来る．

(10) *Alorese* (Klamer (2011))
　　a. ni　　uma
　　　 3sg　house
　　　 'his house'
　　b. bapa　John　ni　　uma
　　　 father　John　3sg　house
　　　 'Bapa John's house'

この語順は近隣のパプア言語のそれと一致する．

(11) *Teiwa* (Klamer (2010: 189))
　　yivar　ga-manak
　　dog　　3sg-master
　　'the dog's master'

地理的理由から Alorese はラマホロト語よりパプア言語の影響が強いと考えられ，本来のオーストロネシアの語順である主部名詞-所有語の語順がなくなったと推察できる．一方，ラマホロト語は本来のオーストロネシアの語順とパプア言語の語順の両方を持つ．

もう1つのパプア言語との言語接触の影響として agreement がある．以下はパプア言語の例である．

(12) *Walman* (Brown and Dryer (2008: (8b), (1)))
　　a. ru　　**w**-klwaro-**n**　　　　ruon
　　　 3sg.f　**3sg.f**.-deceive-**3sg.m**　3sg.m
　　　 'She deceived him.'
　　b. kon　　ngo-Ø　[ru　　nyue　　**w**-aro-**n**　　　　　　　ngan]
　　　 night　one-f　 3sg.f　mother　**3sg.f.subj**-and-**3sg.m.obj**　father
　　　 y-ekiel　　　　　y-okorue-Ø　　　　　pla　　lang...
　　　 3pl.subj-go.south 3pl.subj-dig-3sg.f.obj land　orange

'One night, [a mother and father] went (south) to dig the orange earth …'

(12b) は等位接続語さえも agreement を持つことを示すが，ラマホロト語も同様である．

(13) *Lamaholot* (Nishiyama (2011))
   a. go **k**-o'on mo pana
      I **1sg**-and you walk. 'I and you walk.'
   b. mo **m**-o'on Bala pana
      you **2sg**-and B.   walk 'You and Bala walk.'

(13) では (12b) と同様に等位接続語が第一接続要素 (first conjunct) と一致を示している．

5. 結語

　本稿ではラマホロト語の助動詞の語順が，通言語的に稀な [V O] Aux の順序を持つことを示し，これが持つ理論的意味を考察した．BHR (2014) は，FOFC の予測では head-initial から head-final への変化は bottom-up だと述べるが，ラマホロト語は top-down の変化を示す．つまり，Aux が VP に後続するようになるのは TP レベルの head initial > head final の語順変化だが，その下の VP では語順は VO の head initial のままである．これは「上から」始まる変化を示す．これが言語接触によるのであり，FOFC が UG の一部であるとすれば，言語接触による言語変化は UG の原理に従わないという帰結が得られる．

　もちろん，FOFC は誤りである可能性もあるが，[V O] Aux の順序が通言語的に稀であることも事実である．言語接触による言語変化と UG の原理の関係は興味深い大きなテーマだが，最後に 1 つの作業仮説を提示する．

　それは，言語接触においては，完成した文同士が干渉するので，文構造の上の方 (外側) から変化を引き起こす，ということである．これにより元は Aux [V O] だった順序が，上の方の Aux が語順の変化を受け，[V O] Aux になったと説明できる．これは併合 (merge) により下から文を作り上げていく通常の生成順序と逆だが，これが言語接触が言語話者の言語知識を説明する普遍文法と矛盾するように見える要因となるかもしれない．更なる検証が今後の課題となる．

参考文献

Biberauer, Theresa and Michelle Sheehan (2013) *Theoretical Approaches to Disharmonic Word Order*, Oxford University Press, New York.
Biberauer, Theresa, Anders Holmberg and Ian Roberts (2014) "A Syntactic Universal and Its Consequences," *Linguistic Inquiry* 45, 169-225.
Brown, Lea and Matthew S. Dryer (2008) "The Verb for 'And' in Walman, a Torricelli Language of Papua New Guinea," *Language* 84, 528-565.
Greenberg, Joseph (1963) "Some Universals of Grammar with Particular Reference to the Order of Meaningful Elements," *Universals of Language*, ed. by Joseph Greenberg, 73-113, MIT Press, Cambridge, MA.
Kayne, Richard (1994) *The Antisymmetry of Syntax*, MIT Press, Canbridge, MA.
Klamer, Marian (1998) *A grammar of Kambera*, Mouton, Berlin.
Klamer, Marian (2002) "Typical Features of Austronesian Languages in Central/Eastern Indonesia," *Oceanic Linguistics* 41, 363-383.
Klamer, Marian (2010) *A grammar of Teiwa*, Mouton, Berlin.
Klamer, Marian (2011) *A Short Grammar of Alorese (Austronesian)*, Lincom, Munich.
Klamer, Marian (Forthcoming) "Papuan-Austronesian Language Contact: Alorese from an Areal Perspective," to appear in *Language Documentation and Conservation*.
Klamer, Marian, Ger Reesink and Miriam van Staden (2008) "East Nusantara as a Linguistic Area," *From Linguistic Areas to Areal Linguistics*, ed. by Pieter Muysken, 95-149, John Benjamins, Amsterdam.
Klamer, Marian and Michael Ewing (2010) "The Languages of East Nusantara; an Introduction," *East Nusantara*, ed. by Michael Ewing and Marian Klamer, 1-12, Pacific Linguistics, ANU.
Lightfoot, David (1979) *Principles of Diachronic Syntax*, Cambridge University Press, Cambridge.
van Klinken, Catharina Lumien (1999) *A Grammar of the Fehan Dialect of Tetun: An Austronesian Language of West Timor*, Pacific Linguistics C-155, Australian National University.
Nishiyama, Kunio and Herman Kelen (2007) *A Grammar of Lamaholot, Eastern Indonesia: The Morphology and Syntax of the Lewoingu Dialect*, Lincom, Munich.
Nishiyama, Kunio (2011) "Conjunctive Agreement in Lamaholot," *Journal of Linguistics* 47 (2), 381-405.
Williams-van Klinken, Catharina, John Hajek and Rachel Nordlinger (2002) *Tetun Dili: A Grammar of an East Timorese Language*, Pacific Linguistics 528, Australian National University.

Part Ⅳ

言語獲得とコーパス

英語獲得に見られる助動詞 do の一致に関する誤り
―素性継承に基づく分析―*

杉崎　鉱司

三重大学

1. はじめに

　ヒトの持つ母語知識は，非常に特殊な状況を除き，誰もが自然に獲得できるものであり，その意味で「ヒトという種に均一」に与えられたものである．また，ヒトの持つ母語知識には，他の生物種が持つコミュニケーション手段には見られない性質が含まれており，その意味で「ヒトという種に固有」の性質を持つ．例えば，「楽しい映画と小説」という表現には，「楽しい映画と楽しい小説」という解釈と，「楽しい映画と（評価の述べられていない）小説」という解釈の2通りが与えられる．このように1つの表現に対して複数の定まった解釈を与えることができる性質は，他の生物種が持つコミュニケーション手段には存在していない．

　また，ヒトの母語知識には，生後に周りの大人から与えられる言語情報から直接導き出したとは考えにくい性質が含まれている．例えば，英語の平叙文である (1a) に相当する yes/no 疑問文としては，主節の助動詞 has が前置された (1b) のみが可能であり，関係詞節内の be 動詞 is が前置された (1c) は非文法的となる．

　(1) a.　The man [that is reading a book] has eaten supper.
　　　b.　Has the man [that is reading a book] ___ eaten supper?
　　　c.　*Is the man [that ___ reading a book] has eaten supper?

---

　* 本論文は，ワークショップ「コーパスからわかる言語の可変性と普遍性」（2015 年 9 月 8 日〜9 日　東北大学）での口頭発表に基づく．ワークショップの主催者である小川芳樹氏，発表の際に有益なコメントを与えてくださった参加者の方々（特に小川芳樹氏・菊地朗氏・保坂道雄氏），および本論文の原稿に対して詳細なコメントを提供してくださった 2 名の匿名の査読者の方々に謝意を表したい．また，本研究のデータ分析においては，黒上久生氏の協力を得ており，その成果の一部は黒上 (2015) においても議論されている．

Legate and Yang (2002) の研究によると，CHILDES データベース (Mac-Whinney (2000)) に収められた Nina という幼児の自然発話コーパス (Suppes (1973)) においては，(1) の現象と直接関連した成人の発話は，幼児に向けられた発話数全体の 0.068% に過ぎず，また Adam という幼児の自然発話コーパス (Brown (1973)) においても同様に，0.045% に過ぎなかった．それにもかかわらず，英語を母語とする成人の話者はみな，(1a) に相当する疑問文は (1b) であって (1c) ではないという知識を身につけることができる．このように，幼児が手にする言語経験とそれに基づいて獲得される母語知識との間には質的な差が存在すると考えられ，このような状況は「刺激の貧困」の状況と呼ばれている．

　生成文法理論と呼ばれる言語理論は，母語知識に見られる「種固有性」・「種均一性」という性質の存在と，「刺激の貧困」という状況下で母語獲得が可能であるという観察を説明するために，「ヒトには遺伝により生得的に与えられた母語獲得のための機構が存在する」という仮説を採用する．この仮説においては，母語獲得は，「普遍文法」(UG) と呼ばれる生得的な母語獲得機構と，生後外界から取り込まれる言語情報との相互作用を通して達成される．この仮説を図示したものが (2) である．

(2)　生成文法理論の母語獲得モデル

　　　　　　　　　　　　幼児
　　L 語の言語情報　→　普遍文法　→　L 語の母語知識
　　　　　　　　　　　　(UG)

UG がヒトの遺伝情報に（のみ）含まれていると考えることにより，それによって獲得された母語知識も種均一性・種固有性という性質を示すことになる．また，獲得された母語知識には，生後取り込まれる言語情報のみならず，UG から導かれた性質も含まれていると考えることにより，「刺激の貧困」という状況下において母語獲得が可能であるという観察に対しても説明を与えることができる．[1]

　母語獲得が生得的な UG によって支えられているという仮説のもとでは，幼児が母語知識を獲得するために生後取り込まなければならない言語情報はかなり少なくて済むということになるため，幼児の持つ母語知識は，本質的な部分においては非常に早い段階から成人の母語知識と同質であることが予測され

---

[1] この点に関する詳しい説明に関しては，杉崎 (2015) などを参照されたい．

る.[2] この予測に照らすと，幼児がある一定期間にわたって誤りを示すことがあるという事実は，その原因について説明を要する大変興味深い現象となる．このような誤りの一つに，英語を母語とする幼児が示す助動詞 do の一致に関する誤りがある．Guasti and Rizzi (2002) の研究によると，英語を母語とする 2～3 歳児の発話において，(3a) のように，主語が 3 人称単数形であるにもかかわらず do を含んだ否定文が一定数観察される．この時期には，(3a) のような誤った否定文に加えて，(3b) のような主語との正しい一致を含む否定文も観察される．

(3) a. Robin don't play with pens.　(Adam 28, 3;04)
    b. So Paul doesn't wake up.　(Adam 28, 3;04)

さらに興味深いことに，Guasti and Rizzi (2002) によると，上記のような do の一致に関する誤りは，否定文では観察される一方で，疑問文では観察されない．つまり，疑問文では，(4b) のような主語との正しい一致を含む文のみが観察され，(4a) のような誤った文は観察されない．

(4) a. (#)Do he go?
    b.　　Does dis write?　(Adam 28, 3;04)

英語を母語とする幼児はなぜ否定文において助動詞 do の一致に関する誤りを示すのだろうか．また，なぜ同様の誤りが疑問文においては観察されないのであろうか．[3]

本論文では，まず，Guasti and Rizzi (2002) が観察した助動詞 do の一致に関する誤りおよびその否定文－疑問文間での非対称性について，より広範な幼児発話データを分析することによって，観察の妥当性を確認する．その後，Guasti and Rizzi (2002) が提示した，一致を司る機能範疇である AGR を含む句構造に基づく分析に検討を加え，その代案として，Chomsky (2007,

---

[2] この予測の具体的な検討については，Otsu (1981) および Crain (1991) などを参照されたい．

[3] "He does go?" や "He do go?" のように，助動詞 do の前置が欠如した誤りを含む文がどの程度幼児の発話に見られるのかは興味深い問いであるが，表面上これらの文はいわゆる強調構文に相当し，音声情報を含まない自然発話コーパスの分析のみからその存在を明らかにすることは非常に難しいため，本論文では棚上げにする．一方，do の一致に関する誤りが動詞句削除を含む文においてどの程度観察されるかに関しては Schütze (2010) を参照されたい．Schütze (2010) によると，動詞句削除においては，do の一致に関する誤りが若干観察されるが，否定文と比較するとはるかに少ないようである．

2008) で提案されている「C から T への素性継承メカニズム」(feature inheritance from C to T) に基づく分析を提案する．本論文での分析が正しければ，(3a) のような誤りの存在と (4a) のような誤りの欠如は，「C から T への素性継承メカニズム」の存在に対して母語獲得からの証拠を与える事実となるはずである．

2. 英語獲得に見られる助動詞 do の一致に関する誤り：先行研究

2.1. Guasti and Rizzi (2002) の観察

Guasti and Rizzi (2002) は，英語を母語とする幼児が助動詞 do の一致に関する誤りをどの程度示すのかを明らかにするために，CHILDES データベースに収められた英語を母語とする幼児 7 名の自然発話コーパスを分析した．そのうちの 2 名 (Eve と Shem) は，最初期から誤りを全く示さなかったため，(5) に提示されている 5 名の幼児の自然発話コーパスのみに関して結果を整理した．

(5) Guasti and Rizzi (2002) で分析対象となった自然発話コーパス

幼児名	コーパス作成者	分析対象ファイル	年齢の範囲
Adam	Brown (1973)	1–40	2;03–3;11
Sarah	Brown (1973)	1–138	2;03–5;01
Nina	Suppes (1973)	1–56	1;11–3;03
Ross	MacWhinney (2000)	20–53	2;06–4;06
Peter	Bloom (1970)	1–20	1;09–3;01

分析方法としては，幼児の発話から do/does/did のいずれかを含む発話を，COMBO という検索コマンドを使用して全て拾い上げ，その中から 3 人称単数形の主語を伴う文を目視によって見つけ出した．その際，"Does it broke?" のような時制を二重に含む文は考慮から外された．[4]

---

[4] なぜこのような二重時制文を分析から外したかに関しては，Guasti and Rizzi (2002) では説明が与えられていない．Hurford (1975) や Maratsos and Kuczaj (1978) によると，"Does it broke?" のような二重時制文は不規則動詞の過去形を伴う文に限られ，規則動詞の過去形 (pushed など) を伴う文には見られない．したがって，実際に時制が二重に現れているわけではなく，誤った動詞の形式を用いていることから生じており，助動詞に関しては正しい形式が用いられている文であると推測される．しかし，「yes/no 疑問文と否定文の間に助動詞 do の一致に関する誤りに差がある」という主張を確かめるという観点からは，does という形式を含むがその性質が定かではない文は分析に含めない方が (上記の主張に反する方向に分析結果が向かうという意味において) 安全であるため，分析からは外されるのが適切であると考

このような分析によって得られた結果は，(6) の通りであった．

(6) Guasti and Rizzi (2002) による分析の結果：幼児の発話数

幼児名	分析対象ファイル	否定文		疑問文	
		doesn't	*don't	does	*do
Adam	11–33	8	12	78	3
Sarah	50–137	55	40	76	1
Ross	24–50	72	20	51	1
Nina	12–51	65	65	62	0
Peter	15–18	20	7	3	0
合計		220	144	270	5

これら5名の幼児は全員，主語が3人称単数形であるにもかかわらず，助動詞が do となっている文を比較的多数発話したが，その誤りの大部分は否定文において現れ，疑問文 (yes/no 疑問文および wh 疑問文) ではほとんど観察されなかった．[5] したがって，これら5名の幼児の結果からは，英語獲得過程において生じる助動詞 do の一致に関する誤りは，否定文に限定され，疑問文においては現れないという非対称性を持った誤りであることが示唆される．

2.2. don't の誤分析に基づく説明

では，英語を母語とする幼児はなぜ否定文においてのみ助動詞 do の一致に関する誤りを示すのだろうか．Bellugi (1967) などの研究で提案されている伝統的な分析の一つは，英語を母語とする幼児は don't そのものを，not と同様に否定を表す要素として扱っている，という分析である．[6] この分析は，3人称単数形の主語と do という誤った形式が共起するのが否定文に限られるという観察に説明を与えることができるが，その一方で，同時期に (7) のような誤りが生じることも予測する．(7) の文はいずれも，don't を not に置き換えた場合には文法的となる文である．

えられる．
  [5] 疑問文においても，do という誤った形式の助動詞を含む文がごくわずかに観察されるが，その割合は2%に満たない (疑問文の発話数の合計275文の内の5文のみ) ため，言い間違いの一種と考えられる．
  [6] 同様の分析が Menyuk (1969) および Hyams (1986) などでも提案されている．

(7) a. *He('s) don't happy.
   b. *He might don't laugh.
   c. *He did don't laugh.
   d. *He's don't singing.

　Schütze（2010）は，(7) のような文が英語を母語とする幼児によって実際に発話されているかどうかを確認するために，CHILDES データベースに収められた5名の英語を母語とする幼児のコーパスを分析した．得られた結果は (8) の通りであった．5名の幼児のいずれに関しても，(7) に例示されたような誤りは，(6) に示されている don't を含んだ誤りに比べて非常にわずかしか存在しなかった．したがって，否定文で現れる助動詞 do の一致に関する誤りが，幼児が don't を not と同じ要素として扱っていることから生じている可能性は低いと考えられる．

(8)　Schütze（2010）による分析の結果

幼児名	分析対象ファイル	年齢の範囲	(7)のような誤りを含む発話の数
Abe[7]	3-84	2;05:07 – 3;03:08	1
Adam	1-55	2;03:04 – 4;10:23	1
Sarah	30-138	2;09:20 – 5;00:30	0
Ross	19-58	2;06:17 – 5;02:04	1
Nina	7-55	2;00:24 – 3;03:08	2

2.3.　Guasti and Rizzi (2002) による分析

　Guasti and Rizzi（2002）は，英語獲得過程において生じる助動詞 do の一致に関する誤りの非対称性に対し，一致を司る機能範疇である AGR を含む句構造を用いた説明を与えている．この説明は，成人の母語知識における主語の移動と一致の表出との関係に基づくものであるため，まずは成人の母語知識に関する Guasti and Rizzi（2002）の仮説を確認することにしたい．

　Guasti and Rizzi（2002）は，McClosky（1997）などにおいて詳しく議論されている「動詞句内主語仮説」を採用し，主語は動詞句の指定部の位置に基底生成され，英語などの言語においてはその後，時制句（TP）の指定部の位置に移動すると仮定する．

---

[7] コーパス作成者は Kuczaj（1976）である．

(9) 動詞句内主語仮説：

$[_{CP}\ [_{TP}\ \underline{\quad\quad}\ [_{vP}\ \mathbf{SUBJ}\ v\ V\ ]]]$

(矢印: TP の空所位置へ vP 内の SUBJ が移動)

(9) に示した主語の移動とそれに伴う一致との関係を明らかにするために，Guasti and Rizzi (2002) は (10) に示した標準アラビア語の文と (11) に示したアラビア語レバノン方言の文との比較を行っている．いずれの言語においても，主語が顕在的に移動したと考えられる主語 – 動詞語順 (SV 語順) の文は主語と動詞の義務的な一致を示している．一方で，主語が顕在的には移動せず，基底位置にとどまっていると考えられる動詞 – 主語語順 (VS 語順) の文に関しては，言語間の違いが見られる．標準アラビア語では，VS 語順の文は一致を示さず，(10c) のように主語が複数形であっても動詞は単数形の形態となる．一方で，アラビア語レバノン方言では，VS 語順においても主語と動詞の義務的な一致が観察され，主語が複数形の場合には動詞も複数形の形態となる．

(10) 標準アラビア語：
  a. SV: *ʔal-ʔawlaad-u naama
       the children   slept-3MASC-SG
  b. SV: ʔal-ʔawlaad-u   naamuu
       the children   slept-3MASC-PL
  c. VS: Naama   l-ʔawlaad-u
       slept-3MASC-<u>SG</u> the children
  d. VS: *Naamuu   l-ʔawlaad-u
       slept-3MASC-PL the children

(11) アラビア語レバノン方言：
  a. SV: *lE-wlaad   neem
       the children   slept-3SG
  b. SV: lE-wlaad   neemo
       the children   slept-3PL
  c. VS: *Neem   lE-wlaad
       slept-3SG   the children
  d. VS: Neemo   lE-wlaad
       slept-<u>3PL</u>   the children

Guasti and Rizzi (2002) は，上記の標準アラビア語とアラビア語レバノン方言との比較，及び他言語での同様の現象に基づき，移動と一致の表出に関して (12) のような一般化が成立すると主張する．

(12) 移動と一致の表出との関係に関する一般化
 a. 主語が移動した場合：
  一致現象が動詞の形態に義務的に具現される．
 b. 主語が動詞句内にとどまっている場合：
  一致現象が動詞の形態に具現されるか否かは，言語によって異なる．

(12a) で述べられた，移動が生じた場合にはそれに伴って一致が義務的に具現されるという観察を説明するために，Guasti and Rizzi (2002) は (13) のような原理が UG 内に存在すると仮定する．

(13) 統語部門と形態部門のインターフェースに関わる原理：
 （音形に反映されるような）移動が起こって，一致に関わる素性が照合を受けた場合には，その結果として形態的に一致が具現される．

(13) が UG の原理であるがゆえに全ての言語で満たされ，結果として (12a) で述べられている観察が全ての言語で成り立つこととなる．一方，（音形に反映されるような）移動が起こっていない場合に，形態的に一致が具現されるか否かは，個別言語の形態的規則によって決定されるものであると考えることによって，(12b) で述べられた現象が生じると Guasti and Rizzi (2002) は提案する．

上記の議論を踏まえ，Guasti and Rizzi (2002) は，英語獲得過程において見られる助動詞 do の一致に関する誤りの非対称性に対し，一致を司る機能範疇である AGR を含んだ句構造を用いて，以下のような説明を提案している．まず，否定文は，(14) に示した構造を持つと仮定される．

(14) 否定文の構造：
 [$_{AgrSP}$ He AgrS [$_{TP}$ probably does$_T$ [$_{NegP}$ not …
    （一致）   （時制）

この構造において，助動詞である do は時制を担う機能範疇である Tense の位置にとどまり，主語との一致を担う機能範疇である AgrS の位置には移動していない．したがって，成人の持つ英語の知識において，Tense の位置にある do に主語との一致が具現されて does となるという現象は，英語という個別

言語の形態的規則によるものと考えられる．この個別言語の規則は，言語経験に基づく「学習」を通して獲得されるため，この規則が獲得されるまでの一定期間は，does という正しい形式に加えて，誤った形式である do が用いられた発話が観察されることになる．

一方，疑問文に関しては，(15) に示した構造を持つと仮定される．

(15) 疑問文の構造：

疑問文が形成される際には，(15) に示されるように，時制を担う機能範疇である Tense が，移動の距離に対する制約により，いったん主語との一致を担う機能範疇である AgrS の位置へ移動し，その位置を経由してから，補文標識（Comp）の位置へ移動する．この場合，T の位置を占める do は，AgrS の位置で主語と一致素性の照合を行うことになり，(13) に述べられた UG の原理の働きにより，主語との一致が義務的に具現され，does という形式で表出することになる．

以上のように，Guasti and Rizzi (2002) の分析では，文の構造が一致を司る AGR を含み，疑問文の場合には T の位置を占める do がその位置を経由して移動することによって，必ず一致を示すことになる．したがって，Guasti and Rizzi (2002) によれば，英語獲得過程において生じる助動詞 do の一致に関する誤りの非対称性は，句構造に AGR という機能範疇が存在するという仮説に対する英語獲得からの証拠を提示するものである．

3. 助動詞 do の一致に関する誤り：より広範なデータの分析

　Guasti and Rizzi (2002) は，5 名の英語を母語とする幼児に関して，助動詞 do の誤りが否定文においてのみ観察され，疑問文においては観察されないという非対称性が存在することを明らかにした．この現象がどの程度一般性を持ったものであるかを明らかにするため，本研究では，CHILDES データベースに収められている，英語を母語とする幼児の自然発話コーパスから 12 名分を選び出し，分析を行った．（なお，この 12 名には，比較のため，Guasti and Rizzi (2002) で分析されている幼児 5 名の内の 4 名も含まれている．）分析対象となった幼児は (16) の表の通りである．

(16) 分析対象となった幼児発話コーパス

幼児名	コーパス作成者	分析対象ファイル	年齢の範囲	幼児が発話した文の数
Abe	Kuczaj (1976)	001-078	2;04:24 - 3;02:18	10,287
Adam	Brown (1973)	01-36	2;03:04 - 3;08:14	30,625
Anne	Theakston et al. (2001)	01a-23b	1;10:07 - 2;05:25	13,595
Aran	Theakston et al. (2001)	01a-34b	1;11:12 - 2;10:28	17,111
Becky	Theakston et al. (2001)	01a-27b	2;00:07 - 2;09:06	17,764
Carl	Theakston et al. (2001)	01a-34b	1;08:22 - 2;08:15	25,084
Dominic	Theakston et al. (2001)	01a-34b	1;10:25 - 2;10:16	21,180
Eve	Brown (1973)	01-20	1;06 - 2;03	11,563
Naomi	Sachs (1983)	01-76	1;02:29 - 2;11:12	11,722
Nina	Suppes (1973)	01-37	1;11:16 - 2;10:21	20,510
Peter	Bloom (1970)	01-20	1;09:08 - 3;01:20	26,891
Sarah	Brown (1973)	001-139	2;03:05 - 5;01:06	37,012

分析は基本的に Guasti and Rizzi (2002) と同様の方法で実施した．具体的には，幼児の発話から do/does/don't/doesn't を含む発話を検索によって全て見つけ出し，個々の発話を確認することで，3人称単数の主語を含む否定文と疑問文 (yes/no 疑問文および wh 疑問文) を探し出した．分析は，3人称単数の主語が don't を伴っている否定文が現れなくなる時点まで続けた．そして，"Does it broke?" のような二重時制文は分析に含めなかった．

得られた結果は (17) の表に示した通りであった.[8] 3名の幼児 (Carl, Dominic, Eve) に関しては, do を含む疑問文がほとんど発話されていなかった. また, 1名の幼児 (Becky) に関しては, 3人称単数形の主語を含む否定文において, don't を用いる誤りがほとんど観察されなかった. 一方, 他の8名の幼児に関しては, Guasti and Rizzi (2002) が報告している助動詞 do の誤りに関する非対称性の存在が確認された. これら8名のうち, Guasti and Rizzi (2002) で既に分析・報告されている4名 (Adam, Nina, Peter, Sarah) の幼児を除くと, 新たに4名の幼児 (Abe, Anne, Aran, Naomi) に関して, 助動詞 do の誤りに関する非対称性が存在することが明らかとなった. したがって, Guasti and Rizzi (2002) の発見した英語獲得で見られる助動詞 do の誤りは, 多くの幼児において観察される一般性が高い事実であると言える.

---

[8] Guasti and Rizzi (2002) で既に分析されている幼児4名の幼児 (Adam, Nina, Peter, Sarah) については, (6) に提示されている彼らの分析結果と本論文の分析結果とではやや数字が異なっているが, これは分析対象となっているファイルの範囲が異なることによるものと考えられる. Guasti and Rizzi (2002) と本論文はともに3人称単数の主語が don't を伴っている否定文が現れなくなる時点までを分析対象としているため, なぜこのように分析範囲の違いが生じているのかは定かではないが, おそらく, don't を伴っている否定文が最後にどのファイルで現れているのかの判断において違いが生じているものと推測される.

(17) 分析結果：幼児が発話した文の数

幼児	否定文		疑問文	
	doesn't	**don't*	*does*	**do*
Abe	10 (52.6%)	9 (47.4%)	8 (100%)	0
Adam	19 (45.2%)	23 (54.8%)	102 (98.1%)	2 (1.9%)
Anne	6 (60.0%)	4 (40.0%)	4 (100%)	0
Aran	5 (19.2%)	21 (80.8%)	7 (87.5%)	1 (12.5%)
Becky	28 (90.3%)	3 (9.7%)	81 (96.4%)	3 (3.6%)
Carl	2 (20.0%)	8 (80.0%)	0	0
Dominic	26 (55.3%)	21 (44.7%)	0	0
Eve	3 (60.0%)	2 (40.0%)	1 (100%)	0
Naomi	3 (42.9%)	4 (57.1%)	7 (100%)	0
Nina	23 (31.1%)	51 (68.9%)	13 (100%)	0
Peter	29 (76.3%)	9 (23.7%)	18 (94.7%)	1 (5.3%)
Sarah	55 (59.1%)	38 (40.9%)	69 (100%)	0

4. 助動詞 do の一致に関する誤り：素性継承メカニズムに基づく分析

2.3 節で述べた通り，英語獲得における助動詞 do の誤りに対する Guasti and Rizzi (2002) の分析では，一致現象を司る機能範疇である AGR の存在が重要な役割を果たしている．しかし，Chomsky (1995)（およびそれ以降の Chomsky の論文）では，一致現象が意味的な影響を生じない現象であることに基づき，それを司る主要部の AGR に関しても，その存在に対する意味部門からの動機づけを持たないものと見なされ，句構造に AGR が存在するという仮説が廃棄されるに至っている．このような理論的発展を踏まえ，AGR を含まない句構造を採用した場合，果たして助動詞 do の誤りに関する Guasti and Rizzi (2002) の観察に対してどのような説明が可能であろうか．

一致現象に関して，より近年の研究である Chomsky (2007, 2008) では，

(18) に示される通り，補文標識 C が現れる場合にのみ主語と助動詞との一致（および時制）が現れうることに注目している．[9]

(18) a. John believes <u>that</u> Mary <u>is</u> honest.
b. John believes Mary to <u>be</u> honest.

C の存在が一致・時制の存在にとって必要条件となっているという観察を説明するために，Chomsky (2007, 2008) では，「時制および一致に関する素性はもともと C に存在し，C から T への素性継承 (feature-inheritance) というメカニズムによって，T へと継承される」という仮説が提案されている．そして，T の位置に継承された一致素性が，T の指定部の位置に存在する主語と関係を持つことにより，一致現象が生じると仮定されている．

(19) C から T への素性継承メカニズム

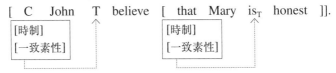

英語では，C から T への素性継承は義務的であると考えられるが，言語によっては，一致素性が C にとどまっていると考えられる場合が存在する．このような現象の一つに，ベルベル語の一種であるタマジクト語が示す抗一致効果がある (Ouali (2008))．タマジクト語は，(20a) に示されるように，通常，主語と動詞の一致現象を示すが，(20b) が示すように，主語が *wh* 句となり，C の指定部の位置に移動した場合には，一致現象が生じなくなってしまう．これは，一致素性が C にとどまり，移動してきた *wh* 句である主語とその位置で一致関係を形成することにより，T への素性継承が起こらず，したがって動詞にも一致素性が渡されなくなるためであると考えられる．

---

[9] 査読者が指摘するように，(i) のような文においては，C が存在するにもかかわらず，埋め込み節の主語と動詞との一致は見られない．
　　(i) John prefers for Mary to be here.
(i) が示していることは，Chomsky (2007, 2008) の主張の基となる観察が「一致の具現にとって C の存在が必要条件であり十分条件ではない」という点である．したがって，Chomsky (2007, 2008) の主張の基となる観察が妥当ではないことを示すためには，C が存在していないにもかかわらず一致が具現されている場合が存在することを示す必要がある．(18) の例文から that を省略した文がそのような候補の一つとなるが，このような文に対しては音形を持たない C が存在しているという分析を採用することが可能である．このような分析に関しては，Bošković and Lasnik (2003) およびそこで引用されている文献を参照されたい．

(20) タマジクト語に見られる抗一致効果 (Ouali (2008)):
　a. thamttut　th3la　　　 araw
　　 woman　3sf.see.PERF　boys
　　 'The woman saw the boys.'
　b. mani　 thamttut　ag　　 3lan　　　　araw
　　 which　woman　 COMP　see.PERF.Part　boys
　　 'Which woman saw the boys?'
　c. *mani　thamttut　ag　　 th3lan　　 araw
　　 which　woman　 COMP　3sf.see.PERF　boys

　本研究は，一致素性がもともと C の位置に存在するという Chomsky (2007, 2008) の仮説，および C から T への素性継承には言語間変異が存在するという観察から，AGR の存在を仮定することなく，英語獲得における助動詞 do の誤りに対して説明を与えることが可能となる，と提案する．より具体的には，C から T への素性継承が義務的であるか否かについては，パラメータが関与しており，幼児は言語経験に照らしてその値を決定しなければならないため，英語獲得過程においては，C から T への素性継承が随意的 (optional) に起こる段階が存在する，と主張する．[10, 11]

　この分析がどのようにして Guasti and Rizzi (2002) の観察に説明を与えることができるかを理解するために，まず幼児英語における否定文の構造について考えよう．否定文において，C から T への素性継承が起きた場合には，(21a) に示されるように，T の位置に一致素性が存在することから，T の位置に挿入された助動詞 do は，3 人称単数形の主語と T との一致により，does

---

[10] C から T への素性継承が義務的であるか否かを司るパラメータが具体的にどのような値を持つのかについては，重要な問いではあるが，詳細な言語間比較が必要とされるため，現時点では今後の課題の一つとして残さざるを得ない．もしこのパラメータが，「C から T への素性継承が {起こる・起こらない}」という 2 つの値から成るものである場合，英語獲得過程において C から T への素性継承が随意的に起こることを説明するためには，幼児が両方の値にアクセスできる段階が存在することを仮定する必要がある．獲得過程において，幼児がパラメータの提供する全ての値にアクセスできるという仮説に関しては，Yang (2002) などを参照されたい．

[11] Ouali (2008) によるタマジクト語の分析では，この言語においては (i) 一致素性が C から T へ継承される場合 (ii) 一致素性が C にとどまる場合 (iii) 一致素性が C と T によって共有される場合 の 3 つの選択肢が存在し，どのような場合にどの選択肢が採用されるかについては経済性の原理によって決定される．果たして Ouali (2008) の分析を本論文で提案されている「C から T への素性継承が義務的であるか否かを司るパラメータが存在する」という仮説の基でとらえなおすことが可能かどうかは大変重要な問題であるが，現時点では今後の課題とせざるを得ない．

という形式を得ることになる．一方，否定文において，C から T への素性継承が起きなかった場合には，一致素性は C の位置にとどまっているため，主語と T との一致は生じず，T の位置に挿入された助動詞 do はそのまま do という形式で具現される．このように，一致素性がもともとは C の位置に存在し，英語獲得過程においてはそれが T へと継承されない場合があると仮定することによって，なぜ幼児が発話する否定文において don't という形式が生じるかに対して説明を与えることができる．

(21) 英語獲得における 3 人称単数形の主語を伴った否定文
    a. C から T への素性継承が起きた場合
       = 挿入された do は does として具現

       ① 素性継承　② do の挿入

     [CP C [TP John T[一致] [時制] [NegP not …

    b. C から T への素性継承が起きなかった場合
       = 挿入された do は do のまま具現

              do の挿入

     [CP C[一致] [時制] [TP John T [NegP not …

では，なぜ幼児の発話する疑問文の場合には，一致が欠如するという誤りが生じないのであろうか．疑問文において，C から T への素性継承が起きた場合には，(22a) に示されるように，T は一致素性を得て，3 人称単数形の主語との一致関係を築いた後に C の位置へと移動し，移動した T の位置に助動詞 do が挿入されることで does という形式が具現する．一方，C から T への素性継承が起きなかった場合でも，疑問文の場合には，(22b) に示されるように T が C へと移動することになるため，T は素性継承を経ることなく一致素性を持つことになる．[12] そして，移動した T の位置に助動詞 do が挿入されることで does という形式が具現する．したがって，疑問文では，T の C への移動が存在することにより，C から T への素性継承が起きた場合と起きなかった場合のいずれにおいても，助動詞は 3 人称単数形の主語と一致した does と

---

  [12] C から T への素性継承が起きず，C の位置に一致素性がとどまっている場合でも，一致素性はその位置から（c 統御の関係に基づいて）主語と一致関係を築くことができるものと仮定する．否定文の場合には，C の位置に do が現れることがないため，この一致関係が形態的に具現することがない．

いう形式を得ることになる.[13]

(22) 英語獲得における3人称単数形の主語を伴った疑問文
   a. C から T への素性継承が起きた場合
      = 挿入された do は does として具現

   ③ do の挿入
   b. C から T への素性継承が起きなかった場合
      = 挿入された do は does として具現

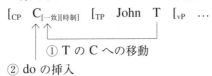

   ② do の挿入

このように，一致素性は C の位置に生じて T へと継承されるものであり，英語獲得においてはその継承が随意的に起こる段階が存在すると仮定することによって，句構造内に AGR の存在を仮定することなく，Guasti and Rizzi (2002) の観察に説明を与えることができる．

5. まとめ

本研究では，英語獲得過程において，助動詞 do の一致に関する誤りが否定文においてのみ観察され，疑問文においては観察されないという Guasti and Rizzi (2002) の観察を取りあげ，その観察の妥当性をより広範な自然発話データに基づいて確認した．そして，この観察に対して，句構造内に一致現象を司

---

[13] 本分析では，幼児英語においては，T が C からの素性継承によって一致素性を得ている場合と，T が C への主要部移動を行うことによって一致素性を得ている場合の2通りが存在することになる．いずれの場合にも，C に挿入された助動詞 do は does という形式を得ることになるが，幼児英語の yes/no 疑問文において does という形式の具現方法が2通り存在するという分析がどのようなさらなる予測を生むことになるかに関しては今後の課題の1つとしたい．

る機能範疇である AGR が存在するという仮説を用いて説明を与えた Guasti and Rizzi（2002）の分析を議論し，その分析が AGR を廃止した Chomsky（1995）（およびそれ以降）の枠組みとは相容れないものであることを指摘した．それを踏まえ，Chomsky（2007, 2008）で提案されている C から T への素性継承メカニズムを仮定することによって，AGR の存在を仮定することなく Guasti and Rizzi（2002）の観察を説明できることを主張した．本研究の分析が正しければ，Guasti and Rizzi（2002）が報告した助動詞 do の誤りに関する非対称性は，C から T への素性継承メカニズムの存在に対して言語獲得からの証拠を与えるものであり，それはつまり助動詞 do の一致に関する誤りも UG の制約の範囲内で生じる現象であることを示したものと考えられる．

参考文献

Bellugi, Ursula (1967) *The Acquisition of the System of Negation in Children's Speech*, Doctoral dissertation, Harvard University.
Bloom, Lois (1970) *Language Development: Form and Function in Emerging Grammars*, MIT Press, Cambridge, MA.
Bošković, Željko and Howard Lasnik (2003) "On the Distribution of Null Complementizers," *Linguistic Inquiry* 34, 527–546.
Brown, Roger (1973) *A First Language: The Early Stages*, Harvard University Press, Cambridge, MA.
Chomsky, Noam (1995) *The Minimalist Program*, MIT Press, Cambridge, MA.
Chomsky, Noam (2007) "Approaching UG from Below," *Interfaces + Recursion = Language?*, ed. by Uli Sauerland and Hans-Martin Gärtner, 1-29, Mouton de Gruyter, Berlin.
Chomsky, Noam (2008) "On Phases," *Foundational Issues in Linguistic Theory: Essays in Honor of Jean-Roger Vergnaud*, ed. by Robert Freidin, Carlos Peregrín Otero and Maria Luisa Zubizarreta, 133–166, MIT Press, Cambridge, MA.
Crain, Stephen (1991) "Language Acquisition in the Absence of Experience," *Behavioral and Brain Sciences* 14, 597-612.
Guasti, Maria Teresa and Luigi Rizzi (2002) "Agreement and Tense as Distinct Syntactic Positions: Evidence from Acquisition," *Functional Structure in DP and IP: The Cartography of Syntactic Structures, Volume 1*, ed. by Guglielmo Cinque, 167-194, Oxford University Press, New York.
Hurford, James (1975) "A Child and the English Question Formation Rule," *Journal of Child Language* 2, 299–301.
Hyams, Nina (1986) *Language Acquisition and the Theory of Parameters*, Reidel,

Drodrecht.

Kuczaj, Stan (1976) *-ing, -s, and -ed: A Study of the Acquisition of Certain Verb Inflections*, Doctoral dissertation, University of Minnesota.

黒上久生 (2015)『英語獲得における一致と動詞句削除』学士論文, 三重大学.

Legate, Julie Anne and Charles D. Yang (2002) "Empirical Re-assessment of Stimulus Poverty Arguments," *The Linguistic Review* 19, 151-162.

MacWhinney, Brian (2000) *The CHILDES Project: Tools for Analyzing Talk*, Lawrence Erlbaum Associates, Mahwah, NJ.

Maratsos, Micahel and Stanley A. Kuczaj II (1978) "Against the Transformationalist Account: A Simpler Analysis of Auxiliary Overmarkings," *Journal of Child Language* 5, 337-345.

McCloskey, James (1997) "Subjecthood and Subject Positions," *Elements of Grammar: Handbook of Generative Syntax*, ed. by Liliane Haegeman, 197-235, Kluwer, Dordrecht.

Menyuk, Paula (1969) *Sentences Children Use*, MIT Press, Cambridge, MA.

Otsu, Yukio (1981) *Universal Grammar and Syntactic Development in Children: Toward a Theory of Syntactic Development*, Doctoral dissertation, MIT.

Ouali, Hamid (2008) "On C-to-T Phi-feature Transfer: The Nature of Agreement and Anti-agreement in Berber," *Agreement Restrictions*, ed. by Roberta D'alessandro, Susann Fischer and Gunnar Hrafn Hrafnbjargarson, 159-180, Mouton de Gruyter, Berlin.

Sachs, Jaqueline (1983) "Talking about Here and Then: The Emergence of Displaced Reference in Parent-Child Discourse," *Children's Language, Volume 4*, ed. by Keith E. Nelson, 1-28, Lawrence Erlbaum Associates, Mahwah, NJ.

Schütze, Carson T. (2010) "The Status of Nonagreeing *don't* and Theories of Root Infinitives," *Language Acquisition* 17, 235-271.

杉崎鉱司 (2015)『はじめての言語獲得―普遍文法に基づくアプローチ』岩波書店, 東京.

Suppes, Patrick (1973) "The Semantics of Children's Language," *American Psychologist* 88, 103-114.

Theakston, Anna. L., Elena V. M. Lieven, Julian M. Pine and Caroline F. Rowland (2001) "The Role of Performance Limitations in the Acquisition of Verb-Argument Structure: An Alternative Account," *Journal of Child Language* 28, 127-152.

Yang, Charles D. (2002) *Knowledge and Learning in Natural Language*, Oxford University Press, New York.

動詞 go から見た空主語期の特徴

深谷　修代

芝浦工業大学

1. 序

英語を母語とする 2 ～ 3 歳の子どもは，(1) のような空主語文を発話すると言われている．

(1) a.　Beat drum.　　(Adam, 2;03.01)[1]
　　b.　Gone a school.　(Adam, 2;09.04)

発達の初期段階では，なぜこのような空主語文が現れるのだろうか．本論では，空主語文のみに焦点を当てるのではなく，空主語が許容される時期とそれ以降の時期の特徴を調べる．そして，データと理論の側面から，空主語期を解明していく．

本論の構成は，以下の通りである．2 節では，空主語文の先行研究を紹介する．3 節では，深谷 (2014) を概観したあと，CHILDES データベースを用いて，空主語文および主語を伴う文を観察する．4 節では，3 節で提示した特徴について最適性理論を用いて説明する．5 節では，親子の会話を分析し，空主語が許容される時期とそれ以降の時期との違いを調べる．

2. 先行研究

2.1. 2 つのアプローチ

子どもの空主語については，様々な研究が行われている (Hyams (1986, 2011), Bloom (1990), Valian (1991), Rizzi (1993/1994, 2005), Roeper and Rohrbacher (1994), Aronoff (2003), Orfitelli and Hyams (2012) な

---

[1] 子どもの年齢表記については，紙面の関係上，2;03.01 と表記する場合がある．これは，当該の発話が 2 歳 3 ヶ月 1 日に発話されたものであるということを意味する．

ど）．大きく分けると，言語運用に基づいたアプローチと言語能力に基づいたアプローチに分けることができる．言語運用に基づいたアプローチは，Bloom (1990)，Valian (1991)，Aronoff (2003) らに代表される．子どもは大人と同じ文法体系を持つ，空主語は，言語運用体系が十分に発達していないことに起因すると主張している．言語能力に基づいたアプローチは，Hyams (1986)，Rizzi (1993/1994) らに代表される．このアプローチは，子どもの文法は大人のものと異なるため，空主語が許容されると仮定している．例えば，Hyams (1986) は，空主語媒介変数（Null Subject Parameter）がデフォルト値としてイタリア語などの代名詞主語省略言語（pro-drop 言語）と同じように設定されているため，英語を習得中の子供は空主語が許容されるとしている．本論では，最適性理論の枠組みで，制約間のランキングの変化によって，空主語期とそれ以降の発達を分析する．したがって，言語能力に基づいたアプローチを採用するが，5 節で提示するように，認知体系の発達も重要な働きをしていることを示す．

2.2. Rizzi (1993/1994, 2005)

Rizzi (1993/1994) によると，子どもの空主語は，ルート節の指定部に位置する場合のみ許容される．その証拠として，CP の指定部に wh 句が位置する wh 疑問文では，空主語が観察されないことを挙げている．さらに，大人の文法では，CP がルート節であるが，子どもの文法ではそれは絶対的な規則ではないと仮定している．そのため，CP よりも小さい IP や VP での切り取りが可能となり，その結果，IP や VP などがルート節として機能する．また，子どもの空主語は，[−a, −p, −v]（−照応的，−代名詞的，−変項（−anaphoric, −pronominal, −variable)) の素性を持つと主張している．[−p] 素性は，空範疇は先行詞によって c- 統御されるよう要求するが，空主語がルート節の最も高い位置にある限り，先行詞は存在しない．そのため，ECP に違反することもない．

Rizzi (2005) は Rizzi (1993/1994) を修正し，子どもは大人と同じ文法を持つと仮定している．初期では，言語運用能力が未成熟なので，要素の省略に関するパラメター値（Root Subject Drop (RSD), Determiner Drop など）がプラスに設定されていると提案している．その結果，空主語が可能となり，文生成の負担が軽減される．この仮定に従うと，グリュエール地方で話されているフランコ・プラヴァンス語などの言語では，子どもの空主語と類似した特徴が観察されるが，言語習得だけでなく，言語変異も説明できる．

3. CHILDES を用いた分析

3.1. 深谷 (2014)

深谷 (2014) は，CHILDES データベースに収録されている Adam の where 疑問文を調査し (2;03.04-3;11.14)，図1の結果が得られた．一般的に wh 疑問文では，空主語は許容されないことが指摘されているが，初期の限定的な期間に，空主語 where 疑問文が観察された．2歳3ヶ月から2歳9ヶ月では，203例中71例 (34.9%) が空主語 where 疑問文だった．(2) のような空主語 where 疑問文は合計83例観察されたので，この期間に集中していることがわかる．

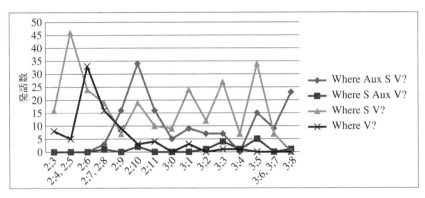

図1　Adam の where 疑問文

(2) a. Where go?　　(2;6.3)
　　b. Where going?　(2;9.4)

wh 疑問文で空主語が可能だとすると，初期の文構造はどのようになっているのだろうか．Rizzi (1993/1994) では，wh 句は CP の指定部に移動する必要があり，主語はルート節の指定部に位置できない．そのため，空主語は観察されないと予測してしまう．(3) のような屈折を伴った where 疑問文は，空主語 where 疑問文が観察されなくなった3歳以降に観察されることから，深谷 (2014) では最適性理論を用いて，構造の発達と関係していると主張した．空主語が可能な3歳以前では (4a) の候補，それ以降は (4b) の候補が制約の相互作用により選ばれる．

(3) a. Where dis [: this] goes?　(3;5.01)
　　b. Where we went?　　　　(3;5.01)

(4) a.　[$_{VP}$ where$_i$ [$_{VP}$ S V t$_i$]]
　　 b.　[$_{IP}$ where$_i$ [$_{IP}$ S$_j$ [$_{VP}$ t$_j$ V t$_i$]]]

3.2.　Adam の空主語文

3.1 節を踏まえ，Adam が発話した空主語文の特徴を検討してみよう．本論では，動詞 go を伴う発話に限定して，縦断的に分析を行った．その理由として，where 疑問文では (2) のように go を伴う空主語文が観察されたが，空主語の性質が同じならば，ほかの環境でも同様の時期に観察されると期待できるからである．grep を用いて，go (go, going, goes, went, gone) を伴う Adam (2;03.04–4;10.23) の発話を収集した．(5) のように，本動詞以外で用いられている場合は除外した．収集した発話を (6) の 4 つのグループに分けた．

(5)　Mommy (.) Where dis [: this] want to go?　(3;01.26)
(6)　グループ 1：　主語と動詞から構成される発話
　　　　　　　　Horse go (.) Mommy.　(2;03.04)
　　　グループ 2：　空主語文
　　　　　　　　Going wash a hands.　(2;08.00)
　　　グループ 3：　助動詞を含む発話（助動詞の短縮形も含む）
　　　　　　　　Can I go get some?　(3;04.18)
　　　グループ 4：　いずれのグループにも属さない発話

図 2 に各グループの推移を示す．紙面の関係上，グループ 4 を除く 2 歳 3 ヶ月から 3 歳 8 ヶ月までに限定する．

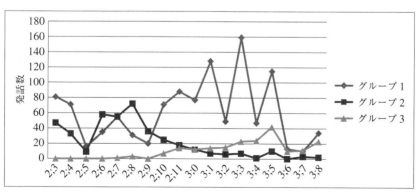

図 2　グループ別 go を伴う発話の推移

観察期間全体（2;03.04-4;10.23）では，合計 2,164 例観察された．グループ 1 は 1,327 例（61.3%），グループ 2 は 432 例（19.9%），グループ 3 は 372 例（17.1%）だった．図 2 を見ると，空主語文のグループ 2 は，2 歳半ばから後半にかけて限定的に発話されていることがわかる．これは，where 疑問文に限定した図 1 とほぼ同時期である．このことから，where 疑問文の空主語は，空主語が許容される時期に発話されたといえる．それでは，(7) に示す 2 つの時期に分けて，空主語が頻繁に観察される時期（第 1 期）とほとんど観察されない時期（第 2 期）の特徴を以下で見ていこう．第 1 期は，635 例中 310 例（48.8%），第 2 期は 613 例中 29 例（4.7%）がグループ 2 に該当する．

(7) 第 1 期：2 歳 3 ヶ月から 2 歳 9 ヶ月
　　第 2 期：3 歳 2 ヶ月から 3 歳 8 ヶ月

第 1 期と第 2 期では，空主語の頻度が異なるが，動詞の形に違いはあるのだろうか．その結果を図 3 に示す．紙面の関係上，gone は省略する．

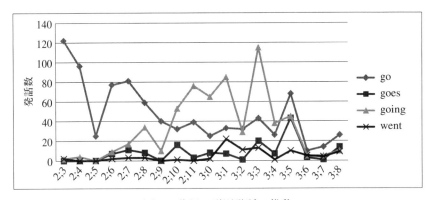

図 3　動詞の形別発話の推移

go は 2,164 例中 1,008 例，going は 747 例，goes は 234 例，went は 122 例，gone は 53 例だった．第 1 期では，635 例中 500 例（78.7%）で go が用いられていたが，第 2 期になると，613 例中 219 例（35.7%）に留まった．その代わりに，going が 247 例（40.7%）観察された．

4. 最適性理論

4.1. はじめに

最適性理論を用いた分析の前に，Rizzi（1993/1994, 2005）に基づくと，第

1期と第2期の違いをどのように分析できるだろうか．1つの可能性として，第1期では，VPやIPでの切り取りが可能だったため，空主語も許容されたのに対して，第2期になると，ルート節が大人と同じCPを要求するようになったと仮定できる．そのため，空主語が許容されなくなったと考えられる．ここで問題となるのは，空主語が観察されなくなると，ルート節はCPになったと見なすことができるのかということである．第2期になるとgoingを伴う発話が増加したが，その特徴をみてみよう．主語を伴う発話（グループ1，グループ3）に限定すると，(8a) のようbe動詞を伴った発話は34例（13.7%）で，残りの203例（82.1%）は，(8b) のようにbe動詞が欠如した発話だった．

(8) a. Paul is going to be a nurse. (3;4)
    b. I going eat some fish. (3;3)

Guasti and Rizzi (1996) に基づくと，助動詞欠如文においても，空助動詞は本来の助動詞の位置を占めると仮定できる．空助動詞は，空主語と同じように，ルート節の一番高い位置を占める必要があるので，(8b) はCPではなくIPの構造をなしていると考えられる．しかし，CPのレベルまで形成されていないとすると，第2期においても空主語文が観察されることになる．

4.2. 空主語文と最適性理論

Grimshaw and Samek-Lodovici (1998) は，最適性理論を用いて，イタリア語のような空主語言語と英語のような空主語を許容しない言語を分析している．[2] (9) と (10) のイタリア語を見てみよう．空主語は常に許容されるのではなく，(9) のように，空主語の先行詞がトピックとして機能している場合に限定される．(10b) の主語は，(10a) ではトピックではないので，主語の脱落は認められない．

(9) a. Questa mattina, Gianni$_i$ ha visitato la   mostra.
        this   morning, John   has visited the   exhibition
        'This morning, John visited the exhibition.'
    b. Più   tardi, e_i / $^?$egli$_i$ / $^{??}$lui$_i$ ha visitato l'università.
        more late,   (he) / he   has visited the university

---

[2] 最適性理論の枠組みで空主語を分析した研究は，ほかにSpeas (2001) などがある．

'Later on, he visited the university.'
(Grimshaw and Samek-Lodovici (1998: 198))
(10) a. Questa mattina, la mostra   è stata visitata da Gianni$_i$.
　　　 this   morning, the exhibition was visited by John.
　　　 'This morning, the exhibition was visited by John.'
　　 b. Più   tardi, *e_i / egli$_i$ / lui$_i$ ha   visitato l'università.
　　　 more late,   (he) / he   has visited the university
　　　 'Later on, he visited the university.'
(Grimshaw and Samek-Lodovici (1998: 197))

　Grimshaw and Samek-Lodovici (1998) によると，4つの制約（SUBJECT, FULL-INT, DROPTOPIC, PARSE）が，イタリア語では，DROPTOPIC>>PARSE>>FULL-INT>>SUBJECT のようにランキングされているのに対し，英語では，PARSE>>DROPTOPIC>>SUBJECT>>FULL-INT のようにランキングされている．ランキングの違いにより，イタリア語と英語を説明できる (11) (12).[3]

(11) イタリア語　入力：<cantare (x), x=topic, x=lui>

	DROPTOPIC	PARSE	FULL-INT	SUBJECT
a. ☞ ha cantato *has sung*		*		*
b.		**!		
c. lui ha cantato	*!			
d. ha cantato lui	*!			*

(Grimshaw and Samek-Lodovici (1998: 201) に準じて作成)

(12) 英語　入力：<sing (x), x=topic, x=he>

	PARSE	DROPTOPIC	SUBJECT	FULL-INT
a. has sung	*!		*	
b.	*!*			
c. ☞ he has sung		*		
d. has sung he		*	*!	

(Grimshaw and Samek-Lodovici (1998: 202) に準じて作成)

---

[3] 紙面の関係上，(10) のように主語が要求される分析は省略する．

4.3. 子どもの空主語

3.2節で示した第1期と第2期の特徴をまとめると，(13)のようになるが，この違いを最適性理論の枠組みを用いて分析していく．本論では，候補内の構造も検討するため，(14)の制約群を用いる．

(13) a. 第1期では，空主語文および主語を伴う文の両方が許容される．
b. 第2期では，空主語文はほとんど観察されない．

(14) a. CASE: DP must be Case-marked. (Grimshaw (1997: 374))
b. Economy of Movement (STAY): Trace is not allowed.
(Grimshaw (1997: 374))
c. PARSE: Parse input constituents. Failed by unparsed elements in the input. (Grimshaw and Samek-Lodovici (1998: 194))

第1期では，3つの制約は (15) のようにランクされていたと仮定する．(16) にランキング (15) の結果を示す．[4]

(15) STAY>>CASE, PARSE
(16) 第1期[5]

	STAY	CASE	PARSE
a. ☞ [$_{VP}$ S go]		*	
b. ☞ [$_{VP}$ e go]			*
c. [$_{IP}$ S$_i$ [$_{VP}$ t$_i$ go]]	*!		

候補 (a) は，要素の移動がないので，STAY を満たしているが，CASE に違反している．候補 (b) は，入力にある主語が解析されていないので，PARSE に違反している．候補 (c) は，主語が IP の指定部に移動しているので，STAY に致命的に違反している．ランキング (15) の下では，候補 (a) と候補 (b) が STAY を満たし，下位の制約に1回ずつ違反している．したがって，2つの候補は違反の程度が等しいので，両方とも最適な候補として選ばれる．

第2期になると，ランキング (15) はランキング (17) へと変化したと仮定

---

[4] 本論では，イタリア語のような空主語言語の分析は省略するが，空主語言語の文法では，CASE が STAY よりも上位にランクされていると仮定する．

[5] Tableau で用いられている点線は，当該の制約が同じ層に位置していることを示す．実線は，制約間のランキングが明確であることを示す．例えば，(16) では STAY はほかの2つの制約よりも上位にランクしていることを意味する．

する．その結果を (18) に示す．

(17) CASE, PARSE>>STAY
(18) 第 2 期

	CASE	PARSE	STAY
a. [$_{VP}$ S go]	*!		
b. [$_{VP}$ e go]		*!	
c. ☞ [$_{IP}$ S$_i$ [$_{VP}$ t$_i$ go]]			*

ランキング (17) では，候補 (c) が最適な候補として選ばれる．ランキングが (15) から (17) へと変化したことにより，第 2 期になると，空主語が許容されなくなったと考えられる．

5. 親子間の会話に基づいた分析

5.1. 会話の中で見る go

空主語文が許容されるか否かについては，ランキング (15) から (17) への変化に起因することが示された．ここで問題となるのは，なぜ，ランキングが変化したのかということである．そこで，認知体系の発達が重要な働きをしていると考えてみよう．Adam の go を含む発話の直後に着目し，(19) のようにタイプ A からタイプ F に分類した．

(19)

タイプ名	タイプの意味	Adam の発話	直後の発話
タイプ A	自己展開	Let's go on the train to [/] (.) to play with. (4;01.15)	Adam: New York tomorrow.
タイプ B	自己転換	I go get a Kleenex. (3;05.29)	Adam: No (.) you're not big enough to play the game.
タイプ C	反復	Mommy go get it. (2;03.04)	Adam: Go get it.
タイプ D	他者展開	You go get it (.) Mom. (3;10.15)	母親: No (.) I don't think I'd like to.
タイプ E	他者転換	Going to see kitten. (2;07.01)	母親: Take the pencil out of your mouth.
タイプ F	聞き返し	Where go? (2;10.02)	母親: Where did what go?

タイプ A からタイプ C は話し手である Adam の発話，タイプ D からタイプ F は聞き手である母親の発話である．タイプ A は，直前の発話を受けて内容が展開されている発話である．タイプ B は，直前の内容とは異なる話題が展開されているものである．タイプ C は，発話の反復であるが，これは直前もしくは 2 つ前の発話と同一のもの，もしくは，一部が繰り返されているものも含むこととする．ただし，(20) のように一部は繰り返されているが，新しい要素も追加されている場合は，タイプ C ではなくタイプ A とみなす．タイプ D は，話し手の発話を受けて，聞き手が会話を展開しているものである．タイプ E は，聞き手が話し手の発話とは異なる話題に転換しているものである．タイプ F は，話し手の発話を聞き返しているものである．

(20) We can out go. (2;11.28)
 We can out go dere [: there].

6 つのタイプの特徴を見てみよう．2,164 例中タイプ A は 816 例 (37.7%)，タイプ B は 224 例 (10.3%)，タイプ C は 264 例 (12.1%)，タイプ D は 600 例 (27.7%)，タイプ E は 19 例 (0.8%)，タイプ F は 222 例 (10.2%) だった．どのタイプにも該当しない 19 例は除外した．全体としてみると，Adam が話を展開しているタイプ A が最も多いので，自分の発話を展開させる能力が初

期から備わっていると仮定できるだろうか．各タイプの推移を図4および表1に示す．紙面の関係上，図4はタイプA，タイプD，タイプFに限定する．

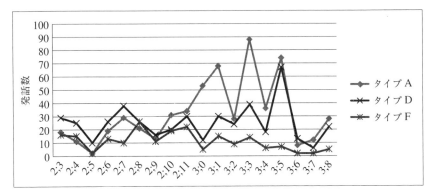

図4　タイプA，タイプD，タイプFの推移

	第1期	第2期
タイプA	115 (18.4%)	280 (46.0%)
タイプB	85 (13.6%)	51 (8.3%)
タイプC	142 (22.7%)	41 (6.7%)
タイプD	178 (28.5%)	193 (31.7%)
タイプE	10 (1.6%)	5 (0.8%)
タイプF	93 (14.9%)	38 (6.2%)
総計	623	608

表1　第1期と第2期におけるタイプ別発話数

第1期と第2期を比べてみよう．タイプAとタイプDは，第2期のほうが多く，それ以外のタイプは，第1期のほうが多い．タイプAとタイプDは，話し手と聞き手の違いはあるものの，前の発話に基づいて，内容を展開させている．タイプAとタイプDを発展系とすると，第1期では，発展系は623例中293例（47.0%），第2期では608例中473例（77.7%）だった．第2期のほうが発展系が多いとみられるが，カイ二乗検定を実施したところ，有意差があることが認められた（有意水準0.1%で有意差あり（$\chi^2 = 122.60$, $df = 1$, $p < .001$）．そこで，(21)の課題を検討する必要がある．

(21) タイプA，タイプDの増加およびそのほかのタイプの減少と，ランキング(15)から(17)への変化は，何らかの関係があるのだろうか．

ランキング (15) の下では，空主語文（グループ 2）が許容されるが，空主語文は聞き手にとって理解しづらく，その結果，タイプ F が多く観察されたことを意味するのだろうか．言い換えると，ランキング (17) は主語を要求するため，聞き手にとって話し手の発話内容が理解しやすいと言えるだろうか．仮に，この推測が正しいとすると，空主語が観察された第 1 期においても，主語を伴う発話の後はタイプ D が多く，空主語文の後はタイプ F が多いと予測される．表 2 を見てみよう．

	グループ 1 (SV)	グループ 2 (V)
タイプ A	39 (12.7%)	73 (23.9%)
タイプ B	46 (15.0%)	38 (12.4%)
タイプ C	73 (23.8%)	66 (21.6%)
タイプ D	94 (30.7%)	79 (25.9%)
タイプ E	5 (1.6%)	4 (1.3%)
タイプ F	49 (16.0%)	45 (14.7%)
総計	306	305

表 2　第 1 期におけるタイプ別グループ間の比較

タイプ D を見ると，主語を伴うグループ 1 のほうがグループ 2 よりも若干発話数は多いものの，有意差は得られなかった．タイプ F は，わずかではあるが，予想とは反対にグループ 1 のほうが発話数が多い．この点に関して，表 3 を見てみよう．表 3 は，タイプ F の直前の発話をグループ別に表したものであるが，親からの聞き返しのうち 7 割以上は，Adam の発話に主語が含まれていることがわかる（グループ 1 およびグループ 3）．このことから，主語を伴う発話のほうが，聞き手にとって話者の意図を理解しやすいと結論づけることはできない．

	グループ 1	グループ 2	グループ 3	グループ 4
タイプ F	136 (61.2%)	60 (27.0%)	25 (11.2%)	1 (0.4%)

表 3　グループ別に見たタイプ F の分布

タイプ F 自体の特徴を見ていこう．全部で 222 件観察され，第 1 期では 93 件 (41.8%) 該当するのに対し，第 2 期では 38 件 (17.1%) に減少した．第 1 期では，タイプ F の発話数が半数近くを占めているが，親はどの部分を聞き返しているのだろうか．調査の結果,「主語」(22),「場所」(23),「文全体」(24) を尋ねている割合が高いことがわかった．表 4 に，親の聞き返しをグ

ループ別に表した結果を示す．なお，グループ4は除外する．

(22) Adam: one going in (.) too (s)mall. (2;09.18)
　　 母親： What's too small ?
(23) Adam: An (d) (.) going (.) back. (2;08.16)
　　 母親： Going back where ?
(24) Adam: Record go work. (2;03.18)
　　 母親： Record going to work?

	主語	場所	文全体
グループ1	10	9	19
グループ2	1	9	32
グループ3	0	0	2

表4　第1期における親による聞き返しの分布

表4から，「主語」や「場所」など特定の要素を尋ねる場合よりも，発話全体を聞き返している件数が多い．興味深いことに，グループ2の後は特に顕著である．親がタイプFを選択する理由は，子どもの発話の省略された要素のみに原因があるのではなく，発話全体に関わるようにみえる．本論では，認知体系の発達が円滑な会話構築と密接に関連していると仮定する．そして，Tomasello (2003) が提案した三項関係が重要な働きをしていると主張する．次節では，三項関係の発達によってランキングが変化し，タイプAとタイプDの増加，それ以外のタイプの減少につながったことを提示する．

5.2. 三項関係

Hendriks (2014) は，形式と意味は一対一の関係ではないと主張している．会話を成立させるには，話し手は，(25) のように伝達内容を的確に伝わる形を選び，聞き手は (26) のように，話し手の発話を聞いて，最適だと思われる意味を選ぶ必要がある．そして，話し手が意図した内容と聞き手が解釈した内容が一致したとき，会話を円滑に進めることができる．

(25) 意図伝達

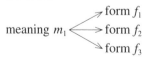

(26) 意味解釈

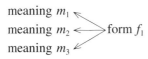

(Hendriks (2014: 10) に準じて作成)

　第1期と第2期を比較すると，第2期では発展系のタイプが増加したのに対して，タイプ F が減少している．Hendriks (2014) に基づくと，第2期のほうが，話し手の伝えたい意図と聞き手が解釈した内容が一致し，会話を発展させることができたと見なすことができる．このような会話能力の向上には，Tomasello (2003) の三項関係が関係していると仮定しよう．

　Tomasello (2003) によると，生後9ヶ月から12ヶ月頃になると，自分と大人からなる二項関係から，自分・大人・両者が共有する対象物で構成された三項関係が構築され，言語発達が促進される．三項関係が理解できるようになると，共同注意フレームが形成される．自分と他者が同じフレームを共有し，両者が同じ対象物に注意を向けるようになる．例えば，子どもがおもちゃで遊んでいて，そこに母親が来たとすると，子ども・母親・おもちゃが三項関係の同じフレームに入る．フレームを共有することで，子どもは他者の伝達意図を比較的容易に理解できるようになる．さらに子どもは，他者が意図を相手に伝える行為を見て，自分も話し手として，共同注意フレームを駆使して，相手に意図を伝えようとする．会話能力が発達すると，(27) に示す体系を他者と共有する．細線は，自分と対象物が直接結びついているものと，他者に自分の意図を理解してもらうために注意が向けられたものがある．聞き手の場合は，他者の発話を聞いて相手の意図を理解しようとしていることを示す．太線は，話し手が言語記号を用いて発話し，聞き手は相手の発話を聞いて，注意を共有することを意図する．

(27)

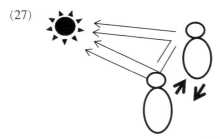

(Tomasello (2003: 29) に準じて作成)

Tomasello（2003）は，会話を円滑に進める能力は，小学校入学前にならないと十分に発達しないと説明している．したがって，Adam が第 2 期の 3 歳時においても，三項関係は発達途中で，(27) には到達していないと考えられる．(27) に到達するためには，対象物の認知能力と他者との共有意識の向上が求められる．

それでは，第 1 期では (28)，第 2 期では (29) の体系だったと仮定しよう．第 1 期では，子どもから対象物に伸びている線が点線になっている．点線は，当該の認知能力が発達途中であることを示すが，(28) では対象物を捉える能力が十分に発達していないことがわかる．そのため，共同注意フレームの外にある対象物が突然登場したり（タイプ B)，同一の対象物が何回も反復されたりする（タイプ C)．また，聞き手に伝達意図を表す注意喚起が不十分な段階でもある．親は子どもの発話を理解しようとするが，対象物を子どもと共有できなかったり，発話の内容を十分に理解できなかったりする．そのような場合，親は聞き返しをし（タイプ F)，より良いフレーム構築の手助けをする．第 2 期になると，子どもから対象物への線が点線から実線になっている．共同注意フレームの中にある対象物を認識して，発話できるようになり，自分で内容を展開させるタイプ A が増加したとみられる．さらに，相手への注意喚起も第 1 期と比較して発達している．その結果，聞き手は子どもの意図を理解しやすくなり，タイプ F が減少したと考えられる．

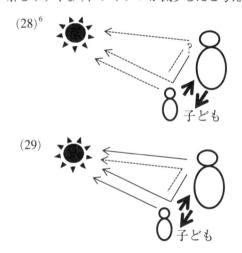

---

[6] (28) および (29) は，子どもが話し手で親が聞き手の場合の体系を表している．

認知体系が (28) から (29) へと発達すると，なぜランキングも変化したのだろうか．第1期では，(28) に示すとおり，子どもは他者のことを十分に認識していない．聞き手に対象物を的確に伝える必要はなく，場合によっては，主語が省略された発話が可能となる．さらに，主語に主格を付与して，他者に正確な伝達意図を表すよりは，主語は基底位置に留まっている経済的な発話を好む．[7] 第2期になると，(29) に示すとおり，対象物を認識し，他者へ意思伝達を適切に行おうとする．そのためには，共同注意フレームの中で，動作と主体の関係を明確にする必要があり，CASE および PARSE が STAY よりも上位に位置するようになったと考えられる．

6. まとめ

本論の目的は，子どもの空主語期を形成するものは何かという問いへの答えを導くことであった．親子間のデータに基づきながら，空主語期およびそれ以降の時期の分析を行った結果，空主語が可能な第1期と空主語がほとんど観察されない第2期では，会話の進行に違いがあることが判明した．このことから，認知体系の発達が空主語期およびそれ以降の時期に重要な働きをしていることを主張した．今後は，go 以外の動詞も扱い，空主語期の特徴をさらに体系づけていきたい．

参考文献

Aronoff, Justin M (2003) "Null Subjects in Child Language: Evidence for a Performance Account," *WCCFL 22 Proceedings*, ed. by G. Garding and M. Tsujimura, 43-55, Cascadilla Press, Somerville, MA.

Bloom, Paul (1990) "Subjectless Sentences in Child Language," *Linguistic Inquiry* 21, 491-504.

Brown, Roger (1973) *A First Language: The Early Stages,* Harvard University Press, Cambridge, MA.

深谷修代 (2014)「子どもの wh 疑問文から探る空助動詞について」『東北大学大学院情報科学研究科言語変化・変異研究ユニット主催第1回ワークショップ コーパスからわかる言語変化と言語理論』における発表論文．

---

[7] イタリア語のような空主語言語では，大人は (27) の認知体系を持つ．空主語は当該言語の文法により要求される ((11) 参照)．空主語許容期の子どもの場合，(28) の認知体系とランキング (15) により空主語が可能となる．

Grimshaw, Jane (1997) "Projection, Heads, and Optimality," *Linguistic Inquiry* 28, 373-422.

Grimshaw, Jane and Vieri Samek-Lodovici (1998) "Optimal Subjects and Subject Universals," *Is the Best Good Enough? Optimality and Competition in Syntax*, ed. by Pilar Barbosa, Danny Fox, Paul Hagstrom, Martha McGinnis and David Pesetsky, 193-219, MIT Press, Cambridge, MA.

Guasti, Maria Teresa and Luigi Rizzi (1996) "Null Aux and the Acquisition of Residual V2," *BUCLD 20 Proceedings*, ed. by Andy Stingfellow, Dalia Cahana-Amitay, Elizabeth Hughes and Andrea Zukowski, 284-295, Cascadilla Press, Somerville, MA.

Hendriks, Petra (2014) *Asymmetries between Language Production and Comprehension*, Springer, Dordrecht.

Hyams, Nina (1986) *Language Acquisition and the Theory of Parameters*, Reidel, Dordrecht.

Hyams, Nina (2011) "Missing Subjects in Early Child Language," *Handbook of Generative Approaches to Language Acquisition*, ed. by Jill de Villiers and Tom Roeper, 13-52, Springer, Drodrecht.

MacWhinney, Brian (2000) *The CHILDES Project: Tools for Analyzing Talk*, Lawrence Erlbaum Associates, Mahwah, NJ.

Orfitelli, Robyn and Nina Hyams (2012) "Children's Grammar of Null Subjects: Evidence from Comprehension," *Linguistic Inquiry* 43, 563-590.

Rizzi, Luigi (1993/1994) "Some Notes on Linguistic Theory and Language Development: The Case of Root Infinitives," *Language Acquisition* 3 (4), 371-393.

Rizzi, Luigi (2005) "Grammatically-Based Target Inconsistencies in Child Language," *Proceedings of the Inaugural Conference of on Generative Approaches to Language Acquisition* (vol. 1), ed. by Kamil Ud Deen, Jun Nomura, Barbara Schulz and Bpnnie D. Schwartz, 19-49, UNCONN/MIT Working Papers in Linguistics.

Roeper, Tom and Bernhard Rohrbacher (1994) *Null Subjects in Early Child English and the Theory of Economy of Projection*. [Available on University of Pennsylvania Scholarly Commons, IRCS Report 94-16.]

Speas, Margaret (2001) "Constraints on Null Pronouns," *Optimality-Theoretic Syntax*, ed. by Géraldine Legendre, Jane Grimshaw and Sten Vikner, 393-425, MIT Press, Cambridge, MA.

Tomasello, Michael (2003) *Constructing a Language: A Usage-Based Theory of Language Acquisition*, Harvard University Press, Cambridge, MA.

Valian, Virginia (1991) "Syntactic Subjects in the Early Speech of American and Italian Children," *Cognition* 40, 21-81.

Part V

コーパス・自然言語処理の現状と課題

I 言語研究とコーパスデータ*

大名　力
名古屋大学

1. コーパス研究と言語能力研究は対立するか

生成文法のように人の心の中に存在する言語知識を対象とする研究とコーパスの利用は相容れず対立するかのように語られることは少なくない．(1) のように，生成文法と対比しコーパス言語学の特徴を説明することも多いが，大名（印刷中）では，表1のような対比は誤解を生みやすいことを指摘し，関係する概念・用語の意味を確認しながら，具体的に何が問題なのかを解説した．

(1) (1) Focus on linguistic performance, rather than competence
(2) Focus on linguistic description, rather than linguistic universals
(3) Focus on quantitative, as well as qualitative models of language
(4) Focus on a more empiricist, rather than rationalist view of scientific inquiry.

Each of these features highlights a contrast between the CCL [=computer corpus linguistics] paradigm, and the Chomskyan paradigm which has dominated much of linguistic thinking since the 1950s.

(Leech (1992: 107))

---

* 2名の匿名の査読者より誤植，形式の不備等の指摘を受け修正を行った．コメントには内容に関わる重要なものも含まれていたが，紙幅の都合もあり十分な議論を行うことが難しいため，それらについては稿を改めて論じることとしたい．査読者にはこの場を借りてお礼申し上げます．

生成文法	コーパス言語学
言語能力	言語運用
演繹的	帰納的
合理論	経験論,経験主義,経験的
内省,直観	実験,観察

表1 誤解を招きやすい対比の仕方

本論では,I言語とE言語,帰納法と演繹法など,大名(印刷中)では詳しく扱えなかったものをいくつか取り上げ論じたい.[1]

2. 研究対象について

まずは,生成文法で研究対象とされるものが何か確認しよう.Chomsky (1965) と Chomsky (1986) (以下,*Aspects* と *Knowledge*) では用語の使い方が異なるので,注意が必要である.

(2) '65 *Aspects* language grammar grammar
    '86 *Knowledge* (E-language) I-language grammar

(3) a. The language faculty is a distinct system of the mind/brain, with an initial state S_0 common to the species [...]. Given appropriate experience, this faculty passes from the state S_0 to some relatively stable steady state S_s, [...]. The attained state incorporates an I-language [...]. UG is the theory of S_0; particular grammars are theories of various I-languages. (Chomsky (1986: 25))

b. UG may be regarded as a characterization of the genetically determined language faculty. One may think of this faculty as a "language acquisition device," an innate component of the human mind that yields a particular language through interaction with presented experience, a device that converts experience into a system of knowledge attained: knowledge of one or another language. (Chomsky (1986: 3))

---

[1] 出版の順序が前後するが,本稿は大名(印刷中)の後に書かれ,前稿を補完する内容となっている.本稿のみでも理解できるように書いたつもりであるが,大名(印刷中)出版後はそちらもあわせてご覧いただければ幸いである.

Aspects では，話者の脳内にある言語知識もそれを言語学者が記述したものも "grammar"（文法）と呼んだが，*Knowledge* では "grammar" は後者を指す用語とし，前者は "I-language"（I 言語）と呼ぶ．*Knowledge* の用語を基に，諸概念・用語の関係をまとめてみたのが図 1 である．

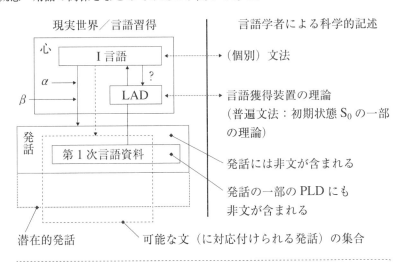

図 1　I 言語，文法，UG 等の関係

I 言語は話者の心の状態の一面であり，これを言語学者が記述したものが文法である．I 言語により生成される可能な文[2]の集合（図 1 で破線で表した個所）は無限集合であり，実際に発話されるのはその一部である．文の産出には I 言語以外の他の要因も関わるため，発話は I 言語の純粋な反映とはならず，また言い間違いなどの非文も含まれる．子供は発話の一部である(非文を含む)

---

[2] I 言語により心の中で産出される豊かな情報構造を有する文と，それが外部に表出されたものとの関係については大名（印刷中）を参照．他との関係を示すために「潜在的発話」「可能な文の集合」を図中に書き入れたが，現実世界に存在するものではない．

第1次言語資料 (Primary Linguistic Data, PLD) に接しI言語を習得するが，PLDを入力としI言語を出力とする機構が言語獲得装置 (Language Acquisition Device, LAD) である．言語獲得装置の初期状態の一部が，所謂 "Universal Grammar (UG)"（普遍文法）であるが，"grammar" がI言語ではなく理論を指すのと同様に，*Knowledge* では現実世界の LAD の初期状態の一部ではなく，その理論のことを "UG" と呼んでいる．しかし，*Knowledge* 出版後も，"grammar" も "UG" も現実世界の存在物を指すのに使われることが多く，本論でも，以下の説明では，誤解が生じない限り，この用法に従う．なお，E言語は現実世界の実在物ではなく，図1にはE言語に該当するものはない (cf. (4))．（「発話＝E言語」ではない．第3節参照．）

(4) The notion of E-language has no place in this picture. There is no issue of correctness with regard to E-languages, however characterized, because E-languages are mere artifacts. We can define "E-language" in one way or another or not at all, since the concept appears to play no role in the theory of language.

(Chomsky (1986: 26))

図1は，時間軸を捨象した瞬時モデル (cf. (5a)) を基にした図となっているが，現実の言語習得は時間軸に沿って進むもので，図示すれば (5b) のようになる．[3] ある段階iで存在するI言語$_i$とその段階で接する資料$_{i+1}$が入力となり，次の段階のI言語$_{i+1}$が生じ，それが繰り返され安定状態に至る．この過程においてLADが不変であれば左のモデル，そうでなければ右のモデルとなる．

(5) a. 瞬時モデル

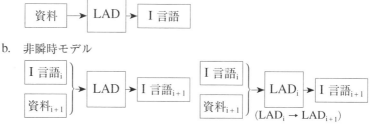

 b. 非瞬時モデル

---

[3] 瞬時モデルでは時間軸を捨象しても本質的な部分を捉え損なうことはないという前提があるが，動的文法理論のようにそれを否定する考え方もある．動的文法理論については，Kajita (1977), Kajita (1997), 梶田 (2004) などを参照．

3. 研究対象とデータ

話者の内部状態の一面であるI言語は直接観察できないため,I言語を用いた活動の結果生じる観察可能なデータを基に探ることになる.生成文法では文法性の判断など内省報告がデータとして多用されてきたが,Chomskyも述べているように (cf. (6)),それに限定する理由はない.[4,5]

(6) a. Clearly, the actual data of linguistic performance will provide much evidence for determining the correctness of hypotheses about underlying linguistic structure, along with introspective reports [...]. (Chomsky (1965: 18-19))

b. In principle, evidence concerning the character of the I-language and initial state could come from many different sources apart from judgments concerning the form and meaning of expressions: perceptual experiments, the study of acquisition and deficit or of partially invented languages such as creoles, or of literary usage or language change, neurology, biochemistry, and so on. [...] As in the case of any inquiry into some aspect of the physical world, there is no way of delimiting the kinds of evidence that might, in principle, prove relevant.

(Chomsky (1986: 36-37))

---

[4] 言語運用の過程と結果物を区別しないで議論すると話が噛み合なくなるので注意が必要である.言語能力も言語運用の過程に関わる一要因であり,言語能力が使用される際には必然的に他の要因が関与するため,内省報告(データ)は言語能力(I言語)の直接の反映ではありえない.内省データも,自然発話の観察データ,実験データなどと同様に言語運用の結果である.詳しくは大名(印刷中)の第5節「言語能力・言語運用とコーパス」を参照のこと.

[5] 大名(印刷中)の第5節「言語能力・言語運用とコーパス」を参照.

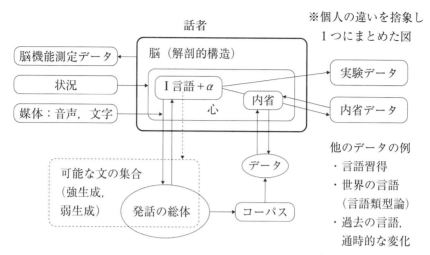

図2 I言語研究に関わる様々なデータ[6]

図2に様々なデータとの関係を示したが,このように,I言語を対象とすることで様々なデータを関連付けることが可能になる.話者の心の状態の一面であるI言語は,脳の解剖的構造,心の構造とも矛盾するものであってはならないことになる.運用の結果である発話を研究対象と捉えると,実験,脳機能測定などのデータは無関係なデータでしかなく,I言語を介して初めて関係するデータとして扱われることになる.

前節で「発話＝E言語」ではないと述べたが,その理由について確認しよう.(7a) に示すとおり,Leech は "performance as process" と "performance as product" を区別し,コーパス言語学が扱うのは後者としており (cf. (10)), "observable phenomena (cf. performance)" とは言語運用の過程ではなく,言語運用の結果である発話のことを指す.

(7) a. I-linguistics studies language as a mental phenomenon (cf. competence), and therefore has a categorically different domain of study from E-linguistics, which studies language in terms of observable phenomena (cf. performance) outside the mind.
(Leech (1992: 107-108),下線は大名)
  b. If the results of the two methods coincided, we could claim that

---

[6] 大名(印刷中)の図13を基に作成,一部改変.

the results of analysing performance data and informant data (one E-language, the other I-language) were equivalent, ...

(Leech (1992: 114))

構造主義言語学では，言語の発話データが研究対象であり，観察可能な発話の研究は科学的でありうるという立場であったが，これに対し Chomsky は次のように述べ，E 言語は "real-world objects" ではなく，科学的研究の対象とはなりえないとしている．

(8) The technical concept of E-language is a dubious one in at least two respects. In the first place, as just observed, languages in this sense are not real-world objects but are artificial, somewhat arbitrary, and perhaps not very interesting constructs. [...] UG and theories of I-languages, universal and particular grammars, are on a par with scientific theories in other domains; theories of E-languages, if sensible at all, have some different and more obscure status because there is no corresponding real-world object.

(Chomsky (1986: 26-27))

もし発話が E 言語で，発話が観察可能な現実世界のものであれば，E 言語も現実世界の実在物となりそうだが，なぜ，このような食い違いが生じるのだろうか．以下，次の違いを押さえながら，誤解が生じている原因について検討することにする．

(9) a. 「外的に知覚可能な形で表出された外在化された発話」と「発話の産出・理解において話者・聴者の頭の中に生じる情報構造」
b. 「個々の発話」と「発話の総体（集合）」
c. 「研究対象」と「研究資料」

まずは (9a) について．言語表現（文）の情報構造は音韻・統語・意味など異なる種類の層から成り，それぞれの層が多次元の情報構造を持つが，話者はその情報を直接他者に伝達することはできず，外的に知覚可能な形で表出された「言語表現」の段階では一層数次元の情報構造へマップされ，聞き手はそれを基に内部で情報を再構築する（図 3 を参照）．

I 言語研究とコーパスデータ 397

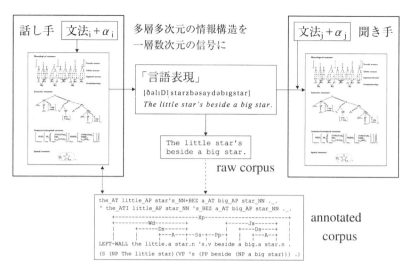

図3　情報構造，外在化された言語表現とコーパスに収録される情報[7]

　人は「言語表現」に接すると意識せずに情報構造を復元するため，それらの情報が「言語表現」に存在するように思えてしまうが，「言語表現」自体（そしてそれを収録したコーパス）にはそのような情報は存在せず，I 言語を用いて解釈されて初めてそのような情報が人の頭の中に構築される．[8]

　図4は「カニッツァの三角形（Kanizsa triangle）」と呼ばれる錯視図形である．[9] 中央に下向きの白い正三角形が知覚されるが，この三角形（以下「▽」）は外界には存在せず，また，▽は周辺よりも明るく知覚されるが，物理的には▽と周辺の明るさは等しい．

---

　[7] 話し手と聞き手の図にある統語構造などは，Jackendoff (2002: 6) が示す The little star's beside a big star の情報構造である．「言語表現」の音声表記は波波を示す代わりに用いた便宜的なもの．annotated corpus の最初の2行は Brown Corpus, LOB Corpus 式に品詞タグを付けたもので，その下は Link Parser (cf. http://www.link.cs.cmu.edu/link/) による解析結果．コーパスには，品詞情報，統語情報等を付与した annotated corpus も存在するが，それらの情報は外在化された発話そのものに存在するものではない．
　[8] より詳しくは，大名（印刷中）2.2節「コーパスに収録される情報」を参照のこと．
　[9] 査読後，Isac and Reiss (2013: 21-28) で，カニッツァの三角形だけでなく他の図形も用い，さらに詳しい議論がされていることを知った．関心のある方はそちらもご覧いただきたい．

[https://upload.wikimedia.org/wikipedia/commons/thumb/5/55/Kanizsa_triangle.svg/450px-Kanizsa_triangle.svg.png]

図 4　カニッツァの三角形

我々はこの図を見ると，外界に存在しないものを心の中に構築することになるが，心の中で生じていることではあっても，そのような認識がどのような仕組みで生じるのかは意識化できない．このような仕組みが錯視図形を見る時のみに働くとは考えられず，通常，そのような仕組みが働いて物を見ていると考えられる．カニッツァの三角形の場合，外界に存在するものと知覚しているものが同じではないことが認識しやすいが，普通はその差を意識することはなく，例えば，猫を見れば，特別意識せずに，その知覚した猫が外界に存在すると捉えるように，知覚したものが外界に存在すると考える．

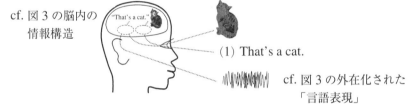

図 5　脳内の表示と外界の事物との対応関係 [10]

このように，人は，脳内に表示されたものは（そうではないと考える理由がなければ）外界に存在するものと認識する．我々は，文字で書かれたものを指し，「(1) の文」「この文」「ここにそう（そういう意味のことが）書いてある」のように表現し，外界にあるものを「文」と呼んだり，そこに意味が存在するかのように語るが，外界に存在するのは，そのような，脳内のある仕組みを通じ，意味等の情報を持った文を頭の中に生じさせる刺激となる音や（文字を構成する[11]）図形である．

　Leech は発話（産出物）を "independent (in principle) of the mental proc-

---

　[10] 外界の猫の画像が不鮮明なのは，人が認識しているものと同じものがそのまま外界に存在するわけではないことを示すためであり，印刷上のミスではない．
　[11] 文字は記号の一種で，人の心の働きなしでは存在しないものである．外界に存在するのは，シニフィアンである 2 次元の空間的なパターンを心の中に生じさせる図形である．

esses" としているが (cf. (10))，心的過程から独立して存在するのは物理的な音や図の連続であり，これらのみを基に研究はできず，発話に接し心の中に構築される情報を利用する．

(10) We can study performance either as *process* or as *product*. When we study performance as process, we take account of the psychological processes involved in the production of the text (spoken or written) and in its interpretation. This means that performance qua process is in part physical but in part psychological. But CCL [=computer corpus linguistics] studies performance as product: a corpus consists of spoken or written texts in themselves, the physical manifestations of language, independent (in principle) of the mental processes of their addressers and addressees.

(Leech (1992: 107-108)，下線は大名)

「発話」が直接観察可能なものかどうかについては，外的に知覚可能な形で表出されたもの（図3の「言語表現」，以下「発話a」）と，それを産出・知覚する際に生じる心の中のもの（図3の話者・聴者の内部の情報構造，「発話b」）を区別して考える必要がある．発話aは観察可能であるが，発話bはそうではない．[12] コーパスに収録されるのは発話aであり，データとして使用される際には，分析者やインフォーマントのI言語により情報が補完されており，直接観察可能なもののみを扱っているわけではない．構築された情報構造の多くは無意識のもので意識化しにくいこともあり，外界に存在するもののみを扱っているように思えてしまうが，心的過程から独立した，話者から外在化された資料のみを対象としているわけではない．

次に(9b)の「個々の発話」と「発話の総体（集合）」について考えよう．ChomskyはE言語は現実世界の存在物ではなく，科学的研究の対象とはならないとするが，個々の発話が現実世界に実在するものであれば，その総体も実在することになり，「発話の総体＝E言語」を研究対象とすることが可能と考えられそうであるが，E言語の何が問題なのであろうか．

「発話」が発話aと発話bのどちらを指すにせよ，現実に産出されたものという基準に従えば，発話の総体を同定することは可能ではあるが，問題はその

---

[12] カニッツァの三角形の▽を「直接観察可能な現象」とするならば，同様の意味で，発話b（の情報のうち意識化可能な部分）は観察可能なものと言えるが，その場合には，個人から独立して存在するものではなくなる．

「発話の総体」にどんな位置付けが与えられるかである．実際の研究においては，産出された発話を全て同等のものとして扱うわけではない．発話の総体には非文も含まれるが，非文は他の適格な文とは区別される．[13] 発話やコーパスデータの実在性を強調する研究者であっても，一切作例は使用しないということはない．また，実際の発話に含まれない文も一律に同じ扱いがされるわけではなく，適格とされるものも不適格とされるものもある．

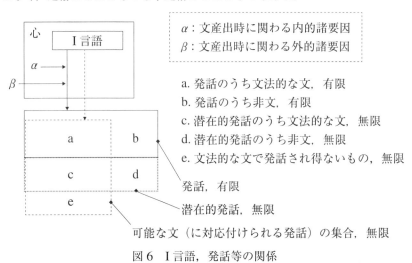

図6　Ｉ言語，発話等の関係

　有限集合は，全ての要素を列挙することで外延的に指定することが可能である．例えば，(11a) の「1以上10未満の奇数の集合」は有限で，ii のように外延的に集合を指定することができる．しかし，「1以上の奇数の集合」のように無限集合では全要素を列挙することはできず，内包的にしか指定できない．

(11) a.　i.　$\{x \mid x$ は 1 以上 10 未満の奇数$\}$　　有限，内包的指定可能
　　　 ii.　$\{1, 3, 5, 7, 9\}$　　　　　　　　　　　 有限，外延的指定可能
　　b.　i.　$\{x \mid x$ は 1 以上の奇数$\}$　　　　　 無限，内包的指定可能
　　　 ii.　$\{1, 3, 5, 7, 9, ...\}$　　　　　　　　 無限，外延的指定不可能

発話は有限でも，潜在的な発話は無限になるため，発話を列挙することはできず，内包的にしか指定できない．

---

[13] すべての発話が2値的に適格か不適格かのどちらかに分類できるという意味ではない．容認性に違いを認める場合も，容認性の決定にはＩ言語が関わる．

実際に産出されたものだけでなく潜在的なものを含め，さらにそこから非文を排除した発話の集合（無限集合）を扱うのであれば，結局のところ，実際に産出されたものであるかどうかとは別の何らかの基準に基づき，対象を拡張・選別することになる．その際に用いられるのはI言語であり，I言語なしにはそのような発話の総体を規定することはできない．「実際に産出された発話の総体」は特定可能であるが，それは「E言語」とは呼べるものではなく，また，「潜在的なものを含む発話の総体」はI言語とは独立に決定することはできず，しようとすれば，恣意的な選択にならざるをえない（cf. (12)）．したがって，E言語は現実世界における独立した存在としては成り立たず，科学的研究の対象とはなりえないため，（否定する意図でない限り）コーパス言語学を「E言語学」と呼ぶのは（cf. (7)）誤解を招く表現である．

(12) One might argue that the status of the E-language is considerably more obscure than that of the set of rhyming pairs, since the latter is determined in a fairly definite way by the I-language whereas <u>the bounds of E-language can be set one way or another, depending on some rather arbitrary decisions as to what it should include.</u>
(Chomsky (1986: 25), 下線は大名)

最後に (9c) の「研究対象」と「研究資料」の区別について．上で述べたように，発話の総体はE言語ではなく，現実世界の実在物ではないため，研究対象とはならないが，だからといって，生成文法研究において発話は意味のないもの，価値がないものとなるわけではない．藤村 (2011) は次のように述べているが，母語話者の言語能力が研究対象であっても言語資料の観察が無価値となるわけではない．

(13) しかしその後，言語学が言語（ラング，母語話者の言語能力や言語規範）を研究する学問と位置付けられてからは，言語使用の痕跡である言語資料を観察しても言語を知ることにはならないので無価値とされることもあった．
(藤村 (2011: 4))

内省データは広義の言語運用に関わるものである．[14] 生成文法が目指すのが（心的実在物である）言語能力の解明だから心の機能である内省を使うというわけではない．「知識」とは言っても，言語知識はJackendoffの言う「f知識 (f-knowledge)」であり (cf. (14))，f知識は（正しく）意識化できるとは限ら

---

[14] 詳しくは，大名 (印刷中) 5節「言語能力・言語運用とコーパス」を参照．

ない(おそらく,できない部分のほうが多い).したがって,内省機能により言語知識を直接探ることはできず,内省データを含む言語運用データを基に間接的に推測するしかない.

(14) It must be stressed, though, that whatever term is used, most of the linguistic system in a speaker's mind/brain is deeply unconscious, unavailable to introspection, in the same way that our processing of visual signals is deeply unconscious. Thus language is a kind of mind/brain property hard to associate with the term "knowledge," which commonly implies accessibility to introspection. We might compromise with tradition by using the term *f-knowledge* ('functional knowledge') to describe whatever is in speakers' heads that enables them to speak and understand their native language(s).
(Jackendoff (2007: 27))

　Jackendoffが言うように,言語知識は視覚の機能と似たようなものと考えればわかりやすい(cf. (14)).我々はものを見ているが,「見えているもの」のことはわかるが,そう見えている背後にある心の仕組みについてはわからない(cf. カニッツァの三角形).一生懸命内省してみても,その仕組みが意識できるわけではない.言語知識はこの仕組みのほうに対応するものである.

　直接観察できないⅠ言語の研究は,Ⅰ言語を用いた活動の結果生じる観察可能なデータを基に探るしかなく,発話はそのようなデータのうちの1つである(cf. (6)).多くの場合,分析者が発話データを観察する際には,Ⅰ言語を使用し情報を頭の中に構築し,無意識・無自覚であったとしても,その情報も分析において使用しているのであり,その点においても,発話データはⅠ言語研究と無関係とはならない.

　Chomskyは,科学的研究の対象とならないという意味でE言語を否定しているが,発話等をⅠ言語研究の資料とすることを否定しているわけではない.また,発話の集積であるコーパスから一定の手順に従い機械的に抽出できる情報だけでは言語知識の重要な特質を捉えることができないとは言っても,内省データ等と併せてコーパスデータを利用することを否定しているわけではない.

　漠然と「E言語を否定している」「E言語=発話」と捉えてしまうと,Chomskyは言語研究において発話等の言語資料は無価値としているとする誤解が生じるので,各用語・概念が意味するところをしっかりと押さえたうえで,主張の内容を理解する必要がある.

4. 言語変化について

以上の考察を踏まえ，言語変化について考えよう．図1では簡略化して示したため，ある人が産出した発話の一部がその人自身のI言語習得のための言語資料となるかのようになっているが，もちろん，そのようなことはなく，現実には次のような関係になる．

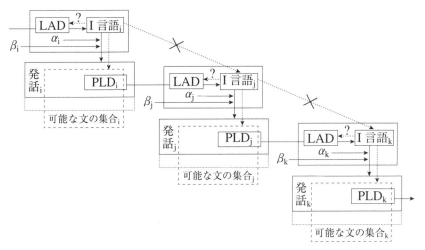

図7　世代間のI言語・発話・PLDの関係

通常，世代間の発話の違いを指して「言語変化」と言うが，「個々の話者とは独立に世代間にまたがって存在する発話」が変化するわけではない．[15] I言語は個人の頭の中に存在するが，世代間で直接引き継がれるものではなく，発話の一部を資料として次世代の個々人がI言語を習得することにより，間接的に引き継がれる．世代間でI言語に違いが生ずると，その違いは発話に表れることになるが，実際に産出される発話はI言語以外の要因によっても影響を受けるため，世代間の発話の違いが直ちにI言語の違いに帰せられるわけではなく，諸要因を考慮に入れて分析することになる．前世代とは異なるI言語は言語獲得装置を通じて生じたものであり，言語変化の研究は言語獲得装置自体の性質を探ることにもなる．

---

[15] 個人内でもI言語は変化し，また，個人差に加え，同時期でも世代の異なる話者が存在するため，ある期間内における発話は，同一・同種のI言語を反映したものとはならない．

5. 生成文法は演繹的な方法，コーパス言語学は帰納的な方法か

「合理論は演繹法」，「経験論は帰納法」のように考え，「（言語習得に関して）合理論的な立場を取る生成文法は演繹法」と捉えていると思われる誤解を目にすることもあるので，本節では「演繹」「帰納」について考えたい．

『現代英語学辞典』（石橋（編）（1973: 380））は，構造主義と生成文法を対比し，前者を「資料（Corpus）中心主義（帰納的）」，後者を「論理中心主義（演繹的）」とし，また，(15)に示したように，初期の頃から生成文法の特徴として演繹法が挙げられてきた．最近では，コーパス言語学との対比で，「生成文法は演繹法，コーパス言語学は帰納法」と言われることがあるが，これはどういう意味であろうか．

(15) a. さて，別の観点から，この，言語学の理論発達史上におけるチョムスキー理論の位置とその意義というものを少し考えてみましょう．私の考えでは，チョムスキーの理論が演繹法で編み出されたという点が特に注意すべきだと思います．言語学史上にこれほど大規模に演繹法が導入されたことは嘗てなかったと思います．
(服部 (1966)[16])
b. もう1つは，それまでの言語研究が帰納的方法論一辺倒であったのに対し演繹的方法論を導入し，言語学を真に科学的なものにしたことである．(原田 (1982: i-ii)[17])

「演繹」に関しては，言語知識，理論の内容に関する部分も大きいが，紙幅の関係で，ここでは研究において用いられる推論に関する部分のみを取り上げることにする．

一般的に，自然科学など，経験科学における推論は，数学・形式論理学とは異なり，演繹法ではなく帰納法（非演繹的推論）である．したがって，経験科学である生成文法の推論も帰納法ということになるが，では，「生成文法は演繹法」とはどういうことだろうか．

演繹法では，「pならばq」が正しく，かつpが正しければ，qも正しいと結論付けられ (cf. (16d))，前提が正しければ必ず結論も必然的に正しくなる．それに対し，帰納法では，前提が正しくとも結論の正しさは保証されず，蓋然

---

[16] 1966年にNHKラジオで放送されたNoam Chomsky「言語と人間の科学」("Linguistics and the Science of Man")の解説より．引用は該当部分を大名が書き起こしたもの．
[17] 注16の講演を収録した『チョムスキー講演集』の「はしがき」より．

的に正しいとしか言えない．枚挙的帰納法（狭義の帰納法）は，「p_1 は q である」「p_2 は q である」…「したがって全ての p は q である」と結論する推論であるが，前提が全て正しくても，（観察対象の p が無限集合であれば）結論の正しさは保証されない．

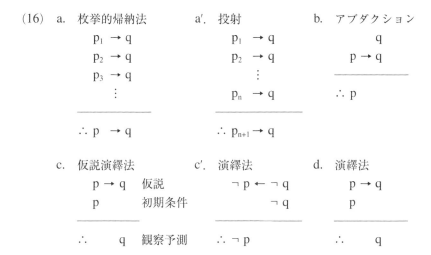

(16) a. 枚挙的帰納法　　　　a′. 投射　　　　　　b. アブダクション
　　　　$p_1 \to q$　　　　　　　$p_1 \to q$　　　　　　　q
　　　　$p_2 \to q$　　　　　　　$p_2 \to q$　　　　　　$p \to q$
　　　　$p_3 \to q$　　　　　　　⋮　　　　　　　　─────
　　　　⋮　　　　　　　　　$p_n \to q$　　　　　　∴ p
　　　─────　　　　　─────
　　　∴ $p \to q$　　　　　　∴ $p_{n+1} \to q$

　　　c. 仮説演繹法　　　　　c′. 演繹法　　　　　　d. 演繹法
　　　　$p \to q$　仮説　　　　$\neg p \leftarrow \neg q$　　　　$p \to q$
　　　　p　　　　初期条件　　　$\neg q$　　　　　　　p
　　　─────　　　　　─────　　　　─────
　　　∴　q　　観察予測　　∴ $\neg p$　　　　　　∴　q

アブダクションは，「q である」「p と仮定すると q がうまく説明される」，したがって「p である」と結論する推論だが，帰納の一種であり，やはり結論の正しさは保証されない．「刺激の貧困の問題があるのに子供は言語を習得する」「言語に関して生得的な部分があると考えるとそれがうまく説明できる」したがって「言語に関して生得的な部分がある」という推論もアブダクションで，結論の正しさは保証されない．

仮説演繹法は，演繹法と帰納法を組み合わせた方法で，名称から受ける印象とは異なり，全体としては帰納的推論の一種である．まずは，収集したデータ等をもとに帰納法を用い仮説を立て，演繹法により予測を立て，実験や観察によりその予測が裏付けられれば仮説は正しいとされる．「p ならば q である」という仮説が正しければ，初期条件 p が真であれば q も真となることが予測され，実際に q となるかどうかを確認することになる．この推論では，最後の仮説検証の過程が帰納法となるため，観察結果が予測通りであっても仮説の正しさは保証されない．しかし，逆に，観察結果が予測通りでなければ，仮説は反証されることになる．これは，「p ならば q である（$p \to q$）」が真なら，対偶の「q でなければ p ではない（$\neg q \to \neg p$）」も必ず真になるため，q が否

定されれば演繹法によりpでないことになるためである（cf. (16c')）．科学の理論が，反証はできるが立証することは論理的に不可能であるとされるのは，このためである．

　物理学など自然科学が含まれる経験科学で用いられる仮説演繹法が帰納法の一種で，仮説の正しさは保証されないと言うと意外に思う人もいるかもしれないが，演繹では，真理保全的である（前提が正しければ結論も論理的に正しいことが保証される）代わりに情報量は増えないのに対し，帰納法（非演繹的推論）は真理保存的でなく蓋然的であるからこそ，情報量が増え（cf. (17)），科学が発展することになる．

(17)

非演繹的推論	帰納法（induction）	真理保存的でない蓋然的	情報量増加
	投射（projection）		
	類比（analogy）		
	アブダクション（abduction）		
演繹		真理保存的	情報量増えない

(戸田山 (2011: 101))

「生成文法は演繹法，コーパス言語学は帰納法」と言われることがあるが，経験科学であれば，どの立場であれ，用いられる推論は帰納法であり，原理的に正しさは保証されない．帰納法の一種である仮説演繹法では推論の過程に演繹を用い，生成文法研究では，この演繹の部分が重要な働きをなすが，これを基に生成文法研究全体を演繹法と捉えると，誤解が生じる．生成文法では，I言語を一種の公理系として形式化するが，その研究の過程において演繹法は重要な役割を果たしはしても，I言語の中身については経験的に決められることであり，その推論の過程全体としては帰納法でしかありえず，事実とは独立に論理によってI言語の内容が決定されるわけではない．

6. 最後に

「生成文法は言語能力，コーパス言語学は言語運用を対象とする」「生成文法は演繹法，コーパス言語学は帰納法」のような対比の仕方は，わかった気にはなりやすいが，このような単純化された対比からは誤解も生じやすい．本論では，コーパス研究分野で誤解が生じやすいと思われる，E言語，帰納法などの概念・用語について整理を試みた．

参考文献

Chomsky, Noam (1965) *Aspects of the Theory of Syntax*, MIT Press, Cambridge, MA.
Chomsky, Noam (1986) *Knowledge of Language: Its Nature, Origin, and Use*, Praeger, New York.
藤村逸子 (2011)「多量の実例の観察に基づく言語現象の研究」『言語研究の技法』, 藤村逸子・滝沢直宏 (編), 3-42, ひつじ書房, 東京.
服部四郎 (1966)「NHK のラジオ番組「イングリッシュ・アワー」で放送された Noam Chomsky「言語と人間の科学 (Linguistics and the Science of Man)」(公開講演, 8月23日, 東京第一生命ホール) の解説」[本文の引用は該当部分を大名が書き起こしたもの. 講演は Chomsky (1982) に収録されている.]
原田かづ子 (1982)「はしがき」『チョムスキー講演集』, N. Chomsky, i-ii, 三修社, 東京. ["Linguistics and the Science of Man", "Language and the Study of Mind" を収録.]
Isac, Daniela and Charles Reiss (2013) *I-Language: An Introduction to Linguistics as Cognitive Science*, 2nd ed., Oxford University Press, Oxford.
石橋幸太郎 (編) (1973)『現代英語学辞典』成美堂, 東京.
Jackendoff, Ray (2002) *Foundations of Language: Brain, Meaning, Grammar, Evolution*, Oxford University Press, Oxford.
Jackendoff, Ray (2007) *Language, Consciousness, Culture: Essays on Mental Structure*, MIT Press, Cambridge, MA.
Kajita, Masaru (1977) "Towards a Dynamic Model of Syntax," *Studies in English Linguistics* 5, 44-76.
Kajita, Masaru (1997) "Some Foundational Postulates for the Dynamic Theories of Language," *Studies in English Linguistics: A Festschrift for Akira Ota on the Occasion of his Eightieth Birthday*, ed. by Masatomo Ukaji, Toshio Nakao, Masaru Kajita and Shuji Chiba, 378-393, Taishukan, Tokyo.
梶田優 (2004)「動的文法理論の考え方と事例研究」『コーパスの利用による現代英語の語彙構文研究』平成13年度～平成15年度科学研究費補助金基盤研究(B)(2)(研究課題番号 13410132) 研究成果報告書, 研究代表者 大名力, 69-121.
Leech, Geoffrey (1992) "Corpora and Theories of Linguistic Performance," *Directions in Corpus Linguistics: Proceedings of Nobel Symposium 82, Stockholm, 4-8 August 1991*, ed. by Jan Svartvik, 105-122, Mouton de Gruyter, Berlin/New York.
大名力 (印刷中)「コーパスと生成文法」『コーパスとその他関連領域』(英語コーパス研究シリーズ 第7巻), 堀正広・赤野一郎 (編), ひつじ書房, 東京.
戸田山和久 (2011)『「科学的思考」のレッスン——学校で教えてくれないサイエンス』, NHK 出版, 東京.

日本語のモダリティ表現・談話表現に留意した日英機械翻訳*

坂本　明子
株式会社東芝

1. はじめに

自然言語処理技術の応用の1つに，機械が人間の話し言葉を聞き取って別の言語に通訳するという音声翻訳技術がある．当社の音声翻訳システムを例にとると，その処理の流れは，音声認識のあとに機械翻訳を行い，翻訳結果を表示し，場合によっては音声合成で訳文を読み上げるというものになる．

人間の通訳者は，対話の履歴や話者や聞き手の前提知識を柔軟に拾い上げ，それに適した訳文を作ることができる．しかし，現状の機械翻訳ではそれができないばかりか，話し言葉に含まれる要素の機能や意味が複雑すぎて，人間が意図した通りに訳すことさえ難しい．それでも，近年の技術革新によって，ある程度丁寧に話した旅行会話であれば，実用に耐えるレベルで翻訳可能になってきた．

では，現状の翻訳エンジンを利用して人間の話し言葉をなるべく間違えずに翻訳させるにはどうしたら良いのか．これまでに自然言語処理の分野では，機械翻訳にとってノイズと見なせる話し言葉の要素を音声認識結果から除去した上で，機械翻訳を行う手法が提案されてきた．たとえば，どのような表現を話し言葉から除去すると機械翻訳の精度低下防止に有効であるかについて，話し言葉の音声認識結果とそれを人手で整えた文のペアから成るコーパスを用いて統計的に知識を得たり（Neubig et al. (2012)），同様のコーパスを作る過程で，人間が観察して表現をリストアップしたり（Fitzgerald (2009)）といった試みがなされてきた．本稿で試みたいことは，言語学の視点を借りて，これらの正しい機械翻訳を阻害する表現は，一言でいうと何か，を探ることである．

---

* 言語研究と自然言語処理の交流に向けて執筆の機会をくださり，また論点の整理についてご指導を賜りました東北大学の小川芳樹先生，長野明子先生，菊地朗先生，秋田工業専門学校の小菅智也先生に感謝致します．また，第3節の機械翻訳エンジンの記述については株式会社東芝の釜谷聡史氏にご協力頂いた．ここに感謝を表します．

既に坂本・田中（2015）でも，自然言語処理の多くの先行研究と同様に，実際の話し言葉コーパスを目視で観察しながら，日本語の話し言葉に含まれるどのような表現を削除・編集すると英語に機械翻訳する際の誤訳を減らすことができるかについてリストアップした．

その結果を観察すると，モダリティ表現・談話表現の用例集によく載っている表現がリストアップされたように見える．これらの表現が言語として一体どのような特性を満たす何という分類に属する表現なのか．もし，言語に普遍な観点からこのような表現のカテゴリを探ることができれば，他の言語についても，同様の観点からトップダウンに表現を洗い出して，機械翻訳の前編集用のリストとして用いることができることが期待できる．さらに，個別言語に特有の性質があるならば，翻訳の原言語と目的言語からなる言語対ごとに，あるカテゴリの前編集を行ったり行わなかったりするべきだという予告が出来るようになると予想される．

このような予測は，自然言語処理が属する工学の観点からも価値が高い．言語学の観点から見れば，実際に動く商用システムに言語学の知見が生かされた実例が出来ることになる．

本稿では坂本・田中（2015）でリストアップした表現について，どのような表現であるかの考察を加える．そして，最後に，これらの表現が生成文法の観点から見ると，CP 領域に属するのではないかという知見を述べる．

2. 音声翻訳システムにおける日本語話し言葉の整文技術

ここで，現在我々が開発している音声翻訳システムの概要を示すことで機械翻訳の現状を紹介する．この音声翻訳システムに講演音声を入力し，外国語字幕を表示させた例を図1に示す．日本語の音声認識結果と，それに対応する翻訳結果が表示されている．しかし，話し言葉に含まれる要素を全て訳出してしまうと，画面にあるような英語にはならない．

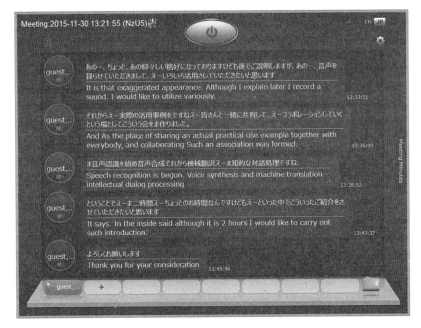

図1. 同時通訳システムの UI の例

システムの内部では，音声認識結果を機械翻訳する前に自動で「整文」している．具体的には，話し言葉から除去したい表現に対して形態素列のパターンをあらかじめ作成しておき，翻訳する際の入力文にそのパターンが含まれていたら除去している．

次節以降では，機械翻訳の仕組みについて簡単に述べたあと，今回用いたコーパスの概要と，コーパス中から見つけた翻訳が難しい表現を紹介し，最後に言語研究の観点からまとめる．

3. 機械翻訳エンジンの概要

ある言語を他の言語に変換する機械翻訳技術は，計算機の黎明期より研究されており，様々な手法が提案されている．近年，ある程度実用的として実用に供されているシステムでは，大きく分けて2つの手法が使われている．1つは，規則ベース翻訳 (Rule-based Machine Translation；RBMT)，もう1つは統計翻訳 (Statistical Machine Translation；SMT) である．

規則ベース翻訳は，入力である原言語文を「解析」→「変換」→「生成」の3

ステップで目的言語文に翻訳する．「解析」では，文を形態素解析により単語に分割（必要に応じて品詞や原形などの情報が付与される）し，構文解析や意味解析の技術を用いて構文構造を決定する．この構文構造の表現には，句構造や格構造，係り受け構造が使われる．得られた原文の構文構造を目的言語の構文構造に「変換」し，これに従って目的言語文を「生成」する．これら一連のステップは，すべて人間の辞書編者が作成した規則に従って動作する．

統計翻訳は，大規模な翻訳事例（対訳コーパス）を用いて，原言語文から目的言語文への変換を統計的にモデル化し，このモデルを用いて翻訳する．翻訳は，原言語文 f から目的言語文 e が生成される確率 p(e|f) を最大化する e を求める問題として定式化される．一般に，この確率を求めることは非常に困難であることから，ベイズの法則を用いて式を変形し，p(e)p(f|e) を最大化するような翻訳を求める問題として解かれる．この式により表される確率モデルは，対訳コーパスから統計的に推定される．近年，計算機の高性能化により，この確率モデルをより高度化することで性能が高められるようになった．

さて，これらの手法において，翻訳精度を向上するには，規則ベース翻訳では規則の作成と調整，統計翻訳では対訳コーパスの増強が必要である．しかし，膨大な言語現象を網羅することは難しい．特に話し言葉では，非文法的な表現や，談話表現をも考慮に入れる必要があり，言語間の変換の過程で全てを扱えるように構成することは極めて困難である．そのため，話し言葉の翻訳は未だ十分な性能が実現できていない．

4. 整文処理の概要

本研究の「整文」は，形態素系列における系列パターンに対して，これを別の系列に書き換える動作として定義する．整文は，整文対象の形態素系列パターンと，整文後の形態素系列パターンの組からなる整文規則によって制御される．ここで，形態素解析には，MeCab と日本語形態素辞書 UniDic2.0 を用いた．

形態素系列のパターンは，形態素の表層に加えて，MeCab + UniDic の解析出力である品詞，活用型，活用形，原型と照合できるようにし，これらの要素のうち必須と定義されたものが一致した系列を検知する．

以下に，規則の例を示す．いずれも，右矢印の左側にある条件にマッチする表現を，右矢印の右側にあるような表現に変換するという動作を意味している．

§ 削除規則
「""，"感動詞-フィラー"，""，""，""」→ null

この削除規則の右矢印の左側は，編集したい形態素をコーパス中から探すための手がかりとなる条件を記述している．上記の左側にある形態素の例では，左から順に，表層については内容を問わず，品詞については「感動詞-フィラー」であり，活用型，活用形，原型については内容を問わないという条件が示されている．言い換えると，「品詞が『感動詞-フィラー』である形態素」ということになる．

たとえば「えー」や「あのー」という形態素がこの条件にマッチする．右矢印の右側は，条件にマッチした形態素をどのように編集するかを指定してあり，「null」というのは「削除する」という処理を指示している．

§ 変換規則
「""，"動詞"，""，"連用形一般"，""」「"て"，"助詞-接続助詞"，""，""，"て"」
「"くる"，"動詞-非自立可能"，"カ行変格"，"終止形-一般"，"くる"」→「""，"動詞"，""，"終止一般"，""」

この変換規則は，「動詞の連用形」+「て」+「くる」という3つの形態素から成る形態素列を「動詞の終止形」に変換する．右矢印の左側にある形態素列は下記のように指定してある．1つ目の形態素は，品詞が「動詞」で活用形が「連用形-一般」である形態素．2つ目の形態素は表層が「て」であり，品詞が「助詞-接続助詞」，原型が「て」である形態素．3つめの形態素は表層が「くる」で，品詞が「動詞-非自立可能」，活用型が「カ行変格」であり，活用形が「終止形-一般」，そして原型が「くる」である形態素を示している．この規則では「処理してくる」という表現が「処理する」と変換される．

§ 節境界検出規則
「"けれど"，"助詞-接続助詞"，""，""，"けれど"」「"も"，"助詞-係助詞"，""，""，"も"」→「"けれど"，"助詞-接続助詞"，""，""，"けれど"」「"も"，"助詞-係助詞"，""，""，"も"」「【境界】」

この規則は，接続助詞をはさんで複数の文が連続して発話されている場合にそれぞれの文を切り離す．この規則は，「けれど」+「も」という形態素列を見つけた場合には，その直後で1文として区切る操作を記述している．右矢印の左側にある形態素列を構成する2つの形態素のうち，1つ目は，表層が「けれど」，品詞が「助詞-接続助詞」，原型が「けれど」という条件を満たす形態素を

指定している．2つ目は表層が「も」，品詞が「助詞-係助詞」，原型が「も」という形態素を指定している．このような形態素列が来た際には，この形態素列の直後に節境界を挿入する．

たとえば，「今回は第3回目の開催ですけれどもこれまで大勢の方々にご参加頂いておりますけれど大変光栄に存じます」という文が入力された場合に，2カ所の「けれども」の直後で入力文が分割されて，3つの別々の文として機械翻訳されることになる．

5. 使用したコーパスの特徴

本稿で話し言葉の実例として紹介するコーパスは，企業内で行われた半日の講演会の音声を収録し，人手で書き起こして作成したものである．講演者は5名であり，1名による約5分間の会全体の趣旨説明と，残りの4名による，約20分の講演とその質疑応答からなり，全体で約100分ある．その書き起こしテキストは，約4万7千字であった．

講演者は情報系の技術開発者もしくは技術営業担当者であり，似た背景を持ちながら異なる技術を担当している聴衆に向かって自分達が開発した技術や応用例について紹介している．聴衆は100名前後おり，比較的改まった雰囲気ではあるが，聴衆には顔見知りの同僚も多数含まれているため，所々くだけた表現が出現する．

コーパスの抜粋を図2に示す．分析にあたり，口語らしい部分，くだけた表現と見なした部分を図中に下線で示す．

> 話者A： それからえー実際の活用事例をですね えー皆さんと一緒に共有してえーコラボレーションしていくという場としてこういう会をまー作りました
>
> 話者B：でーあとはあのーみなさんの医療現場の皆さんのあのー多職種でチームを組んで仕事をされてますんで あのコミュニケーションがま大事なんですけれども あのー意外と職員間のコミュニケーションって難しいえーらしくって（後略）
>
> 話者C： えっとまず準備としてえーっと簡単にちょっと用語などがいくつか聞きなれないことがありますのでそれのご説明をした後えー本プロジェクトの背景と課題それから我々の取ったアプローチで実際のシステムの基本構成ですとか各部の特徴で簡単な簡易評価を行っていますのでこちらの報告をしたいと思います
>
> 話者D： まっ こういった あーコールセンターですけれどもえーコールセンターといいつつまコンタクトセンターというふうに書いてありますが まコールセンターというのは本当にコールを受付けるだけというふうなチャンネルになってます が えーCRMというものは あー コールだけじゃないですね え色々なチャンネルを通してえーお客様の声を集めてきます
>
> 話者E： あの会議音声に対していわゆる音声認識とか機械翻訳の技術を使えば例えばもう相手が例えば英語で言ったことをそのまま日本語に翻訳して出してあげるとかこっちの日本で言ったものをリアルタイムに英語に翻訳してあげると（後略）

図2. 社内講演コーパスの抜粋

話者Dの発話に対して，4節に示した整文技術の処理結果を示す．(1)が整文前，(3)が整文後である．整文前後の機械翻訳結果は(2)と(4)である．機械翻訳の結果であるため，完全な訳文とはなっていないが，整文により原文が簡潔な表現に改められることで誤解析や誤翻訳が減じ，原文の情報が読み取りやすくなっていることを感じて頂ければ幸いである．

整文前

日：(1) まっこういったあーコールセンターですけれどもえーコールセンターといいつつまコンタクトセンターというふうに書いてありますがまコールセンターというのは本当にコールを受付けるだけというふうなチャンネルになってますがえーCRMというものはあーコールだけ

じゃないですねえ色々なチャンネルを通してえーお客様の声を集めてきます

英：(2) pine こう，although it is a when たあ – call center.
while burning and calling it – call center – a ま contact center – as – a ま call center getting, although it is the ふうな channel that it is only to receive a call truly although it has written, and – CRM not being only a あ – call, and various channels. It lets pass and obtains and collects – visitor's voice.

整文後
日：(3-1) このコールセンターです
(3-2) コールセンターといいつつコンタクトセンターと書いてあります
(3-3) コールセンターはコールを受付けるだけというチャンネルです
(3-4) CRM はコールだけじゃないです
(3-5) 色々なチャンネルを通して顧客の声を集めます
英：(4-1) It is this call center.
(4-2) It is written as the contact center, calling it a call center.
(4-3) A call center is the channel that it is only to receive a call.
(4-4) CRM is not only a call.
(4-5) A customer's voice is collected through various channels.

6. 機械翻訳向けに整文を行った話し言葉表現の紹介

本節では，整文を行った表現の一例を紹介しながら，整文対象とした表現の特徴を整理する．

6.1. フィラー

「ええと」,「あのー」といった語はフィラーと呼ばれ，人間の同時通訳においても訳出されることはほとんどない．その一方で，機械翻訳では，他の単語との混同や，誤解析の原因となる．そこで，このようなフィラーと呼ばれる語は入力文から削除した．

フィラー
整文前　日：(5) でーあとはあのーみなさんの医療現場の皆さんのあのー多職種でチームを組んで仕事をされてますんで

英： (6) coming out – after – that – since it works by constructing a team with those – many occupational descriptions of yours of your medical spot
整文後　日： (7) みなさんの医療現場の皆さんの多職種でチームを組んで仕事をされています
英： (8) It works by constructing a team with your many occupational descriptions of your medical spot.

ところで，定延・田窪 (1995) および田窪 (2010) によれば，「ええと」や「あの (ー)」といった表現にも，それぞれに異なった談話上の役割がある．上記の文献によれば，両者はいずれも，言葉のつなぎとして用いられるが，「ええと」は話し手が自分の知識を頭の中で検索している際に発せられ，「あのー」については話し手の知識を言葉に置き換えている際に発せられるという．このような微妙な違いも考慮するべきかもしれないが，機械翻訳には高度すぎる処理である．

6.2. モダリティ副詞の一部

コーパスには「ちょっと」や「実は」といったモダリティ副詞が話者によっては繰り返し出現した．しかし，その多くは，本来の意味が薄く，婉曲の意味合いが強い．そのため，英語にしたときに"a little"や"In fact"と訳出されると返って不自然である．そこで，これらの表現は入力文から削除した．

実は，ちょっと
整文前　日： (9) 他社とはちょっと違うノウハウを実は持っていまして
　　　　　英： (10) In fact, it has the know-how a little different from the other company.
整文後　日： (11) 他社とは違うノウハウを持っていまして
　　　　　英： (12) It has the know-how different from the other company.

6.3. 補助動詞の一部

補助動詞には，語の意味をより単純にして機械翻訳にとっての問題を単純化するために，削除して差し仕えなさそうな補助動詞については削除した．例文 (13) に出現する「てあげる」は今回用いた翻訳エンジンにおいても，正しく訳出されてた．しかし，このように訳出不要である表現は，原文中に存在することで処理が変わり，誤訳を生ずる可能性がある．そこで，訳出が不要な補助動詞は予め入力文から削除する方針とした．

てあげる
整文前　日：(13) リアルタイムに処理してあげる
　　　　英：(14) It processes in real time.
整文後　日：(15) リアルタイムに処理する
　　　　英：(16) It processes in real time.

6.4. 断定回避の表現の一部

「～と思います」は話者の気持ちを伝えるために命題の外側に置いて使われる表現である．これもまた，英語にする際には"I think"と毎回訳出すると不自然であるために，入力文から削除した．

と思います
整文前　日：(17) 音声認識精度が上がっていると思います
　　　　英：(18) I think that speech recognition precision is going up.
整文後　日：(19) 音声認識精度が上がっています
　　　　英：(20) Speech recognition precision is going up.

6.5. 形式名詞の一部

形式名詞を含んで全体として非構成的な意味を持つ機能語相当の表現は，機械が解析しきれずに，一部の要素を文字どおりに翻訳してしまうことがある．

たとえば，例文 (21) の「ふう」や「風」は，例文 (22) のようにそのまま"wind"と訳出されてしまっているが，例文 (23) のように日本語の「という風な」を「という」に言い換えて「風な」を取り除いても，例文 (24) のように，直訳調ではあるが意味は分かる訳文になる．

ふう
整文前　日：(21) 小さくするという風なことを可能にします
　　　　英：(22) It is made possible that it is the wind of making it small.
整文後　日：(23) 小さくするということを可能にします
　　　　英：(24) It makes it possible to make it small.

例文 (25) の「こと」については「集めるということ」が例文 (26) の"gathering up"という動名詞として訳出され，また，例文 (25) の「します」が例文 (26) の"It carries out"に訳され，煩雑な英語になっている．しかし，例文 (27) のように言い換えることによって，例文 (28) のような読みやすい英

語になっている．

こと
整文前　日：（25）実際にお客さんの声をかき集めるということをします
　　　　英：（26）It carries out actually gathering up the visitor's voice.
整文後　日：（27）実際にお客さんの声をかき集めます
　　　　英：（28）The visitor's voice is actually gathered up.

　「かたち」についても同様に例文（29）の「形」が例文（30）の"form"に訳出されているのに対して，例文（31）のように整文することによって，例文（32）のように読みやすい翻訳結果を得られた．

かたち
整文前　日：（29）実際には後から入力する形になります
　　　　英：（30）It becomes a form where it inputs later in fact.
整文後　日：（31）実際には後から入力します
　　　　英：（32）It inputs later in fact.

　例文（33）と（34）を見ると，「というところ」は，「いう」が"call"に，「ところ」は"going to"として非構成的に扱われているようであるが，例文（35）ように言い換えることにより，例文（36）のような端的な英語が得られた．

ところ
整文前　日：（33）食事介助業務というところです
　　　　英：（34）It is just going to call it meal care business.
整文後　日：（35）食事介助業務です
　　　　英：（36）It is meal care business.

6.6.　敬語
　今回用いた翻訳エンジンでは元々敬語に対応できていたが，入力文をより単純にする方針により，敬語についても，単純な「ですます調」に言い換えた．

整文前　日：（37）一枚で簡単にサマリを申し上げます
　　　　英：（38）I say a summary simply by one sheet.
整文後　日：（39）一枚で簡単にサマリを言います
　　　　英：（40）A summary is simply said by one sheet.

6.7. 口語
口語についても，標準的な「ですます調」に統一した．

整文前　日：（41）医師に聞きたいんだけども
　　　　英：（42）Although he would like to ask a doctor
整文後　日：（43）医師に聞きたいが
　　　　英：（44）Although he would like to ask a doctor

6.8. 終助詞
終助詞については，英語側に対応する要素が思いつかなかったため，削除することにしたが，現在使用しているエンジンでは特に訳文に変化は見られなかった．

整文前　日：（45）これは非常に楽ですよね
　　　　英：（46）This is very easy
整文後　日：（47）これは非常に楽です
　　　　英：（48）This is very easy.

6.9. 接続助詞
接続助詞の「けれども」には「逆接」の意味と「前置き」の使い方がある．話し言葉のコーパスを見ていると「前置き」の用例が目立ったため，「けれども」については日本語文から削除し，かつ，「けれども」がある場所で前後2文に分割することにした．これにより，図1のように字幕がどんどん流れてしまう場面でも素早く読みやすくなることを狙っている．

けれども
整文前　日：（49）本日のアジェンダですけれども
　　　　英：（50）Although it is today's agenda
整文後　日：（51）本日のアジェンダです
　　　　英：（52）It is today's agenda.

　実際の同時通訳システムでは，上述のような言い換えの規則を700個程度用意し，一度に適用して整文を行っている．上記では1つ1つの表現を編集した場合の機械翻訳に対する効果を観察したが，実際には例文（1）に示したように，複数の整文規則により入力文が大幅に編集されるので，機械翻訳に対する効果も相乗効果で大きくなりやすい．

7. 言語研究の観点による整文対象となる表現の整理

6節で見たとおり，機械翻訳で誤訳を避けるには原文が簡潔かつ明瞭な表現であることが望ましい．その削除や言い換えを行う対象は，モダリティ表現や談話表現が多いことが分かった．また，発話が長く続く場合に，文ごとに区切ることも有効であることが分かった．これらの編集操作は結局のところ，自由に発せられた話し言葉に対して何を行っているのだろうか．

長谷川 (2010) によれば，日本語学における一般事態は生成文法の VP として，個別事態は IP として，発話モダリティ・聞き手へのムードは CP として見なすことが可能である．それでは，6節で紹介した動作と機械翻訳に対する効果は，下記のようにまとめることができないだろうか．

(1) CP 以下の単位でひとまとまりになるように区切る．
→ その結果，文の構造が単純になり，翻訳の難易度が下がる．
(2) 日本語には CP 要素の表現が多いが英語には CP 要素の表現が少ないので，文脈情報を訳文に織り込むことが難しい機械翻訳の場合には，このような言語方向の場合に目的言語で余ってしまう要素を入力文から予め除去する．
→ その結果，日本語に対応する英語表現が見つけにくい場合でも文字通りに訳すようなことがなくなるので誤訳を招きにくくなる．

すなわち機械翻訳においては，1つの入力文を CP 以下の単位に区切り，かつなるべく IP 以下の要素のみに絞ることで，処理しやすくなると期待される．更に整文処理のために規則作成過程においてコーパスを観察しながら，編集対象とする表現の見当をつける際に，このような観点を持ちながら作業すると効率が上がると予想される．この仮定によれば，一連の整文規則の作成作業は，言語に共通の CP, IP という構造を念頭に入れた上で，原言語と目的言語に存在する表現の分布が異なる場合に，それらの表現を目的言語に合わせて調整する作業だったと考えることができる．

ところで，言語対ごとに原言語と目的言語それぞれに，用意されている語彙や文法の表現形式が異なる部分について個別に調整するために，編集すべき要素が IP 要素だったり CP 要素だったりすることが予想される．しかし，木の内側にある動詞やその目的語といった要素については，どのような翻訳方向でも削除したり追加したりという操作は比較的少ないと考えられ，今回の仮定が活かせる．

ここで，言語学分野から興味深い文献を紹介する．Hirose (2013) では，言

語使用において「状況報告」と「対人関係」を切り離せるか否かという観点から日英語を比較して論じている．たとえば，相手に今日は土曜日であることを伝える時，「今日は土曜日だ」と話すのは非文法的であり，「今日は土曜日だよ」のように聞き手にとって新情報であることを示す終助詞を付加したり，「今日は土曜日です」のように文末を丁寧語にして相手への丁寧な態度を示す形にしたり，もしくは，「今日は土曜日でございます」と謙譲語にして相手を敬う気持ちを示す形にしないと文法的な発話とならないと指摘している．また一方で，英語においては，状況報告の部分のみを"It's Saturday."と相手に向かって伝えることは非文法的ではなく，対人関係を示す"madam,""Mrs. Brown"といった対人関係のための言葉は必須ではなく随意的であると論じている．

Hirose (2013) の議論に基づけば，日本語においては必要だった対人関係を表すための形態素は英語には訳出できない場合があり，英語に翻訳することを考えた場合に予め日本語から対人関係を示す形態素を除去しておくことは，機械翻訳の課題の難易度を下げるために有効だと説明することが出来るだろう．

8. おわりに

本稿では，坂本・田中（2005）で行った機械翻訳向けの日本語前編集の作業において編集した表現が持つ意味や役割について考察した．その結果，日本語から英語に機械翻訳する場合には，主に CP 要素の削除に着目して編集用規則を作成すればよいのではないかという仮説に至った．また，日英方向の場合はアジア言語から西洋言語への翻訳であったが，その逆の翻訳方向，もしくは異なる言語対の場合には，それぞれの言語方向に合わせて，翻訳前に調整すべき要素をある程度予告できるようになるのではないかという指摘を行った．

今後は，対象言語を広げて知見を増やし，実際にそのような現象が観察できるかどうか検証したい．

参考文献

阿部紘久（2009）『文章力の基本』日本実業出版社，東京．
伝康晴・小木曽智信・小椋秀樹・山田篤・峯松信明・内元清貴・小磯花絵（2007）「コーパス日本語学のための言語資源：形態素解析用電子化辞書の開発とその応用」『日本語科学』22, 101–123.
Fitzgerald, Erin Colleen (2009) "Reconstructing Spontaneous Speech," Ph.D. Thesis, Johns Hopkins University.

長谷川信子（2010）「文の機能と統語構造：日本語統語研究からの貢献」『統語論の新展開と日本語研究――命題を超えて』，長谷川信子（編），1-30，開拓社，東京．
Hirose, Yukio (2013) "Deconstruction of the Speaker and the Three-Tier Model of Language Use," *Tsukuba English Studies* 32, 1-28.
小林作都子（2008）『そのバイト語はやめなさい』日本経済新聞出版社，東京．
Kudo, Taku, Kaoru Yamamoto and Yuji Matsumoto (2004) "Applying Conditional Random Fields to Japanese Morphological Analysis," in Proc. of the EMNLP-2004, 230-237.
メイナード，泉子・K.（2005）『談話表現ハンドブック』くろしお出版，東京．
Neubig, Graham, Yuya Akita, Shinsuke Mori and Tatsuya Kawahara (2012) "A Monotonic Statistical Machine Translation Approach to Speaking Style Transformation," *Computer Speech and Language*, Vol. 26, No. 5, 349-370.
定延利之・田窪行則（1995）「談話における心的操作モニター機構――心的操作標識「えーと」と「あの（ー）」――」『言語研究』108, 74-93.
坂本明子・田中浩之（2015）「話し言葉機械翻訳のための日本語前編集」言語処理学会第21回年次大会発表論文集，932-935.
田窪行則（2010）『日本語の構造　推論と知識管理』くろしお出版，東京．
友松悦子・宮本淳・和栗雅子（2007）『日本語表現文型辞典』アルク，東京．
浦本直彦（1999）「機械翻訳」『自然言語処理』，田中穂積（監修），248-28，電子情報通信学会，東京．

自然言語処理における意味・談話情報の
コーパスアノテーション*

福原裕一・松林優一郎・乾 健太郎

東北大学

1. はじめに

　爆発的に情報が増え続ける今日においては，情報抽出や質問応答，複数文書要約や情報分析など，大量の文書集合から目的の情報を計算機で自動的に抽出し集約する言語情報編集に対する要求が高まっている．これらの技術を実現するためには，単語分かち書きや品詞解析，係り受け解析などの統語解析に加えて，さらに言葉の意味に踏み込んだ処理が必要である．意味の解析に必要な要素技術としては，語義曖昧性解消，人名，地名，組織名や日付表現などの固有表現の抽出，照応・共参照解析，述語項構造解析，モダリティ解析，談話関係，時間解析など様々なレイヤの基礎解析処理が含まれるが，こうした基礎技術の研究を効率的に推し進めるためには，実際のテキストに個々のレイヤの統語情報・意味情報をアノテートしたコーパス（注釈付きコーパス）を構築し，技術の開発・評価用データとして研究者間で共有することが不可欠である．
　コーパスに何らかのアノテーションを行うには，まず注釈情報の仕様を設計する必要がある．統語情報では，例えばどのような品詞体系を採用するか，統語構造の表現方法はどうするかといった取り決めが必要である．意味情報についても，どのような範囲のものを固有表現と認めるのか，どのような場合に照応詞と先行詞の関係を付与するのか，述語の項を何種類に分類するかといったことを合理的に取り決める必要がある．アノテーションの仕様を論じることは言語処理がどのような問題を解くべきかを論じることであり，この過程において，言語の解析という漠然とした目標が具体的な部分タスクに切り分けられることになる．したがって，各解析レイヤの仕様を策定する議論は，単にアノ

---

　* 本稿は国立国語研究所共同研究プロジェクト「コーパスアノテーションの基礎研究」における報告書「コーパスへの意味・談話情報のアノテーション」（福原・乾（2014））を一部改変・加筆したものである．

テーションのためのラベルを決めるといった以上の,極めて重要な意味を持っている.

意味・談話情報のアノテーションは,形態素・統語情報に比べて大きく遅れていたが,近年急速な発展を見せている.冒頭で挙げた語義曖昧性解消,固有表現抽出,照応・共参照解析といった個々のレイヤにおいて注釈付きコーパスが構築され,それらを利用した解析器の研究も進みつつある.とくに,研究リソースが集中する英語についてはその傾向が顕著であり,格文法の Fillmore や生成語彙論の Pustejovsky といった言語学の著名な研究者らが意欲的に注釈付の仕様設計に携わり,工学系研究者だけでは困難な理論的基盤の構築が進んでいる (Baker et al. (1998),Ide et al. (2008),Pustejovsky et al. (2005a),Pustejovsky et al. (2005b),Saurí et al. (2006),Saurí and Pustejovsky (2009) など).

また,複数のコーパスの注釈情報を統合する動きも活発になってきた.とくに,同一の文書集合に対して様々なレイヤの意味情報を重層的に付与する試みや,1つの表現体系に統合する試みがすでにいくつか報告されていることは注目すべきである (Ide et al. (2008),Pustejovsky et al. (2005a),Pradhan et al. (2007),Banarescu et al. (2013)).OntoNotes (Pradhan et al. (2007)) などはその代表的な一例で,統語情報,述語項構造,語義情報,共参照関係,照応関係といったレイヤが重層的に付与されており,それぞれのレイヤにおける注釈の整合性は 90 パーセント以上とされている.意味情報が重層的に付与されたコーパスは,意味談話解析全体の設計をより広い視点から考察するためにも有益である.またレイヤ間の注釈の整合性を分析することによって,仕様の洗練にも繋がると期待されている (Pustejovsky et al. (2005a)).

本稿では,こうしたコーパスへの統語・意味情報のアノテーションについて,これまで作られてきた言語資源を軸に,述語項構造,照応・共参照,談話関係についての先行研究を概観し,各情報のアノテーションで検討すべき課題をまとめる.

2. 項構造のアノテーション

項構造のアノテーションは,文章中に現れる項構造を持つ語の特定と,そのそれぞれの項の位置および,それらの意味的な性質を付与する形で行われてきた.英語に関する代表的なコーパスとして,FrameNet (Baker et al. (1998)),PropBank (Palmer et al. (2005)),NomBank (Meyers et al. (2004)) が存在しており,本節ではこれらのコーパスについて概観する.

2.1. FrameNet

言語学の一分野に，語の意味を記述する方法を論じる研究分野がある．その1つが，Fillmore (1976) が提唱したフレーム意味論である．フレーム意味論では，言語の理解や産出には言語知識のみならず百科事典的知識が必要であると考え，それらの知識を「フレーム」と呼ばれる知識構造の体系として記述した．FrameNet は，Fillmore 率いる研究チームが，このフレーム意味論をもとに開発を続けているコーパスである．

FrameNet の知識記述を構成する単位はフレームである．個々のフレームは，そのフレームを喚起する語の集合と，意味役割に相当する「フレーム要素 (frame element)」の集合によって規定される．例えば，「買う」は「商業活動 (Commerce)」の1つとして "Commerce_buy" と記述される．同じ商業活動である「売る」であれば "Commerce_sell" と記述される．

(1) Commerce_buy フレーム
　　フレーム要素（必須）：
　　・Buyer: The Buyer wants the Goods and offers Money to a Seller in exchange for them.
　　・Goods: The Goods is anything (including labor or time, for example) which is exchanged for Money in a transaction.
　　フレーム要素（選択的）：
　　・Seller: The Seller has possession of the Goods and exchanges them for Money from a Buyer.
　　・Recipient: The individual intended by the Buyer to receive the Goods.
　　・Money: Money is the thing given in exchange for Goods in a transaction.
　　フレーム喚起語：buy.v, purchase.v, purchase [act].n
　　関連フレーム：
　　・Inherits From: Getting
　　・Is Inherited By: Renting
　　・Is Used By: Importing, Shopping
　　・Perspective on: Commerce_goods-transfer

フレームとフレームの間には上位下位関係 (Inherit) や部分全体関係 (Subframe)，手段目的関係 (Use)，因果関係，時間的順序関係などが規定されネットワーク構造を構成している．例えば，(1) Commerce_buy フレームでは，

対象に相当するフレーム要素は Goods と呼ばれるが，その上位フレームである Getting フレームでは Theme と呼ばれる．このような関連するフレーム間にはフレーム要素間の対応関係も記述されており，それによって項レベルの対応関係を利用した多様な推論が可能になっている．

2.2. PropBank（述語項構造）

PropBank は，句構造のアノテーションコーパスである Penn Treebank (Marcus et al. (1993)) の統語情報上に述語（主に動詞）とその項の意味役割を付与したものである．PropBank も FrameNet も Fillmore のフレーム意味論をもとにしているが，両者の意味役割の記述方法は異なる．

FrameNet が述語をフレームという意味役割で記述するのに対し，PropBank は，動作主格（agent）や対象格（theme）に相当する項を単位とした意味役割を Arg0 から Arg5, ArgM-LOC (location), ArgM-TMP (time) などのラベルを用いて文内の述語と項の関係を記述している．例えば以下 (2) では，述語 "earned" に対し，"the refiner" を agent 相当の Arg0，"$66 million, or $1.19 a share" を theme 相当の Arg1 として記述する．

(2) [ARGM-TMP A year earlier], [ARG0 the refiner] [rel earned] [ARG1 $66 million, or $1.19 a share].

PropBank のフレームは，述語ごとに個別の意味役割が用意され，意味役割の数はその動詞の項構造の数（概ね語義の数）に応じて決定する。多くの場合，意味役割の数は，2 から 4 で，最大では 6 となる．述語ごとの意味役割数の平均は 1.5 個程度となる．例えば leave であれば，意味役割は以下のように記述される（(3) を参照）．

(3) leave
Frameset leave.01 "move away from":
Arg0: entity leaving
Arg1: place left
Frameset leave.02 "give":
Arg0: giver
Arg1: thing given
Arg2: beneficiary

PropBank では，FrameNet に見られるフレーム間の関係（Commerce_buy と Commerce_sell を Commerce の枠組みで記述する）のような関係は定義され

ておらず，各フレームは定義上独立な関係にある（表1を参照）．

	PropBank		FrameNet
buy .01	*sell .01*	COMMERCE_buy	COMMERCE_sell
Arg0: buyer	Arg0: seller	Buyer	Seller
Arg1: thing bought	Arg1: thing sold	Goods	Goods
Arg2: seller	Arg2: buyer	Seller	Buyer
Arg3: price paid	Arg3: price paid	Money	Money
Arg4: benefactive	Arg4: benefactive	Recipient	Recipient

表1　PropBank と FrameNet における動詞 "buy" と "sell" の定義

ただし，意味役割の動詞横断的な一般化についても配慮している．意味役割の定義は各動詞語義特有の役割を表す Arg0 から Arg5 のラベルと，時間，場所などの全フレームに共通の付加的な役割を表す AM ラベルに分かれている．さらに，各フレームの Arg0, Arg1 はそれぞれ Proto-Agent, Proto-Patient (Dowty (1991)) に対応するよう定義されており，能格動詞など自他交替が起こるケースなどで意味的に同一役割のものが同じラベルとなるように一定の配慮を払っている．

2.3. NomBank（事態性名詞の項構造）

Meyers ら (Meyers et al. (2004)) が作成した NomBank では，Penn Treebank を対象に事態性名詞とその項のタグ付与を行っている．このコーパスでは英語における動詞の名詞化に着目し，PropBank の仕様に従って項構造を付与している．例えば，句 (4) において，名詞 "growth" はある事態を表しており，その項として名詞句内の "in dividends" と "next year" がそれぞれ theme 相当の項と任意格相当の項として付与されている．

(4) 12% growth in dividends next year.
   [REL=growth, ARG1=in dividends, ARGM-TMP=next year]

また，名詞化した動詞や形容詞が支援動詞を伴う場合についても，PropBank の意味役割相当のラベルが付与されるわけであるが，支援動詞は "SUPPORT" と記述される ((5) を参照)．

(5) The judge made demands on his staff.
   [REL=demands, **SUPPORT**=made, ARG0=The judge, ARG2=on his staff]

PropBankを用いた動詞に対する意味役割付与は，述語項構造解析において，その有効性が確認されている．NomBankは，PropBankの仕様を基に作成され，名詞の語幹やクラスといった事態性名詞についての意味素性や，支援動詞構文を認識するための述語との位置関係といった統語素性，そして項構造を正しく認識することを可能にした．しかしながら，NomBankは，PropBankの仕様に準拠しているため，タグ付与対象となる項は文内（多くの場合は句の中）に制限される．

3. 照応と共参照

文章における照応詞と，それが参照する先行詞の関係を明らかにすることを照応解析（anaphora resolution）と呼ぶ．2節では，文章中に現れる項構造を持つ語の特定と，そのそれぞれの項の位置および，それらの意味的な性質を付与したコーパスについて述べたが，3節では，照応解析のための情報を付与したコーパスについて述べる．

文章内には多くの照応が存在している．では，どのようなものを照応というのか．照応とはある表現が同一文章内の他の表現を指す機能をいい，指す側の表現を照応詞，指される側の表現を先行詞という．一方，2つ（もしくはそれ以上）の表現が現実世界あるいは仮想世界において同一の実体を指す場合，それらの表現は共参照（あるいは同一指示）の関係にあるという．例えば，以下(6)の"横尾$_i$"と"彼$_i$"は照応関係であり，かつ共参照でもある．

(6) 横尾$_i$は画家でもないし，デザイナーでもない．そんなことは彼$_i$にとってはどうでもよいことなのだ．

一方，(7)の"iPod$_i$"は"それ$_i$"と照応関係にあると解釈できるが，共参照ではない．

(7) 太郎はiPod$_i$を買った．次郎もそれ$_i$を買った．

このように，照応関係と共参照関係は似てはいるが同じではないので，注意が必要である．Mitkov (2002) では，(6)のように照応かつ共参照関係となるものを identity-of-reference anaphora (IRA)，(7)のように照応関係だけのものを identity-of-sense anaphora (ISA) と呼び区別している．

また照応詞の現れる位置によっても照応は分類される．(8)のように，照応詞が現れる前に先行詞が既に表れている場合，これを前方照応（anaphora）と言い，逆に(9)のように，先行詞が照応詞よりも後に現れるものを後方照応

(cataphora) と言う．前方照応，後方照応ともに文章中において起こる現象であることから，これらはまとめて文脈照応 (endophora) と呼ばれる．

(8) 太郎は iPod を買って，それを次郎に貸した．（下線は照応詞を表す）
(9) これってもしかして？ 今流行ってる iPod ？（下線は照応詞を表す）

ところで，照応は必ずしも同一文章内に先行詞を持つ必要はない．先行詞が同一文章内にない場合もある．このような照応は外界照応 (exophora) と呼ばれる．

(10) それ，ちょっと貸してくれない？（下線は照応詞を表す）

このような場合，照応詞の照応先となる先行詞は，文章中には認められず，話し手と聞き手が共に認識可能な対象は外界（言語外）にある．

さらに照応現象は先行詞が明示的かどうかによっても分類される．以下 (11a) のように先行詞と照応詞が同義表現や上位下位関係であるなど，直接的な指示の関係にある場合を直接照応 (direct anaphora) という．一方，(11b) のように，先行詞と照応詞が部分全体関係や属性関係であるなど，文章中には明示されず，間接的に推定される場合を間接照応 (bridging reference) という．

(11) a. 英語の**単語帳**を買った．この本は初級学習者にピッタリだ．
　　　　　　　　　　　　　　　（太字は先行詞，下線は照応詞をそれぞれ表す）
　　 b. 英語の**単語帳**を買った．その表紙は鮮やかな緑色だ．

(11b) の「表紙」は先行詞「単語帳」の部分であることを指している．このような間接照応は，文章中で表層的には省略されているため，言語表現の読み手（受け手）は常識などの知識に基づいた推論を行って復元する必要がある．

照応・共参照のアノテーションをした代表的なコーパスには，ACE, GNOME corpus, OntoNotes がある．ここでは，ACE と GNOME corpus についての特徴を概観する．

3.1. ACE

照応・共参照関係のアノテーションは，情報抽出に関する評価型会議 MUC (Message Understanding Conference) が第 6 回会議（1995 年）および第 7 回会議（1997 年）で提供した共参照解析評価用データ (Hirschman (1997)) まで遡る．MUC の共参照データは，その後共参照解析手法のベンチマークデータとして長く利用されたが (Ng and Cardie (2002), Soon et al. (2001))，限

量子（every, most など）を伴う名詞句や同格表現（Julius Caesari, a well-known emperori, ...）にまで共参照関係を認めるなど，仕様上の問題も指摘されている（Deemter and Kibble (1999)）．

Automatic Content Extraction（以下：ACE）(Doddington et al. (2004))の特徴は，Entity Detection and Tracking（以下：EDT）において，それまで混同して扱われてきたコーパス中の個別の言語表現（mention, 言及）とそれが指す現実あるいは仮想世界の対象「実体」(entity) を陽に記述する タグ付け仕様を導入し，さらに，The Relation Detection and Characterization (RDC)では，entity のどうしの関係 について Role, Part, At, Near, Social などの5つと，サブタイプを含めた計24種類で記述し，共参照関係の厳密化をはかったことである．ただし，EDT では記述対象の名詞句を人名や組織名など特定の種類の固有名に限定しており，共参照関係の認定の網羅性に問題が残る．また，RDC における entity どうしの関係についても，人と組織の関係，州と国の関係など，意味的なものに限定していることから，間接照応などは対象に含まれない．

ACE での照応関係のアノテーションは，文章内および文章間において行われているが，IRA のみを対象としており，ISA は対象に含まれない．これに対し ACE の後継に相当する GNOME では，名詞句のタイプごとに，より包括的な意味のアノテーションを行うことで，また照応詞と先行詞の関係も包括的にとらえたことにより，間接照応も記述の対象にするなど，ACE EDIT に比べ共参照関係の認定の網羅性は広い．

3.2. GNOME corpus

GNOME corpus（Poesio (2000, 2004)）では名詞要素への意味属性を包括的な形でマークアップしているため，ACE に比べより多くの名詞句について言語表現（mention, 言及）とそれが指す現実あるいは仮想世界の対象（entity, 実体）の記述をもとに，ACE ではマークアップされていない間接照応や外界照応ついてのマークアップも可能にしている．このような理由で本稿では GNOME corpus についてより詳しく概観することにしたい．

まず GNOME では，それぞれの名詞句がどのような属性を持つかがマークアップされる．ACE EDT では，マークアップの対象を人名や組織名などの限られた種類の固有名に限定していたが，GNOME では全ての名詞句が注釈付の対象とされている．

名詞句の属性についてのマークアップが終わると，これらの属性を基に名詞句どうしの照応関係がマークアップされる．照応関係は，同義表現や上位下位

関係などの直接的な指示の関係にある場合には，共参照としてマークアップされる．一方，例えば「保険」と「特約」といったように，後者が前者の一部を成す関係や，所有関係を表す場合などは間接照応としてマークアップされる．

最後に各照応詞と先行詞の照応関係がマークアップされる．これは <rel="..."> の形で示されている．例えば，文中の先行詞と照応詞が1つあるいは2つ以上の同一実体を指す共参照になる場合は，<rel="ident"> としてマークアップされる．照応関係をマークアップする際，照応詞の照応先となる先行詞が明示的に現れている場合は，共参照 <rel="ident"> としてマークアップされるが，先行詞が明示的に認められず，表層的に省略されている間接照応の場合には，<rel="poss">（所有の関係）や <rel="element">（全体と一部の関係）として示される．例えば (12) や (13) の場合である．

(12) John has bought a new car.（太字と下線部が所有の関係）
The indicators use the latest laser technology.

(13) The Italian team didn't play well yesterday until **the centre-forward** was replaced in the 30th minute.

（太字と下線部が全体と一部の関係）

(12) では，照応詞 "The indicators" の先行詞に相当する要素が先行文脈において明示的に出現していない．照応詞の照応先として "a new car" が認定されるのは，Clark (1977) によると，The indicators と a new car は一般的な知識に基づいて，両者は所有の関係（一方が他方を所有する）にある，という推論ができるためである．このような場合は，<rel="poss"> として記述される．(13) では，先行詞と照応詞が全体と一部の関係にあると推論できるため，<rel="element"> と記述される．

さらに GNOME では，外界照応についても記述している（(14) を参照）．

(14) Pass me the salt, please.

(14) の "the salt" の照応先である先行詞は，文章中には出現しておらず，話し手と聞き手が共に認識可能な対象として言語外に存在している．GNOME では，外界照応の場合，先行詞と照応詞の関係は <rel= > を使用して記述せずに，名詞句の属性に「対象指示的」であることを表すラベルを付与している．

GNOME では間接照応の同定に関して，(i) 照応詞が先行詞の一部を成している，(ii) 照応詞が先行詞の性質，部分，状態を表している，(iii) 照応詞が先行詞と所有の関係にある，といった規則に基づき間接照応のマークアップをしているところ，また，外界照応についても名詞句の属性タグによって記述

している点で評価できる．このような外界照応の記述を可能にしている名詞句の包括的な機能タグも ACE にはない GNOME の特徴といえる．

4. 談話構造

4.1. RST corpus

　文章中の事態の情報を言語処理の応用処理に利用するためには，談話単位内に出現している述語項構造や照応関係の研究だけではなく，談話単位間の意味的関係を把握する必要が出てくる．談話単位間の関係については"背景"や"原因"といった事態間の関係ラベルをどのように定義するか，また文章の構造を木構造とするか，より一般的なグラフ構造にするかでいくつかの異なる論理的な枠組みが提案され，それぞれの枠組みに基づいた注釈付きコーパスが整備されている．例えば，文章の談話構造を捉える理論として修辞構造理論 (Rhetorical Structure Theory; RST) (Mann and Thompson (1988)) がある．RST では関係の種類として"詳細化"，"原因"，"結果"，"対比"など 20 程度が提案されている．また，談話単位間には関係ごとの主従関係があり，主となるものを核 (nucleus)，従となるものを衛星 (satellite) と呼んでいる．

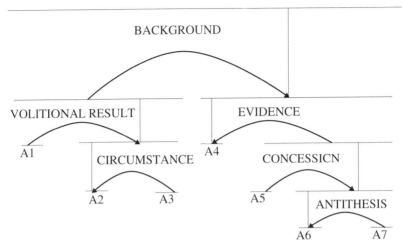

[Farmington police had to help control traffic recently]A1 [when hundreds of people lined up to be among the first applying for jobs at the yet-to-open Marriott Hotel.]A2 [The hotel's help-wanted announcement—for 300 openings—was a rare opportunity for many unemployed.]A3 [The people waiting in line carried a message, a refutation, of claims that the jobless could be employed if only they showed enough moxie.]A4 [Every rule has exceptions,]A5 [but the tragic and too-common tableaux of hundreds or even thousands of people snake-lining up for any task with a paycheck illustrates a lack of jobs,]A6 [not laziness.]A7

図 1 RST における談話構造例 (Mann and Thompson (1988) より引用)

日本語においても横山ら (2003), 新森ら (2004), 杉浦 (2010) などが談話単位間の関係ラベルを定義してそれぞれ独自に注釈付きコーパスを構築しているものの, 談話の単位, 談話間の関係や構造の認定は, 人によって揺れが大きく一貫性のある注釈をコーパスに付与することは簡単ではない.

4.2. Penn Discourse Treebank (PDTB)

Penn Discourse Treebank (PDTB) (E. Miltsakaki et al. (2004)) では, RST における木構造といった談話構造の形を仮定せず, 談話片間の 2 項関係だけを表現している. PDTB では, "because" や "but" といった接続表現 (connective) と, この接続表現を介してつながる 2 つの項 (Arg1, Arg2) をそれぞれ注釈付けされている ((15) を参照).

(15) Michelle lives in a hotel room, and <u>although</u> **she drives a canary-colored Porsche,** *she hasn't time to clean or repair it.*

（下線は接続表現，斜体は Arg1，太字は Arg2 をそれぞれ表す）

接続表現（connective）は明示される場合（explicit）と，明示されない場合（implicit）がある．接続表現が明示されない場合であっても，読み手の推論によって談話関係の存在が理解可能であれば，明示的な接続表現を補う形で記述される（(16) を参照）．

(16) But a few funds have taken other defensive steps. *Some have raised their cash positions to record levels.* <u>Implicit = BECAUSE</u> **High cash positions help buffer a fund when the market falls.**

（下線は接続表現，斜体は Arg1，太字は Arg2 をそれぞれ表す）

このように PDTB では，接続表現の明示されない抽象的な談話関係に対しても明示的な接続表現を補うことで，談話関係の曖昧性を解消している．

4.3. Discourse Graphbank

RST では文章の構造を木構造としたが，より一般的なグラフ構造を導入したのが Wolf & Gibson による Discourse Graphbank（Wolf et al. (2005)）である．

(17) 1a. [Mr. Baker's assistant for inter-American affairs,]
　　 1b. [Bernard Aronson,]
　　 2. while maintaining
　　 3. that the Sandinistas had also broken the cease-fire,
　　 4. acknowledged:
　　 5. "It's never very clear who starts what."

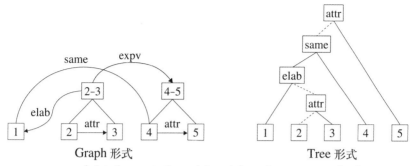

expv = violated expectation; elab = elaboration; attr = attribution

図 2　Graph 形式と Tree 形式での談話構造
(Wolf and Gibson (2005: 266-267) より引用)

図 2 は，(17) の文章の談話構造をグラフ形式，Tree 形式でそれぞれ表したものであるが，Tree 形式と比べ Graph 形式のほうは same の関係や expv の関係をより詳細かつ多く付与できていることが見て分かる．

5. 意味・談話情報の重層的付与

同一のコーパスにさまざまなレベルの意味情報を重層的にアノテートする試みもすでにいくつか報告されている．その先駆けの 1 つに，Prague Dependency Treebank (現在 3.0 が公開されている (Bejček et al. (2013))) が挙げられる．Prague Dependency Treebank (以下：PDT) は，Penn Treebank の有用性に感銘を受けたチェコの Hajič らによって提唱された．PDT の特徴は，Penn Treebank の句構造文法とは異なる，基本的な記述の単位に句を用いない依存文法を基にした記述を行っていることである．句構造に依存しない依存文法は，特定の語順による定義がなされないため，チェコ語のような比較的語順の自由な言語の記述に適している．では，PDT はどのようなレイヤを使用しているのだろうか．

PDT のレイヤであるが，形態素と依存構造のアノテーションに加え，Tectogrammatics と呼ばれるレイヤが用意され，深層の依存構造 (PropBank スタイルの意味役割付与に概ね相当) から省略・共参照，新旧情報など，幅広い意味談話情報が付与されている．

一方，異なる研究グループによって個別に開発された注釈情報を統合する試みも報告されている．代表的な例は，PropBank, NomBank, TimeBank,

Penn Discourse Treebank，FactBank 等の注釈情報を統合する Pustejovsky らの試みであろう（Pustejovsky et al. (2005b)）．Pustejovsky らはこうした統合によって異なるレイヤ間で注釈情報を付き合わせ，調整することが可能になり，コーパス全体の仕様の整合性，注釈情報の品質の改善が期待できると論じている（Pustejovsky et al. (2005a)）．Pustejovsky らはその後，XBank ブラウザ 5 と呼ばれるツールを開発し，PropBank，NomBank，TimeBank，Penn Discourse Treebank，MPQA の注釈情報をレイヤ横断的に調べることができる環境を開発するに至っている．これら異なるレイヤの言語情報を統一的に記述するための Unified Linguistic Annotation と呼ばれる枠組みも開発され，小規模ながらこの枠組みでアノテートされたテキストデータも LDC (Linguistic Data Consortium) から配布されている．

この他にも複数の研究サイトが協調的に意味的アノテーションの垂直統合をはかる試みがいくつかある．例えば，Eduard Hovy らを中心として行われた OntoNotes プロジェクト（Pradhan et al. (2007)）では，Penn Treebank スタイルの統語構造，PropBank/NomBank スタイルの意味役割の他，語義，固有名，共参照を重層的に付与する．また，多様なジャンルのテキストへのアノテーションを目的として，American National Corpus（ANC）の一部に重層的にアノテートするプロジェクト（Ide et al. (2008)）も進行中であり，その一部は Open ANC としてすでに公開されている．

6. Abstract Meaning Representation (AMR)

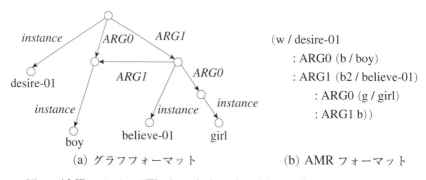

(a) グラフフォーマット　　　　　　(b) AMR フォーマット

図 3　AMR における "The boy desires the girl to believe him." の表現．
　　　(Abstract Meaning Representation 1.2.2 Specification より引用)

異なる種類の意味情報を複数のレイヤに分けて重層的にアノテートするかわ

りに，意味解析に必要と考えられる様々な情報を 1 つのグラフ構造の中に統合する方法を取ったものに Abstract Meaning Representation（AMR）(Banarescu et al. (2013)) がある．AMR では，一文ごとの意味構造を図 3 (a) のような 1 つの有向非巡回グラフで表現する．各中間ノードはイベント，3.1 節で述べた意味での「実体」(entity)，性質，状態のいずれかを表すための変数であり，矢印の終端に位置するノード（葉ノード）には，中間ノードの各変数を説明するための言語上の概念が割り当てられている．矢印で表される有向辺はこれらの変数や概念間の様々な関係を表す．AMR の基本的な考え方は，統語論由来の構造的差異を排除し，語の間の意味的な関係のみを 1 つの簡潔なグラフ構造を用いて抽象化することで，意味理解が必要な様々な後段の言語処理において扱いやすい文の意味表現を得るというものである．AMR では，統語的な構造や一部の詳細な意味表示を捨象した結果，以下の 5 つの文が全て図 3 と同一の構造として表される．

(18)　1.　The boy desires the girl to believe him.
　　　2.　The boy desires to be believed by the girl.
　　　3.　The boy has a desire to be believed by the girl.
　　　4.　The boy's desire is for the girl to believe him.
　　　5.　The boy is desirous of the girl believing him.

AMR 第 1.2.2 版（Banarescu et al. (2015)）がグラフ内に表現する情報は，意味役割の表現を用いた項構造関係，照応・共参照関係，固有名，数量表現，時間表現，否定表現，接続表現，比較，モダリティ，焦点，疑問文構造など多岐にわたる．一方，現状の AMR で表現しないものには，時制，アスペクト，量化子のスコープ，引用記号，冠詞によって表される定性などがある．また，AMR は一文単位の意味表現であり，談話的要素は扱わない．以下では，AMR の仕様のうち，本稿でこれまで特に焦点を当ててきた項構造及び照応・共参照アノテーションの仕様について見ていく．

項構造：2 節で見たとおり，項構造のアノテーションにおいては，一般に，述語や事態を表す名詞など項構造を持つ語の 1 つ 1 つの語義に対して，その語に特有の意味役割（コア役割と呼ばれる）を示したフレーム辞書なる資源が必要であった．そこで，AMR におけるコア役割のアノテーションは PropBank によって構築された述語ごとのフレーム辞書にもとづいて行われる．AMR において葉ノードに利用される概念は，単語，PropBank の 1 フレームセット，日時や地理的位置，数量などに利用する特別なキーワード表現のいずれかであり，これらの概念を「実例（instance）」という関係により中間ノード

(変数)に割り当てる．さらにその他の関係を表す約100種類のラベル付き有向辺によって変数の間の意味的関係を記述する．例えば，図3 (a) におけるARG0やARG1といった有向辺は，辺で結ばれる2つの中間ノードが述語項関係にあり，その項の役割がそれぞれPropBankの定義するところのARG0,ARG1といったコア役割であることを意味している．AMRにおいてコア役割を表現する際には，PropBankと同様にARG0からARG5の意味役割ラベルが用いられる．一方で，時間や場所などの，様々な語の項構造に付加的に表れる役割についてはAMR独自の定義に基づいてアノテーションを行っている．また，AMRはNomBankと同様に事態性の名詞に対する項構造付与についても行っているため（例えば，explosionに対してexplode-01のフレームを利用して項構造を付与する），文中のほとんどの語は項構造を基軸としてグラフに結合される．特筆すべき点として，AMRにおいては下記の例文に見られるような「暗黙的な役割」についても述語-項関係が認定される．

(19) He was charged with public intoxication and resisting arrest.
　　　(c / charge-05
　　　　:ARG1 (h / he)
　　　　:ARG2 (a / and
　　　　　　:op1 (i / intoxicate-01
　　　　　　　　:ARG1 h
　　　　　　　　:location (p / public))
　　　　　　:op2 (r / resist-01
　　　　　　　　:ARG0 h
　　　　　　　　:ARG1 (a2 / arrest-01
　　　　　　　　　　:ARG1 h))))
　　　　　　　　　　　　　　　　　　　　　　(Banarescu et al. (2015))

文 (19) において，arrestの目的語は文構造の中で明示されてはいないが，前方文脈より逮捕される対象が"he"であることは明白である．AMRではこのような場合に"he"がarrestのARG1 (patient) であるという暗黙的な意味役割関係をアノテートする．ただし，arrestのARG0 (agent) のように，存在はするもののその対象が文中に表れないものや，議論の余地が残るものに関しては「実体」の変数を用意しない．

照応・共参照：AMRにおいては，文中の照応関係，共参照関係にある語はその実体を表す1つの変数（ノード）に集約される．例えば，図3の"The boy desires the girl to believe him."という例文では，文中に"the boy"という名詞句とそれを指示する代名詞"him"が存在するが，これらは AMR 上では「b」という 1 つのノードに集約されている．また，通常，実体「b」に対して，それを実際に指す言語表現（言語上の概念）である"boy"や"him"はグラフの終端ノード（葉ノード）として保持され，「実例」の関係で「b」のノードと結合されるはずであるが，代名詞に関しては原則葉ノードとして保持しない方針となっている．ただし，AMR は一文単位の意味表現であり，文を横断して代名詞の指示対象を補完することはしないため，同一文中に代名詞の指示対象が存在しない場合には下記のように例外的に代名詞の主格（he や they）を変数（h や s）に対応する概念として割り当てる．

(20) He saw them.
　　 (s / see-01
　　 　:ARG0 (h / he)
　　 　:ARG1 (t / they))

(Banarescu et al. (2015))

現在までに，新聞やディスカッションフォーラム，小説，生物学文献，その他ウェブ文章など様々な英文に AMR をアノテートしたコーパスが公開されている（Abstract Meaning Representation (AMR) Annotation 1.0, The Little Prince Corpus, Bio AMR Corpus など[1]）．また，自動解析により文から AMR を得るためのパーザーも近年盛んに研究されており（Vanderwende et al. (2015), Wang et al. (2015)），言語意味理解や言語表現生成のための中間表現として注目を浴びている．

7. まとめ

本稿では，自然言語処理研究に欠かせない注釈付きコーパスの現状を概観し，それぞれのコーパスの特徴，そしてそれらの抱える課題について紹介した．何を固有表現と認めるのか，述語の項を何種類に分類するか，照応関係の認定条件をどうするかなど，問題の具体的な取り決めは主として注釈付きコーパスの設計者が行ってきた．統計的自然言語処理と呼ばれる経験主義的アプローチが拡大したこの 20 年は，ベンチマークの開発による問題設計の歴史と

---

[1] http://amr.isi.edu/download.html

してもたどることができる．これらの問題設計の多くが具体的な応用の課題分析から始まっている点も重要である．たとえば，固有表現の重要性が広く認識されるようになったのは，米国の評価型研究プログラム MUC の情報抽出タスクがきっかけだった．情報抽出の研究プログラム ACE からは，実体（entity）と言及（mention）を区別した共参照解析の課題仕様が提案され，こうして問題は発見され，創造され，修正されてきた．具体的な応用から出発して，実際の言語データと格闘しながら問題を練っていく．問題の切り方が良ければ，やがては応用横断的な基本問題に一般化され，技術のモジュール性，そして統合のしやすさにも繋がる．問題を設計することの貢献は大きい．とは言え，本稿で見たように，注釈付きコーパスの設計にはまだ多くの課題が残っている．とくに，意味レベルの注釈はまだ仕様設計の模索段階にあると言っても過言でない．そこには，言語処理研究者だけでなく，言語学研究者にとっても極めて興味深い研究課題がいくつも埋まっているはずである．言語処理と言語学の垣根を越えた連携による研究の深化が望まれる．

参考文献

Bejček, E., E. Hajičová, J. Hajič, P. Jínová, V. Kettnerová, V. Kolářová, M. Mikulová, J. Mírovský, A. Nedoluzhko, J. Panevová, L. Poláková, M. Ševčíková, J. Štěpánek and Š. Zikánová (2013) *Prague Dependency Treebank 3.0. Data/software*, Univerzita Karlova v Praze, MFF, ÚFAL, Prague. (http://ufal.mff.cuni.cz/pdt3.0/)

Baker, C. F., C. J. Fillmore and J. B. Lowe (1998) "The Berkeley Framenet Project," *Proceedings of the International Conference on Computational Linguistics (COLING/ACL-98)*, 86-90.

Banarescu, L., C. Bonial, S. Cai, M. Georgescu, K. Griffitt, U. Hermjakob, K. Knight, P. Koehn, M. Palmer and N. Schneider (2013) "Abstract Meaning Representation for Sembanking," *Proceedings of 7th Linguistic Annotation Workshop*, 178-186.

Banarescu, L., C. Bonial, S. Cai, M. Georgescu, K. Griffitt, U. Hermjakob, K. Knight, P. Koehn, M. Palmer and N. Schneider (2015) "Abstract Meaning Representation (AMR) 1.2.2 Specification," https://github.com/amrisi/amr-guidelines/blob/master/amr.md. Accessed: 2016/04/01.

Clark, H. H. (1977) "Bridging," *Thinking: Readings in Cognitive Science*, ed. by P. N. Johnson-Laird and P. C. Wason, Cambridge University Press, Cambridge.

Doddington, G., A. Mitchell, M. Przybocki, L. Ramshaw, S. Strassel and R. Weischedel (2004) "Automatic Content Extraction (ACE) Program—Task Definitions and Performance Measures," *Proceedings of the 4rd International Conference on*

Language Resources and Evaluation (*LREC-2004*), 837-840.

Dowty, D. (1991) "Thematic Proto-Roles and Argument Selection," *Language* 67, 547-619.

Fillmore, C. J. (1976) "Frame Semantics and the Nature of Language," *Annals of the New York Academy of Sciences: Conference on the Origin and Development of Language and Speech* 280, 20-32.

Forsbom, E. (2005) *Rhetorical Structure Theory in Natural Language Generation. Téléchargéle.*

Hajičová, E. (1988) "Prague Dependency Treebank: From Analytic to Tectogrammatical Annotation," *Proceedings the First International Conference on Text, Speech, Dialogue*, 45-50.

Hirschman, L. (1997) MUC-7 Coreference Task Definition, version 3.0.

Ide, N., C. Baker, C. Fellbaum, C. Fillmore and R. Passonneau (2008) "MASC: The Manually Annotated Sub-corpus of American English," *Proceedings of International Conference on Language Resources and Evaluation* (*LREC*), 2455-2460.

Marcus, M. P., B. Santorini and M. A. Marcinkiewicz (1993) "Building a Large Annotated Corpus of English: The Penn Treebank," *Computational Linguistics*, 313-330.

Meyers, A., R. Reeves, C. Macleod, R. Szekely, V. Zielinska, B. Young and R. Grishman (2004) "The Nombank Project: An Interimreport," *Proceedings of the HLT-NAACL Workshop on Frontiers in Corpus Annotation.*

Mann, W. C. and S. A. Thompson (1988) "Rhetorical Structure Theory: Toward a Functional Theory of Text Organization," *Text* 8 (3), 243-281.

Miltsakaki, E., R. Prasad, A. Joshi and B. Webber (2004) "The Penn Discourse Treebank," *Proceedings of the Language Resources and Evaluation Conference,* 2237-2240.

Mitkov, R., ed. (2002) *Anaphora Resolution*, Studies in Language and Linguistics, Pearson Education.

Ng, V. and C. Cardie (2002) "Improving Machine Learning Approaches to Coreference Resolution," *Proceedings of the 40th ACL*, 104-111.

Palmer, M., D. Gildea and P. Kingsbury (2005) "The Proposition Bank: An Annotated Corpus of Semantic Roles," *Computational Linguistics*, Vol. 31, No. 1, 71-106.

Poesio, M. (2000) "The GNOME Annotation Scheme Manual," University of Edinburgh, HCRC and Infomatics, Scotland, fourth version edition, July. Available from http://www.hcrc.ed.ac.uk/~gnome.

Poesio, M. (2004) "The MATE/GNOME Scheme for Anaphoric Annotation, revisited," *Proc. of SIGDIAL, Boston, May.*

Pradhan, S., E. Hovy, MS. Marcus, M. Palmer, L. Ramshaw and R. Weischedel

(2007) "OntoNotes: A Unified Relational Semantic Representation," *Proceedings of the International Conference on Semantic Computing*, 517-526.
Pustejovsky, J., A. Meyers, M. Palmer and M. Poesio (2005a) "Merging PropBank, NomBank, TimeBank, Penn Discourse Treebank and Coreference," *Proceedings of the Workshop on Frontiers in Corpus Annotation II: Pie in the Sky*, 5-12.
Pustejovsky, J., P. Martha and A. Meyers (2005b) "Introduction to Frontiers in Corpus Annotation II Pie in the Sky," *Proceedings of the Workshop on Frontiers in Corpus Annotation II: Pie in the Sky*, 1-4.
Saurí, R., J. Littman, B. Knippen, R. Gaizauskas, A. Setzer and J. Pustejovsky (2006) *TimeML Annotation Guidelines Version 1.2.1*. http://www.timeml.org/site/publications/timeMLdocs/annguide 1.2.1.pdf.
Saurí, R. and J. Pustejovsky (2009) "FactBank: A Corpus Annotated with Event Factuality," *Language Resources and Evaluation*.
新森昭宏・奥村学・丸山雄三・岩山真 (2004)「手がかり句を用いた特許請求項の構造解析」『情報処理学会論文誌』Vol. 45, No. 3, 891-905.
Soon, W. M., H. T. Ng and D. C. Y. Lim (2001) "A Machine Learning Approach to Coreference Resolution of Noun Phrases," *Computational Linguistics*, Vol. 27, No. 4, 521-544.
杉浦純 (2010)『日本語談話関係コーパスの構築に向けた関連研究の調査と試験的アノテーション』卒業論文, 東北大学.
Vanderwende, L., A. Menezes and C. Quirk (2015) "An AMR Parser for English, French, German, Spanish and Japanese and a New AMR-annotated Corpus," *Proceedings of the 2015 Conference of the North American Chapter of the Association for Computational Linguistics—Human Language Technologies*, 26-30.
van Deemter, K. and R. Kibble (1999) "What Is Coreference, and What Should Coreference Annotation Be?" *Proceedings of the ACL '99 Workshop on Coreference and Its Applications*, 90-96.
Wang, Chuan, Nianwen Xue and Sameer Pradhan (2015) "A Transition-based Algorithm for AMR Parsing," *Proceedings of the 2015 Conference of the North American Chapter of the Association for Computational Linguistics—Human Language Technologies*, 366-375.
Wolf, F., E. Gibson, A. Fisher and M. Knight (2005) The Discourse Graphbank: *A Database of Texts Annotated with Coherence Relations*.
横山憲司・難波英嗣・奥村学 (2003)「Support vector machine を用いた談話構造解析」『情報処理学会研究報告書』2003-NL-153, 193-200.

索　引

1. 日本語は五十音順に並べてある．英語（などで始まるもの）はアルファベット順で，最後に一括してある．
2. 数字はページ数を示し，nは脚注を表す．

［あ行］

イェスペルセン周期（Jespersen's cycle）117
一方向性の仮説（unidirectionality hypothesis）219, 253
イディオム化（idiomatization）44
意味漂白（semantic bleaching）292
イントネーション　341 et passim
演繹法（deduction）3, 4, 5n, 391, 404
オーストロネシア（Austronesian）345
音韻縮約（phonological reduction）262
音声翻訳（spoken language translation）408

［か行］

外適応（exaptation）133, 156
格（case）145
関係名詞　→名詞
冠詞　125, 181, 437
間接照応（bridging reference）429
『カンタベリ物語』（The Canterbury Tales）147
機械翻訳（machine translation）410
基体（basic form）65, 68
帰納法（induction）391, 404
疑問文　324 et passim, 356, 437
競合（competition）44
共同注意フレーム（joint attentional frame）385
極小主義統語論（minimalist syntax）v, 297, 300
虚辞（expletive）125
空主語（null subjects）372, 377
空主語文（null subject sentence）372, 375, 377
屈折語尾（inflectional ending）145
形態素 ar（the morpheme ar）268
軽動詞　→動詞
軽動詞構文（light verb construction）78, 94
形容詞（adjective）144, 181, 427
　名詞用法形容詞（adjective used as noun）181
　他動形容詞（transitive adjective）163
結果持続（persistent result）249
言及（mention）430
言語獲得（language acquisition）20-23
言語獲得装置（LAD, language acquisition device）393, 403
言語接触（language contact）20, 335, 339, 347
言語知識（linguistic knowledge）4, 325n, 390, 392, 401, 402, 425
現代日本語書き言葉均衡コーパス（Balanced Corpus of Contemporary Written Japanese（BCCWJ））18
語彙素（lexeme）309n, 310
項構造（argument structure）424
構文化（constructionalization）11, 45, 298n

古英語 (Old English) 61, 95, 144
コーパス (corpus) 1, 51, 390, 395, 397, 399, 402, 423
コーパス駆動型研究 (corpus-driven study) 3, 22
コーパス駆動型接近法 (corpus-driven approach) 108
コーパス準拠型研究 (corpus-based study) 3, 15
コーパス準拠型接近法 (corpus-based approach) 108
語順 (word order) 128, 345, 435
固有名 (named entity) 430
コロケーション (collocation) 30, 45
コンピュータ・コーパス言語学 (computer corpus linguistics) 1, 13, 390
コンピュータ援用・思弁型言語学者 (computer-aided armchair linguist) 16

[さ行]

再帰性 (reflexivity) 270
再帰代名詞 (reflexive pronoun) 127
最適性理論 (Optimality Theory) 372, 376
三項関係 (triadic interactions) 384
支援動詞 → 動詞
刺激の貧困 (poverty of stimulus) 355, 405
思考の言語 (Language of Thought (LoT)) 138
事象名詞 → 名詞
自然言語処理 (natural language processing) 439
自然発話 (spontaneous speech) 233
事態性名詞 → 名詞
執事キャラクター 203
社会的属性 215
主語元位置一般化 (subject-in-situ generalization) 116
述部倒置 (predicate inversion) 288, 289, 296
主要部移動 (head movement) 253
準述詞 (quasi-predicative) 65
詳述性 (specificity) 80
焦点 (focus) 329 et passim, 437
上方再分析 (upward reanalysis) 253, 337
叙述名詞 → 名詞
助動詞 (Aux; auxiliary) 345
助動詞 DO (auxiliary DO) 126, 356
所有者上昇 (possessor raising) 271
所有標識 (possessive marker) 126, 182
進行形 (progressive form) 127
進行相 (progressive aspect) 251
新古典複合語 → 複合
水平化 (levelling) 144
数 (number) 145
ステージレベル・個体レベル (stage-level / individual-level) 303, 304
性 (gender) 145
性格的属性 215n
生産性 (productivity) 45
総合的 (synthetic) 30, 154
属性表現 (attributive expression) 215n
素性継承 (feature inheritance) 109, 366
素性継承パラメータ (feature-inheritance parameter) 109

[た行]

待遇表現 (honorific) 327, 328 et passim
対象 (entity) 430
対比の話題 → 話題
代表性 (representativeness) 2, 4, 9
脱形態化 (demorphologization) 298
脱使役化 (decausativization) 266
脱範疇化 (decategorialization) 256, 292
他動形容詞構文 → 形容詞

他動詞虚辞構文 (transitive expletive construction)　114
段階的述語 (gradable predicate)　226, 231
談話上の話題　→ 話題
談話表現 (dialogue expression)　409
談話標識 (discourse marker)　175
地域方言 (regional dialect)　324 et passim
注釈付きコーパス (annotated corpus)　423
チョーサー (Chaucer)　147
直接照応 (direct anaphora)　429
通時変化 (diachronic change)　233, 284, 298n
定性 (definiteness)　95, 145
データの粗悪さの問題 (bad data problem)　10
データベース (database)　147, 233
デキゴト名詞　→ 名詞
テレビドラマ (TV drama)　233
伝達意図 (communicative intention)　385
伝達の言語 (Language of Communication (LoC))　138
等位同格構文 (coordinative appositive construction)　285, 302
等位複合語　→ 複合
同格複合語　→ 複合
統語的構文化 (syntactic constructionalization)　284, 297
動詞 (verb)　426
　軽動詞 (light verb)　100
　支援動詞 (support verb)　427
動詞句内主語仮説 (VP-internal subject hypothesis)　359
動詞語幹パラメータ (Stem Parameter)　308, 314, 315
動詞第二位 (verb second)　110
同族目的語構文 (cognate object construction)　66, 74, 78
動名詞 (gerund)　50-53

[な行，は行]

二重対格制約 (double-o constraint)　279
場所 (location)　73, 427
派生体 (derivative form)　65, 68
発話キャラクタ　202
話し言葉 (spontaneous speech)　411
パプア言語 (Papuan)　347
反語彙論 (anti-lexicalism)　298n
半動名詞構文 (half-gerund construction)　64
比較 (comparative)　221, 224, 226, 228, 231, 437
(非)合成性 ((non)compositionality)　45
フィラー (filler)　415
複合 (compound)
　新古典複合語 (neo-classical compound)　284, 298, 314n
　等位複合語 (coordinate compound)　307-309
　同格複合語 (appositive compound)　285, 302
　並列複合語 (dvandva)　307-321
不定詞 (infinitive)　50, 52, 53
普遍文法 (UG, Universal Grammar)　355, 391-393
フレーム意味論 (frame semantics)　425
分散形態論 (distributed morphology)　284, 298n
分析的 (analytic)　30
文法 (grammar)　392
文法化 (grammaticalization)　v, 100, 219, 228, 229, 232, 249, 292, 298, 336, 339
文末詞 (sentence-final particle)　324 et passim

分離 CP 仮説（split-CP hypothesis） 330
並列複合語 → 複合
変異形（variant） 66, 206
補文（complement） 50–53

[ま行]

前編集（pre-editing） 409
右側主要部の原則（right-hand head rule） 287
ミクロパラメータ統語論（microparametric syntax） v, 6, 7
無音声化（phonetic nullification） 227, 230, 232
名詞（noun） 428
　関係名詞（relational noun） 303
　事象名詞（event noun） 78, 82, 94
　事態性名詞（eventive noun） 427
　叙述名詞（predicate nominal） 100
　デキゴト名詞（event nominal） 271
　モノ名詞（entity nominal） 274
名詞用法形容詞 → 形容詞
目的語移動（object movement） 165, 166, 171, 174
目的語転移（object shift） 166
モダリティ表現（modality expression） 409
モデル（model） 65, 68
モノ名詞 → 名詞

[や行]

役割語 201
有標（marked） 61, 66, 69
様態副詞構文（manner adverbial construction） 78
与格目的語（dative object） 171, 174n

[ら行，わ行]

ラマホロト語（Lamaholot） 345
ランキング（ranking） 379, 387
若者ことば（youth jargon） 233
話題（topic）
　談話上の話題（continued topic） 112
　対比の話題（contrastive topic） 112

[英語]

BAWE (British Academic Written English) 50–52
bring/put/set ~ PrepNP 30
CHILDES データベース 355, 372, 374
COHA (Corpus of Historical American English) 1, 66, 262, 299
CorpusSearch 2 164
E 言語（E-language） 391, 393, 395, 396
FLOB (Freiburg-Lob Corpus of British English) 52n, 55, 58
Great Complement Shift 53
Higher-Aspect 255
horror aequi 57n
I 言語（I-language） 4, 390–393
LAEME 145
Lower-Aspect 255
L 関連性（L-relatedness） 110
Middle Voice Phrase 268
OED (*Oxford English Dictionary*) 52n, 54, 56n
prevent 51, 54, 55, 58n
prohibit 51, 54–56, 58n
Qualitative Binominal Noun Phrase 287
The York-Toronto-Helsinki Parsed Corpus of Old English Prose (YCOE) 95, 163, 164
where 疑問文（*where* questions） 374

執筆者紹介
(五十音順)

秋月　高太郎　（あきづき・こうたろう）
東北大学大学院情報科学研究科博士後期課程修了．現在，尚絅学院大学総合人間科学部表現文化学科教授．専門は，社会言語学，語用論，役割語研究．
主要業績：『ありえない日本語』（ちくま書房，2005年），『日本語ヴィジュアル系―あたらしいにほんごのかきかた』（角川書店，2009年），「ウルトラマンの言語学」（『尚絅学院大学紀要』第63号, pp. 17-30, 2012年），など．

秋元　実治　（あきもと・みのじ）
東京大学大学院人文科学研究科博士課程満期退学．現在，青山学院大学名誉教授．専門は，英語の共時的・通時的研究．
主要業績：『増補文法化とイディオム化』（ひつじ書房，2014年），『日英語の文法化と構文化』（共編著，ひつじ書房，2015年），"On the Functional Change of *Desire* in Relation to *Hope* and *Wish*" (*Developments in English: Expanding Electronic Evidence*, ed. by Irma Taavitsainen, Merja Kytö, Claudia Claridge and Jeremy Smith, Cambridge University Press, 2015), など．

家入　葉子　（いえいり・ようこ）1964年生まれ．
英国セント・アンドルーズ大学大学院博士課程修了．現在，京都大学大学院文学研究科教授．専門は，英語史，歴史社会言語学，現代英語語法研究．
主要業績：*Negative Constructions in Middle English* (Kyushu University Press, 2001), *Verbs of Implicit Negation and their Complements in the History of English* (John Benjamins, 2010), 『歴史社会言語学入門』（高田博行・渋谷勝己と共編著，大修館書店，2015年），など．

乾　健太郎　（いぬい・けんたろう）1967年生まれ．
1995年東京工業大学大学院情報理工学研究科博士課程修了．現在，東北大学大学院情報科学研究科教授．専門は，自然言語処理．
主要業績："Computer-assisted Databasing of Disaster Management Information through Natural Language Processing" (*Journal of Disaster Research*, Vol. 10, No. 5, pp. 830-844, 2015), "ILP-based Inference for Cost-based Abduction on First-order Predicate Logic" (*Journal of Natural Language Processing*, Vol. 20, No. 5, pp. 629-656, December 2013), "Zero-Anaphora Resolution by Learning Rich Syntactic Pattern Features" (*ACM Transactions on Asian Language Infor-*

mation Processing,* vol. 6, no. 4, Dec. 2007），など．

大名　力（おおな・つとむ）　1962 年生まれ．
東京学芸大学大学院教育学研究科修士課程修了．現在，名古屋大学大学院国際開発研究科国際コミュニケーション専攻教授．専門は，英語学，言語学．
主要業績：「"コロケーション"と共起性の指標の信頼性と妥当性について」（*Ex Oriente* Vol. 19, pp. 25-52, 大阪大学言語社会学会，2012 年），『言語研究のための正規表現によるコーパス検索』（ひつじ書房，2012 年），「コーパスと生成文法」（堀正広・赤野一郎編『英語コーパス研究シリーズ』第 7 巻『コーパスとその他関連領域』，印刷中），など．

大室　剛志（おおむろ・たけし）　1956 年生まれ．
筑波大学大学院文芸・言語研究科博士課程単位取得退学．現在，名古屋大学文学研究科教授．専門は，生成文法，動的文法理論，概念意味論，統語論・意味論インターフェイス．
主要業績：「第 3 章　文の意味 I」『意味論』（中野弘三編，52-79，朝倉書店，2012 年），「構文における変種について」『文法化と構文化』（秋元実治・前田満共編，97-122，ひつじ書房，2013 年），「意味拡張，項融合そして強要」『言葉のしんそう（深層・真相）』（岡田禎之編，57-69，英宝社，2015 年），など．

小川　芳樹（おがわ・よしき）　1969 年生まれ．
東北大学大学院文学研究科博士後期課程修了．現在，東北大学大学院情報科学研究科教授．専門は，生成文法，形態統語論，語彙意味論，文法化，構文化．
主要業績：*A Unified Theory of Verbal and Nominal Projections*（Oxford University Press, 2001），"The Stage/Individual Distinction and (In)alienable Possession"（*Language* 77, 2001），「日本語の複合動詞と「V＋て＋V」型複雑述部のアスペクトについての統語論的考察」『語彙意味論の新たな可能性を探って』（由本陽子・小野尚之編，213-242，開拓社，2014 年），など．

金澤　俊吾（かなざわ・しゅんご）　1973 年生まれ．
東北大学大学院情報科学研究科博士後期課程修了．現在，高知県立大学文化学部准教授．専門は，意味論，コーパス言語学．
主要業績：「いわゆる転移修飾表現再考」（深谷輝彦・滝沢直宏編『英語コーパス研究シリーズ第 4 巻　コーパスと英文法・語法』，195-217，ひつじ書房，2015 年），「転移修飾表現とその修飾関係の多様性について」（『英語青年』，153(10)，614-616，2008 年），「NP-V-NP-AP 構文の意味的性質について」（『英語語法文法研究』第 10 号，70-86，2003 年），など．

菊地　朗（きくち・あきら）　1957 年生まれ．
東北大学大学院文学研究科博士後期課程満期退学．現在，東北大学大学院情報科学研究科准教授．専門は，統語論，意味論，日英語比較．
主要業績：「価値と合成性」（共編『言語学の現在を知る 26 考』研究社，2016 年），"A Phonologically Empty Degree Adverb: A Case from a Verb of Excess in Japanese"（共編『言語におけるミスマッチ』，東北大学大学院情報科学研究科，2013 年），「評価的同格構文について」（共編『言語研究の現在：形式と意味のインターフェース』開拓社，2008 年），など．

木戸　康人（きど・やすひと）　1988 年生まれ．
南山大学大学院人間文化研究科博士前期課程修了．現在，神戸大学大学院人文学研究科博士課程後期課程在学，兵庫教育大学非常勤講師，日本学術振興会特別研究員 (DC2)．専門は，心理言語学（第一・第二言語獲得），統語論，形態論，語彙意味論，方言研究．
主要業績：「日本語を母語とする幼児による複合動詞の獲得」（南山大学修士論文，2013 年），「福岡方言における「バイ」「タイ」の統語的分布」（『第 147 回日本言語学会予稿集』，2013 年），「日本語複合動詞の獲得——二重メカニズムモデルの観点から——」（『神戸言語学論叢』第 10 号，2016 年），など．

久米　祐介（くめ・ゆうすけ）　1978 年生まれ．
名古屋大学大学院文学研究科博士課程後期課程修了．現在，藤田保健衛生大学医学部医学科講師．専門は，生成文法，（史的）統語論，文法化，構文化．
主要業績：『文法変化と言語理論』（開拓社，2016 年），"From Manner Cognate Object to Predicate Nominal: A Syntactic Change in the History of English" (*IVY*, Vol. 48, 2015),「同族目的語構文の歴史的発達：live と die を中心に」（『近代英語研究』第 31 号，2015 年），"On the Complement Structures and Grammaticalization of *See* as a Light Verb" (*English Linguistics*, Vol. 28-2, 2011), "On Double Verb Constructions in English: With Special Reference to Grammaticalization" (*English Linguistics*, Vol. 26-1, 2009),　など．

桑本　裕二（くわもと・ゆうじ）　1968 年生まれ．
東北大学大学院文学研究科博士後期課程修了．現在，公立鳥取環境大学人間形成教育センター教授．専門は，音韻論，世相語研究．
主要業績：「標準アラビア語の弱動詞にみられるわたり音／母音交替について」（『音声研究』vol. 6, no. 2, 2002 年），『若者ことば　不思議のヒミツ』（秋田魁新報社，2010 年），「鳥取県倉吉方言における芸能人の名前等のアクセント——メディア経由の標準語アクセントの方言化——」（『現代の形態論と音声学・音韻論の視点と論点』開拓社，2015 年），など．

小菅　智也（こすげ・ともや）　1988 年生まれ．
東北大学大学院情報科学研究科博士課程後期 3 年の課程修了．現在，秋田工業高等専門学校人文科学研究科講師．専門は，生成文法，統語論，文法化．
主要業績："Japanese Reciprocal Anaphor *Otagai* with Split Antecedents in Disguise and Multi-Dominant Syntactic Structure"（*JELS* 31, 319-324, 2014），"The Syntax of Japanese Reciprocal V-V Compounds: A View from Split Antecedents"（*English Linguistics* 31, 45-78, 2014），*A Diachronic Syntax of Complex Predicate and Case Alternation in Japanese*（Doctoral dissertation, Tohoku University, 2016），など．

坂本　明子（さかもと・あきこ）　1981 年生まれ．
筑波大学大学院システム情報工学研究科博士前期課程修了．現在，株式会社東芝インダストリアル ICT ソリューション社．専門は，自然言語処理，機械翻訳．
主要業績："Development of a Simultaneous Interpretation System for Face-to-Face Services and Its Evaluation Experiment in Real Situation"（*Proceedings of the Machine Translation Summit* XIV, Nice, France, co-authored with Nayuko Watanabe, Satoshi Kamatani and Kazuo Sumita, 2013），"Evaluation of a Simultaneous Interpretation System and Analysis of Speech Log for User Experience Assessment"（*Proceedings of the 10th International Workshop on Spoken Language Translation（IWSLT* 2013），Heidelberg, Germany, co-authored with Kazuhiko Abe, Kazuo Sumita and Satoshi Kamatani, 2013），など．

島田　雅晴（しまだ・まさはる）　1966 年生まれ．
筑波大学大学院博士課程文芸・言語研究科単位取得退学．現在，筑波大学人文社会系准教授．専門は，理論言語学．
主要業績："Wh-Movement and Linguistic Theory"（*English Linguistics* 25:2, 2008），"Morphological Theory and Orthography: Kanji as a Representation of Lexemes"（with Akiko Nagano, *Journal of Linguistics* 50-2, 2014）．

杉崎　鉱司（すぎさき・こうじ）　1972 年生まれ．
コネチカット大学大学院言語学科博士課程修了．現在，三重大学教養教育機構教授．専門は，生成文法，母語獲得，比較統語論．
主要業績：『はじめての言語獲得――普遍文法に基づくアプローチ』（岩波書店, 2015），"LF *Wh*-movement and its Locality Constraints in Child Japanese"（*Language Acquisition* 19, 2012），"The Parameter of Preposition Stranding: A View from Child English"（共著, *Language Acquisition* 13, 2006），など．

長野　明子（ながの・あきこ）
津田塾大学大学院文学研究科後期博士課程修了．博士（文学）．現在，東北大学大学院

情報科学研究科准教授．専門は，形態論．

主な業績：*Conversion and Back-Formation in English*(Kaitakusha, 2008), "The Right-Headedness of Morphology and the Status and Development of Category-Determining Prefixes in English" (*English Language and Linguistics* 15:1, 2012), "Are Relational Adjectives Possible Cross-linguistically?: The Case of Japanese" (*Word Structure* 9:1, 2016).

縄田　裕幸　（なわた・ひろゆき）　1972 年生まれ．
名古屋大学大学院文学研究科博士課程後期課程修了．現在，島根大学教育学部教授．専門は，生成文法，歴史言語学，統語論・形態論インターフェイス．

主要業績："Clausal Architecture and Inflectional Paradigm: The Case of V2 in the History of English" (*English Linguistics* 26, 2009),「CP カートグラフィーによる that 痕跡効果の通時的考察」(『言語変化──動機とメカニズム──』開拓社，2013年), "Verbal Inflection, Feature Inheritance, and the Loss of Null Subjects in Middle English" (*Interdisciplinary Information Sciences* 20, 2014), など．

新沼　史和　（にいぬま・ふみかず）　1974 年生まれ．
コネチカット大学大学院言語学科博士課程修了．現在，盛岡大学文学部英語文化学科准教授．専門は，生成文法，統語論，形態論，ケセン語の研究．

主要業績："Conditions on Agreement in Japanese" (with Cedric Boeckx, *Natural Language and Linguistic Theory* 22, 2001), "Across-the-Board and Parasitic Gap Constructions in Romanian" (*Linguistic Inquiry* 41.1, 2010), "External Cause and the Structure of vP in Japanese Dialects and Korean" (with Hideya Takahashi, *Proceedings of Seoul International Conference on Generative Grammar* 15, 2013), など．

西山　國雄　（にしやま・くにお）
コーネル大学大学院博士課程修了．現在，茨城大学人文学部教授．専門は，統語論，形態論，歴史言語学．

主要業績："Adjectives and the Copulas in Japanese" (*Journal of East Asian Linguistics* 8, 1999), "Conjunctive Agreement in Lamaholot" (*Journal of Linguistics*, 47, 2011), "The Theoretical Status of Ren'yoo (Stem) in Japanese Verbal Morphology" (*Morphology* 26, 2016), など．

深谷　修代　（ふかや・のぶよ）　1975 年生まれ．
津田塾大学大学院文学研究科後期博士課程修了．現在，芝浦工業大学システム理工学部機械制御システム学科特任准教授．専門は，言語習得，統語論．

主要業績：*Optimality Theory and Language Change: The Activation of Potential Constraint Interactions* (Kaitakusha, 2007),「CHILDES に基づいた Nina と

Adam の where 疑問文の発達」(*JELS* 28, 2011),「最適性理論と wh 疑問文」(『日本語の構文研究から探る理論言語学の可能性』開拓社, 2012 年), など.

福原　裕一　(ふくはら・ゆういち)　1977 年生まれ.
東北大学大学院国際文化研究科博士課程修了. 現在, 東北大学大学院情報科学研究科研究員, 昭和女子大学非常勤講師, 淑徳大学非常勤講師. 専門は, 言語学, 語用論, コミュニケーション論.
主要業績:「フェイス・ワークとディスコース・マーカーの用法拡張──文末表現「じゃん」の分析を例にして──」(『ヒューマン・コミュニケーション研究』第 38 号, 日本コミュニケーション学会, 158-172, 2010 年),「「みたいな」表現の分析」(『国際文化研究』第 19 号, 東北大学国際文化学会, 101-116, 2012 年),「ディスコース・マーカー「いや」のコミュニケーション機能」(『国際文化研究』第 20 号, 東北大学国際文化学会, 201-217, 2014 年), など.

保坂　道雄　(ほさか・みちお)　1960 年生まれ.
日本大学大学院文学研究科英文学専攻博士後期課程満期退学. 現在, 日本大学文理学部英文学科教授. 専門は, 英語史, 文法化, 統語論, 進化言語学.
主要業績:『文法化する英語』(開拓社, 2014 年),「格の存在意義と統語変化」『言語の設計・発達・進化』(藤田耕司他編, 257-278, 開拓社, 2014), "Two Aspects of Syntactic Evolution" (*Advances in Biolinguistics*, ed. by Koji Fujita and Cedric Boeckx, 198-213, Routledge, 2016), など.

堀田　隆一　(ほった・りゅういち)　1975 年生まれ.
グラスゴー大学英語学研究科博士課程修了. 現在, 慶應義塾大学文学部教授. 専門は, 英語史, 歴史言語学, 中英語形態論.
主要業績: *The Development of the Nominal Plural Forms in Early Middle English* (Tokyo: Hituzi Syobo, 2009), 『英語史で解きほぐす英語の誤解──納得して英語を学ぶために』(中央大学出版部, 2011 年), "The Diatonic Stress Shift in Modern English" (*Studies in Modern English* 29, 1-20, 2013), など.

松林　優一郎　(まつばやし・ゆういちろう)　1981 年生まれ.
2010 年東京大学大学院情報理工学系研究科・コンピュータ科学専攻博士課程修了. 現在, 東北大学大学院情報科学研究科研究特任助教. 専門は, 自然言語処理.
主要業績:「日本語述語項構造解析タスクにおける項の省略を伴う事例の分析」(『自然言語処理』22 巻 5 号, 1-35, 2015 年),「日本語文章に対する述語項構造アノテーション仕様の考察」(『自然言語処理』21 巻 2 号, 331-378, 2014 年), "Framework of Semantic Role Assignment based on Extended Lexical Conceptual Structure: Comparison with VerbNet and FrameNet" (*Proceedings of EACL*, 686-695, 2012), など.

柳　朋宏　（やなぎ・ともひろ）

名古屋大学大学院文学研究科博士課程後期課程修了．現在，中部大学人文学部英語英米文化学科准教授．専門は，英語史的統語論，生成文法，形態統語論．

主要業績："On the Position of the OE Quantifier *Eall* and PDE *All*" (*English Historical Linguistics 2006,* Volume 1: *Syntax and Morphology*, ed. by Maurizio Gotti et al., 109–124, John Benjamins, 2008), "Some Notes on the Distribution of the Quantifier *All* in Middle English" (*Middle and Modern English Corpus Linguistics: A Multi-dimensional Approach*, ed. by Manfred Markus et al., 141–155, John Benjamins, 2012), "Ditransitive Alternation and Theme Passivization in Old English" (*Outposts of Historical Corpus Linguistics: From the Helsinki Corpus to a Proliferation of Resources*, ed. by Jukka Tyrkkö et al., Research Unit for Variation, Contacts, and Change in English, 2012)，など．

山村　崇斗　（やまむら・しゅうと）　1983 年生まれ．

名古屋大学大学院文学研究科博士課程後期課程修了．現在，筑波大学大学院人文社会科学研究科助教．専門は，生成文法，史的統語論．

主要業績：「英語法助動詞の発達に関する動詞句省略の形態統語論的分析からの一考察」（『近代英語研究』32 号，2016 年），*A Minimalist Approach to Ellipsis in the History of English* (Ph.D dissertation, Nagoya University, 2012), "The Development of Adjectives Used as Nouns in the History of English" (*English Linguistics* 27, 2010)，など．

コーパスからわかる言語変化・変異と言語理論

編　者	小川芳樹・長野明子・菊地　朗
発行者	武村哲司
印刷所	日之出印刷株式会社

2016 年 11 月 19 日　第 1 版第 1 刷発行Ⓒ

発行所	株式会社　開 拓 社

〒113-0023　東京都文京区向丘 1-5-2
電話　(03) 5842-8900　(代表)
振替　00160-8-39587
http://www.kaitakusha.co.jp

JCOPY <(社)出版者著作権管理機構 委託出版物>　　　　ISBN978-4-7589-2232-6　C3080

本書の無断複写は、著作権法上での例外を除き禁じられています．複写される場合は、そのつど事前に、(社)出版者著作権管理機構(電話 03-3513-6969, FAX 03-3513-6979, e-mail: info@jcopy.or.jp)の許諾を得てください．